DIREITO ADMINISTRATIVO E
DEMOCRACIA ECONÔMICA

DANIELA BANDEIRA DE FREITAS
VANICE REGINA LÍRIO DO VALLE
Coordenadoras

Felipe Derbli
Apresentação

DIREITO ADMINISTRATIVO E DEMOCRACIA ECONÔMICA

Belo Horizonte

2012

© 2012 Editora Fórum Ltda.

É proibida a reprodução total ou parcial desta obra, por qualquer meio eletrônico, inclusive por processos xerográficos, sem autorização expressa do Editor.

Conselho Editorial

Adilson Abreu Dallari	Floriano de Azevedo Marques Neto
Alécia Paolucci Nogueira Bicalho	Gustavo Justino de Oliveira
Alexandre Coutinho Pagliarini	Inês Virgínia Prado Soares
André Ramos Tavares	Jorge Ulisses Jacoby Fernandes
Carlos Ayres Britto	José Nilo de Castro (*in memoriam*)
Carlos Mário da Silva Velloso	Juarez Freitas
Carlos Pinto Coelho Motta (*in memoriam*)	Lúcia Valle Figueiredo (*in memoriam*)
Cármen Lúcia Antunes Rocha	Luciano Ferraz
Cesar Augusto Guimarães Pereira	Lúcio Delfino
Clovis Beznos	Marcia Carla Pereira Ribeiro
Cristiana Fortini	Márcio Cammarosano
Dinorá Adelaide Musetti Grotti	Maria Sylvia Zanella Di Pietro
Diogo de Figueiredo Moreira Neto	Ney José de Freitas
Egon Bockmann Moreira	Oswaldo Othon de Pontes Saraiva Filho
Emerson Gabardo	Paulo Modesto
Fabrício Motta	Romeu Felipe Bacellar Filho
Fernando Rossi	Sérgio Guerra
Flávio Henrique Unes Pereira	

Luís Cláudio Rodrigues Ferreira
Presidente e Editor

Revisão: Olga M. A. Sousa
Bibliotecárias: Izabel Antonina A. Miranda – CRB 2904 – 6ª Região
Luciana Gonçalves – CRB 2863 – 6ª Região
Tatiana Augusta Duarte – CRB 2842 – 6ª Região
Capa e projeto gráfico: Walter Santos
Diagramação: Karine Rocha

Av. Afonso Pena, 2770 – 15º/16º andares – Funcionários – CEP 30130-007
Belo Horizonte – Minas Gerais – Tel.: (31) 2121.4900 / 2121.4949
www.editoraforum.com.br – editoraforum@editoraforum.com.br

D598   Direito administrativo e democracia econômica / Coordenadoras Daniela Bandeira de Freitas, Vanice Regina Lírio do Valle; apresentação de Felipe Derbli. – Belo Horizonte : Fórum, 2012.

343 p.

ISBN 978-85-7700-619-9

1. Direito administrativo. 2. Direito econômico. 3. Economia. I. Freitas, Daniela Bandeira de. II. Valle, Vanice Regina Lírio do.

CDD: 341.3
CDU: 342.9

Informação bibliográfica deste livro, conforme a NBR 6023:2002 da Associação Brasileira de Normas Técnicas (ABNT):

FREITAS, Daniela Bandeira de; VALLE, Vanice Regina Lírio do (Coord.). *Direito administrativo e democracia econômica*. Belo Horizonte: Fórum, 2012. 343 p. ISBN 978-85-7700-619-9.

SUMÁRIO

APRESENTAÇÃO
Felipe Derbli 11

O PRINCÍPIO DA SUBSIDIARIEDADE E A ATUAÇÃO
ESTATAL NO ESPORTE
Fernando Barbalho Martins 23
1   Introdução 23
2   O caráter dúplice do esporte 24
3   A segmentação legal do esporte no Brasil 27
4   Formas de atuação estatal na área esportiva 29
4.1 Ordenamento social 29
4.2 Ordenamento econômico 32
5   A subsidiariedade no esporte 34
5.1 A subsidiariedade no desporto de participação 34
5.2 A subsidiariedade no desporto educacional 37
5.3 A subsidiariedade no desporto de rendimento 39

LICITAÇÃO, DISPONIBILIDADE DE CAIXA E CENTRALIZAÇÃO
DA MOVIMENTAÇÃO BANCÁRIA DA ADMINISTRAÇÃO
PÚBLICA – ATRATIVIDADE E POTENCIALIDADE DESSE ATIVO
COMO FONTE DE AUMENTO DA RECEITA
Laone Lago 45
1   Introdução 45
2   Os fatos que envolvem a centralização da movimentação
     bancária em instituição financeira 47
3   A obrigatoriedade da licitação e a restrição ao objeto:
     uma ótica sobre a disponibilidade de caixa 48
4   A legislação aplicável 51
5   A terminologia 53
6   O objeto da licitação quando da modalidade pregão 54
7   Os benefícios do pregão 55
8   A correta interpretação sobre o preço 58

9   O pregão como modalidade mais adequada para na hipótese vertente..................60
10   Conclusão..................61

A EVOLUÇÃO DO ESTADO REGULADOR NO BRASIL – DESENVOLVIMENTO, GLOBALIZAÇÃO, PATERNALISMO E JUDICIALIZAÇÃO
Patrícia Baptista..................63
1   O surgimento do Estado Regulador brasileiro..................63
2   A regulação no Brasil: correção de falhas de mercado e promoção do desenvolvimento..................67
3   O Estado Regulador ante a desterritorialização da economia..................69
4   Regulação e paternalismo estatal..................71
5   O papel dos novos atores institucionais: o problema da judicialização das questões regulatórias..................74

EFICIÊNCIA JURÍDICA NO MERCADO – UM INSTRUMENTO A SERVIÇO DA DEMOCRACIA
Daniela Bandeira de Freitas..................77
1   Introdução..................77
2   A doutrina da análise econômica do direito e da análise econômica da regulação..................81
3   O caminho para um Estado regulador: interseção entre direito e economia..................85
3.1   O princípio da eficiência jurídica..................91
3.2   A autonomia do direito de mercado..................95
4   Regulação eficiente?..................97
5   Eficiência jurídica: instrumento para democracia de "qualidade"..................102

DÉFICIT DEMOCRÁTICO DO ESTADO BRASILEIRO (LEGISLATIVO E ADMINISTRATIVO)
Diogo de Figueiredo Moreira Neto..................105
1   Dedicatória..................105
2   Introdução..................106
3   Situando o déficit democrático na estrutura do Estado brasileiro...109
3.1   O nível constitucional..................110
3.2   O nível legislativo..................110
3.3   O nível administrativo..................110
4   Examinando o déficit de legitimidade na atuação legislativa..................111
4.1   A deficiente legitimação dos representantes legislativos..................111
4.2   A deficiente legitimação da atuação legislativa dos representantes..................111
4.3   A deficiente legitimação em razão dos desvios da atuação dos parlamentares..................112

5	Examinando o déficit de legitimidade na atuação administrativa	113
5.1	A deficiente legitimação dos agentes administrativos	113
5.2	A deficiente legitimação da atuação administrativa	113
6	Democracia, política e direito público	114
7	Democracia e Direito Administrativo	115
8	Conclusão	116

ALGUMAS NOTAS CRÍTICAS SOBRE O PRINCÍPIO DA PRESUNÇÃO DE VERACIDADE DOS ATOS ADMINISTRATIVOS
Alexandre Santos de Aragão 119

A CADEIA DO GÁS, SEUS CONFLITOS FEDERATIVOS E POSSÍVEIS SOLUÇÕES
Renato Otto Kloss 131

1	Introdução	131
2	A solução constitucional	134
3	A diretriz traçada pelo federalismo	136
4	A consensualidade como veículo para a evolução harmônica da cadeia do gás natural	140
5	A celebração de convênios	143
6	Finalmente: a conferência de serviços	145
7	Da conclusão	151

ENTRE O MAR E O ROCHEDO – O *DIREITO* ADMINISTRATIVO E A TENSÃO ENTRE DEMOCRACIA E *RES PUBLICA*
Mauricio Carlos Ribeiro 153

1	Introdução	153
2	Um primeiro olhar: democracia e república	154
3	Autogoverno, interesse da maioria e interesse público	157
4	Primeiro movimento: a discricionariedade	160
5	Segundo movimento: a deslegalização	162
6	Terceiro movimento: os mecanismos contramajoritários	164
7	"Temperando" a república: os mecanismos de participação popular no Direito Administrativo	165
8	Conclusão: o Direito Administrativo, republicano e democrático, em tempos de pluralismo e policentrismo	166

A RELEVÂNCIA DA DEFESA DA CONCORRÊNCIA PARA A CONCRETIZAÇÃO DA DEMOCRACIA ECONÔMICA
Patrícia Regina Pinheiro Sampaio 167

1	Introdução	167
2	Breve contextualização histórica	168
3	Livre iniciativa e livre concorrência	171

4	Poder econômico e democracia	174
5	A importância da concorrência em setores regulados	176
6	Conclusão	180

RESPONSABILIDADE CIVIL ESTATAL POR INTERVENÇÃO NO ORDENAMENTO ECONÔMICO
Flávio de Araújo Willeman 183

1	Introdução	183
2	A responsabilidade civil das agências reguladoras por atos regulatórios de planejamento econômico, de fomento público, e por ato que impõe tabelamento ou controle de preços	187
2.1	O dever de indenizar em razão de falha no planejamento econômico	189
2.2	O dever de indenizar decorrente da regulação do fomento público	194
2.3	O dever de indenizar decorrente de ato regulatório que imponha tabelamento ou controle de preços	196
	Conclusões	204

LICITAÇÃO E CONTRATAÇÃO NO TERCEIRO SETOR – QUESTÕES ATUAIS
Rafael Carvalho Rezende Oliveira 205

1	Introdução	205
2	"Terceiro Setor": significado, fundamentos e características gerais	206
3	Licitação e contratações realizadas por pessoas do Terceiro Setor	210
3.1	A necessidade de processo de seleção objetivo para celebração do contrato de gestão e do termo de parceria	210
3.2	A controvérsia a respeito da necessidade de licitação nas contratações com dinheiro público pelo Terceiro Setor	213
4	O Terceiro Setor no Anteprojeto de Lei de Normas Gerais sobre Administração Pública Direta e Indireta, entidades paraestatais e entidades de colaboração	217
4.1	Normas gerais sobre o Terceiro Setor e a questão federativa	217
4.2	Contrato público de colaboração e o chamamento público	218
4.3	Fomento e controle das entidades de colaboração	220
5	Conclusões	220

REGULAÇÃO E MALEABILIDADE NORMATIVA À LUZ DO DIREITO ADMINISTRATIVO ECONÔMICO
Sérgio Guerra 223

1	Introdução	223
2	Formas de intervenção estatal no modelo de Estado Regulador	229

3	Direito Administrativo e o deslocamento de questões complexas do eixo legislativo para o Poder Executivo	231
4	Maleabilidade normativa inerente ao Direito Administrativo Econômico	233
5	A normatização sob a ótica da deslegalização	236
6	Conclusão	243

GOVERNANÇA – NOVA FRONTEIRA DO DIREITO REGULATÓRIO
Vanice Regina Lírio do Valle 245

1	Agências reguladoras: 15 anos depois, uma mudança no eixo de debates	245
2	Delegação *versus* concentração de escolhas públicas: ainda um ponto sensível	249
2.1	Primeiro mito a superar: a sobrevalorização de uma decisão qualificada como política	249
2.2	Segundo mito a superar: a decantada objetividade e neutralidade das decisões técnicas	251
3	Migração da ideia de governança para a função pública	252
4	Governança e função regulatória	256
5	Governança e a prevenção aos riscos da tecnocracia: potencializando a previsibilidade	257
6	Governança e a provocação ao dinamismo das decisões	258
7	Governança e o mapeamento do dissenso	259
8	Governança pública: entre a regulação estatal e aquela policêntrica	261
9	Caminhando no sentido da governança: como gerar atratividade à participação	263

AS MODULAÇÕES NO DIREITO ADMINISTRATIVO
José Carlos Vasconcellos dos Reis 267

1	Introdução	267
2	Da *legalidade* à *juridicidade* administrativa	273
3	O princípio da consensualidade	277
4	O princípio da eficiência: por uma *Administração Pública de resultados*	280
5	Modulações nos contratos administrativos	283
6	Considerações finais	290

PRESENÇA DA ADMINISTRAÇÃO CONSENSUAL NO DIREITO POSITIVO BRASILEIRO
Jessé Torres Pereira Junior 293

1	Introdução	293
1.1	A supremacia da Constituição e a efetividade dos princípios	293

1.2	Os direitos fundamentais como estratégia de limitação ao poder estatal	294
1.3	O direito fundamental à boa administração	295
1.4	Da administração pública monológica à administração dialógica	296
2	A consensualidade como instrumento de gestão pública	297
2.1	Querer, poder e saber	298
2.2	Pontos de tensão com os princípios da legalidade, da impessoalidade e da indisponibilidade	299
3	A positivação da consensualidade na ordem jurídica brasileira	303
4	Conclusão	306
	Notas explicativas ao quadro síntese da presença da consensualidade na Administração Pública brasileira	313

REFERÊNCIAS 319

SOBRE OS AUTORES 341

APRESENTAÇÃO

Breve histórico

A vida de uma instituição tem muitos marcos, momentos relevantes em que grandes acontecimentos ocorrem ou importantes atos são praticados. A vida do Instituto de Direito Administrativo do Estado do Rio de Janeiro (IDAERJ) não tem sido diferente. Em quase seis anos de existência, são muitos os momentos que poderiam ser destacados numa trajetória que, conquanto ainda curta, já pode ser considerada de sucesso.

O primeiro dos grandes Marcos da história do IDAERJ se escreve assim mesmo, com letra inicial maiúscula e, apesar de sua singularidade, com "s" ao final. Marcos Juruena Villela Souto foi o grande idealizador do Instituto, ao perceber que, diferentemente do que se dava em outros Estados da Federação brasileira, não havia uma associação de estudiosos do Direito Administrativo no Rio de Janeiro que congregasse os nomes de produção acadêmica criativa e de qualidade. Mesmo contando com significativo número de administrativistas de alto nível — alguns de projeção nacional e até mesmo internacional —, o Rio não dispunha de um centro onde estes pudessem compartilhar suas ideias com outros estudiosos e submetê-las ao debate qualificado. Além disso, já eram vários os novos talentos do Direito Administrativo que mereciam espaço e apoio para a divulgação de suas obras e pesquisas.

Compartilhando tal percepção com os colegas Vanice Lírio do Valle e Sérgio Guerra, Marcos Juruena os conclamou a criar um Instituto de Direito Administrativo no Rio de Janeiro, a exemplo do que se dera no restante do país. Daí partiram os convites a vários outros, doutores, mestres, especialistas e jovens bacharéis e bacharelandos que, desde cedo, apresentavam grande potencial e inclinação para o estudo aprofundado do Direito Administrativo. Juntaram-se a estes os grandes nomes que formariam o Comitê de Honra do IDAERJ: Francisco Mauro Dias, José dos Santos Carvalho Filho, Jessé Torres Pereira Junior, Sérgio de Andréa Ferreira e, como Presidente de Honra, Diogo de Figueiredo Moreira Neto. Em meados de 2006, começou a reunir-se o IDAERJ.

Em 2007, O IDAERJ tomou grande impulso e suas reuniões passaram a ser regulares, voltadas sempre ao estudo de temas contemporâneos e palpitantes do Direito Administrativo. Os eventos foram sempre marcados pela qualidade dos debates, em que todos os integrantes puderam, democraticamente, apresentar suas críticas e comentários às teses expostas, em ambiente descontraído que, no entanto, jamais comprometeu a seriedade e a profundidade das discussões. Por diversas vezes, os membros do Comitê de Honra estiveram presentes nas reuniões e nos brindaram com brilhantes palestras.

O espírito inovador que orientava os trabalhos do IDAERJ foi a tônica do segundo grande marco histórico do Instituto: o I Congresso Estadual de Direito Administrativo do Rio de Janeiro, organizado com o fundamental apoio da Escola de Direito da Fundação Getulio Vargas – DIREITO RIO e realizado em outubro de 2008. Sob o título "Novas Tendências do Direito Administrativo", o primeiro congresso realizado pelo IDAERJ foi dividido em três dias — dedicados, respectivamente, à doutrina, à legislação e à jurisprudência — e constituiu-se na oportunidade de os integrantes do Instituto apresentarem ao público suas pesquisas e suas reflexões sobre o Direito Administrativo. Em comum, o compromisso com a contemporaneidade e o esforço permanente para que não se dissesse mais do mesmo.

O formato foi reproduzido no II Congresso do IDAERJ, ocorrido em novembro de 2009. Entre os inúmeros assuntos enfrentados, foram discutidas questões do Direito Administrativo Desportivo e da atuação do Estado na organização e no oferecimento da infraestrutura necessária à realização dos eventos esportivos de alto rendimento, hoje tratadas como cruciais, diante da proximidade da Copa do Mundo de Futebol (2014) e dos Jogos Olímpicos de 2016 no Rio de Janeiro, e que permanecem em nossa pauta regular de discussões. Largando na frente, o IDAERJ se propôs, antes da moda, a debater temas de tanta importância.

Em outubro de 2010, o III Congresso do IDAERJ outra vez se dedicou às novas tendências do Direito Administrativo, com destaque para os estudos críticos do Anteprojeto de Lei Orgânica da Administração Pública Federal, elaborado por comissão de juristas (entre eles, o Professor Sérgio de Andréa Ferreira, integrante do nosso Comitê de Honra) a pedido do Ministério do Planejamento, Orçamento e Gestão em 2007, entre outros temas. Lamentavelmente, o evento não contou com a presença do nosso líder Marcos Juruena Villela Souto, à época já acometido da enfermidade fatal que o retiraria de nosso convívio. Em novembro daquele ano, sobreveio o falecimento de nosso amigo e mestre, o terceiro e triste marco da história do IDAERJ. Perderíamos, ainda, em março de 2011, o Professor Francisco Mauro Dias, ilustre componente do Comitê de Honra, de há muito também afastado por motivos de saúde. Tivemos, então, o que certamente significou um novo marco histórico para o IDAERJ. O IV Congresso Estadual de Direito Administrativo do Rio de Janeiro ocorreu nos dias 5 e 6 de outubro de 2011, no auditório da Procuradoria-Geral do Estado do Rio de Janeiro, que nos recebeu em seu novo edifício-sede. A realização desse evento tencionava (re)apresentar à comunidade jurídica um IDAERJ mais amadurecido, sem, contudo, abrir mão de suas marcas registradas, quais sejam, a criatividade, a inovação e a abertura democrática de seu espaço às novas gerações de administrativistas. Ao lado de convidados ilustres, estiveram os integrantes do IDAERJ, incumbidos da exposição de temas instigantes e atuais. Mesmo com formato distinto dos anteriores, o Congresso continuou acompanhando as novas tendências do Direito Administrativo, agora analisadas sob um tema central.

Com o apoio e o patrocínio da Editora Fórum, o evento acadêmico anual do IDAERJ ganhou em importância e notoriedade, consolidando-se como a reunião de cientistas jurídicos que, juntos, empenham-se na construção de um Direito Administrativo catalisador do desenvolvimento social e econômico do país. O resultado dessa conjugação de esforços é a publicação da presente obra coletiva, que, longe de constituir-se numa simples coletânea de textos esparsos, é um trabalho redigido a muitas mãos, mas, como se verá adiante, dotado de unidade de sentido: *o Direito Administrativo e a democracia econômica*.

Perspectivas do Direito Administrativo e a democracia econômica

A obra que ora se apresenta é dedicada ao enfrentamento de temas variados, mas que giram em torno de um eixo bem específico. Propõe-se o IDAERJ a compartilhar a sua visão do Direito Administrativo. À luz da Constituição de 1988 e com a elevação de diversos princípios e regras do Direito Administrativo à estatura constitucional, fortaleceu-se a postura dos juristas no sentido do estudo do *Direito Administrativo como uma ferramenta de construção de um ambiente nacional permeado pela democracia e adequado ao desenvolvimento econômico*.

Superaram-se, com isso, visões que, apesar de antagônicas, coexistiram na ciência jurídica brasileira: de um lado, a perspectiva do Direito Administrativo como uma *dogmática construída a serviço dos donos do poder*,[1] e, de outro, a resistência ao autoritarismo, ainda lastreada em uma percepção do Direito Administrativo como fonte heterônoma de amarras ao Poder Público.[2] Hoje é possível avançar, a partir da afirmação pioneira de um Direito Administrativo comprometido com a liberdade e com a democracia, para incorporar outras nuances a ele propostas neste século XXI, consequentemente, acentuar a sua importância na contemporaneidade.

Com efeito, é de imediata constatação que o Direito Administrativo não pode servir como disfarce legitimador do Estado autoritário, que esconde suas pouco nobres intenções sob a máscara de interesse público. O Direito Administrativo à luz do qual a Administração Pública tudo pode não resistiu, no Brasil, ao constitucionalismo pós-1988. O fenômeno da *constitucionalização do Direito*[3] decerto atingiu também o Direito Administrativo, abalando definitivamente os alicerces em que se calcava até então: a ascensão da teoria dos princípios, o reconhecimento da preeminência axiológica dos direitos fundamentais, a releitura do princípio democrático e a formulação de uma nova hermenêutica constitucional foram decisivos na desconstrução de dogmas como a submissão da Administração Pública à legalidade estrita, substituída pela *juridicidade* e, em particular, à Constituição[4] e a insindicabilidade do mérito do ato administrativo, hodiernamente sujeito à avaliação de *legitimidade*, nela compreendidas a participação democrática, a moralidade, a eficiência, a razoabilidade e a proporcionalidade.[5]

Por outro lado, a percepção do Direito Administrativo unicamente como instrumento de controle do poder desconsidera o papel promotor do desenvolvimento, indispensável no contexto de um *Estado pluriclasse*, que se submete a Constituições de cunho compromissório e tem substancialmente ampliado o seu rol de funções e de finalidades sociais em relação à concepção oitocentista.[6] O Estado pluriclasse, governado pela representação das diversas classes sociais, incumbe-se

---

[1] Na feliz expressão de Gustavo Binenbojm (*Uma teoria do direito administrativo*: direitos fundamentais, democracia e constitucionalização, p. 9-17).
[2] Destaque-se como integrante dessa resistência o Professor Celso Antonio Bandeira de Mello, como se vê, por exemplo, em *Discricionariedade e controle jurisdicional*.
[3] Sobre o tema, v., por todos, BARROSO. *Curso de direito constitucional contemporâneo*: os conceitos fundamentais e a construção do novo modelo, p. 351 *et seq.*, especialmente p. 372-376.
[4] Cf. a paradigmática obra de Diogo de Figueiredo Moreira Neto *Mutações do direito administrativo*.
[5] Sobre o tema, v. MOREIRA NETO. *Quatro paradigmas do direito administrativo pós-moderno*: legitimidade - finalidade - eficiência - resultados.
[6] A expressão *Estado pluriclasse* ora adotada é aquela utilizada por Massimo Severo Giannini e reproduzida em ARAGÃO. *Direito dos serviços públicos*, p. 37 *et seq.*

não apenas das funções administrativas *stricto sensu*, como a segurança pública e a diplomacia, mas do fornecimento de utilidades econômicas, vale dizer, da prestação de *serviços públicos* como educação e saúde públicas e assistência social, entre outros.[7] Já se observa que, encontrando-se o Estado na realização de atividades que possuem conteúdo econômico — porquanto compreendidas na circulação de bens e serviços —, a sujeição dessas atividades ao regime jurídico de direito público confere ao Direito Administrativo o papel de instrumentalizar o desenvolvimento. Ao estabelecer princípios próprios dos serviços públicos, como, *v.g.*, a generalidade, a continuidade e a modicidade tarifária,[8] o Direito Administrativo cria mecanismos de satisfação das necessidades coletivas e, assim, de fruição dos direitos fundamentais, permitindo aos indivíduos, na medida do possível, o exercício da autonomia que, numa percepção kantiana, lhes é inerente. Em outras palavras, a disciplina jurídico-administrativa dos serviços públicos é estreitamente relacionada com o princípio da dignidade da pessoa humana,[9] na medida em que confere balizas à atividade administrativa para que se ofereçam aos administrados condições mínimas de subsistência e de condução de suas vidas segundo seus próprios desígnios.

Ocorre que a crescente demanda por prestações sociais revelou a insuficiência do chamado *Estado-providência*, que se viu em crise ainda no final da década de 1970[10] — o Estado encontra severos limites financeiros, orçamentários e burocráticos para a consecução das prestações na quantidade e na qualidade exigidas. Ganhou terreno a percepção de uma responsabilidade da própria sociedade civil na satisfação de suas necessidades, cumprindo ao Estado fomentar a atuação das entidades privadas e proceder diretamente à prestação dos serviços públicos somente quando a própria sociedade fosse incapaz de os prover. É a ideia da *subsidiariedade*, princípio já reconhecido pela doutrina brasileira.[11]

---

[7] Utiliza-se aqui a concepção restrita de serviços públicos adotada por Alexandre Santos de Aragão, que os conceitua como "as atividades de prestação de utilidades econômicas a indivíduos determinados, colocadas pela Constituição ou pela Lei a cargo do Estado, com ou sem reserva de titularidade, e por ele desempenhadas diretamente ou por seus delegatários, gratuita ou remuneradamente, com vistas ao bem-estar da coletividade" (*op. cit.*, p. 257), com o que ficam excluídos os serviços *uti universi*, como, por exemplo, a iluminação pública.
[8] Previstos no art. 6º, §1º da Lei nº 8.987, de 13 de fevereiro de 1995.
[9] Sobre o tema, v. SARLET. *Dignidade da pessoa humana e direitos fundamentais na Constituição Federal de 1988*; BARCELLOS. *A eficácia jurídica dos princípios constitucionais*: o princípio da dignidade da pessoa humana.
[10] A respeito, v. ROSANVALLON. *A crise do Estado-Providência*.
[11] V., por todos, TORRES. *O princípio da subsidiariedade no direito público contemporâneo*.

Pois se o princípio da subsidiariedade é de fácil encaixe com a intervenção do Estado na ordem econômica via exploração direta — cabível exclusivamente mediante autorização legal e apenas para atendimento de imperativo de segurança nacional ou de relevante interesse coletivo, na forma do art. 173 da Constituição da República —, é certo concluir que, dotados os serviços públicos de apreciação econômica,[12] resta válida a extensão do alcance do princípio da subsidiariedade também aos mesmos, admitindo-se não apenas a prestação dos serviços públicos por concessionários, como também por intermédio das entidades do terceiro setor, *v.g.* as Organizações Sociais (OSs) e as Organizações da Sociedade Civil de Interesse Público (OSCIPs), consoante assinalado por Rafael Carvalho Rezende Oliveira.

É de se entender, *a fortiori*, que, onde se verificar que, para além do caráter social, a atividade revestir-se de conteúdo econômico apreciável, a atuação direta do Estado haverá de ser excepcional, o que se verifica hoje, com particular agudeza, na questão do esporte, criteriosamente analisada por Fernando Barbalho Martins. Note-se que cada um dos coautores cuida da questão das relações Estado-terceiro setor sob ângulos bastante distintos, mas complementares: enquanto o primeiro discorre sobre a inaplicabilidade do procedimento licitatório na celebração das parcerias com as entidades privadas sem fins lucrativos, mais direcionadas aos serviços educacionais e de saúde pública, dentre outros, o segundo questiona a formatação dos negócios jurídicos do esporte via convênios, quando as atividades desportivas já movimentam valores consideráveis e são, muitas vezes, atividades econômicas de grande porte, a demandar a celebração de contratos administrativos precedidos de licitação.

Paralelamente, começa a tomar vulto o estudo de mecanismos alternativos e originais de atuação do Estado no mercado, como se vê, por exemplo, na atual concepção da centralização da operação bancária do Estado como um ativo dotado de valor econômico e, portanto, sujeito a licitação, tema abordado por Laone Lago. O que, antes, era uma contratação remunerada por dinheiro público é, atualmente, o oposto — uma relevante fonte de arrecadação de receitas públicas.

Mas é no exercício da *função regulatória* que a atuação do Estado na economia tem despertado maior interesse na produção acadêmica nacional da última década. A novidade, porém, é que o Estado regulador, ao menos no cenário brasileiro, não se limitará mais à pura e simples

---

[12] Recorde-se que, como antes assinalado, adota-se uma concepção restrita de *serviços públicos*, que abrange unicamente os serviços *uti singuli*.

correção das falhas de mercado, evoluindo, como bem retratado por Patrícia Baptista, para a efetiva promoção de redistribuição de riquezas e, portanto, para o desenvolvimento. Alinhada com tais considerações, pontua Daniela Bandeira de Freitas que, sob a lógica da *análise econômica do Direito* (ou, de modo mais abrangente, *Law and Economics*),[13] a regulação passa a exercer o importante papel de criar condições jurídicas para a alocação democraticamente eficiente de recursos pelo próprio mercado, induzindo o desenvolvimento da sociedade pela ação de seus próprios integrantes.

Logo, trata-se de perspectiva da regulação que imbrica *eficiência* e *democracia*, inserindo-as num amplo conceito de *legitimidade*, na esteira das sempre valiosas lições de Diogo de Figueiredo Moreira Neto, que, brindando-nos também com abrangente análise do déficit democrático nas múltiplas funções do Poder Público, delineia o pano de fundo da abordagem que ora se propõe.[14] A regulação eficiente não será apenas aquela que atenda a uma relação custo-benefício, própria de um juízo de mera economicidade, mas aquela que também — e sobretudo — se legitime pelo seu substrato democrático quanto à sua *formulação*, à sua *execução* e aos seus *resultados*.

A dúplice legitimação na *formulação* dos marcos regulatórios e na sua *implementação* reside, primeiramente, na escolha técnica adequada à produção dos resultados pretendidos — seja na correção das falhas de mercado, seja na promoção do desenvolvimento. Nesse mister, é preciosa a lição de Sérgio Guerra, para quem tais escolhas devem pautar-se pela maleabilidade, que confira às entidades reguladoras não apenas a agilidade para a rápida adaptação da regulação às necessidades sociais e às oscilações econômicas, como também para desvincular a ação do Estado regulador, permanente, da ação sazonal dos governos. Para tanto, já é corrente na doutrina o destaque da importância da *avaliação de impacto regulatório (AIR)*, como se vê na contribuição de vários dos coautores desta obra.

Por outro lado, a maleabilidade da regulação exige mais responsividade do ente regulador e, portanto, maior esforço argumentativo em suas decisões. Não há falar que, em virtude do seu cunho técnico, as opções regulatórias seriam objetivas, até porque a própria decantação do

---

[13] Atualmente, já são muitas as obras brasileiras que se dedicam ao tema do *Law and Economics*. Por exemplo, confira-se ZYLBERSZTAJN; SZTAJN. *Direito & economia*: análise econômica do direito e das organizações.

[14] V. também a já referida obra *Quatro paradigmas do direito administrativo pós-moderno*: legitimidade - finalidade - eficiência - resultados.

caráter técnico das escolhas administrativas (supostamente neutras, em oposição às escolhas políticas) nem sempre é tão simples e, em alguns casos, é realmente artificial ou mesmo de pouca utilidade. O que, em princípio, parece um problema encontra solução na "parametrização do *procedimento* das formulações não objetivas das opções regulatórias". É onde se aplica o conceito de *governança*, trazido da esfera privada, sobre o qual discorre Vanice Lírio do Valle: impõe-se a ampliação dos atores envolvidos na avaliação das opções regulatórias disponíveis, que se abrirá, mediante a adoção de mecanismos de transparência, integridade e inclusão, à participação da sociedade civil organizada — não apenas dos indivíduos diretamente interessados, mas também de segmentos minoritários e de pessoas e entidades que possam, de algum modo, contribuir para o aperfeiçoamento da decisão administrativa. É possível afirmar, inclusive, que a governança é um elemento fundamental na questão da sindicabilidade judicial da decisão administrativa, na medida em que permitirá averiguar se o Poder Judiciário estará suficientemente aparelhado para substituir-se à Administração Pública.

Com isso, a legitimidade democrática também virá da adoção, tanto quanto possível, de marcos regulatórios que não colidam injustificadamente com as práticas da sociedade em permanente renovação (observando-se, portanto, a *reflexividade*),[15] mas também da adesão do administrado, decerto maior quando, desprendendo-se do *ius imperium* que a doutrina clássica vislumbrava em todas as relações jurídicas da Administração Pública, o Estado utilize instrumentos de *consensualidade*. Jessé Torres Pereira Junior reforça a importância de uma relação *dialógica* entre Estado e sociedade, na qual se reconhecem o amadurecimento da coletividade e uma premissa de interesses convergentes, satisfeitos de maneira mais eficiente mediante a atuação concertada, com o que o Estado gradualmente modifica seu papel de *prestador* para uma função de *mediador, fomentador* e *garantidor dos direitos fundamentais*. No mesmo diapasão, anota Renato Kloss — utilizando como exemplo a questão da cadeia do gás natural — que o Estado, com o recurso a soluções cooperativas e conciliatórias, adota meios menos onerosos e demanda a participação ativa dos envolvidos, que se tornam corresponsáveis.

De uma forma geral, aliás, a busca da consensualidade é um dos novos paradigmas que se espraia para outros domínios do Direito Administrativo, revelando uma tendência de horizontalização das relações Administração-administrado em que a imperatividade se mostre

---

[15] GUERRA. *Discricionariedade e reflexividade*: uma nova teoria sobre as escolhas administrativas.

desnecessária ou obstaculize a eficiência econômica, aumentando o custo das transações realizadas com recursos públicos. Não é por outra razão que as chamadas cláusulas exorbitantes dos contratos administrativos vêm sendo paulatinamente abandonadas ou, ao menos, tendo o seu campo de aplicação substancialmente reduzido, como retrata José Carlos Vasconcellos dos Reis.

Não se quer dizer aqui que a Administração Pública transfere à sociedade a plena responsabilidade por suas decisões. Muito embora haja, sim, o compartilhamento da *accountability*, não se cuida de desonerar o Estado de, ao final, bater o martelo e fazer a escolha pública necessária — a decisão administrativa é e será, sempre, da Administração Pública, que, então, pode encontrar-se diante de uma tensão entre a virtude técnica e a manifestação haurida dos mecanismos participativos, quando, eventualmente, haverá de optar pela decisão impopular, mas dirigida ao efeito pretendido. Desse conflito cuida Mauricio Carlos Araújo Ribeiro. É precisamente nessas hipóteses que os instrumentos de governança se mostrarão importantes, pois permitirão ao administrado o pleno conhecimento de todas as etapas do processo decisório. Quando sabe e aquiesce com a regra do jogo, o participante de boa-fé aceita o resultado final, mesmo que lhe seja particularmente desfavorável.

E é nesse *resultado* que deve, sempre, mirar a Administração. Obviamente, não se está a advogar a consecução dos fins por quaisquer meios ou o solapamento da democracia pelos resultados alocativos; a plena distribuição das utilidades econômicas na sociedade nunca se deu e jamais se dará sob o pálio de despotismos esclarecidos ou algo do gênero. No entanto, é certo que a observância dos direitos fundamentais — quando menos, aqueles que dizem com as condições mínimas de existência digna — é uma condição para a democracia, na medida em que não se pode falar em ambiente democrático sem que ao indivíduo se garanta o exercício de sua autonomia privada e pública.[16]

Dessa forma, os resultados da atuação administrativa — regulatória ou não — que digam com a alocação equitativa de utilidades econômicas na sociedade também serão resultados democráticos, pois ampliarão o universo de administrados aptos a exercer seus direitos e obrigações de participação. Como discorre Patrícia Regina Pinheiro Sampaio, a *democracia econômica* a que se volta a Administração Pública,

---

[16] Em semelhante linha de considerações, v. SOUZA NETO. Fundamentação e normatividade dos direitos fundamentais: uma reconstrução teórica à luz do princípio democrático. *In*: BARROSO. *A nova interpretação constitucional*: ponderação, direitos fundamentais e relações privadas.

portanto, é uma democracia comprometida com os resultados alocativos do mercado: o Estado reconhece a maior eficiência do setor privado na questão distributiva, mas, ao mesmo tempo, não renuncia ao seu dever de assegurar a redistribuição equânime, tarefa que se apresenta com particular relevância em matéria concorrencial — ao garantir a livre competição, o Estado aumenta as possibilidades de acesso da população a bens e serviços que, em mercados altamente concentrados, estariam disponíveis a preços inatingíveis para grande parte dos administrados.

Por conseguinte, a falha do Estado regulador na garantia da alocação adequada de utilidades econômicas poderá ocasionar a sua responsabilidade civil, sobretudo nos casos em que a atividade regulatória houver sido objeto de captura pelos agentes econômicos ou, por outro lado, quando impuser aos regulados restrição desarrazoada ou desproporcional ao seu direito de buscar o lucro, na precisa advertência de Flávio de Araújo Willeman.

São esses alguns dos principais aspectos do estudo do Direito Administrativo e sua relação com a democracia econômica. Longe de se esgotar o tema, espera-se que esta obra seja apenas o ponto de partida para novas indagações de uma ciência jurídica afinada com os propósitos delineados na Constituição brasileira de conciliar a livre iniciativa com a construção de uma sociedade livre, justa e solidária, que compartilhe da responsabilidade pelo seu próprio desenvolvimento e não confie exclusivamente a um Estado paternalista a sua emancipação.

Agradecimentos

Não se há de atingir, nestas primeiras linhas, quaisquer conclusões. Dizer mais, neste momento, seria privar o leitor da apreciação de melhores e mais escorreitas lições, trazidas pelos autores que esmeradamente elaboraram esta obra coletiva e, nas próximas páginas, convidarão a compartilhar de suas reflexões e de seus resultados.

Cumpre, então, consignar nossos sinceros agradecimentos à Escola de Direito da Fundação Getulio Vargas – DIREITO RIO, na pessoa do Professor Doutor Sérgio Guerra, Vice-Diretor de Pós-Graduação e membro de primeira hora do IDAERJ, pelo generoso e imenso apoio institucional, operacional e logístico que nos vem oferecendo desde a gênese. Agradecemos, também, à Procuradoria-Geral do Estado do Rio de Janeiro, base profissional de muitos dos integrantes do IDAERJ, nas pessoas da Exma. Sra. Procuradora-Geral do Estado, Lúcia Léa Guimarães Tavares, e do ilustre Procurador-Chefe do Centro de Estudos Jurídicos, Dr. Leonardo Mattietto, por disponibilizar suas instalações para a realização do evento que marcou o início desta nova fase produtiva do Instituto. Somos gratos, ainda, à Editora Fórum, na pessoa de seu Presidente, Luís Cláudio Rodrigues Ferreira, pelo apoio e pelo patrocínio que nos confia na etapa que ora iniciamos.

Por fim, restam o agradecimento e a dedicatória ao saudoso Professor Doutor Marcos Juruena Villela Souto, por todo o legado que deixou à comunidade jurídica e, especialmente, aos membros do IDAERJ, ao nos confiar a todos a honrosa missão de, a seu lado, concretizar o seu sonho e consolidar a posição do Instituto no cenário acadêmico brasileiro. Se não podemos mais contar com a sua presença, conforta crer que contamos com a sua bênção para prosseguir.

Rio de Janeiro, fevereiro de 2012.

Felipe Derbli
Mestre e doutorando em Direito Público pela Universidade do Estado do Rio de Janeiro (UERJ). Professor dos cursos de graduação e pós-graduação da Universidade Candido Mendes – Centro (RJ). Procurador do Estado do Rio de Janeiro, atualmente no exercício do cargo de Assessor do Ministro Luiz Fux no Supremo Tribunal Federal (STF).

O PRINCÍPIO DA SUBSIDIARIEDADE E A ATUAÇÃO ESTATAL NO ESPORTE

FERNANDO BARBALHO MARTINS

1 Introdução

O presente artigo é fruto de um esforço conjunto que tem sua origem na pessoa do inesquecível Marcos Juruena Villela Souto, na medida em que escrito por ocasião da realização do IV Congresso de Direito Administrativo do Estado do Rio de Janeiro, evento que vai se consolidando sob a égide do Instituto de Direito Administrativo do Estado do Rio de Janeiro (IDAERJ), um grupo despretensioso de estudantes do tema, reunidos pela generosidade do nosso saudoso professor, companheiro e amigo.

Mais do que esta identificação, o tema versado aqui ainda remete ao nosso querido Marcos pelo sincero entusiasmo que ele nutria por uma vertente da disciplina que a aproximava do esporte, relação que vem sendo consistentemente analisada pelo IDAERJ nas três versões anteriores do referido congresso.

Em trabalho ainda inédito, elaborado em homenagem ao Professor Marcos Juruena ainda antes que o destino o levasse muito prematuramente, eu já afirmava, ainda sob os efeitos da alegria — comungada com o Mestre —, pela conquista do direito de sediar os Jogos Olímpicos de 2016.

Após alguns dias de intensa comemoração pela relevante conquista dos Jogos Olímpicos pela cidade do Rio de Janeiro, já ficou evidente a estreita relação entre o Direito Administrativo e os megaeventos que o Brasil sediará no curso dos próximos sete anos, sendo inúmeros os artigos e reportagens que discorrem sobre as múltiplas obras de infraestrutura que serão necessárias para concretizar o legado apresentado como benefício conexo à organização da Copa de 2014 e dos Jogos de 2016, bastando ao estudioso ou profissional do Direito Administrativo fazer as inferências elementares das repercussões de tais compromissos junto à Administração Pública e a diversidade de instrumentos e figuras de Direito Público que estão aí envolvidas.

Toda esta discussão parece um tanto óbvia, como se a ligação entre o Direito Público em geral — e o Administrativo em especial — com o esporte fosse um dado da natureza. Nem sempre foi assim. O esporte brasileiro, durante bom tempo — e talvez ainda hoje em alguma medida —, foi um terreno onde o próprio Direito parecia passar ao largo, sempre em benefício dos chamados *cartolas*[1] e em detrimento da imensa massa de apaixonados que agora é apontada como os maiores beneficiários dos referidos eventos desportivos internacionais que ocorrerão nos meados da próxima década.

O que se vê, decorrido aproximadamente um ano e meio daquele momento, é que, além dos mencionados *cartolas*, começam a gravitar em torno do esporte novas figuras, em especial os agentes políticos que se descobrem amantes das atividades atléticas e, lado a lado desta nova categoria, os sujeitos que industriam furiosamente projetos que redimirão o déficit social por meio da difusão das virtudes desportivas...

É neste cenário que este trabalho pretende realizar alguma contribuição, propondo, ainda que de forma incipiente, alguns critérios que balizem a atuação estatal no meio esportivo, especialmente considerando o vertiginoso crescimento da demanda pela intervenção administrativa em inúmeros eventos e iniciativas nesta área.

2 O caráter dúplice do esporte

A matriz normativa do esporte no ordenamento jurídico brasileiro está no art. 217 da Constituição de 1988, instituindo o fomento a esta

---

[1] Nota para os não iniciados na leitura de periódicos esportivos, assistência de mesas-redondas televisivas ou debates de botequim: *"cartola"* é a expressão pejorativa que designa os integrantes dos órgãos de direção administrativa das diversas entidades desportivas (confederações, federações, ligas e clubes).

atividade como dever do Estado, no âmbito da Ordem Social.² A ênfase originalmente social na abordagem jurídica do esporte é destacada com precisão numa das poucas obras nacionais de referência sobre o tema.

> ...importa sublinhar que a disciplina constitucional dessa matéria enfoca primordialmente o desporto nas suas manifestações capazes de proporcionar melhores condições de vida para as pessoas, apresentando-se, sobretudo, como fator de desenvolvimento da própria sociedade.³

Reforça esta constatação a remissão do §3º do mesmo artigo ao lazer,⁴ já previsto como um dos direitos sociais arrolados no art. 6º da Carta da República.⁵

Entretanto, ao lado do caráter social, tem-se constatado a cada ano que passa, desde a promulgação do atual texto constitucional, uma crescente expressão econômica associada às atividades desportivas. Com efeito, lendo-se obra publicada em 1995, constata-se que a arrecadação de US$700.000,00 (setecentos mil dólares norte-americanos) com a primeira ação consistente de *marketing* esportivo numa final de campeonato brasileiro de futebol era saudada como um marco relevante ocorrido onze anos antes:

> Nos jogos finais da Copa Brasil de 1984, quando jogaram Fluminense e Vasco, o Banco Nacional colocou sua logomarca nos uniformes de ambos os times. Quarenta e nove emissoras dos sistemas Globo e Bandeirantes e onze emissoras regionais transmitiram os dois jogos finais. Dessa forma, o Banco Nacional obteve um retorno publicitário extraordinário.
>
> Foram comercializados dezessete *outdoors* no campo, ao preço de US$2,5 mil por cada partida. O uso da marca do patrocinador nas camisas dos jogadores rendeu a cada clube US$28 mil. Pelos direitos de transmissão dos dois jogos pela TV, cada clube recebeu outros US$28 mil.
>
> Somando-se tudo, as finais da Copa Brasil de 1984 geraram negócios no valor de US$700 mil.
>
> Foi realmente um marco na história do marketing esportivo, em especial no futebol.⁶

---

² "Art. 217. É dever do Estado fomentar práticas desportivas formais e não-formais, como direito de cada um..."
³ MIRANDA. *O direito no desporto*, p. 12.
⁴ "Art. 217. (*omissis*) §3º O Poder Público incentivará o lazer, como forma de promoção social."
⁵ "Art. 6º São direitos sociais a educação, a saúde, o trabalho, a moradia, o lazer, a segurança, a previdência social, a proteção à maternidade e à infância, a assistência aos desamparados, na forma desta Constituição."
⁶ MELO NETO. *Marketing esportivo*, p. 18.

A disparidade de cifras que se percebe pela simples memória do noticiário recente chega a ser constrangedora. Só para figurar na camisa do Flamengo no jogo da estreia de Ronaldinho Gaúcho, a Visa pagou aproximadamente R$1.000.000,00 (um milhão de reais), valor, aliás, noticiado como "salário-base" mensal do referido atleta para jogar no clube rubro-negro.

A quantidade de recursos e o potencial gerador de empregos diretos e indiretos do mercado desportivo são celebrados como cada vez mais promissores, circunstância que é atestada diariamente por simples vista d'olhos, leitura apressada ou audição descompromissada de qualquer veículo de imprensa,[7] como, por exemplo, se vê em passagem de artigo jornalístico veiculado em 2002:

> Uma política de esportes para o Brasil não deveria vê-lo apenas como meio de integração social, como no governo passado. Deveria ter como objetivo principal integrar o Brasil, que tem 175 milhões de habitantes, nesse negócio mundial de mais de US$400 bilhões por ano, capaz de criar milhões de empregos e de juntar a 11ª economia mundial ao desempenho de Cuba, que tem 11 milhões de habitantes. (...) O uso do dinheiro público para a promoção do esporte deveria ter uma justificação básica: a criação de riquezas e de um importante mercado de trabalho.[8]

A efetiva relevância econômica do esporte acabou consagrada em sede legal, como apontam o novo texto da chamada Lei Pelé (Lei nº 9.615, de 24.03.1998) e o Estatuto do Torcedor (Lei nº 10.671, de 15.05.2003), uníssonos em caracterizar o esporte como atividade econômica.[9]

A duplicidade que passa a caracterizar o esporte, elemento poderoso de promoção tanto social quanto econômica, impõe, especialmente na atual quadra histórica do Brasil, ainda maiores cautelas na apreciação da atuação estatal no meio desportivo, já que, enquanto num campo é intervenção do Estado pode ser muito bem-vinda, na outra há preceitos constitucionais explícitos contendo a liberdade de ação administrativa.

---

[7] Embora a crença seja séria e fundamentadamente questionada por significativa corrente de economistas, como relatam Simon Kuper e Stefan Szymanski em instigante livro recém-publicado no Brasil (*Soccernomics*, cap. 12 Felicidade. Por que sediar uma Copa do Mundo é bom para você, p. 227-244.).

[8] RAMOS *apud* MOREIRA ALVES. Esporte e emprego. *O Globo*, p. 4.

[9] O parágrafo único do art. 2º da Lei Pelé afirma textualmente: "A exploração e a gestão do desporto profissional constituem exercício de atividade econômica", enquanto que o art. 3º do EDT registra que, "para todos os efeitos legais, equiparam-se a fornecedor... a entidade responsável pela organização da competição, bem como a entidade de prática desportiva detentora do mando de campo".

3 A segmentação legal do esporte no Brasil

A primeira baliza para o Estado no campo esportivo já é dada pelo próprio texto constitucional, que delimita claramente o terreno do fomento estatal preconizado no já citado art. 217 da Carta Cidadã, estatuindo em três dos quatro incisos do mesmo dispositivo legal:

> Art. 217. É dever do Estado fomentar práticas desportivas formais e não-formais, como direito de cada um, observados:
>
> (...)
>
> II – a destinação de recursos públicos para a promoção prioritária do desporto educacional e, em casos específicos, para a do desporto de alto rendimento;
>
> III – o tratamento diferenciado para o desporto profissional e o não-profissional;
>
> IV – a proteção e o incentivo às manifestações desportivas de criação nacional.

Para além de já antecipar, em 1988, a possibilidade de distinta categorização do desporto profissional, o que acabou confirmado quando de sua classificação como atividade econômica pelos diplomas legais já citados, a Constituição da República buscou privilegiar um propósito específico da atividade esportiva: a sua integração com a educação e os valores que podem ser difundidos e consolidados a partir da inserção do esporte no cotidiano dos estabelecimentos de ensino.

Em paralelo, também consentiu a Constituição com o financiamento público do desporto de alto rendimento, extremando outra espécie de atuação esportiva.

Na esteira de tal posicionamento, a Lei Pelé consagrou o que hoje se pode chamar de tripartição dos segmentos esportivos brasileiros:

> Art. 3º O desporto pode ser reconhecido em qualquer das seguintes manifestações:
>
> I – desporto educacional, praticado nos sistemas de ensino e em formas assistemáticas de educação, evitando-se a seletividade, a hipercompetitividade de seus praticantes, com a finalidade de alcançar o desenvolvimento integral do indivíduo e a sua formação para o exercício da cidadania e a prática do lazer;
>
> II – desporto de participação, de modo voluntário, compreendendo as modalidades desportivas praticadas com a finalidade de contribuir para a integração dos praticantes na plenitude da vida social, na promoção da saúde e educação e na preservação do meio ambiente.

III – desporto de rendimento, praticado segundo normas gerais desta Lei e regras de prática desportiva, nacionais e internacionais, com a finalidade de obter resultados e integrar pessoas e comunidades do País e estas com as de outras nações.

A segmentação acima apontada não é aleatória, como demonstra José Ricardo Rezende:

> Diante da natureza e finalidade das manifestações desportivas podemos imaginar uma pirâmide e dizer que na base, temos o desporto educacional (passagem por um processo de aprendizagem e iniciação esportiva), que indica o direito de todos em ser educado para a prática dos mais diversos esportes, ou seja, conhecer seus fundamentos e, mais que isso, seu próprio corpo (possibilidades e limitações), contribuindo para sua formação integral, desenvolvimento motor e sensorial, e, logicamente, para a utilização do esporte como meio de lazer. Na posição intermediária, temos o desporto de participação que, como o próprio nome diz, remete a uma utilização do desporto (aprendido na fase educacional) para fins de integração com outros indivíduos (sociabilização), através da participação em eventos e atividades esportivas diversas, buscando ainda a promoção da saúde (utilização como instrumento de qualidade de vida e combate ao sedentarismo) e educação (valendo-se dos aspectos positivos do desporto, como: disciplina, cooperação, respeito ao próximo, senso de grupo, etc.). Já no topo, com finalidade diversa e antagônica, o desporto é encarado sob a ótica do rendimento (desporto de rendimento), da busca incessante por resultados, pela vitória e conquista de títulos, da quebra de recordes, perfazendo o espetáculo esportivo, objeto de entretenimento do público em geral (contemplação). Nesse universo encontram-se os atletas profissionais e não profissionais, selecionados com base no desempenho técnico (aptidão), consorciado com padrões físicos, biológicos e psicológicos, ou seja, em condições de suportar o treinamento intenso e o estresse do ambiente competitivo.[10]

Os distintos propósitos de cada atividade esportiva específica acabam por suscitar diferentes abordagens por parte da Administração Pública e sinalizar os valores a serem privilegiados quando da intervenção estatal no esporte, especialmente à luz das prioridades fixadas na Constituição de 1988.

---

[10] REZENDE. *Nova legislação de direito desportivo*: preparando o Brasil para a Copa 2014 e Olimpíadas 2016, p. 49-50.

4 Formas de atuação estatal na área esportiva

O campo de análise deste trabalho se deterá, obviamente, na faceta executiva da atuação estatal, restringindo a apreciação das diversas formas de expressão da *função administrativa*, assim definida por Diogo de Figueiredo Moreira Neto:

> A função administrativa é toda aquela exercida pelo Estado, que não seja destinada à formulação da regra legal nem à expressão da decisão jurisdicional, em seus respectivos sentidos formais.
>
> As atividades administrativas atendem, assim, materialmente, às necessidades de planejamento, decisão, execução e controle que devam ser desenvolvidas para a gestão de interesses que são aqueles especificamente cometidos por lei à administração estatal.[11]

Sendo, portanto, "atividade estatal remanescente",[12] residual, há um "vasto campo de competências"[13] que podem ser genericamente agrupadas em quatro categorias de atuação estatal,[14] tal como definido na obra de Marcos Juruena Villela Souto: "A função de administrar comporta, basicamente, a polícia administrativa, a responsabilidade pela prestação dos serviços públicos, o ordenamento econômico e o ordenamento social."[15]

O exercício de poder de polícia e a prestação de serviços públicos se ligam de forma menos intensa com a atuação estatal no esporte, razão pela qual se concentrará principalmente nas atividades de ordenamento social e econômico.

4.1 Ordenamento social

O ordenamento social se dá, na dicção do já citado Professor Diogo de Figueiredo Moreira Neto, na forma de ações *regulatórias*, *fiscalizatórias e sancionatórias*,[16] assim conceituada pelo doutrinador em questão:

---

[11] *Curso de direito administrativo*, p. 24.
[12] *Idem*.
[13] *Ibidem*.
[14] Destacando que o Professor Diogo de Figueiredo Moreita Neto ainda acrescenta a estas categorias o *Fomento*, que trata autonomamente na sua obra já citada acima.
[15] *Direito administrativo regulatório*. Rio de Janeiro: Lumen Juris, 2005. p. 5.
[16] *Op. cit.*, p. 480.

...função administrativa que disciplina relações jurídicas não-econômicas, com a finalidade de preservar a dignidade da pessoa humana, pela proteção de valores culturais e da qualidade da vida, para a realização concreta, direta e imediata dos princípios constitucionais.[17]

Observando-se tais vertentes de atuação social, verifica-se que pouquíssimo há para contemplar de efetiva intervenção estatal com tal viés, não havendo nada muito além do que a regulamentação dos profissionais de educação física e a consequente sujeição da categoria à fiscalização e eventual sanção do respectivo Conselho Profissional.

Entretanto, se trouxermos as iniciativas de fomento para o âmbito de apreciação das funções de ordenamento social, atendendo, assim, à divisão quadripartite postulada por Marcos Juruena, constata-se que o esporte pode ser alcançado tanto pelas medidas de planejamento quanto pelos aspectos social e institucional da função de fomento.[18]

A primeira de tais funções de fomento é o planejamento, assim definido na obra do Professor Diogo de Figueiredo Moreira Neto:

> O planejamento estatal nada mais é que a utilização dessa técnica social de concentração de poder em condições de ser eficientemente aplicado pelo aparelho administrativo do Estado, para a racionalização de sua própria atividade em benefício da sociedade, concentrando os meios que dela retira para alcançar essas finalidades.[19]

Esta racionalidade, no entanto, não pode ser imposta no seio de um Estado Democrático, devendo ser meramente *indutora* para o meio privado, enquanto que o setor público se torna jungido aos seus preceitos.[20] Dois exemplos típicos deste meio de atuação são o Plano Nacional do Desporto (PND), figura introduzida no art. 5º da Lei Pelé pela Lei nº 12.395, de 16.03.2011, e o interessante trabalho de desenvolvimento do Índice de Desenvolvimento do Esporte (IDE), realizado no âmbito da Superintendência de Desportos do Estado do Rio de Janeiro (SUDERJ).[21]

A primeira figura mencionada acima determina, nos termos do citado art. 5º da Lei Pelé,[22] a aplicação dos recursos do Ministério do

---

[17] *Idem.*
[18] MOREIRA NETO, *op. cit.*, p. 514.
[19] *Op. cit.*, p. 516.
[20] Neste sentido afirma o autor já citado acima, na mesma p. 516.
[21] O mencionado trabalho foi consolidado em obra de título similar, capitaneada pela Vice-Presidente Executiva de Esporte: GUIMARÃES. *Índice de desenvolvimento do esporte*: mapeamento e gestão no Estado do Rio de Janeiro.
[22] "Art. 5º Os recursos do Ministério do Esporte serão aplicados conforme dispuser o Plano Nacional do Desporto, observado o disposto nesta Seção."

Esporte, conforme dispuser o PND. Embora ainda não regulamentado, o referido plano poderá estabelecer diretrizes objetivas para o dispêndio de recursos federais na área desportiva.

Já o IDE é assim definido por Sérgio Tavares Ferreira na aludida obra:

> Trata-se basicamente de uma análise situacional que envolve a organização das informações fundamentais para a produção de parâmetros capazes de nortear intervenções num determinado contexto, diminuindo significativamente a margem de risco das ações futuras. A proposta desenvolve-se em duas frentes, apresentando num primeiro momento o georreferenciamento correlato a estrutura temática do esporte no Estado, identificado a rede composta por iniciativas, instalações e instituições que representam a distribuição espacial de fenômenos diretamente envolvidos com a sua manifestação. Contudo, este recorte encontra limites no sentido de organizar ações prioritárias, considerando que para melhor se conhecer e planejar o local onde se vive a dimensão analítica que esta etapa nos permite, embora fundamental, é insuficiente.
>
> É na constatação desta demanda que se desenvolveu, numa segunda frente de estudos, o ÍNDICE DE DESENVOLVIMENTO DO ESPORTE (IDE), uma medida comparativa composta por variáveis e dimensões que permitem a análise dos fatores que favorecem ou limitam o avanço do setor em cada cidade, constituindo-se como forte recurso de gestão governamental ao identificar, não só a situação geral em que se encontra uma determinada região, mas seus pontos mais fortes, bem como os mais vulneráveis. Este aspecto qualifica significativamente a classificação municipal decorrente de sua aplicação, inspirando decisões capazes de assegurar a eficácia, a eficiência e a efetividade de programas, projetos, convênios e parcerias, além de outras possibilidades que envolvam o processo de administração voltado para a garantia dos direitos sociais relacionados à alocação de bens e recursos, públicos e privados, que encontrem na temática do esporte o destino adequado.[23]

Para além do planejamento descrito acima, o fomento, como já afirmado antes, pode se desdobrar em duas vertentes no campo social. Aquele social propriamente dito, que decorre da previsão genérica do art. 217 da Constituição da República, anteriormente citado, assim como as previsões especificamente arroladas na legislação infraconstitucional, nos moldes do que ocorre, por exemplo, no art. 7º da Lei Pelé, que

---

[23] *Op. cit.*, p. 9.

determina a destinação dos recursos federais para áreas de inegável relevância social.[24]

Já o fomento institucional se vincula à ideia de *desmonopolização do poder*, veiculada pela sempre precursora lição de Diogo de Figueiredo Moreira Neto:

> O conceito de que o público é o campo de ação do Estado, mas não mais seu monopólio, domina o Direito Político contemporâneo. Especificamente na área da administração pública, a revolução da ciência e da tecnologia e, em especial, o desenvolvimento da comunicação, estão abrindo novos canais de participação da sociedade, que, por sua vez, se torna cada vez mais consciente e demandante.
>
> (...)
>
> A utilização da descentralização social por meio de entidades intermédias com personalidade de direito privado, não obstante virem a ter sua constituição orientada por iniciativa do Poder Público e submetida a modelos estatutários oficialmente preconizados, acrescenta as vantagens peculiares ao aproveitamento mais intenso da sinergia social no trato de problemas complexos.[25]

Neste sentido, são inúmeros os exemplos de atuação concertada do Estado junto a entidades privadas que promovem atividades esportivas, devendo-se atentar, entretanto, para as iniciativas que deturpam os instrumentos próprios da colaboração, utilizando-se de tais figuras para a mera transferência de recursos públicos para verdadeiros entes empresariais travestidos de entes intermédios. Tal assunto será abordado mais adiante.

4.2 Ordenamento econômico

A equiparação do esporte profissional à atividade de exploração econômica, já mencionada acima, não é mero exercício de criatividade legislativa, mas reflexo de sua ascensão neste cenário, como já era destacado em 1997:

---

[24] O referido artigo arrola, em oito incisos, os seguintes objetos de aplicação de fomento federal: desporto educacional (inciso I); desporto de rendimento, quando da representação do país em competições internacionais (inciso II); desporto de criação nacional (inciso III); capacitação de cientistas e técnicos esportivos e de professores de educação física (inciso IV); apoio à pesquisa, documentação e informação (inciso V); instalações esportivas (inciso VI); assistência à adaptação do ex-atleta profissional ao mercado de trabalho (inciso VII); e desporto para pessoas portadoras de deficiência (inciso VIII).

[25] *Op. cit.*, p. 537, 538, 541.

O futebol, para se modernizar, precisa ser analisado como um todo. Se os jovens de hoje se divertem com o computador ("navegando" pela Internet), com a Fórmula 1 e "curtem" os jogos da NBA, em vez do futebol, não será pelo fato de esses esportes acompanharem a evolução da tecnologia e do marketing? O futebol precisa ser tratado como um produto que está à venda e, como tal, deve atender às preferências do consumidor, cuidar da qualidade e da imagem (embalagem).

Para que o futebol não pare no tempo, os seus dirigentes devem procurar uma agência de publicidade para cuidar do "produto" e fornecer o diagnóstico do problema com base em pesquisas de opinião pública. Para organizar o futebol e o transformar em produto *top* de linha, devemos conduzi-lo profissionalmente em todas as áreas.[26]

Embora o foco da análise fosse o futebol, vê-se a menção a outras modalidades esportivas (automobilismo e basquete, sintomaticamente referidos pelas suas marcas), ficando clara a abordagem que trata tais atividades como um *"produto"* a ser *"vendido"* a uma clientela ávida por novidades.

Esta nova cultura de gestão do esporte o levou, de modo inarredável, ao meio econômico, tornando-o um dos braços da indústria que mais cresce no planeta: aquela do entretenimento. Ao travar contato com esta nova realidade, a atuação estatal pode se pautar segundo uma de três categorias propostas por Luís Roberto Barroso, que sintetiza as diversas classificações aventadas por inúmeros administrativistas na seguinte tríade: *disciplina, fomento e atuação direta*.[27]

O primeiro campo de atuação econômica se traduz pela edição de leis, que, no caso do esporte, são as já citadas Lei Pelé e o Estatuto de Defesa do Torcedor, que disciplinam de modo incisivo o desempenho de atividades esportivas de cunho profissional.

Já o fomento é assim definido pelo referido professor:

> De outra parte, o Estado interfere no domínio econômico por via do *fomento*, isto é, apoiando a iniciativa privada e estimulando determinados comportamentos. Assim, por exemplo, através de *incentivos fiscais*, o Poder Público promove a instalação de indústrias ou outros ramos de atividade em determinada região. Do mesmo modo, a elevação ou redução da alíquota de impostos — notadamente os que têm regime

---

[26] BRUNORO; AFIF. *Futebol 100% profissional*, p. 21.
[27] Modalidades de intervenção do Estado na ordem econômica: regime jurídica das Sociedades de Economia Mista: inocorrência de abuso de poder econômico. *In*: BARROSO. *Temas de direito constitucional*, t. I, p. 395.

excepcional no tocante aos princípios da legalidade e anterioridade, como IPI, importação, IOF — é decisiva na expansão ou retração de determinado segmento da economia. Igualmente relevante, no fomento da atividade econômica, é a oferta de financiamento público a determinadas empresas ou setores do mercado, mediante, por exemplo, linha de crédito junto ao BNDES.[28]

Não é difícil encontrar exemplo de iniciativas esportivas que bebem de cada uma das fontes listadas no escólio acima transcrito.

A última modalidade de intervenção estatal no esporte como atividade econômica se traduz na atuação direta, seja pela prestação de serviços públicos, normalmente traduzida na operação de instalações desportivas, majoritariamente públicas, quando tomado o quadro daquelas de maior capacidade; seja pela atuação direta, por meio da constituição de inúmeras equipes que disputam competições de primeira linha das principais modalidades esportivas nacionais.

5 A subsidiariedade no esporte

5.1 A subsidiariedade no desporto de participação

O princípio da subsidiariedade encontra três locais privilegiados para sua consagração na ordem constitucional brasileira: a preservação da autonomia federativa, o respeito à livre iniciativa econômica e na preservação das formas participativas de exercício democrático, como bem atesta o articulado trabalho de Marianna Montebello Willeman, que delimita a figura desta forma:

> A subsidiariedade apresenta caráter dúplice, comportando aplicação simultaneamente negativa e positiva. O aspecto negativo do princípio revela-se ao preconizar que aquilo que pode ser exercido pelo indivíduo ou por sociedades menores não deve ser confiado a sociedades de maior envergadura, nem tampouco ao Estado. Por sua vez, seu aspecto positivo é evidenciado na medida em que os grupos maiores têm a obrigação de suprir eventuais deficiências dos menores, prestando assistência aos atores insuficientes, estimulando, coordenando, fomentando, suplementando e suprindo, se necessário, a iniciativa pessoal.[29]

---

[28] BARROSO, *op. cit.*, p. 396.
[29] O princípio da subsidiariedade e a Constituição da República de 1988. *In*: PEIXINHO; GUERRA; NASCIMENTO FILHO. *Os princípios da Constituição de 1988*, p. 483.

À luz de tal desenho é que se pode propor limites e vetores de atuação estatal no esporte. Será a preservação da iniciativa individual e dos entes sociais, no âmbito de cada localidade que pautará cada intervenção administrativa, sempre resguardando-se o verdadeiro valor cultural espontânea e historicamente desenvolvido pelo esporte, tal como ilustra preciosa passagem literária:

> A inovação da esquerda antiglobalização é seu apego ao tradicionalismo: a preocupação de que gostos e tendências globais venham a sufocar as culturas nativas. Evidentemente, o futebol não é a mesma coisa que Bach ou o budismo. Mas frequentemente provoca um sentimento mais profundo que a religião e, tal como esta, é uma parte do tecido comunitário, um repositório de tradições. Durante o regime franquista, o Atlético de Bilbao e o Real Sociedad eram os únicos espaços em que o povo basco podia expressar seu orgulho cultural sem ir para a cadeia. Em cidades industriais inglesas como Coventry e Derby, os clubes de futebol ajudaram a aglutinar pequenas comunidades em meio a uma poluição opressiva.[30]

Se a citação acima se foca no futebol e espraia sua abrangência em âmbito global, tal sentimento em solo e nas almas brasileiras já foi abordado por este autor em outra ocasião:

> A menos de um mês do início dos Jogos Olímpicos,[31] os amantes do esporte em geral antecipam as generosas doses de emoção que uma competição desta magnitude pode proporcionar. Talvez a maior de todas as sensações a serem experimentadas será o novo encontro da sociedade brasileira com o seu país, a identificação, no esforço de cada atleta verde-amarelo, da noção recentemente tão aviltada, de que há um Brasil que dá certo, de uma nação que sabe, ao mesmo tempo, ser apaixonada e eficiente.
>
> No momento em que o esporte mais uma vez nos resgatará de nosso rodriguiano complexo de vira-latas, que nossa classe dirigente insiste em nos impor, uma outra figura do mesmo Nelson Rodrigues me inspirou a criar este blog: a Pátria de Chuteiras. A perfeita figura criada por esse inigualável cronista desportivo descrevia a seleção brasileira de futebol como o refúgio de nosso nacionalismo, o espelho e a janela do país que admirávamos e que talvez pudéssemos efetivamente nos tornar.
>
> (...)

---

[30] FOER. Como o futebol explica o mundo, p. 9-10.
[31] E aqui se mencionava a proximidade da abertura dos Jogos Olímpicos de Pequim, em 2008.

Essa afirmação nacional se revela de forma inequívoca em outra constatação que ouvi uma vez de Armando Nogueira, outro ícone da crônica esportiva. Ressalvada a imprecisão da citação feita em cima de uma memória de programa de televisão perdido nos anos, diz ele que feliz é o país que celebra heróis forjados nos verdes campos de futebol, em vez dos sangrentos campos de batalha.

Pois é no mesmo Brasil que ri e desconfia de todas as figuras de sua história política que se produz um rol cintilante de desportistas elevados ao patamar de reis e rainhas, aos quais se devota um respeito e uma admiração genuína.[32]

A espontaneidade e autonomia alcançadas pelo esporte em território nacional revelam a necessária reverência do Estado à capacidade de auto-organização social neste campo, diretriz antecipada no cotejo da Constituição com a já mencionada segmentação esportiva promovida pela multicitada Lei Pelé.

De fato, das três expressões desportivas arroladas pelo também já citado art. 3º do referido diploma legal, o único que não tem fomento ou previsão de atuação estatal expressa no art. 217 é aquele de participação, assim definido na doutrina nacional:

> Considerando que esta manifestação prioriza fundamentalmente a finalidade de prevalecer mais ao entretenimento, ao lazer, à recreação e à integração social pelas vivências lúdicas desportivas (prática não formal — desporto lazer), do que qualquer outro objetivo, além da sua possibilidade de atuar como meio de educação, promoção da saúde e de valores sociais (cooperativismo, disciplina, ética, respeito pelos adversários, determinação), configura-se como a expressão máxima do esporte como "direito de cada um", previsto no art. 217 da Constituição Federal.[33]

Neste caso, a atuação individual e a auto-organização das comunidades locais que darão o tom da prática desportiva de participação, devendo o Estado se abster de intervir diretamente ou fomentar a introdução de entidades privadas de maior parte no espaço do lazer informal de cada sujeito. Aqui, quando muito, o papel do Estado se dará pela construção e manutenção de instalações esportivas adequadas, e mesmo

---

[32] MARTINS. O esporte como identidade nacional.
[33] REZENDE, op. cit., p. 49.

assim naqueles locais em que associativismo clubístico que caracteriza a história desportiva brasileira já não tiver suprido tal necessidade.[34]

5.2 A subsidiariedade no desporto educacional

Já o desporto educacional e aquele de rendimento obtiveram menções específicas no texto constitucional, como já visto anteriormente neste trabalho. A primeira delas é aquela que determina a observância da "destinação de recursos públicos para a promoção prioritária do desporto educacional e, em casos específicos, para a do desporto de alto rendimento" (inciso II do art. 217).

O regramento constitucional mereceu reiteração e maior detalhamento em sede de lei ordinária, na medida em que a Lei Pelé, em primeiro lugar, indica, logo no primeiro inciso do seu art. 7º, o desporto educacional como destinação dos recursos federais aplicados ao esporte, fazendo-o *sem qualquer condicionamento*.

A opção preferencial pela vertente educacional do esporte se reforça quando se retroage ao artigo anterior, que, ao estabelecer nova disciplina para os repasses federais aos estados e municípios, limita de forma intensa as possibilidades de dispêndio de tais verbas. Veja-se:

Art. 6º Constituem recursos do Ministério do Esporte:

(...)

II – adicional de quatro e meio por cento incidente sobre cada bilhete, permitido o arredondamento do seu valor feito nos concursos de prognósticos a que se refere o Decreto-lei nº 594, de 27 de maio de 1969 e a Lei nº 6.717, de 12 de novembro de 1979, destinado ao cumprimento do disposto no art. 7º;

(...)

§2º Do adicional de 4,5% (quatro e meio por cento) de que trata o inciso II deste artigo, 1/3 (um terço) será repassado às Secretarias de Esporte dos Estados e do Distrito Federal ou, na inexistência destas, a órgãos que tenham atribuições semelhantes na área do esporte, proporcionalmente ao montante das apostas efetuadas em cada unidade da Federação, para aplicação prioritária em jogos escolares de esportes olímpicos e paraolímpicos, admitida também sua aplicação nas destinações previstas nos incisos I, VI e VIII do art. 7º desta Lei.

---

[34] Justamente na esteira da lição de Marianna Montebello Willeman, que só concebe um desdobramento positivo da aplicação do princípio da subsidiariedade quando inexistente a capacidade da comunidade menor em prover às suas necessidades em determinada área. Tal premissa pode até mesmo se revelar no inciso I do art. 217 da Carta Republicana, que assegura a "autonomia das... associações, quanto a sua organização e funcionamento".

Para além dos jogos escolares, óbvia e diretamente relacionados à inserção do esporte no sistema nacional de ensino, a limitação da aplicação dos repasses às atividades referidas nos três incisos acima resulta no seguinte espectro de investimento dos Estados com recursos de origem federal: *desporto educacional* (inciso I); *instalações esportivas* (inciso VI) e *desporto para portadores de deficiência* (inciso VIII).

O que se percebe é que, das quatro destinações possíveis para tais verbas federais, duas se ligam diretamente à conjunção esporte-educação, ferramenta poderosa na construção de um sistema de ensino forte e do desenvolvimento de um universo de seleção mais amplo para os níveis mais elevados da prática atlética, nos moldes das maiores potências olímpicas mundiais.

Isto sem contar a possibilidade de que as aludidas instalações esportivas sejam construídas ou ampliadas nas dependências de estabelecimentos de ensino.

Portanto, na esteira da prioridade constitucionalmente estabelecida, a ausência de qualquer condicionamento na aplicação de recursos para o esporte no âmbito de seu desenvolvimento em escolas ou outros estabelecimentos de índole educacional demonstra claramente a opção por fomentar, de modo irrestrito, a potencialização da educação por meio do esporte, indo até mesmo ao encontro da prioridade constitucional dada à educação pela prioridade orçamentária consagrada no art. 212 da Carta Magna.[35]

Outra forma bastante conhecida de atuação nesta vertente educacional é a colaboração com as entidades extra-estatais, as denominadas *Organizações Não Governamentais*, que se multiplicam todos os dias. Este exemplo de fomento social se concretiza habitualmente por meio da figura do *convênio*, o qual, infelizmente, tem se prestado a reiteradas distorções do verdadeiro papel do Estado e seu parceiro privado em casos que tais.

O que se tem visto com frequência é a mera terceirização de recursos públicos para a *execução* indireta de funções que eventualmente poderiam ser realizadas pelo próprio Estado, ou, ao menos, se sujeitariam à disputa por parte dos agentes econômicos que atuam no florescente mercado desportivo.[36]

---

[35] "Art. 212. A União aplicará, anualmente, nunca menos de dezoito, e os Estados, o Distrito Federal e os Municípios vinte e cinco por cento, no mínimo, da receita resultante de impostos, compreendida a proveniente de transferências, na manutenção e desenvolvimento do ensino."

[36] Neste ponto, cabe rememorar advertência feita por este autor em obra conjunta com Flávio de Araújo Willeman (*Direito administrativo*, p. 118): "Como traços distintivos dos contratos

Em outras palavras, mais do que a já suficientemente grave violação ao dever de licitar, a deturpação do propósito dos convênios administrativos no setor do esporte acaba por minar o desenvolvimento de um mercado de fornecedores de serviços já razoavelmente estabelecido no país. Neste sentido, em vez de se esconder atrás de ONGs de fachada, os empresários esportivos poderiam se constituir como sociedades de prestação de serviços de treinamento, educação e gestão esportiva, aumentando o grau de competitividade em tal campo e conferindo maior transparência à utilização do esporte como ferramenta educacional pelo Poder Público e pela iniciativa privada.

Aqui, mais uma vez se vê a incidência do princípio da subsidiariedade, mas já na fronteira entre o social e o econômico, na medida em que a malversação do fomento institucional no âmbito social acaba por inviabilizar o pleno desenvolvimento autônomo da atividade econômica encetada pelos agentes privados.

Traduzindo em miúdos: a intervenção indevida do Estado, privilegiando um determinado sujeito ou entidade privada, acaba por inibir a atuação econômica nascida nas comunidades de menor alcance.

5.3 A subsidiariedade no desporto de rendimento

Mas, se de um lado os abusos relatados acima denotam a prioridade incondicionada que o desporto educacional desfruta no ordenamento jurídico, o esporte de rendimento também mereceu contemplação por parte do Constituinte, mas como uma delimitação *a priori* ("...e, em casos específicos, para a do desporto de alto rendimento"), concretizada no nível infraconstitucional pela dicção do inciso II do art. 7º da Lei Pelé:

> Art. 7º Os recursos do Ministério do Esporte terão a seguinte destinação:
> (...)
> II – desporto de rendimento, nos casos de participação de entidades nacionais de administração do desporto em competições internacionais, bem como as competições brasileiras dos desportos de criação nacional.

---

administrativos, os convênios administrativos se caracterizam por materializarem uma soma de esforços para a consecução de objetivos comuns às partes convenentes. Em outras palavras, não há a contraposição de interesses comum aos contratos, em que uma parte pretende a obtenção de recursos pecuniários e a outra o adimplemento de uma obrigação de fazer ou de dar alguma coisa, havendo uma verdadeira troca entre as partes. Já no convênio, os interesses são convergentes, ambas as partes buscam a realização de determinada finalidade concreta (ex.: educação de menores carentes, assistência social a idosos, recuperação de dependentes químicos). Neste sentido, forma-se uma parceria para colaboração, não para mera delegação da execução de um serviço de interesse público a um particular."

Como se vê, o fomento público do desporto de rendimento só se justifica sob o prisma social quando este se configurar como expressão da identidade nacional, instrumento de galvanização do sentimento patriótico e de comunhão entre os espectadores brasileiros.

Aqui, a consolidação de um sentimento nacional é papel próprio do ente federativo maior, configurando-se claramente hipótese de *não incidência* do princípio da subsidiariedade, podendo-se dizer o mesmo no que tange à promoção ampla das modalidades de criação nacional, que merecem igual divulgação nacional, função tipicamente atribuível ao nível federal da Administração Pública.

Contudo, mesmo neste campo estreito de atuação do Estado no financiamento do esporte de alto rendimento haverá que se ter em mente que ainda remanesce espaço para a operação do princípio da subsidiariedade no que diz respeito à limitação do apoio estatal àquelas modalidades que não logram autossustentabilidade financeira.

Já são categóricos os modelos de autonomia econômica das maiores confederações esportivas, em especial a de Futebol (CBF), pela consolidação histórica da modalidade como esporte profissional e, mais recentemente, do Voleibol (CBV), que pelo paradigmático modelo de gestão acabou por adquirir meios de receita e um equilíbrio administrativo-financeiro que serve de exemplo para os demais esportes.

Em ambos os casos, é evidente que a necessidade de financiamento ou fomento público de qualquer ordem é quase inexistente.

Neste ensejo, considerando a profissionalização que alcança tais modalidades de modo amplo, e outros esportes em casos pontuais, passa-se a analisar a incidência da subsidiariedade no esporte *como atividade econômica*.

Já abordados os diversos exemplos que demonstram claramente a comercialização do esporte, sua transformação em produto de consumo e meio de entretenimento (regiamente) remunerado, aqui incide claramente o art. 173 da Constituição da República, que determina a abstenção do Estado no campo econômico, razão pela qual já soam aberrantes os inúmeros exemplos de instituição de equipes desportivas profissionalizadas por parte de várias prefeituras em todos os rincões do país.

O Brasil desenvolveu seu esporte com base na organização de clubes e associações, além de contar com uma rede de estabelecimentos de ensino privados que podem tranquilamente atender à demanda de criação e manutenção de equipes de alto rendimento, usual e crescentemente compostas de atletas remunerados para o desempenho exclusivo da atividade esportiva.

Aqui, parece-me que a atuação direta do Estado no meio esportivo econômico é absolutamente incompatível com o ordenamento normativo até agora apresentado.

De outra banda, o atual momento nacional, pautado pelo esforço de estruturação de condições para sediar os dois maiores eventos esportivos do planeta nos próximos cinco anos, revela uma gama de ações de financiamento público a uma série de instalações urbanas e esportivas relacionadas à Copa do Mundo e aos Jogos Olímpicos.

Aqui, para invocar uma figura tipicamente esportiva, "a bola é dividida". De um lado, há a corrente que defende estas oportunidades como meio de potencialização do desenvolvimento social do país e das cidades que receberão tais eventos, assim como relacionam tais investimentos à criação de condições para o florescimento de uma indústria esportiva brasileira de relevo mundial.

Nestes casos, o fomento público estaria plenamente justificado.

Entretanto, no sentido oposto fica importante ponderação feita por autores já citados anteriormente neste trabalho:

> Sempre que um país se candidata a hospedar uma edição da copa do Mundo ou dos Jogos Olímpicos, seus políticos profetizam "bonança econômica". Eles evocam hordas de visitantes consumistas, a publicidade gratuita das cidades anfitriãs para os telespectadores do mundo, os benefícios a longo prazo de todas as estradas e todos os estádios que serão construídos. Não espanta que quase todos os países desejem receber esses eventos. A disputa para sediar a Copa do Mundo de 2018 é a mais acirrada de todos os tempos.
>
> Na verdade, sediar torneios esportivos de modo algum deixa um país rico. O motivo pelo qual os países são tão ansiosos para sediar é completamente diferente: sediar deixa sua população feliz. Mas, estranhamente, os candidatos a anfitriões não parecem compreender seus próprios motivos.
>
> O filme de 1989 *Campo dos Sonhos* é uma história sentimental de redenção estrelada por Kevin Costner no papel de um fazendeiro de Iowa. Filho de um fanático por baseball, quando criança ele sonhara ser um astro do esporte. Quando adulto, ouve uma voz dizer a ele par construir um campo de baseball em seu milharal. "Se você construir ele virá" é o bordão do filme. A moral: construir estádios onde eles não existem é edificante e bom para você. Desde então essa ideia original americana se espalhou para o futebol na Europa.
>
> Há nos Estados Unidos uma pequena indústria de "consultores" que existem para fornecer justificativas econômicas para a frase: "Se você construir, ele virá". Em qualquer cidade dos Estados Unidos, em qualquer momento, alguém está planejando construir um novo estádio

esportivo excepcional. O grande prêmio para a maioria das cidades norte-americanas é hospedar um time da liga principal, preferencialmente uma franquia da NFL, mas se não for possível, baseball, basquete ou, caso nada mais dê certo, hóquei no gelo ou pelo menos futebol. Abrigar uma "franquia" de esporte americano tem muito a ver com sediar uma Copa do Mundo. Tanto a franquia quanto a Copa do Mundo são feras que se movem. Seus donos e organizadores geralmente estão dispostos a se mudar para qualquer cidade ou país que ofereça a eles o melhor negócio. Nos Estados Unidos, donos de times esportivos normalmente exigem que os contribuintes da cidade anfitriã banquem um estádio, com estacionamentos lucrativos. Tudo isso é então repassado ao dono da franquia, que também fica com o dinheiro que ganha vendendo ingressos. Cerca de setenta novos estádios e arenas de ligas principais foram construídos nos Estados Unidos nos últimos vinte anos. Custo total: 20 bilhões de dólares, dos quais cerca de metade com recursos públicos. Em Nova Orleans, por exemplo, o contribuinte pagou pelo Superdome, mas não por diques melhores.[37]

O ceticismo dos autores talvez seja por demais radical, mas o relato aponta claramente um questionamento impositivo: se o esporte, por meio de seus agentes privados, movimenta tantos recursos, porque é o Estado o habitual financiador de tais grandes projetos?

Há, na esteira do que preconiza a referida obra literária, a necessidade de se ter dados efetivamente comprováveis do retorno de tal financiamento público (direto e por meio de incentivo) na forma de empregos, aquecimento da indústria esportiva e dos demais setores direta e indiretamente envolvidos com as obras e as posteriores atividades desenvolvidas em tais arenas, e — por que não? — no efetivo incremento do bem-estar populacional em decorrência da oferta de espetáculos esportivos, pois, como contrapõem os mesmos Kuper e Szymanski, mais adiante em seu interessante livro:

> Portanto, sediar não o deixa rico, mas o deixa feliz. O que leva a uma pergunta: se os países querem sediar torneios de futebol (e cidades norte-americanas querem ser sedes de times das grandes ligas) como parte de sua busca da felicidade, por que não dizem isso? Por que o trabalho de disfarçar seus argumentos com economia falsa?
>
> A resposta é que os políticos levaram muito tempo para descobrir a linguagem da felicidade. Até há pouco tempo, os políticos europeus falavam principalmente de dinheiro. Qualquer coisa que servisse apenas para deixar as pessoas felizes era descartado com a expressão

---

[37] KUPER; SZYMANSKI. *Soccernomics*, p. 227-228.

de desprezo "o fator sentir-se bem", como se a política estivesse acima dessas trivialidades. (...) Mas aos poucos ficou claro que nos países ricos mais dinheiro não fazia as pessoas mais felizes. Robert Kennedy foi um dos primeiros a perceber isso. Ele observou em março de 1968, três meses antes de ser assassinado, que o produto interno bruto "mede tudo (...) exceto o que faz a vida valer a pena".

(...)

Uma Copa do Mundo é um tipo de projeto comum que quase não existe nas sociedades modernas. Vimos que o simples fato de acompanhar uma seleção na Copa do Mundo impede algumas pessoas muito isoladas de cometer suicídio. Se participar de um torneio cria coesão social, sediar um cria ainda mais. Os habitantes do país anfitrião — e certamente os homens — passam a se sentir mais ligados a todos ao seu redor. Ainda mais, ser anfitrião pode aumentar a autoestima do país e fazer as pessoas se sentirem melhor com elas mesmas.[38]

Ora, se não servir para isto, coesão social e felicidade individual, valores ínsitos à essência da prática desportiva, para que serve o Estado?

Informação bibliográfica deste texto, conforme a NBR 6023:2002 da Associação Brasileira de Normas Técnicas (ABNT):

MARTINS, Fernando Barbalho. O princípio da subsidiariedade e a atuação estatal no esporte. In: FREITAS, Daniela Bandeira de; VALLE, Vanice Regina Lírio do (Coord.). *Direito administrativo e democracia econômica*. Belo Horizonte: Fórum, 2012. p. 23-43. ISBN 978-85-7700-619-9.

---

[38] *Idem*, p. 239-240.

LICITAÇÃO, DISPONIBILIDADE DE CAIXA E CENTRALIZAÇÃO DA MOVIMENTAÇÃO BANCÁRIA DA ADMINISTRAÇÃO PÚBLICA
ATRATIVIDADE E POTENCIALIDADE DESSE ATIVO COMO FONTE DE AUMENTO DA RECEITA

LAONE LAGO

1 Introdução

A centralização da movimentação bancária em uma instituição financeira, mediante procedimento licitatório prévio, dotado de regras claras, antecipadamente estabelecidas, torna-se, na atualidade, mais uma das alternativas de aumento de receitas à disposição da Administração Pública (direta e indireta). A atratividade e a potencialidade do referido ativo é instrumento diferenciado, singular, nas mãos dos atuais gestores públicos, especialmente diante da crescente necessidade de recursos para fazer frente às atividades públicas.

Fato é que a contratação de instituição financeira para prestar, com exclusividade, a centralização dos serviços bancários é uma realidade e deve, sob pena até mesmo de responsabilidade do governante, estar na pauta do dia. Sob essa ótica os serviços a serem prestados pela instituição financeira vencedora do certame, que será aquela que melhor (maior) preço ofertar, poderá compreender, entre outros: i) a realização dos pagamentos referentes à folha remuneratória dos servidores e funcionários, ativos, inativos e pensionistas, estagiários e prestadores de serviços; ii) a viabilização de empréstimos amortizados através de consignação em folha de pagamento, vedada a exclusividade e respeitados os patamares de mercado; e iii) a realização dos pagamentos por compensação bancária a fornecedores, bem como o recebimento de receitas tributárias (por exemplo, impostos, taxas, etc.).

Para se chegar ao núcleo deste estudo, que é o objeto a ser licitado, deve-se, antes, enfrentar a disponibilidade de caixa à luz dos entendimentos atuais, especialmente pelo contorno dado ao tema pelo Supremo Tribunal Federal (STF). Diga-se, desde já, que a Corte Suprema consolidou seu entendimento ao definir que a disponibilidade de caixa é conceito contábil, não podendo ser confundindo com verbas predestinadas e à disposição de terceiros, seja pessoal, fornecedores, etc.

Delimitado o objeto, ou ao menos as vedações que sobre ele recai, o dever de licitar passa a ser visto como regra impositiva. Sob esse ângulo impõem-se dispositivo da Carta Magna (art. 37, inc. XXI), bem como as orientações postas pela Lei nº 8.666/93 (Lei de Licitações e Contratos Administrativos) e, como norma específica ao ponto, pela Lei nº 10.520/02 (Lei do Pregão).

Nessa ótica, a Administração Pública possui em suas mãos, como delimitou o Supremo Tribunal Federal, bem como está ratificado nos fatos que comprovam a viabilidade e a potencialidade desse ativo, item que será abordado na sequência, a possibilidade de ampliar seus recursos financeiros visando fazer frente às demandas públicas reiteradas.

Ademais, no caso em tela, o pregão, como será demonstrado, além de ser a modalidade licitatória mais simples, eficiente e rápida, desburocratizou o procedimento licitatório dando segurança e centralização aos atos do certame. Nessa esteira, permite, ainda, a delimitação antecipada do objeto a ser licitado, podendo a Administração Pública estabelecer as regras básicas no edital (por exemplo, os valores das tarifas, a quantidade de terminais de auto-atendimento disponíveis, a quantidade mínima de agências, etc.). Isso é possível, com maior ou menor grau de força de negociação, tendo em vista a atratividade do ativo em cada caso concreto, pelo interesse que despertado nas instituições financeiras.

Tais sinalizações, com maior profundidade, serão discutidas ao longo desse estudo. Partindo-se do dever constitucional e legal à licitação, pois inexiste restrição ao objeto, serão percorridos os contornos da legislação aplicável, da modalidade licitatória mais adequada, dos benefícios, da correta interpretação acerca do preço, bem como as vantagens em tal procedimento. Concluir-se-á, assim, que existe um dever em licitar e não mais uma faculdade conferida ao gestor público, sob pena de responder pela receita que deixou de carrear aos cofres públicos.

2 Os fatos que envolvem a centralização da movimentação bancária em instituição financeira

A centralização da movimentação bancária da Administração Pública em uma instituição financeira, mediante procedimento licitatório claro e transparente, tanto à sociedade, quanto aos interessados (os prestadores dos serviços e a Administração), é matéria corrente nos jornais nacionais. Tudo indica que alguns municípios gaúchos foram os pioneiros nessa postura, sendo veementemente rechaçados pelo Tribunal de Contas do Estado do Rio Grande do Sul (TCE-RS). Referida Corte de Contas chegou até a elaborar o Ofício Circular nº 004/2006 em que vedou a "transferência da folha de pagamento dos servidores públicos a instituições financeiras não-oficiais".[1] Linha esta que não encontra suporte jurídico após as decisões do Supremo Tribunal Federal (STF) quanto ao tema, conforme será demonstrado no tópico posterior.

Recentemente (em maio de 2011) os meios de comunicação estamparam manchetes como "Bradesco recorre e volta a operar a folha de pagamento de Olinda". Depois de questionar judicialmente o resultado de uma licitação em que se sagrou vencedor o Banco Itaú-Unibanco, tendo como objeto "o pagamento dos funcionários efetivos, aposentados e pensionistas, cargos em comissão e temporários do município, além de implantar a operacionalização do Sistema de Compensação Bancária para o recebimento de tributos, preços públicos municipais e outras receitas próprias arrecadadas por Olinda", o Banco Bradesco voltou a centralizar tais serviços.[2]

No que pese haver discussão sobre a apresentação completa e integral dos documentos de habilitação pelo Banco Itaú-Unibanco, pois, segundo alegado pelo Banco Bradesco, o vencedor não apresentou a Certidão de Regularidade Fiscal emitida pela Secretaria Municipal de Fazenda de Olinda, deve-se destacar que sob esse argumento o

---

[1] "É vedada a transferência da folha de pagamento dos servidores públicos a instituições financeiras não-oficiais, tendo em conta o disposto no mencionado artigo 164, §3º, da Constituição, e, em consequência, devem ser cancelados quaisquer procedimentos licitatórios, visando à transferência de disponibilidades públicas às instituições financeiras privadas, haja vista que absolutamente nulos, por afrontarem o texto constitucional."

[2] Notícia veiculada no caderno eletrônico de *Economia & Negócios* do jornal *O Estado de S.Paulo* ("Estadão"). Disponível em: <www.economia.estadao.com.br>. 06 maio 2011.

Judiciário deferiu medida liminar para que o Bradesco reassumisse a prestação dos referidos serviços. O grau de litigiosidade pontuado reflete, no mínimo, a atratividade que envolve o ativo pontuado como centralização da movimentação bancária da Administração.

No ano passado (2010) o Estado de Pernambuco licitou a centralização da folha de pagamento dos seus servidores e funcionários públicos. O Banco Bradesco pagou R$700 milhões para gerenciar a conta bancária de "aproximadamente 215 mil funcionários ativos, aposentados e pensionistas do Estado".[3] Em 2004 o Governo de Pernambuco já havia promovido licitação similar.

O Município de Macaé, no Estado do Rio de Janeiro, também promoveu licitação (sob a modalidade pregão presencial) dos "direitos de exploração da folha de pagamento" por instituição financeira. Após determinação do Tribunal de Contas do Estado do Rio de Janeiro (TCE-RJ) e do Poder Judiciário estadual, condenando a centralização dos serviços bancários sem o devido procedimento licitatório (contratação direta), o certame proporcionou aos cofres públicos municipais arrecadação que superou os R$53,2 milhões. O lance inicial foi orçado em R$45 milhões, proporcionando uma disputa acirrada entre o Banco Santander e o Banco Itaú, sagrando-se este o vencedor.[4]

Verifica-se, assim, que o tema é atual e atrativo, pois os valores pactuados são expressivos. Deve-se, então, discorrer sobre a delimitação do objeto a ser licitado, especificamente acerca do que se entende como sendo disponibilidade de caixa, destacando suas limitações e restrições, o que possibilitará lapidar com solidez os contornos da licitação da centralização dos serviços bancários da Administração Pública direta e indireta.

3 A obrigatoriedade da licitação e a restrição ao objeto: uma ótica sobre a disponibilidade de caixa

A matéria objeto do presente estudo não é nova no Supremo Tribunal Federal (STF). A Corte vem decidindo, reiteradamente, que a disponibilidade de caixa dos entes federativos deverá ser depositada (e mantida) em instituição financeira oficial, ressalvadas as hipóteses

---

[3] Notícia veiculada na página da Confederação Nacional dos Trabalhadores do Ramo Financeiro (CONTRAF). Disponível em: <http://www.contrafcut.org.br/noticias.asp?CodNoticia=24268>. Acesso em: 06 maio 2011.
[4] Notícia veiculada no site <www.macae-rj.gov.br>. 21 dez. 2007.

previstas em lei ordinária de feição nacional. Assim tem sido a interpretação dada ao art. 164, §3º, da Carta Magna, conforme se observa nas ADIs nºs 2.600-MC/ES, 2.661-MC/MA e 3.578-MC/DF.[5]

No entanto, o Supremo Tribunal Federal corretamente tem feito distinções mais apuradas ao artigo constitucional citado. Lapidação esta que pode ser encontrada tanto no Recurso Extraordinário nº 444.056-3/MG[6] quanto no Agravo Regimental na Reclamação nº 3.872-6/DF.[7] No primeiro caso delimitador, a Corte Suprema ao apreciar o Recurso, apoiada no parecer da Procuradoria-Geral da República, grifou que a "disponibilidade de caixa não se confunde com depósito bancário de salário, vencimento ou remuneração de servidor público, sendo certo que, enquanto a disponibilidade de caixa se traduz nos valores pecuniários de propriedade do ente da federação, os aludidos depósitos constituem autênticos pagamentos de despesas, conforme previsto no artigo 13 da Lei 4.320/64".

Em sua segunda e mais atual decisão delimitadora, o Supremo Tribunal Federal ao apreciar o Agravo citado, mesmo vencido o Relator (Ministro Marco Aurélio), pontuou "que a disponibilidade de caixa é conceito técnico contábil e, evidentemente, não se confunde com verbas

---

[5] ADI nº 2.600-MC/ES – MEDIDA CAUTELAR NA AÇÃO DIRETA DE INCONSTITUCIONALIDADE. Relatora: Min. ELLEN GRACIE. Julgada em 24.04.2002, pelo Tribunal Pleno. Referida ação é pioneira no tema, influenciando todos os posteriores enfrentamentos do Supremo, especialmente os casos aqui citados. Vale transcrever sua ementa: "Ação direta de inconstitucionalidade. Medida cautelar. Artigo 3º da Emenda Constitucional nº 37, do Estado do Espírito Santo. Nova redação conferida ao art. 148 da Constituição Estadual, determinando que as disponibilidades de caixa do Estado, bem como as dos órgãos ou entidades do Poder Público Estadual e das empresas por ele controladas, sejam depositadas na instituição financeira que vier a possuir a maioria do capital social do BANESTES, decorrente de sua privatização, na forma definida em lei. Aparente ofensa ao disposto no art. 164, §3º da Constituição, segundo o qual as disponibilidades financeiras de Estados, Distrito Federal e Municípios, bem como as dos órgãos ou entidades do Poder Público e das empresas por ele controladas, devem ser depositadas em instituições financeiras oficiais, ressalvados os casos previstos em lei. Tal lei exceptiva há que ser a lei ordinária federal, de caráter nacional. Existência, na Lei Complementar federal nº 101/2000 (Lei de Responsabilidade Fiscal), de previsão segundo a qual as disponibilidades de caixa dos entes da Federação serão depositadas conforme estabelece o §3º do art. 164 da Constituição (art. 43, *caput*). Ofensa, ademais, ao princípio da moralidade previsto no artigo 37, *caput*, da Carta Política. Medida cautelar deferida."

[6] "Ementa: Constitucional. Estados, Distrito Federal e Municípios: disponibilidade de caixa: depósito em instituições financeiras oficiais. CF, art. 164, §3º. Servidores municipais: crédito da folha de pagamento em conta em banco privado: inocorrência de ofensa ao art. 164, §3º, CF. Negativa de seguimento ao RE."

[7] "Ementa: Constitucional. Estados, Distrito Federal e Município: disponibilidade de caixa: depósito em instituições financeiras oficiais. CF, art. 164, §3º. Servidores públicos: crédito da folha de pagamento em conta em banco privado: inocorrência de ofensa ao art. art. 164, §3º, CF."

que, segundo os registros contábeis, são predestinadas e postas à disposição de terceiros, seja pessoal, fornecedores, etc., os quais poderão levantar a quantia à vista ou, dependendo, se se tratar de servidor público, na data correspondente ao pagamento".

O Ministro Cezar Peluso, ao exarar seu voto nesta demanda, chegou a afirmar que haveria vício lógico se tais verbas fossem consideradas disponibilidade de caixa, pois a União, que deve centralizar tais recursos no Banco Central do Brasil, jamais poderia pagar seus servidores, funcionários, fornecedores, etc., seja no Banco do Brasil ou na Caixa Econômica Federal. Haveria vedação expressa para tanto.[8]

Com base nos reiterados precedentes do Excelso Pretório, restou afirmado que somente lei ordinária, de caráter nacional, poderá estabelecer as exceções à regra prevista no art. 164, §3º, da Constituição da República Federativa do Brasil (CRFB). Portanto, com base nos limites estabelecidos pelo Supremo Tribunal Federal, a disponibilidade de caixa deve ser depositada (e mantida) em instituição financeira oficial. Porém, desde que devidamente licitados, os valores devidos a terceiros, seja pessoal, fornecedores, etc., poderão (na verdade deverão) ser postos em disputa pelas instituições financeiras interessadas. Possibilitando, assim, a arrecadação de recursos, muitas vezes expressivos, em prol da Administração Pública.

Não há dúvida, assim, quanto à constitucionalidade e à legalidade em se fixar procedimento licitatório para pôr em disputa a centralização da movimentação bancária da Administração (em todas as suas esferas), salvo sua disponibilidade de caixa ou casos que venham a ser vedados em lei, de configuração nacional, em instituição financeira que se sagrar vencedora com a melhor (neste caso maior) proposta.

Diga-se, até mesmo, que tal faculdade torna-se um dever do gestor público. Pois, diante dos inúmeros e reiterados fatos que comprovam a atratividade e a viabilidade do ativo em análise, não há que se falar em faculdade e sim em obrigação legal do administrador público, sob pena até mesmo de responder por sua inércia ao contratar sem o devido procedimento licitatório, salvo nos casos de sua impossibilidade real e concreta de viabilidade (atratividade) do ativo.[9]

---

[8] "Art. 164. (...) §3º As disponibilidades de caixa da União serão depositadas no banco central; as dos Estados, do Distrito Federal, dos Municípios e dos órgãos ou entidades do Poder Público e das empresas por ele controladas, em instituições financeiras oficiais, ressalvados os casos previstos em lei."

[9] Alguns entes federativos, especialmente municípios de pequeno porte, podem não ter atratividade suficiente em seu ativo. Os motivos podem ser o pequeno número de servidores/funcionários, a baixa faixa remuneratória dos mesmos, a ampla capilaridade demandada, etc.

Nesse diapasão, tem-se, por óbvio, a imperiosa necessidade de se licitar para contratar os serviços inauguralmente mencionados e ora delimitados, bem como se tem igualmente claro que, entre o objeto da licitação, não há possibilidade jurídica de se incluir a gerência ou a aplicação da disponibilidade de caixa, que deverá permanecer sendo operada em instituição financeira oficial. É a única exceção plausível.

Dispensáveis, por seu turno, maiores comentários acerca da inafastável obrigatoriedade de se licitar para contratar serviços, sejam eles de que natureza for. Cuida-se de conclusão proveniente da elementar e simplória interpretação do comando constitucional contido no art. 37, inc. XXI, da Carta Magna, bem como da disciplina contida na Lei nº 8.666/93, norma dedicada a tratar os temas atinentes às licitações e aos contratos administrativos. Diante da realidade inconteste não há, repisa-se, que se falar mais em faculdade do gestor e sim em dever do mesmo em licitar.

4 A legislação aplicável

Lapidando ainda mais o que já foi enunciado, deve-se destacar que o legislador constituinte originário outorgou à União competência legislativa privativa para dispor sobre normas gerais de licitações e contratos administrativos aplicáveis à Administração direta e indireta de todas as esferas de Governo (art. 22, inc. XXVII, da CRFB/88).[10]

Estabelecida a competência legislativa pertinente ao tema, a Carta Magna em capítulo específico sobre a Administração Pública efetivou a licitação, pautada pelos princípios da isonomia e do equilíbrio-econômico financeiro do contrato, como regra principiológica a ser respeitada na interação de interesses (diálogo entre o particular e a Administração). Razão pela qual os serviços, as obras, as compras e as alienações promovidas pelas unidades da Federação deverão ser antecedidas de processo licitatório em que se assegure a igualdade de condições entre os concorrentes, bem como o valor efetivo da proposta vencedora, ressalvados os casos de contratação direta previstos em lei (art. 37, inc. XXI, da CRFB/88).[11]

---

[10] "Art. 22. Compete privativamente à União legislar sobre: (...) XXVII — normas gerais de licitação e contratação, em todas as modalidades, para as administrações públicas diretas, autárquicas e fundacionais da União, Estados, Distrito Federal e Municípios, obedecido o disposto no art. 37, XXI, e para as empresas públicas e sociedades de economia mista, nos termos do art. 173, §1º, III;"

[11] "Art. 37. A administração pública direta e indireta de qualquer dos Poderes da União, dos Estados, do Distrito Federal e dos Municípios obedecerá aos princípios de legalidade,

Atendendo tal orientação, a União, no exercício da respectiva competência constitucional, em observância aos princípios constitucionais pertinentes, editou a Lei nº 8.666/93, Lei de Licitações e Contratos Administrativos (LLCA), que determina que os serviços, inclusive de publicidade, obras, compras, alienações, concessões, permissões e locações da Administração direta e indireta da União, dos Estados, do Distrito Federal e dos Municípios deverão ser, obrigatoriamente, precedidos de licitação (regra), exceto nos casos de contratação direta (art. 2º), que poderão ensejar dispensa (art. 24) ou inexigibilidade do certame (art. 25) (exceção).

Neste estudo seu objeto centra-se na regra. O dever de licitar é imperativo. Ademais, cabe frisar que o ativo aqui disposto trata da arrecadação de recursos aos cofres públicos. Trata-se, no fundo, da ampliação de receitas, o que não é faculdade e sim um dever do gestor público. É vedado, portanto, ao administrador firmar contrato direto com o prestador dos serviços ora em comento, sob pena de afrontar o dever de licitar. Não há, assim, como enquadrar a centralização da movimentação bancária na exceção, mesmo que a instituição financeira interessada em concentrar tais serviços seja pública (por exemplo, o Banco do Brasil ou a Caixa Econômica Federal). Argumento, este, reiteradamente utilizado pelas referidas Instituições ao justificarem o fato de serem elas pessoa jurídica de direito interno, entidade da Administração Pública, além de serem criadas para esse fim em data anterior à vigência da Lei de Licitações e Contratos Administrativos.[12]

No tópico, vale expor entendimento do professor Marçal Justen Filho em que defende a licitação como um procedimento administrativo disciplinado em lei que, por ato administrativo prévio, determina os critérios objetivos de seleção da proposta mais vantajosa, observando o princípio da isonomia e sendo conduzido por órgão dotado de competência específica.[13]

---

impessoalidade, moralidade, publicidade e eficiência e, também, ao seguinte: (...) XXI – ressalvados os casos especificados na legislação, as obras, serviços, compras e alienações serão contratados mediante processo de licitação pública que assegure igualdade de condições a todos os concorrentes, com cláusulas que estabeleçam obrigações de pagamento, mantidas as condições efetivas da proposta, nos termos da lei, o qual somente permitirá as exigências de qualificação técnica e econômica indispensáveis à garantia do cumprimento das obrigações."

[12] "Art. 24. (...) VIII – para a aquisição, por pessoa jurídica de direito público interno, de bens produzidos ou serviços prestados por órgão ou entidade que integre a Administração Pública e que tenha sido criado para esse fim específico em data anterior à vigência desta Lei, desde que o preço contratado seja compatível com o praticado no mercado;"

[13] JUSTEN FILHO. *Curso de direito administrativo*, p. 309.

A doutrina do professor Celso Antônio Bandeira de Mello está assim posta:

> Licitação — em suma síntese — é um certame que as entidades governamentais devem promover e no qual abrem disputa entre os interessados em com elas travar determinadas relações de conteúdo patrimonial, para escolher a proposta mais vantajosa às conveniências públicas. Estriba-se na idéia de competição, a ser travada isonomicamente entre os que preencham os atributos e aptidões necessários ao bom cumprimento das obrigações que se propõem assumir.[14]

Estabelecidos os ditames constitucionais e legais às licitações, a Lei nº 10.520, de 2002, instituiu a modalidade licitatória denominada pregão. Referido procedimento possui como finalidade a aquisição de bens e serviços comuns. Definiu-os, em seu art. 1º, parágrafo único, como sendo "aqueles cujos padrões de desempenho e qualidade possam ser objetivamente definidos pelo edital, por meio de especificações usuais no mercado".

Nesse sentido, extrai-se da doutrina abalizada que bem ou serviço comum "é aquele disponível no mercado, de configuração padronizada (por instituições ou pelo próprio mercado), cuja contratação pode ser feita sem maior indagação sobre a idoneidade do licitante ou suas características objetivas".[15]

Inquestionável a aplicabilidade deste conceito e normativo legal às licitações que albergam o objeto deste estudo. Ressalvada a vedação quanto à disponibilidade de caixa, os demais serviços bancários demandados pela União, Estados, Distrito Federal e Municípios, em sua administração direita e indireta, são todos comuns e podem ser prestados por qualquer instituição financeira devidamente autorizada a funcionar pelo Banco Central do Brasil. Logo, tais atividades são padrões previamente definidos pelo órgão regulador do sistema.

5 A terminologia

Pontuando ainda mais o desenvolvimento da presente exposição, é importante grifar a análise da terminologia inserida na nomenclatura da modalidade pregão. Referido termo encontra-se definido no Dicionário Aurélio como sendo uma divulgação, o ato de apregoar, assim

---

[14] BANDEIRA DE MELLO. *Curso de direito administrativo*, p. 466.
[15] JUSTEN FILHO. *Curso de direito administrativo*, p. 324.

entendido como o ato pelo qual os porteiros dos auditórios, os corretores de bolsas ou os leiloeiros apregoam a coisa que vai ser vendida.[16]

Já o Dicionário Houaiss da Língua Portuguesa mostra que a palavra "pregão" se origina do latim, *preaco onis*, e significa o que proclama, anuncia ou diz em público, fazendo alusão à figura do pregoeiro e ao instituto do pregão.[17]

Convergindo tais apontamentos ao encontro da denominada normatividade, pode-se pontuar que é o pregão, nos termos estabelecidos em sua legislação pertinente (Lei nº 10.520/02), a modalidade licitatória que visa desburocratizar e conferir maior rapidez e economicidade ao procedimento da licitação.

Tal procedimento comunga com os princípios constitucionais pétreos da publicidade, transparência e isonomia à licitação.

É de se concluir, pois, que o pregão é mais uma das modalidades do gênero licitação, que por meio do qual se busca consagrar vencedor o proponente que oferecer a melhor oferta de preço e qualidade à Administração. Caracteriza-se, ademais, que sua aplicação não se vincula ao valor do contrato, mas a natureza da prestação a ser executada pelo particular.

6 O objeto da licitação quando da modalidade pregão

A licitação, na modalidade pregão, pode e deve ser utilizada para a aquisição de bens e serviços comuns. Reiterando dispositivo citado, o parágrafo único do art. 1º da Lei nº 10.520/02 especifica seu objeto como sendo aquele cujos padrões de desempenho e qualidade possam ser definidos objetivamente pelo edital, por meio de especificações usuais no mercado.

Por oportuno, é importante frisar que o desempenho diz respeito à eficiência, eficácia, ação ou virtude de produzir um efeito; já a qualidade consiste em atributo ou condição das coisas ou das pessoas capaz de distingui-las das outras e de lhes determinar a natureza, numa escala de valores e qualidade que permita avaliar e, consequentemente, aprovar, recusar ou aceitar a proposta dos interessados.

Dessa forma, e para se adotar a modalidade do pregão, faz-se necessária a comprovação de desempenho e qualidade definidos objetivamente pelo edital, compreendendo, em razão do exposto, a comprovação imediata de eficiência, eficácia, ação ou virtude em produzir

---

[16] *Novo dicionário Aurélio da língua portuguesa.*
[17] *Dicionário Houaiss da língua portuguesa.*

o efeito desejado em atributo ou condições das coisas ou das pessoas para ação ou virtude de produzir e atender a finalidade pretendida. Diz respeito, pois, à qualificação técnica para prestação de serviços.

Assim, ficou restringido o alcance dos produtos e/ou serviços que poderiam ser agraciados pela celeridade e segurança conferidos pela modalidade denominada pregão. Mais uma vez nas palavras do professor Marçal Justen Filho, este autor destaca que o traço caracterizador de um objeto (ou serviço) comum é a padronização de sua configuração, que é viabilizada pela ausência de necessidade especial a ser atendida e pela experiência e tradição do mercado.[18]

Impende frisar, em se tratando o tema vertente da contratação de serviços bancários, que é tecnicamente qualificada qualquer instituição financeira devidamente autorizada a funcionar pelo Banco Central do Brasil, podendo, para tanto, prestar os serviços em comento. A demonstração de qualificação técnica, nesse caso restringir-se-á à demonstração de que é habilitada pelo Banco Central, como órgão regulador que é.

Sendo assim e tendo em vista que nenhuma delongada apuração de qualificação técnica se impõe em tal procedimento, evidencia-se adequada a eleição da modalidade pregão presencial para escolha da instituição financeira que irá prestar os serviços demandados pela Administração Pública, direta e indireta, afastando-se, destarte, qualquer argumento que sustente a tese de que mais apropriada seria a licitação na modalidade concorrência. Tal defesa representaria um retrocesso já superado pela legislação pátria pertinente, em homenagem aos princípios da eficiência e da economicidade.

7 Os benefícios do pregão

Com a entrada em vigor da Lei que instituiu a modalidade de licitação denominada pregão foi conferida maior simplicidade, eficiência e rapidez ao procedimento licitatório, conforme demonstra-se.

Em primeiro lugar, dentro do procedimento do pregão, os envelopes de habilitação, em vez de serem abertos em um primeiro momento, como se dá nas demais modalidades licitatórias, são deixados para o final, passando a ocorrer, de início, a abertura dos envelopes contendo as propostas. Assim, passa a se definir, em um primeiro instante, o vencedor do certame.

---

[18] JUSTEN FILHO. *Pregão*: comentários à legislação do pregão comum e eletrônico.

Sabendo-se que a verificação da documentação de habilitação se dará ao final do pregão, somente haverá a necessidade de se analisar — ressalvada a hipótese de desqualificação do candidato — os documentos de qualificação do licitante vencedor.

Além disso, o prazo para apresentação das propostas, contado a partir da publicação do aviso, será de no mínimo 8 (oito) dias, não sendo necessário, por essa razão, cumprir com os delongados prazos dispostos na Lei nº 8.666/93, transcritos abaixo a título de esclarecimento:

> Art. 21. Os avisos contendo os resumos dos editais das concorrências, das tomadas de preços, dos concursos e dos leilões, embora realizados no local da repartição interessada, deverão ser publicados com antecedência, no mínimo, por uma vez:
>
> (...)
>
> §2º O prazo mínimo até o recebimento das propostas ou da realização do evento será:
>
> I – quarenta e cinco dias para:
>
> a) concurso;
>
> b) concorrência, quando o contrato a ser celebrado contemplar o regime de empreitada integral ou quando a licitação for do tipo "melhor técnica" ou "técnica e preço";
>
> II – trinta dias para:
>
> a) concorrência, nos casos não especificados na alínea *b* do inciso anterior;
>
> b) tomada de preços, quando a licitação for do tipo "melhor técnica" ou "técnica e preço";
>
> III – quinze dias para a tomada de preços, nos casos não especificados na alínea *b* do inciso anterior, ou leilão.
>
> IV – cinco dias úteis para convites.

Em acréscimo ao exposto, é importante frisar que em processos comuns por tomada de preços ou concorrência a escolha do vencedor pode chegar a superar os 120 (cento e vinte) dias, enquanto no pregão isso ocorre no mesmo dia.

Tal avanço, por motivos óbvios, conferiu maior agilidade no processo de contratação e compra de bens e serviços comuns pela Administração Pública, contribuindo, ainda, para estimular a disputa entre aqueles que pretendem com a Administração contratar. Fato este que, inevitavelmente e por linha reflexa, culmina em um melhor resultado para o licitante.

Outro benefício consiste na possibilidade de renovação de lances por todos ou alguns dos licitantes, até chegar-se à proposta mais vantajosa para a Administração Pública, ou seja, aquela que garantirá maior economia e vantagem para a Administração.

Considerado uma inovação legislativa, conforme exposto acima, o pregão também desburocratizou o antigo procedimento de licitação para a contratação de serviços e bens comuns, cujos padrões de desempenho e qualidade pudessem ser comprovados de pronto no edital do certame.

Assim, o rol de bens ou serviços comuns que atendam as exigências do edital não necessitam ser demonstrados à comissão de licitação, através de estudos de viabilidade econômica e capacitação técnica, escapando das teias das modalidades mais complexas de licitação, como a concorrência e a tomada de preços.

Tal peculiaridade do pregão atribuiu maior rapidez e segurança à licitação, uma vez que a comprovação de desempenho e qualidade é uma condição *sine qua non* para sua própria realização.

Além disso, e dentro da própria sistemática do procedimento do pregão, foi alterado o momento de apresentação do recurso por parte dos licitantes para o final do processo. Nesse sentido, foi possível aos interessados no certame registrarem todas as eventuais irregularidades encontradas durante a realização do pregão em uma única oportunidade, de forma a se manifestarem somente após o anúncio da decisão do vencedor pelo pregoeiro. Tal modificação atendeu ao princípio da concentração, por meio do qual os atos de avaliação das propostas, documentos de habilitação, manifestação de intenção de recorrer e admissibilidade ou não da adjudicação do bem foram condensados em uma mesma sessão.

Todas as alterações ocorridas por conta do advento do procedimento do pregão trouxeram inequívoca redução no tempo de contratação, busca da melhor oferta, por meio do fomento de uma maior competitividade entre os licitantes.

Nesse sentido, as vantagens da modalidade licitatória denominada pregão são incontestes. Pontua-se, em síntese, o exposto:

(i) agilidade nas contratações: o menor prazo para a publicação do extrato do edital, a abertura do envelope com a documentação habilitatória apenas do licitante que apresentar a melhor proposta e a proposição de recurso somente no final do certame tornam essa modalidade licitatória mais ágil;

(ii) incremento da competição: o pregão possibilita um incremento na competição na medida em que permite aos licitantes a proposição de lances mais benéficos para a Administração;

desburocratização e simplicidade: só serão analisados os documentos de qualificação do licitante vencedor;

(iii) maior transparência: o chamamento do pregão é realizado por meio da imprensa oficial, jornais regionais e de grande circulação (dependendo do vulto da licitação) e, facultativamente, pela internet (inciso I, art. 4º, da Lei 10.520/02). Com efeito, o Decreto nº 3.555/00 determina a obrigatoriedade de se realizar a publicação pela internet qualquer que seja o valor da contratação (art. 11, inciso I);

(iv) utilização de tecnologia de informação: o pregão deverá ocorrer, preferencialmente, por meio eletrônico (art. 4º, Decreto nº 5.450/05).[19]

8 A correta interpretação sobre o preço

Muito já se discutiu sobre o tema "preço melhor" e "menor preço". É que, em sua equivocada e histórica redação, a Lei nº 10.520/02 dessa forma se refere.

Diversos são os questionamentos a propósito, na medida em que o preço melhor não significa, a toda evidência, nem sempre o menor preço. Exemplo tradicional reiteradamente colhido por diversos doutrinadores dá-se quando da aquisição de produtos como canetas. Ora, uma caneta que vale R$1,00 (um real), por exemplo, e que escreve por 3 (três) anos, certamente é mais barata para o comprador que uma caneta similar que custa R$0,50 (cinquenta centavos) e escreve por 6 (seis) meses. De certo, os princípios constitucionais da eficiência, da economicidade e da razoabilidade não abrigariam qualquer interpretação capaz de dizer que seria melhor para a Administração Pública adquirir a segunda, porquanto, ao correr do tempo, verificar-se-ia que o mais vantajoso é a aparentemente mais cara.

Assim, solidificou-se a questão quanto à correta interpretação do texto legal que se dedica a conferir vantagens ao Estado.

Na definição da nomenclatura do critério do "menor preço" (regra geral para todas as modalidades de licitação), que é sempre confundido como o "mais barato" e para dirimir maiores dúvidas, cabe transcrever citação pertinente que esclarece nitidamente a diferença entre ambas:

---

[19] CAMARÃO. Manual prático do pregão, p. 24.

(...) Na prática, verifica-se o primeiro (menor preço) deveria indicar que, dentre aqueles bens ou serviços que atendam aos requisitos mínimos estabelecidos no edital, será vencedor o que apresentar o menor preço. Já o segundo (mais barato) não se preocupa com qualquer outro critério que não seja o preço. Vale dizer, se é mais barato, é o vencedor, o que provoca as inúmeras queixas no sentido de que "o lápis não aponta", a "caneta não funciona", o "detergente não limpa".[20]

De fato, atualmente, as licitações do tipo "menor preço" são as mais comuns, sendo que por meio delas o fator preponderante para a escolha da proposta mais vantajosa será o preço. Portanto, o julgamento dar-se-á pelo valor mais vantajoso (em alguns casos de contratação, pelo menor valor) ofertado, desde que atendidas às exigências do edital.

Assim, constata-se que a seleção do critério de julgamento pelo "menor preço" não será um ato discricionário da Administração Pública e deverá ser preferencialmente adotado em licitações cujo objeto se apresente de forma mais simples, sem maiores complexidades técnicas, e que permitam um julgamento igualitário entre as propostas.

Na hipótese do presente estudo, contudo, verifica-se uma inversão aparente na contrapartida das partes, o que pode vir a gerar uma confusão do entendimento citado acima. Isso porque, no ato de adjudicação do bem, será a instituição financeira vencedora quem irá efetuar pagamento para centralizar a prestação dos serviços bancários. Linha de interpretação, esta, que deve observar a Administração Pública como detentora de um ativo do interesse das instituições financeiras (são contas, muitas vezes milhares delas, possibilidades de consignações, ou seja, todos os serviços disponíveis).

Contudo, trata-se de uma inversão aparente, já que a instituição financeira ao pagar para centralizar os serviços licitados estará, na verdade, simplesmente reduzindo seus ganhos sobre a Administração Pública, sobre os administrados, sobre os prestadores de serviços, sobre os fornecedores, etc. A Administração Pública, direta e indireta, estará, portanto, na medida em que receber um maior montante financeiro a título de contrapartida, pagando menos pela prestação dos serviços prestados pela instituição vencedora do certame.

É que tais serviços são rotineiros e ordinariamente remunerados às instituições financeiras. No caso sob exame nada ocorre de diferente. Os pagamentos às instituições financeiras são, ao longo da contratação, regularmente efetuados, direta ou indiretamente, valendo ressaltar o

---

[20] CAMARÃO. *Manual prático do pregão*, p. 26.

fato de que, para elas, o valor de um cadastro nas dimensões que comporta a Administração, em cada ente da Federação, são, via de regra, extremamente significantes. Impondo-se, assim, a lícita e regular exploração do valor do bem em benefício da Administração, o que se faz através da exigência da contrapartida auferida no processo licitatório, corporificada no lance ofertado pela instituição vencedora do certame e, por outra visão, na redução dos custos para a Administração Pública e todos os demais que com ela firmem algum relacionamento.

Assim, constata-se que, dentro dos padrões exigidos no edital do certame, a Administração Pública realizará a contratação do fornecedor do bem ou do prestador dos serviços que melhor atendam aos seus requerimentos quanto ao valor da contratação e a qualidade na prestação, ou seja, gerando a maior vantagem e economia aos cofres Públicos e viabilizando maior segurança e qualidade nos níveis de prestação de serviços e no fornecimento de bens a serem contratados.

9 O pregão como modalidade mais adequada para na hipótese vertente

Conforme exposto, verifica-se que a modalidade denominada pregão apresenta nada além do que vantagens de ordem econômica e temporal para a Administração Pública.

Nesse sentido, inconteste que a modalidade do pregão é a mais adequada para compor a licitação, cujo objeto, como já ressaltado, consiste na centralização dos serviços bancários de pagamento da folha de servidores e funcionários, ativos, inativos e pensionistas, estagiários, bolsistas, prestadores de serviços vinculados à Administração Pública, direta e indireta, bem como a centralização das demais receitas administrativas não vedadas.

Vale grifar, apenas a título de exemplo, que o instituto do pregão, como modalidade licitatória, surgiu e se desenvolveu, inicialmente, na Agência Nacional de Telefonia (ANATEL) que, através da Lei nº 9.472/97, já previa tal modalidade de licitação. Muito semelhante ao leilão, essa modalidade licitatória foi chancelada pelo advento da Lei nº 10.520/02, reiteradamente destacada, sendo a Lei nº 8.666/93 aplicável à referida modalidade em caráter subsidiário.

Indene de dúvidas, concretamente observando, que o desempenho de qualidade dos serviços bancários são mais do que auferíveis, são precisos por força da legislação que rege o sistema financeiro nacional, dispensando-se, por conseguinte, qualquer aferição que diferencie uma instituição financeira da outra, restando tão-só, o quesito da oferta mais vantajosa para a Administração a ser disputada. No ponto, a oferta com maior (melhor) valor financeiro, tendo em vista que as regras básicas, como o pagamento de tarifas ou não, os serviços cobrados ou não, respeitadas as regras do Banco Central do Brasil, poderão ser previamente estabelecidas pela Administração Pública no edital do certame.

Assim, e conforme destacado, esclareceu-se que o procedimento da licitação em tela engloba a centralização da prestação dos serviços bancários, conforme o destacado acima.

Nesse sentido, reitera-se — de pronto — não haver qualquer necessidade de comprovação de capacitação financeira ou técnica por parte das instituições financeiras, uma vez que todas elas operam dentro da fiscalização e dos ditames, resoluções e demais diretrizes normativas e regulamentares do Banco Central do Brasil.

Assim, na hipótese em estudo, se adotada uma modalidade que não a do pregão, apenas retardar-se-á o processo de contratação pelo licitante e/ou abrir-se-á margem para a definição de critérios capazes de ferir o princípio da impessoalidade, além de revelar expressa contrariedade aos princípios constitucionais da eficiência, da razoabilidade, da economicidade e da vantajosidade em prol da Administração Pública.

10 Conclusão

Por todo o exposto, pode-se concluir que: (i) é imponível a realização de licitação para centralização da movimentação dos serviços bancários da Administração Pública, salvo quando tratar-se de disponibilidade de caixa; (ii) o procedimento de licitação, através da modalidade do pregão, oferece inequívoco fomento a competitividade entre os participantes — instituições financeiras —, através de uma competição aberta, permitindo o ajuste imediato e claro das propostas; (iii) o pregão confere maior agilidade na contratação da prestação de serviços e/ou na compra de bens comuns por meio da desburocratização do procedimento, com as devidas reduções nos prazos contidos na Lei nº 8.666/93 e na alteração do momento de apresentação dos eventuais recursos (princípio da centralização); (iv) o acesso livre e direto às licitações na modalidade eleita traz benefícios para todos os envolvidos no processo licitatório: 1. para a sociedade, com uma ampla transparência, por tratar-se de evento público; 2. para o prestador dos serviços, por permitir um amplo acesso e potencializar a disputa; e 3. para a Administração, pela celeridade no processo de compra, possibilitando aumento de receita aos cofres públicos, bem como a redução de preços e custos processuais, diante da celeridade do certame; (v) os licitantes são instituições financeiras, que se encontram rigidamente fiscalizadas pelo Banco Central do Brasil, razão pela qual fica rechaçada a necessidade de se apresentar um estudo prévio de capacitação financeira e/ou técnica, exigido em modalidades mais complexas de licitação, como a concorrência e tomada de preços; e, por fim, (vi) os recursos auferidos pelos cofres públicos na licitação do ativo, por não estarem "carimbados", poderão ser aplicados pelos gestores públicos no atendimento das necessidades mais prementes da sociedade.

Derradeiramente, conclui-se que o único ponto que se poderia contrapor a todos os benefícios e vantagens advindas ao célere e eficiente procedimento do pregão, seria a constatação de que a instituição financeira vencedora do certame deixou de apresentar a capacitação técnica e financeira para dar conta do objeto contratado.

Conforme o exposto anteriormente, tal óbice jamais poderá ocorrer na hipótese, já que os eventuais licitantes interessados são instituições financeiras devidamente autorizadas e fiscalizadas pelo Banco Central do Brasil.

Informação bibliográfica deste texto, conforme a NBR 6023:2002 da Associação Brasileira de Normas Técnicas (ABNT):

LAGO, Laone. Licitação, disponibilidade de caixa e centralização da movimentação bancária da Administração Pública: atratividade e potencialidade desse ativo como fonte de aumento da receita. *In*: FREITAS, Daniela Bandeira de; VALLE, Vanice Regina Lírio do (Coord.). *Direito administrativo e democracia econômica*. Belo Horizonte: Fórum, 2012. p. 45-62. ISBN 978-85-7700-619-9.

A EVOLUÇÃO DO ESTADO REGULADOR NO BRASIL
DESENVOLVIMENTO, GLOBALIZAÇÃO, PATERNALISMO E JUDICIALIZAÇÃO[1]

PATRÍCIA BAPTISTA

1 O surgimento do Estado Regulador brasileiro

No início dos anos oitenta do século XX, o modelo do Estado do Bem-Estar Social no Brasil já dava claros sinais de crise: perda da capacidade de investimento do Estado, deterioração dos serviços públicos prestados à população, elevado endividamento público, inflação descontrolada, recessão etc. Ao longo da "década perdida", esse cenário aprofundou-se de tal forma que, no começo dos anos noventa, não parecia haver outra saída ao país que não promover uma mudança no modelo de Estado até ali existente, à semelhança do que já se passava então na maior parte da Europa.

Assim, de prestador exclusivo e universal de quase todos os serviços públicos relevantes, de empresário e executor direto de expressiva

---

[1] O presente *paper* encerra apenas algumas breves reflexões sobre a evolução do modelo de Estado Regulador no Brasil, seus desafios e problemas. As ideias expostas são fruto sobretudo de discussões havidas nas disciplinas ministradas nos últimos anos nos Programas de Pós-Graduação *strictu senso* em Direito das Universidades do Estado do Rio de Janeiro (UERJ) e Candido Mendes (Mestrado).

parcela da atividade econômica, o Estado brasileiro iniciou uma mudança de rumo no sentido de transformar-se em um Estado Regulador.[2] Com o Programa Nacional de Desestatização criado pela Lei Federal nº 8.031/90, o Governo Collor deu início a um processo de desestatização da economia e de privatização de empresas estatais e de serviços públicos. Esse processo foi aprofundado nos dois Governos Fernando Henrique, promovendo-se substancial redução da atuação direta do Estado brasileiro no domínio econômico.

Simultaneamente, porém, era necessário reconfigurar a Administração Pública para exercer um novo papel em relação a essas atividades recém-desestatizadas: o papel regulador. Regular — não parece excessivo recordar aqui — é muito mais do que apenas disciplinar por meio de normas (regulamentar), é também fiscalizar, ordenar, sancionar, incentivar. Enfim, é um conjunto de ações tipicamente estatais que devem ser coordenadas de modo que se permita o exercício de uma dada atividade econômica — seja ela essencialmente privada ou um serviço público — em consonância com os interesses da coletividade.[3]

Por inspiração confessada no modelo regulatório norte-americano, optou-se, então, pela criação das chamadas *agências reguladoras independentes* para o exercício deste papel.[4] Pretendeu-se, com isso, não apenas assegurar a existência de um corpo autônomo do poder central, capacitado técnica e institucionalmente para a regulação de uma determinada atividade econômica, como também, em particular, sinalizar para o investidor privado com uma maior estabilidade das regras decorrente do insulamento do poder político central. Com esse aparato,

---

[2] Adota-se aqui o epíteto cunhado, entre outros, por Giandomenico Majone para qualificar o modelo de Estado que veio em substituição ao chamado Estado do Bem-Estar Social, predominante no Ocidente da Segunda Guerra Mundial até justamente os anos oitenta (cf. Do Estado positivo ao Estado regulador: causas e consequências da mudança no modo de governança. *In*: MATTOS. *Regulação econômica e democracia*: o debate europeu, p. 53-86). A expressão *Estado Regulador* parece focar especialmente no aspecto do papel do Estado em relação à atividade econômica, mas a percepção de seu alcance não será completa se não abranger as mudanças no exercício do poder político e social experimentadas pela sociedade contemporânea, como será abordado no texto. Não há unanimidade, porém, no emprego da designação para qualificar o modelo de Estado que contemporaneamente veio a substituir o Estado Social. Preferindo a expressão *Estado Pós-Moderno*, confira-se o aprofundado estudo de Jacques Chevalier, *O Estado Pós-Moderno* (Tradução da 3. ed. francesa Marçal Justen Filho. Belo Horizonte: Fórum, 2009).

[3] Sobre o tema, entre vários outros, v. MARQUES NETO. Limites à abrangência e à intensidade da regulação estatal. *Revista Eletrônica de Direito Administrativo Econômico – REDAE*.

[4] Para um exame comparativo dos diversos modelos de regulação encontrados no mundo ocidental: autoridades reguladoras independentes europeias, agências reguladoras colegiadas, sistemas de autorregulação e hipóteses de *soft regulation*, cf. DUMEZ; JEUNEMAÎTRE. Quel modèles de régulation pour les services publics?. *In*: CHEVALIER; EKLAND; FRISON-ROCHE. *L'Idée de service public est-elle encore soutenable?.*, p. 63-80.

pretendia-se conferir maior garantia aos investimentos privados que viessem a ser aportados nas privatizações. Buscava-se, assim, reduzir o risco de repetição de experiências frustradas do passado, quando a excessiva intervenção política e a instabilidade de regras que daí deflui puseram a pique quase todas as experiências de assunção de serviços públicos por particulares vivenciadas entre o final do século XIX e o início do século XX (ferrovias, eletricidade, transportes urbanos etc.).

Em relação às agências reguladoras, ainda, ponho-me entre aqueles que pensam que elas representaram entre nós uma novidade menor do que o que se acreditou no primeiro momento. Já há tempos existiam na Administração Pública brasileira entes com características bastante próximas às das agências reguladoras criadas a partir de meados dos anos noventa: autonomia administrativa em relação ao poder central, especialização técnica, capacidades normativa, fiscalizadora e sancionatória sobre uma determinada área de atividades, poder decisório colegiado, entre outros. Esse era o caso, por exemplo, da CVM, do Banco Central e do CADE.[5] Acredito, por isso, que a grande mudança na direção da implantação do Estado Regulador no Brasil não tenha sido tanto o aparecimento das agências, mas, sim, a percepção — que, não foi imediata, mas que veio se consolidando na última década e meia — da própria existência da *função regulatória* e de seus exatos contornos.[6] Tanto é assim que até mesmo esses entes já existentes na Administração Pública brasileira experimentaram alterações importantes no exercício de suas atribuições nesse período, em especial um maior aprofundamento da sua autonomia decisória em relação ao poder central e o aperfeiçoamento de sua capacitação institucional para o exercício das atribuições que lhes são acometidas.

A implantação do modelo do Estado Regulador no Brasil não se resumiu, contudo, às desestatizações e à criação das agências reguladoras, embora, para a Administração Pública, estas sejam, de fato, os sinais externos mais evidentes da alteração de rumo havida no perfil das relações entre Estado e economia nos últimos anos. Ao mesmo tempo,

---

[5] Observando-se que o CADE somente recebeu essa feição de forma mais clara com a aprovação da Lei Federal nº 8.884/94, que aumentou a sua autonomia e conferiu um perfil mais objetivo e de natureza administrativa à tutela da concorrência no país (antes, a tutela da concorrência, no Brasil, além de demandar a demonstração da presença de um elemento subjetivo — abuso do poder econômico que *vise à* dominação dos mercados, à eliminação da concorrência e ao aumento arbitrário dos lucros — se confundia e se exprimia com mais ênfase no campo da repressão penal aos crimes contra a ordem econômica).
[6] Sobre a função regulatória e seus contornos, v. JUSTEN FILHO. *Curso de direito administrativo*, p. 34.

pretendeu-se obter uma maior eficiência da máquina administrativa como um todo. Foi introduzido o conceito de administração pública gerencial, com a finalidade de aproximarem-se os critérios de gestão pública dos padrões da gestão privada, tema quase sempre polêmico consideradas as especificidades dos objetivos pretendidos por cada qual.[7] Nesse sentido, a Emenda Constitucional da Reforma Administrativa, aprovada em julho de 1998, inseriu na Constituição diversas normas com o objetivo de assegurar uma gestão pública mais eficiente (a positivação do próprio princípio da eficiência, a previsão de avaliação de desempenho dos servidores públicos, o contrato de gestão etc.).[8]

No mesmo contexto, o Estado buscou aproximar-se da sociedade com a finalidade de lhe transferir a execução de atividades de interesse público de que ela fosse capaz de se desincumbir diretamente. Entrou em cena a ideia de subsidiariedade[9] e, em alguma medida também, a de consensualidade (de um Estado que busca a composição com e não a imposição ao particular). Assim vieram, por exemplo, as Leis Federais nºs 9.637/98 e 9.790/99, que dispuseram, respectivamente, sobre a qualificação de entidades privadas como organizações sociais e como organizações da sociedade civil de interesse público[10] e, mais recentemente, a Lei nº 11.079/2004, acerca das parcerias público-privadas.

Afora estes, há ainda outros desafios e problemas relevantes para a exata compreensão dos rumos que tomou, e vêm tomando, a evolução do Estado Regulador no Brasil, acerca dos quais se passará a discorrer a seguir.

---

[7] V. CATALA. Direito e gerenciamento nas administrações públicas: notas sobre a crise e renovação dos respectivos paradigmas. *Revista do Serviço Público*, p. 23-45.

[8] Caso curioso é o do princípio da eficiência positivado no *caput* art. 37 da Constituição. Depois de quase década sem que tivesse realmente obtido êxito em delimitar de forma mais precisa o seu conteúdo jurídico — ficando quase sempre no argumento da *melhor relação custo-benefício*, mas sem maior aprofundamento —, a doutrina em direito público no Brasil parece ter resolvido dele de fato se ocupar nos últimos anos. Para isso, muito tem contribuído a aproximação teórica da análise econômica do direito, na qual o conceito de eficiência (econômica) apresenta um papel capital. Sobre o tema, remete-se o leitor para os aprofundados trabalhos de: LEAL. Propostas para uma abordagem teórico-metodológica do dever constitucional de eficiência. *Revista Brasileira de Direito Público – RBDP*; e COUTINHO. *As dimensões da eficiência no Estado contemporâneo*: organização, atividade, controle e legitimidade da Administração Pública.

[9] Sobre o tema, ver BARACHO. *O princípio da subsidiariedade*: conceito e evolução; e TORRES. *O princípio da subsidiariedade no direito público contemporâneo*.

[10] Observe-se que só nos últimos anos, mais de uma década após a sua aprovação, estas leis começaram a despertar maior atenção — e, em consequência, relevância prática —, em particular de governos locais que têm buscado aprovar legislação semelhante em suas unidades federadas, como instrumento para a transferência de serviços e equipamentos públicos para a gestão por particulares. *Vide* os casos de São Paulo, na área da cultura, e do Rio de Janeiro, na área da saúde pública.

2 A regulação no Brasil: correção de falhas de mercado e promoção do desenvolvimento

Segundo a teoria econômica da regulação desenvolvida nos Estados Unidos, a intervenção do Estado na economia deve, em linhas bem gerais, limitar-se à correção das falhas de mercado, com a finalidade de permitir o funcionamento mais livre e ideal possível deste último, fato que, por si só, seria capaz de produzir riqueza social e desenvolvimento.[11]

Como *falhas de mercado* suscetíveis de serem corrigidas pela regulação são usualmente apontadas: 1. as *condutas lesivas à livre concorrência*, isto é, a criação de entraves ao livre ingresso e à livre permanência dos agentes econômicos no mercado; 2. a existência de *assimetrias de informação* entre os agentes econômicos (as quais, teoricamente, comprometem a liberdade e a racionalidade das escolhas econômicas feitas por estes últimos); e 3. a presença de *externalidades negativas*, ou seja, os efeitos e custos produzidos por determinadas relações econômicas, que alcançam terceiros estranhos à relação original, terceiros estes que, ao final, terminarão por suportar tais efeitos.

Portanto, sob a ótica da *teoria econômica da regulação*, a regulação estatal sobre a economia deveria limitar-se às normas para defesa da concorrência, àquelas destinadas a reduzir as assimetrias de informação (*v.g.*, o direito do consumidor) e às que tenham como finalidade reduzir as externalidades negativas (*v.g.*, as normas de direito ambiental). Todo o tipo de intervenção estatal que daí ultrapassar mostra-se, à luz dessa teoria, indevida e excessiva.

Entretanto, é discutível se essa perspectiva regulatória limitada à correção de falhas de mercado mostra-se suficiente e adequada à realidade jurídico-econômica brasileira. Na verdade, parece haver dificuldades em trasladar-se acriticamente para o cenário brasileiro teorias regulatórias concebidas para países desenvolvidos, onde os problemas econômicos são substancialmente de natureza alocativa, enquanto que, no Brasil, importam tanto ou mais as questões de ordem redistributiva para a determinação do papel do Estado na economia. Na percepção de Calixto Salomão Filho, a teoria econômica da regulação, de matriz anglo saxônica, se mostra insuficiente para resolver os problemas econômicos desenvolvimentistas. Apenas o aumento da riqueza social

---

[11] Sobre o tema, confiram-se os artigos de Stigler, Posner e Peltzman traduzidos na excelente coletânea coordenada por MATTOS. *Regulação econômica e democracia*: o debate norte-americano. Veja-se, ainda, SALOMÃO FILHO. *Regulação da atividade econômica*.

não seria capaz de gerar, por si só, a sua redistribuição. Assim, para o autor, ao lado da concepção regulatória tradicional, é necessário também considerar a regulação sob a ótica da teoria do desenvolvimento, para a qual os processos de desenvolvimento dependem substancialmente de instituições e de valores voltados para esse fim.[12]

A conclusão de que a regulação das falhas de mercado não pode ser, no modelo do Estado Regulador brasileiro, a única forma lícita de intervenção estatal na economia encontra forte eco, aliás, no texto constitucional de 1988.

De fato, na determinação do papel contemporâneo do Estado brasileiro em relação à economia não se pode absolutamente perder de vista a existência de um arcabouço normativo constitucional que define esse papel. Assim, as políticas regulatórias no Brasil não devem deixar de ter em mira a redução das desigualdades regionais e sociais (art. 170, VII), a promoção da justiça social (art. 170, *caput*) e do pleno emprego (art. 170, VIII), entre várias outras.[13]

É lógico que, em relação a essas prescrições da Carta de 1988 de clara índole redistributiva, sempre se poderia argumentar que foram editadas ainda para um modelo de Estado Social de caráter mais acentuadamente interventivo na economia. Tal constatação, porém, não invalida a possibilidade (e necessidade) de releitura dessas normas já agora sob a ótica do Estado Regulador, com o qual, por sinal, elas não se mostram incompatíveis. Veja-se, por exemplo, que os *caputs* dos arts. 173 e 174, em consonância com um papel menos direto de intervenção do Estado na economia, já acentuavam, de um lado, a excepcionalidade da exploração direta da atividade econômica pelo Estado, e do outro, a existência de um papel regulador deste último em relação à atividade econômica.[14]

Além disso, é necessário ter em conta que nem a economia, nem o mercado existem e operam no vazio. Seu funcionamento, ao contrário, depende da preexistência de regras em um dado âmbito estatal, a maior parte das quais fruto de eleição constitucional. O "livre mercado", nesse contexto, não é senão uma ideia meramente teórica. Nas palavras de Viktor Vanberg:

---

[12] SALOMÃO FILHO. *Regulação e desenvolvimento*, p. 29-63.
[13] Cf., a propósito, SALOMÃO FILHO. *Regulação da atividade econômica*.
[14] Veja-se, nesse sentido, a tese de doutorado de Sérgio Guerra, em que o autor aponta o *caput* do art. 174 da Constituição Federal como o *ponto de partida* para se fundamentar constitucionalmente o modelo regulatório brasileiro (GUERRA. *Discricionariedade e reflexividade*: uma nova teoria sobre as escolhas administrativas).

(...) a ordem de mercado, em tanto que definida por seu marco institucional, é uma questão de, e uma matéria de, eleição constitucional (explícita ou implícita). Parto do pressuposto de que as propriedades funcionais dos processos de mercado dependem da natureza dos marcos jurídico-institucionais dentro dos quais têm lugar e de que a questão sobre que regras são desejáveis como elementos de tais marcos deve ser julgada como uma questão constitucional.[15]

Logo, qualquer modelo regulatório que se queira instituir no Brasil deve necessariamente adequar-se às escolhas constitucionais que foram feitas em 1988. Estas, por sua vez, contêm comandos que impõem ao Estado a adoção de medidas interventivas para além dos limites da correção de falhas de mercado.

3 O Estado Regulador ante a desterritorialização da economia

O desafio de adaptar-se aos parâmetros constitucionais de 1988 e, portanto, de ajudar na promoção do desenvolvimento do país está longe, todavia, de ser o único a ser enfrentado para a consolidação do Estado Regulador brasileiro. A isso devem se somar os problemas trazidos pela globalização, em especial, aqueles que decorrem da perda de soberania do Estado em relação à economia.[16]

Explica-se: se antes eram os Governos estatais que guiavam e condicionavam a economia, hoje, aos Estados contemporâneos, muitas vezes, nada resta que não atuarem reativamente ou adaptarem-se aos

---

[15] VANBERG. Mercados y regulación: el contraste entre el liberalismo de mercado y el liberalismo constitucional. *Isonomía*, p. 89. E, ainda, do mesmo trabalho, em citações de Karl Popper (nota de rodapé 17, p. 87): "[Em] uma sociedade complexa, qualquer coisa que se aproxime ao mercado só pode existir se goza da proteção do direito e, por este, do Estado. Assim, pois, o termo 'livre mercado' sempre se deve pôr entre aspas, já que sempre está submetido, ou limitado, pelo marco jurídico, e só pode ser possível graças a este marco"; e de James Buchanan (nota de rodapé 22, p. 89): "Mas a economia não pode funcionar em um vácuo, tem que incorporar-se em, e deve entender-se que se incorpora, na estrutura das 'leis e das instituições'. Os economistas modernos desatenderam gravemente os requisitos constitucionais-institucionais ou o marco do sistema econômico."

[16] Cf. CASESSE. *La crisis del Estado*, p. 59. O autor chega a pontificar uma era de soberania da economia sobre o Estado (e não o contrário, como se dava anteriormente), p. 63: "Durante o último quarto de século registraram-se três importantes mudanças nas relações entre Estado e economia: se antes o Estado era soberano em matéria econômica, agora perde sua soberania justamente em favor da economia; se antes o Estado era prevalentemente pedagogo, agora é principalmente regulador; se antes o governo da economia era unitário, agora o mesmo está fragmentado".

efeitos dos movimentos econômicos globais, estes em larga medida supraestatais.[17]

De fato, no momento em que o mundo percebe que a interconexão dos mercados produz a desterritorialização da economia — de tal modo que a perda de poder de compra dos norte-americanos leva à desaceleração da atividade econômica na China e, por conseguinte, à redução do valor do aço e do minério brasileiros —, fica claro que a regulação desses mercados não está, nem pode ficar confinada aos limites estatais.

Assim, hoje, a regulação intraestatal deve necessariamente se ajustar à multiplicidade de regulações produzidas no âmbito de entidades e organizações supraestatais e não estatais das mais variadas. Cite-se o exemplo do Comitê da Basileia (de Supervisão Bancária), de Bancos Centrais, que é uma entidade que congrega reguladores domésticos em nível da burocracia governamental e dita parâmetros e orientações para o funcionamento dos sistemas financeiros nacionais (regulando a chamada *indústria financeira*). Ou, o caso, mais recente, do G-20 — reunião dos Chefes de Estado, Ministros das Finanças e Presidentes dos Bancos Centrais das vinte maiores economias do mundo, mais a União Europeia —, que assumiu para si o papel de principal articulador das medidas necessárias para minimizar os efeitos da última crise, a maior da economia globalizada.[18] Notando-se que muitas vezes tais entes sequer ostentam existência formal perante o quadro do direito internacional.

Há ainda, na mesma linha, a hipótese da multiplicidade de regulações domésticas incidindo sobre relações econômicas cujo alcance extrapola as fronteiras nacionais. Invoque-se o exemplo da tutela da concorrência relativamente à fusão de duas multinacionais com atividades em diversos países. A questão vai envolver a definição da ou das autoridades que serão competentes para decidir sobre a licitude do ato

---

[17] Cf. CASESSE. *La crisis del Estado*, p. 64-65: "(...) embora o Estado continue desempenhando um papel importante, ele perdeu, não obstante, a soberania econômica porque, se antes detinha um poder absoluto, agora dêem um porque relativo e porque os confins do Estado e os confins da economia já não se correspondem".

[18] CHEVALIER. *O Estado pós-moderno*, p. 283: "(...) a ordem transnacional se encontra consolidada pela introdução de novos mecanismos de regulação financeira e pelo esboço de um sistema de governança do qual o G-20 deve ser a chave de abóbada (...). A idéia de que os Estados se encontram doravante colocados em um contexto de interdependência estrutural, que está, como se viu, no cerne da lógica da pós-modernidade, é desse modo confirmada e ampliada."

de concentração e a decisão sobre que ordenamento ou ordenamentos serão aplicados para esse julgamento.[19] Ora, essa multiplicidade de regulações, nacionais e supraestatais, muitas vezes conflitantes, outras concorrentes entre si, traz para o direito problemas novos, com os quais o Estado Regulador se vê compelido a lidar. Particularmente, porque com frequência as decisões regulatórias supraestatais escapam aos formatos e ao alcance dos instrumentos tradicionais do direito internacional, mas ao mesmo tempo também não se enquadram na normatividade típica dos ordenamentos internos. Assim, surgem questões de coercibilidade, de legitimidade democrática e de legitimação perante o ordenamento interno, de jurisdição, de respeito ao devido processo, entre inúmeras trazidas pela regulação desterritorializada, acerca das quais a comunidade jurídica tem debatido intensamente. Alguns cogitam, inclusive, do surgimento de um novo *Direito Global*.[20]

4 Regulação e paternalismo estatal

A compreensão da evolução do Estado Regulador no Brasil exige que se aborde ainda o problema de sua recorrente tendência ao paternalismo em matéria de intervenção nas relações econômicas. Há paternalismo estatal, no sentido ora empregado, sempre que o Estado, pressupondo a incapacidade ou hipossuficiência de determinados agentes econômicos, antecipa certas escolhas, impondo ou proscrevendo condutas no domínio econômico — especialmente em matéria contratual —, pretensamente em favor daqueles. Diversas decisões econômicas são tomadas previamente pelo regulador na presunção de que os seus supostos beneficiários, uma vez deixados à própria sorte, não teriam, por variadas razões, condições de tomá-las na defesa de seus melhores interesses.

Tal intervenção paternalista pode ser constatada, a título exemplificativo, na regulação do serviço de saúde suplementar. A regulação federal vigente na matéria fixa um rol de procedimentos e coberturas

---

[19] Cf. CASESSE. *La crisis del Estado*, p. 34. Ainda do mesmo autor acerca do tema, v. *La nuova Costituzione economica*, p. 3-7, 291-299.

[20] Visto que não se encaixa nem nas discussões tradicionais do direito internacional, entre Estados-Membros soberanos, nem, claramente, obedece aos limites territoriais do direito interno. A propósito do tema, veja-se o ensaio de KINGSBURY; KRISCH; STEWART. The Emergence of Global Administrative Law. *Law and Contemporary Problems*, p. 15-61. Confira-se, ainda, a respeito, SLAUGHTER. Global Government Networks, Global Information Agencies, and Disaggregated Democracy. *Harvard Law School Public*.

mínimas de assistência a serem fornecidos nos chamados *planos de referência*, sem deixar muito espaço para que as partes, os segurados e as empresas prestadoras, fixem o conteúdo das prestações de assistência contratadas. Igualmente, no âmbito do direito consumidor, verifica-se que a legislação brasileira vai bem além da preocupação com a redução das assimetrias de informação em que se centram outros ordenamentos jurídicos, *v.g.* os EUA. Aqui, a lei de defesa do consumidor, pressupondo, como se disse acima, a hipossuficiência do consumidor, intervém diretamente nas relações contratuais vedando, por exemplo, cláusulas que "estabeleçam obrigações consideradas iníquas, abusivas, que coloquem o consumidor em desvantagem exagerada, ou sejam incompatíveis com a boa-fé ou a eqüidade" (art. 51, IV, da Lei Federal nº 8.078/90).[21]

Certo ou errado, justificável ou não no contexto socioeconômico brasileiro, o fato é que esse paternalismo regulatório encerra, via de regra, um razoável grau de intervenção do Estado na economia. E, com alguma frequência, dá ensejo a consequências econômicas originalmente não dimensionadas, fruto de mecanismos naturais de proteção do mercado. Algumas vezes, por exemplo, impulsiona a saída de agentes do mercado, tal qual tem ocorrido no caso da comercialização de planos de saúde individuais, em clara fuga às políticas regulatórias para o setor, reduzindo-se, assim, a oferta de serviços à população. Noutras ocasiões, constata-se o aumento do custo de determinados serviços como instrumento de proteção do mercado contra os riscos regulatórios, como no caso da elevação dos *spreads* bancários como meio de defesa dos agentes financeiros contra a legislação e a jurisprudência significativamente protetivas ao consumidor, etc. Essa produção de efeitos, em geral não desejados pelo regulador, pode ser claramente tipificada como *falha regulatória*. Trata-se de um resultado nocivo para o mercado provocado pela própria norma reguladora e cuja existência não é dado ao regulador ignorar.[22]

À conduta estatal paternalista opõe-se a corrente libertária que, louvando-se na crença econômica fundamental, acredita que ninguém

---

[21] Discutindo diversos modelos regulatórios de tutela do consumidor e suas consequências, cf. REICH. A crise regulatória: ela existe e pode ser resolvida?: análise comparativa sobre a situação da regulação social nos Estados Unidos e na Comunidade Econômica Européia. *In*: MATTOS. *Regulação econômica e democracia*: o debate europeu, p. 17-52.

[22] Também pode ser qualificada como *falha regulatória* a omissão dos entes reguladoras no cumprimento adequado de seus deveres de fiscalização e de sancionamento, tanto como o déficit regulatório, que ocorre quando o Estado deixa de editar um marco regulatório suficiente para garantir a adequada prestação de um serviço ou o exercício de uma atividade econômica.

melhor do que os próprios agentes econômicos, de modo racional e conhecendo as suas próprias circunstâncias, é capaz de fazer escolhas na busca de seus melhores interesses.

Nos EUA, porém, Cass Susntein e Richard Thaler propuseram uma terceira via, alternativa, que apelidaram de paternalismo libertário.[23] Sem advogar o paternalismo estatal puro e simples em matéria econômica, os autores buscam desconstruir a tese da plena racionalidade dos agentes econômicos e questionam a sua capacidade de, sempre e em qualquer circunstância, efetuarem escolhas econômicas baseadas no atendimento de seu melhor interesse. Em linhas gerais, os Professores da Universidade de Chicago sustentam que a racionalidade dos agentes econômicos é quase sempre limitada. Muitas vezes, essas escolhas são condicionadas por fatores externos, de natureza comportamental, como a nossa própria inércia natural, as pressões de grupo, ou, mesmo, por fatores emocionais. Partindo dessa premissa — a de que os homens são guiados por uma *racionalidade limitada* —, os autores admitem que o Estado, por meio da regulação, possa intervir para induzir ou estimular que algumas escolhas sejam feitas em detrimento de outras. As demais opções, porém, não deverão ser banidas, admitindo-se sempre o pleno direito de escolha do cidadão.

Nesse caso, percebe-se com clareza que a atitude do Estado não se mostra de todo paternalista porque não é ele que faz a escolha pelo cidadão. O regulador não impõe uma decisão previamente tomada quando da edição da norma regulatória, apenas limita-se a estimular a eleição de uma determinada via, sem, contudo, vedar as demais.[24]

No Brasil, onde as diversas esferas decisórias de poder (do Executivo, do Legislativo e do Judiciário) cedem com frequência à tentação do paternalismo estatal puro e simples, mostram-se mais do que oportunas reflexões acerca do custo-benefício de seus efeitos e das alternativas existentes. Tudo com vistas ao aperfeiçoamento das políticas regulatórias.

---

[23] *Nudge*: Improving Decisions about Health, Wealth and Happiness.
[24] A crítica dos libertários clássicos à proposta de Thaler e Sunstein dirige-se ao fato de que o Estado não deve manipular os cidadãos para determinadas escolhas simplesmente porque o Estado não conhece tão bem quanto cada um de nós as nossas próprias preferências e circunstâncias individuais: "A vantagem que os indivíduos têm sobre os incentivadores centrais ao decidir o que deve ser feito nunca foi a sua perfeita racionalidade. Mas o seu conhecimento superior sobre as preferências individuais e circunstâncias de cada um" (WHITE. This is a Nudge in the Wrong Direction. *The Times*).

5 O papel dos novos atores institucionais: o problema da judicialização das questões regulatórias

Por fim, um exame do quadro evolutivo do Estado contemporâneo no Brasil não poderia deixar de apontar, como relevante mudança em relação ao modelo anterior, a ascensão de novos atores no cenário decisório político-econômico, ocorrida especialmente nas últimas duas décadas. O novo protagonismo dos juízes e a judicialização das questões regulatórias, o destaque dos entes reguladores descentralizados, a influência da mídia, do Ministério Público e da sociedade civil organizada. Todos esses atores, de uma relativa desimportância política passada, vêm ocupando papéis de destaque no cotidiano das relações de poder existentes no interior do Estado Regulador.[25]

Essa alteração no perfil das relações de poder decisório político-econômico tem levado os estudiosos a afirmar a existência de uma nova separação de poderes intraestatal. Não apenas em função de uma releitura da correlação de forças existente entre os poderes tradicionais, como, especialmente, em virtude do reconhecimento de que outros centros de poder (como a burocracia estatal, as agências reguladoras, o Ministério Público) têm partilhado com os primeiros a condução dos negócios estatais.[26]

Merece destaque, de todo modo, pela intensidade com que se verifica nos dias atuais, o processo de judicialização das questões regulatórias, intrinsecamente relacionado ao da ascensão do papel do juiz como principal mediador entre o Estado Regulador e seus regulados:

> (...) tem sido sustentado que "o crescimento do Estado regulador transformou o único poder não eleito do Estado, o Judiciário, de um árbitro relativamente neutro num protagonista ativo do jogo administrativo" (Seidman e Gilmour, 1986: 132).
>
> Realmente, o envolvimento dos tribunais na administração e na formulação de políticas é talvez a consequência mais importante do crescimento do Estado regulador. Quando a administração direta é substituída por relações contratuais com prestadores de serviços mais ou menos

---

[25] O fenômeno, aliás, está longe de ser apenas doméstico. Ao contrário, acha-se globalmente relatado. V., entre outros, MAJONE. Do Estado positivo ao Estado regulador: causas e consequências da mudança no modo de governança. *In*: MATTOS. *Regulação econômica e democracia*: o debate europeu, p. 71-75.

[26] A propósito, cf. ACKERMAN. The new Separation of Powers. *Harvard Law Review*; e STRAUSS. The Place of Agencies in Government: Separation of Powers and the Fourth Branch. *Columbia Law Review*.

independentes, já não é mais possível resolver disputas por meio dos canais hierárquicos.[27]

A questão particularmente mais sensível, nesse contexto de judicialização, é a do limite para a revisão judicial das decisões regulatórias, especialmente daquelas que contêm a formulação de políticas, setoriais e gerais. O tema tem despertado acesos debates no meio acadêmico, dado que envolve importantes discussões acerca da capacitação institucional e da legitimação dos agentes envolvidos — dos reguladores e dos juízes — para a tomada de decisão. Enquanto isso, o Judiciário prossegue atuando, praticamente em todos os casos de expressão, como última instância decisória em matéria regulatória no país.[28]

Apenas a título de ilustração, o STJ deu, em 2008, uma demonstração não muito frequente de autocontenção do Judiciário em matéria de controle de atos regulatórios. Foi no julgamento do REsp. nº 806.304, de relatoria do Ministro Luiz Fux (*DJ*, 17 dez. 2008). Tratava-se originariamente de ação civil pública em que o Ministério Público Federal se insurgia contra ato normativo editado pela ANATEL fixando em noventa dias o prazo de validade para a fruição, pelo usuário, dos créditos da telefonia móvel pré-paga. A sentença de improcedência foi confirmada em segunda instância, o que desafiou a interposição do recurso especial.

No caso, o Tribunal reconheceu ser "da exclusiva competência das agências reguladoras estabelecerem as estruturas tarifárias que melhor se ajustem aos serviços de telefonia oferecidos pelas empresas concessionárias". Sendo assim, afirmou: "o Judiciário sob pena de criar embaraços que podem comprometer a qualidade dos serviços e, até mesmo, inviabilizar a sua prestação, não deve intervir para alterar as regras fixadas pelos órgãos competentes, salvo em controle de constitucionalidade". E, mais adiante, prosseguiu: "a ausência de nulificação específica do ato da Agência afasta a intervenção do Poder Judiciário no segmento, sob pena de invasão na seara administrativa e violação da cláusula de harmonia entre os poderes".

---
[27] V. MAJONE. Do Estado positivo ao Estado regulador: causas e consequências da mudança no modo de governança. In: MATTOS. *Regulação econômica e democracia*: o debate europeu, p. 71-72. Outra abordagem do processo, inclusive do aspecto da ciência política, partindo de uma análise comparativa das realidades norte-americana e francesa, pode ser encontrada em CHEVALIER. *O Estado pós-moderno*, p. 126-133.

[28] No âmbito da defesa da concorrência, por exemplo, quase todas as decisões do CADE, especialmente em casos de maior vulto, são submetidas a escrutínio judicial. Com isso, a atuação do órgão de defesa da concorrência, frequentemente desconstituída judicialmente, acaba assumindo um caráter meramente provisório e preparatório.

Ora, pela clareza do entendimento nele expressado, o REsp. nº 806.304 teria aptidão para se transformar em um importante precedente no que se refere ao controle jurisdicional dos atos regulatórios no Brasil, à semelhança do que, na jurisprudência norte-americana, se processou com o famoso caso *Chevron*.[29] Resta ver se o próprio Tribunal que o proferiu será capaz de manter uma linha de coerência com as razões expostas acima ou se a matéria prosseguirá sendo examinada de forma casuísta, como tem se verificado na jurisprudência brasileira acerca do tema até aqui.

Informação bibliográfica deste texto, conforme a NBR 6023:2002 da Associação Brasileira de Normas Técnicas (ABNT):

BAPTISTA, Patrícia. A evolução do Estado regulador no Brasil: desenvolvimento, globalização, paternalismo e judicialização. In: FREITAS, Daniela Bandeira de; VALLE, Vanice Regina Lírio do (Coord.). *Direito administrativo e democracia econômica*. Belo Horizonte: Fórum, 2012. p. 63-76. ISBN 978-85-7700-619-9.

---

[29] *Chevron U.S.A., Inc. vs. Natural Resources Defense Council, Inc.*, 467 US 837 (1984). Neste caso, a Suprema Corte dos EUA fixou os seguintes parâmetros para o controle dos atos das agências reguladoras pelo Poder Judiciário: 1. em primeiro lugar, a Corte deve verificar se a matéria foi disciplinada pelo Congresso de forma clara e inequívoca. Nesta circunstância, tanto a agência, como a Corte só têm a cumprir a vontade inequívoca do Congresso; 2. se, porém, a lei for silente ou ambígua, deve a Corte verificar se a agência deu uma solução razoável para a questão, caso em que a decisão da agência deve prevalecer. *Chevron* é apontado pela doutrina norte-americana como responsável por ter aumentado o grau de deferência dos Tribunais às decisões das agências reguladoras que, a partir dali, só haveriam de ser desconstituídas por desobediência à vontade inequívoca do legislador ou por irrazoabilidade manifesta. Acerca do tema, cf. BREYER. *Administrative Law and Regulatory Policy*: Problems, Text and Cases, p. 284 *et seq*. Para uma crítica ao resultado prático da aplicação da doutrina *Chevron*, v. MILES; SUNSTEIN. Do Judges Make Regulatory Policy?: an Empirical Investigation of 'Chevron'. *U. Chigago Law & Economics*; e GERSEN; VERMEULE. Chevron as a Voting Rule. *U. Chicago Law & Economics*.

EFICIÊNCIA JURÍDICA NO MERCADO
UM INSTRUMENTO A SERVIÇO DA DEMOCRACIA

DANIELA BANDEIRA DE FREITAS

1 Introdução

A ideia de que o direito deve promover a eficiência e a segurança jurídica das relações sociais faz parte do senso comum[1] e sempre foi tratada pela doutrina como objetivo das ciências jurídicas. A estabilidade e certeza dos efeitos e consequências das relações sociais, nelas incluídas as relações consideradas ou definidas por relações econômicas, aparece como meta na história da evolução do direito, mesmo nos países de tradição da *common law* em que se busca a segurança não através de textos legais escritos, mas através de decisões judiciais que fixam precedentes vinculativos.

---

[1] Embora esta perspectiva utilitarista do direito tenha sido e continue a ser objeto de algumas críticas daqueles que defendem que a missão do direito é, antes, servir os valores e não aos interesses; ou postas as coisas de outra maneira, que o único interesse da convivência humana é a justiça, pelo que a única sociedade eficiente é a sociedade justa. Sobre a crítica à doutrina utilitarista do direito, cf. OTERO. *Instituições políticas e constitucionais*, v. 1, p. 474. Segundo o autor, o utilitarismo, ao aferir sempre a melhor solução pelo grau de satisfação ou felicidade que proporciona ao maior número de pessoas, de forma a aliar-se ao pragmatismo, mostra-se em termos decisórios totalmente indiferente à conformidade moral e ética de seu respectivo conteúdo. Desta forma, as decisões são sempre tomadas em função das consequências, sem levar em conta o caráter ético. E tal situação pode "facilmente transformar-se numa desculpa para uma ditadura benevolente".

As relações econômicas, por sua vez, geram riquezas, movimentam capitais e concorrem direta ou indiretamente para o desenvolvimento dos países e das próprias pessoas, individualmente. Daí a sua importância na história humana, como uma das principais relações sociais, a merecer, inclusive, ciência autônoma de estudo de seus fenômenos, a economia.

O termo eficiência, embora implique em uma equivocidade de sentidos, costuma ser apresentado em um sentido programático, instrumental e prospectivo. E no âmbito da ordem jurídica é inserido como dimensão do próprio direito[2] que passa a servir de instrumento necessário à realização de certos objetivos sociais e econômicos, considerados desejáveis, tais como: o desenvolvimento econômico, a igualdade social, a defesa do interesse coletivo e público, a distribuição equitativa de riqueza, a prestação eficaz e universal dos serviços públicos, a promoção do bem-estar social e econômico, a defesa do consumidor, etc.

As metas ou objetivos a serem perseguidos pelo direito, especialmente, pelo direito público/administrativo constituem e retratam a construção da democracia, compreendida em seu sentido amplo e não só de democracia representativa, mas de democracia social, de bem-estar e de desenvolvimento econômico sustentável. Não se comporta mais uma análise primária do conceito de democracia, mas nos é imposta uma nova perspectiva de exigência, uma democracia de "qualidade" ou uma democracia que pressupõe uma ótica de eficiência da proteção e da garantia dos direitos fundamentais e, de outro lado, de eficiência jurídica que propicie um futuro de riqueza e distribuição de renda equitativa.

Este modelo ou ideal a ser perseguido passa, necessariamente, pela ideia comum a todos de "eficiência de mercado", ou melhor, de uma eficiência nas relações e transações econômicas, na busca de uma maximização dos ganhos delas decorrentes e de uma solidariedade, equivalência e distribuição equitativa, segura e justa destes recursos. E por uma sensação de que o desenvolvimento econômico que propiciará

---

[2] O conceito de eficiência jurídica é introduzido ou "importado" das ciências econômicas para as ciências jurídicas e ganha uma dimensão material e processual, ou seja, ora é empregado em seu sentido de eficiência das atividades e processos da Administração Pública; ora é aplicado no sentido organizacional, ou seja, de construção das instituições e pessoas que compõem a Administração Pública do Estado. Por outro lado, o termo eficiência no âmbito das ciências jurídicas pode ter vários sentidos, tais como: redução da complexidade social, previsibilidade, segurança, justiça, razoabilidade e, ainda, um sentido programático e prospectivo, qual seja, como o direito pode contribuir para a realização de certos objetivos político-sociais (cf. HESPANHA. *O caleidoscópio do direito*: o direito e a justiça nos dias e no mundo de hoje, p. 230-231).

a todos melhores condições de vida (melhoria da infraestrutura administrativa, dos serviços públicos, fortalecimento das instituições, etc.) só poderá ser alcançado através da elaboração e aplicação de um sistema jurídico (constitucional e infraconstitucional legal e administrativo) que proporcione maior segurança jurídica nas relações econômicas, que diminua a burocracia, que fomente a criação de novas parcerias com a iniciativa privada, que incentive atividades econômicas consideradas fundamentais, etc.

A busca pela efetivação do ideal democrático ou a construção de uma "democracia econômica" atravessa um olhar simplista de organização de poder e da relação entre este poder do Estado e a sociedade civil e alcança, hoje, uma dimensão ampla de análise, inclusive, propondo o questionamento sobre o que desejamos do mercado, o que esperamos da economia (no sentido macro) e que o que podemos exigir para realização de nossos anseios sociais e econômicos (quais as nossas demandas econômicas e sociais?). Em outras palavras, pensar em democracia, direito e economia simultaneamente é, sem dúvida, tentar conciliar áreas que apresentam objetivos e dogmáticas distintas, de forma a imputar à economia e às suas regras de geração e distribuição de riquezas a tarefa de contribuir para a efetivação de direitos fundamentais sociais na realidade e, assim, funcionar como valiosos instrumentos a serviço de uma democracia de "qualidade".

A demanda por estabilidade econômica, com juros baixos, moeda forte, emprego abundante e produção crescente de bens, serviços e riqueza para o país deixou de ser um "sonho" distante e passou a fazer parte de nosso cotidiano, diante das possibilidades reais de compra do imóvel próprio, por exemplo, pela classe média, o que antes, na década de oitenta, era impensável, em decorrência de um quadro de hiperinflação; além da melhoria do acesso à informação e cultura e a aquisição de bens e serviços que outrora se encontravam fora do campo de acesso financeiro das classes mais baixas. Todo este quadro novo de "euforia" do crescimento da economia brasileira traz reflexos imediatos e diretos no âmbito da ordem jurídica e normativa. A proteção do consumidor, do usuário dos serviços públicos e o surgimento de uma ordem reguladora/administrativa independente dos poderes clássicos do Estado (Agências Reguladoras) retratam uma reação do direito ao crescimento acelerado da economia brasileira.

Entretanto este impacto no âmbito do direito merece uma avaliação de qualidade, ou seja, uma avaliação da eficiência normativa e jurídica da regulação ampla e restrita (legislativa e/ou administrativa) de determinados setores da economia. Conforme já mencionado, o direito sempre se caracterizou, segundo uma lógica utilitarista. A lei e os atos normativos configuram valiosos instrumentos de garantia da segurança jurídica das relações e, hoje, fundamentam-se, cada vez mais, segundo uma concepção fundada em uma "análise econômica do direito".[3] Seja como for, esta análise serve como instrumento de grande utilidade para compensar o caráter abstrato e formal dos estudos jurídicos tradicionais, pois ela tem contribuído para possíveis progressos nos campos como: da decisão de legislar e regular ou não legislar e regular um determinado setor da economia; da própria feitura dos textos normativos a fim de alcançar determinados objetivos que propiciem o desenvolvimento econômico; e da própria análise da interpretação útil dos textos normativos que interferem diretamente nas decisões judiciais.

A qualidade e a eficiência da regulação, seja ela proveniente do próprio Estado ou advinda de entidades da Administração Pública que gozam de poderes normativos independentes, caracterizam-se como uma exigência de "dupla face". De um lado, os mercados, neles incluídos serviços públicos e privados e produção de bens públicos e privados; e de outro, os usuários e consumidores destes mesmos bens e serviços. Entender-se o mercado mais livre ou menos livre, ou seja, regulado, pouco regulado ou não regulado depende, primordialmente, de uma análise prévia, de estudos econômicos de impacto acerca desta regulação e seus objetivos. O equilíbrio necessário entre os interesses de proteção do consumidor/usuário e os interesses de lucro e riqueza da iniciativa privada demanda uma normatização que cumpra os seus objetivos e revele-se eficiente e adequada a depender do setor econômico regulado.

---

[3] Cf. HESPANHA. *O caleidoscópio do direito*: o direito e a justiça nos dias e no mundo de hoje, p. 231-232: "A análise econômica do direito tem um longo curso no pensamento norte-americano. A sua primeira vaga está estreitamente ligada à escola econômica neoliberal, com o seu centro em Chicago. Para esta escola, as transações humanas são o produto de uma liberdade de escolha racional e constituem um dado da natureza humana que não pode ser ignorado. Por isso, a liberdade de mercado produz sempre vantagens, pois os contraentes, se decidem negociar, em geral ganham ambos com isso, pelo menos do seu ponto de vista (...). As consequências desta assunção, para o direito, são que, a menos que haja prejuízos para terceiros (*externalities*), a negociação no mercado deva ser fomentada pelo direito (e, não impedida, limitada ou dificultada, tornada onerosa); o Estado, por meio do Direito, deveria incentivar a negociação, ou mesmo impor, como norma supletiva ou mesmo obrigatória, a solução que resultaria do mercado. A intervenção do direito haveria de ser mínima e, nesse mínimo, adequar-se às normas do mercado."

2 A doutrina da análise econômica do direito e da análise econômica da regulação

O começo da *escola moderna* da análise econômica do direito ocorreu no ano de 1961, com a publicação dos artigos "The Problem of Social Cost" e "Some thoughts on Risk Distribution and the Law of Torts", de Ronald Coase e Guido Calabresi, respectivamente.[4]

Entretanto, independentemente da data de sua criação, importa explicar que a doutrina surgiu como consequência do realismo jurídico norte-americano[5] em reação ao *direito consuetudinário anglo-saxão*, visando a afastar o formalismo jurídico exacerbado, na tentativa de enxergar o mundo de forma mais realista e *pragmática* pela ciência.

Percebeu-se que para uma compreensão plena do fenômeno jurídico e para que seus supostos critérios de *justiça* se tornassem operacionalizáveis, seriam necessárias não apenas justificativas teóricas para a aferição de adequação abstrata entre meios e fins, mas teorias superiores à mera intuição que auxiliassem juízos de *diagnóstico* e *prognose*, permitindo, em algum grau, a avaliação mais acurada das consequências prováveis de uma decisão jurídica ou de alguma *política pública* dentro do contexto *legal, político, social, econômico* e *institucional* em que esta seria implementada.

A doutrina, capitaneada pós *Welfare State*, em um ambiente de neoliberalismo, foi por todos autores e estudiosos melhor desenvolvida por Richard A. Posner, Juiz da 7ª Corte de Apelação dos Estados Unidos e *Senior Lecturer* na Universidade de Chicago, que se dedicou ao estudo no campo da interdisciplinaridade entre direito e economia.[6] Ao empregar a teoria em ramos como o direito de família, direito contratual e direito de propriedade, Posner propiciou campo fértil para o desenvolvimento do entendimento, inclusive em países europeus e até no Brasil.[7]

A ideia central da doutrina resume-se a uma análise do direito sob o ponto de vista de sua compatibilização com as leis que regem

---
[4] HESPANHA. *O caleidoscópio do direito*: o direito e a justiça nos dias e no mundo de hoje, p. 232-233.
[5] Sobre o realismo jurídico norte-americano, cf. ACKERMAN. *Del realismo al constructivismo jurídico*, p. 17.
[6] GONÇALVES; STELZER. Análise econômica do direito: uma inovadora teoria geral do direito. *In*: OLIVEIRA. *Direito econômico*: evolução e institutos, p. 35.
[7] COASE. *The Firm, the Market, and the Law*, p. 45. Ver, também, POSNER. *Economics Analisys of Law*, p. 15-16. Sobre o autor, na qualidade de personalidade politicamente interventora, considerada como um dos maiores teóricos norte-americanos do direito *vide*: <http://en.wikipedia.org/wiki/Richard_Posner>.

o mercado, tanto no sentido de adaptá-lo a elas, como no sentido de desvendar os efeitos deformadores que o funcionamento anormal do mercado pode ter sobre uma determinada norma jurídica, levando, por vezes, a resultados contrários aos pretendidos[8] e antagônicos aos direitos fundamentais de proteção da sociedade civil.

Desta forma, a proposta era tentar formular uma análise que permitisse aos sujeitos, envolvidos em uma determinada relação econômica, otimizar os custos e benefícios, sob a ideia de que a combinação dos interesses dos produtores e dos consumidores em satisfazer o máximo possível dos seus ganhos e objetivos levaria de forma automática a um bem-estar comum também máximo ("a máxima felicidade para o maior número").[9] A teoria visava afastar a interferência do Estado, suas normas e burocracia, de forma a evitar uma interferência no mecanismo de lógica do mercado e alguns autores chegavam a identificar os "perigos" desta intervenção. Adam Smith apresenta-se como um dos principais teóricos desta linha de pensamento.[10]

Nesta linha, a teoria da análise econômica do direito fundamenta-se em uma lógica de custos e benefícios e o direito passa a ser, além de mero controlador social (segundo uma lógica inicialmente coercitiva), instrumento gerador e propulsor de riqueza e desenvolvimento econômico e social. Os seus estudos propiciaram uma perspectiva utilitarista[11] das ciências jurídicas que no final do século XX, sob um ambiente neoliberal e sob uma dinâmica de proteção e valorização

---

[8] Cita-se como exemplo uma lei que obrigue a prática de juros módicos nos empréstimos pessoais. Embora esta lei destine-se a proteger os devedores economicamente desprovidos de recursos, pode acabar privando-os desta forma de crédito, em razão de eventualmente as instituições financeiras optarem por não conceder este tipo de empréstimo, dada as desvantagens de uma remuneração (juros) do dinheiro em mútuo financeiro ser muito baixa e não compensar em termos de custos operacionais.

[9] A proposta tem raízes no utilitarismo dos finais do século XVIII que via na obtenção da "máxima felicidade para o maior número" o fim a prosseguir pelo direito. Tanto Adam Smith (1723-1790) como J. Bentham (1748-1832) já tinham assumido que as pessoas se comportam de maneira a maximizar as suas utilidades, a sua felicidade (cf. HESPANHA. *O caleidoscópio do direito*: o direito e a justiça nos dias e no mundo de hoje, p. 234. Acerca da crítica à doutrina utilitarista do direito, *vide* nota de rodapé nº 2).

[10] No sentido de que, no século XVIII, Adam Smith preconizava a máxima liberdade de ação aos indivíduos, como agentes de mercado, considerando contraproducente qualquer regulamentação do Estado que limitasse as utilidades do mercado e a liberdade de negociação dos indivíduos (cf. HESPANHA. *O caleidoscópio do direito*: o direito e a justiça nos dias e no mundo de hoje, p. 235).

[11] Nos sentido de que o "utilitarismo", ao aferir a melhor solução pelo grau de satisfação ou felicidade que proporciona ao maior número de pessoas, ao aliar-se ao "pragmatismo", mostra-se indiferente à conformidade moral do respectivo conteúdo e desta forma, pode-se transformar em uma "ditadura benevolente" (cf. OTERO. *Instituições políticas e constitucionais*, p. 474).

do bem-estar social e econômico pela legislação, especialmente, pelas Constituições ocidentais, que passaram a sofrer a interferência de um necessário equilíbrio entre o "útil" e os demais princípios estruturantes do Estado de Direito Democrático.[12]

Richard A. Posner inaugurou a escola norte-americana denominada *Law and Economics*[13] que se destaca pelos avanços no estudo das relações entre direito e economia, ressaltando a necessidade da busca por uma eficiência econômica. O autor passa a identificar como um dos fundamentos das funções do Estado, na qualidade de agente normativo, a capacidade de promover e proporcionar ambiente desejável e propício ao desenvolvimento econômico e social. Ou seja, fundamenta as ciências jurídicas segundo critérios econômicos de valoração, em nome de uma governabilidade eficiente do Estado.[14]

O Estado passa a agente regulador e propulsor da economia, na qualidade de atividade e função prospectivas, o que é confirmado pelas regras constitucionais que passam a incorporar direitos fundamentais de ordem social e econômica, especialmente após a primeira guerra mundial e após a crise econômica de 1929. Estas normas e regras constitucionais incorporam no seio da maioria das Constituições dos países ocidentais, inclusive das Constituições brasileiras, especialmente, da Constituição democrática de 1988, um caráter programático vinculativo[15] de dever do Estado de proporcionar um desenvolvimento econômico eficiente e universal que alcance o maior número de residentes e cidadãos do país. Desta forma, a atividade normativa e reguladora do Estado passa a ter um papel de protagonista neste cenário, pois são as regras e normas jurídicas que passam a regular o mercado que propiciarão o propalado desenvolvimento econômico e social.

Até a década de 1960, a análise normativa da regulação, fundada sob a ótica de uma visão econômica do direito justificava a intervenção jurídica do Estado com base em uma teoria positiva que propiciava a maximização do bem-estar da sociedade civil, através da compensação das "falhas" do mercado. Ou seja, a regulação (as normas jurídicas) teria um papel de interventora em determinados setores produtivos e de serviço na economia, com o objetivo de garantir melhor distribuição

---

[12] Acerca dos princípios estruturantes do Estado de Direito democrático, cf. OTERO. *Instituições políticas e constitucionais*, p. 545 *et seq*.
[13] Sobre a doutrina *Law and Economics*, cf. POSNER. *Economics Analisys of Law*, p. 15-17.
[14] Cf. GONÇALVES; STELZER. Análise econômica do direito: uma inovadora teoria geral do direito. *In*: OLIVEIRA. *Direito econômico*: evolução e institutos, p. 8.
[15] Acerca do caráter vinculativo dos direitos fundamentais, cf. OTERO. *Instituições políticas e constitucionais*, p. 568-572.

de riquezas e receitas e garantir um mínimo necessário àquelas alijados dos benefícios naturais produzidos por um mercado livre.[16] A modificação do papel do Estado a partir da crise do petróleo (década de 1970), com a expansão de sua atuação como agente econômico direto e indireto (regulador), ensejou o aparecimento de outras teorias que explicassem esta intervenção. Além das tradicionais falhas relacionadas aos monopólios de mercado e às externalidades, questões como assimetrias de informação e insuficiente provisão de bens públicos foram acrescentados na doutrina como justificativas para intervenção regulatória do Estado.[17]

A intervenção do Estado na economia também é lembrada como instrumento para assegurar a estabilidade da economia como um todo. A economia passa por flutuações conhecidas como ciclos econômicos. Os governos não intervinham na economia para combater ciclos econômicos até que John Maynard Keynes publicou seu *General Theory of Employment, Interest, and Money*, em 1936. O livro foi publicado sobre o forte impacto da Grande Depressão, sendo que seu argumento central era de que os mercados tinham falhas que só poderiam ser corrigidas pela atuação governamental. A proposta era de que o governo deveria produzir políticas anticíclicas, por meio de instrumentos fiscais, para manutenção do pleno emprego. Assim, quando a economia começava

---

[16] PELTZMAN. A Teoria econômica da regulação depois de uma década de desregulação. In: MATTOS. *Regulação econômica e democracia*: o debate norte-americano, p. 81-127.

[17] Em relação à assimetria de informação, é importante apontar que os modelos de competição de mercado se apoiam no pressuposto da informação perfeita em que os consumidores, ao tomarem sua decisão, sabem todas as variáveis envolvidas. A assimetria de informação também permite o surgimento do risco moral e da seleção adversa. O risco moral ocorre quando as ações das partes do contrato não são diretamente observáveis e não podem ser objeto de negociação e não podem ser incorporadas ao contrato, portanto, é um problema de *ação oculta*. A seleção adversa se refere à situação na qual um lado do mercado não pode observar a qualidade ou *tipo* dos bens no outro lado do mercado. Aqui o problema é o *tipo* oculto. Um exemplo de um mercado com tais características é o mercado de seguros de saúde, no qual o segurador não sabe qual a condição do segurado ou suas condições de saúde. A insuficiente provisão de bens públicos também é uma falha de mercado que recorrentemente é utilizada como justificativa para a intervenção do Estado na economia. Na formulação de Paul Samuelson, os bens públicos têm a característica da "não-rivalidade" que faz com que o consumo de um bem público por um indivíduo não reduza o consumo por outra pessoa, isto é, o custo de fornecer o bem público para um consumidor adicional é zero, pois todos podem se beneficiar do bem sem reduzir o seu valor para os outros. Outra característica dos bens públicos é a não exclusividade, que significa que esse bem não pode ser mantido fora do alcance de qualquer membro de um grupo uma vez que tenha sido fornecido para o grupo, isto é, se o bem está disponível para uma pessoa, estará automaticamente disponível para os demais. Os exemplos mais comuns de bens públicos são a defesa nacional, a iluminação pública e a proteção policial (cf. MITCHELL; SIMMONS. *Para além da política*: mercados, bem-estar social e o fracasso da burocracia, p. 53).

a declinar, o governo deveria reduzir impostos e aumentar seus gastos. Quando a economia começasse a apresentar crescimento, o governo deveria agir de forma contrária, aumentando impostos e reduzindo os gastos.[18]

Nesta altura, portanto, a qualidade e a eficiência dos limites da dimensão jurídica e reguladora do mercado, na forma de intervenção indireta do Estado na economia, passam a ser objeto de preocupação não só das ciências econômicas, como também das ciências jurídicas e políticas e passam a permear o desenvolvimento de teorias em torno desta forma de atuação do Poder público com vistas à garantia e ao atendimento de um desenvolvimento econômico equitativo e solidário.

3 O caminho para um Estado regulador: interseção entre direito e economia

A crise do Estado social,[19] em razão da excessiva burocracia gerada pelo aumento da máquina administrativa, o anseio por um critério de eficiência na prestação dos serviços,[20] as dificuldades estruturais do Estado em garantir a universalidade e o não retrocesso das políticas sociais,[21] em razão do aumento da pressão social gerada

---

[18] Cf. MITCHELL; SIMMONS. *Para além da política*: mercados, bem-estar social e o fracasso da burocracia, p. 54.

[19] Sobre a crise do Estado social, há vasta bibliografia sobre o tema. A minha consulta para este trabalho, resume-se, especialmente: SILVA. *Em busca do acto administrativo perdido*, p. 122-135; ESTORNINHO. *A fuga para o direito privado*, p. 36-41; BATISTA JÚNIOR. *Princípio constitucional da eficiência administrativa*, p. 69-80. Muitos autores referem-se à crise do Estado social como uma transição de um Estado social para um "Estado de mal-estar" (cf. OTERO. *Legalidade e Administração Pública*: o sentido da vinculação administrativa à juridicidade, p. 298, 299). (Inclusive em nota de rodapé, ao citar a referência: COTARELO, Ramon. *Del Estado del bienestar al Estado del malestar*. 2. ed. Madrid: Centro de Estudios Constitucionales, 1990). No sentido de que: "um tal excesso de intervencionismo econômico e social do Estado, suscitando o prenúncio de um 'abafante Estado-total', sufocou a liberdade da sociedade civil e do indivíduo, sujeitando este a uma tutela 'do berço à sepultura', criou uma pesada carga fiscal e alicerçou sucessivas reivindicações sindicais contra a Administração-empregadora, paralisando a sociedade e desenvolvendo em si mesmo, por tudo isto, as idéias de 'crise do Estado de bem-estar' ou de 'mal-estar do Estado: o Estado de bem-estar transformou-se em Estado de mal-estar'" (cf. ibidem; OTERO. *Legalidade e Administração Pública*: o sentido da vinculação administrativa à juridicidade, p. 298, 299). Ainda, sobre a crise do Estado social no sentido de que ele não sobrevive em um "Estado falhado" ou com cofres vazios (cf. CANOTILHO. A *Governance* do Terceiro capitalismo e a constituição social. *In*: CANOTILHO; STRECK. *Entre discursos e cultura jurídica*, p. 145-147.

[20] Um estudo aprofundado sobre o princípio da eficiência no âmbito da Administração Pública, cf. BATISTA JÚNIOR. *Princípio constitucional da eficiência administrativa*.

[21] Cf. SILVA. Protecção constitucional dos direito sociais e reforma do Estado-Providência. *In*: ASSOCIAÇÃO PORTUGUESA DE CIÊNCIA POLÍTICA. *A reforma do Estado em Portugal*:

pela globalização, pelo aumento da faixa etária da população, ao gerar elevados custos aos sistemas de segurança social, pela expansão da tecnologia ao dar ensejo ao desemprego estrutural, pelas dificuldades de inclusão do jovem ao seu primeiro emprego, pelas questões ambientais, pelo processo de globalização da economia, pela intervenção das biotecnologias e do espaço cibernético e virtual, entre outros tantos problemas relacionados com os países subdesenvolvidos da América latina; todos estes fatores contribuíram para o incremento da utilização de meios privados e formas organizacionais jurídico-privadas por parte da Administração Pública, bem como para o aumento da produção de atos normativos, sejam políticos (leis em sentido estrito), sejam administrativos (atos normativos), na tentativa de solucionar todas as questões sociais emergentes. E, assim, a escolha da Administração Pública em atuar e organizar-se sob as formas de direito privado passou a configurar, hoje, uma tentativa de solução de todos os "males" do Estado social burocrático, através da busca por uma corresponsabilidade entre o Estado e o setor privado.

O anseio de uma nova luta política, fundada nos ideais de realização não só dos direitos fundamentais básicos (liberdade, vida, privacidade, igualdade) pelo Estado, mas de realização dos direitos fundamentais de cunho social/econômico e de estrutura difusa e coletiva, exige uma reflexão nova sobre o conceito político-jurídico de democracia. Esta nova reflexão surge com o objetivo de ampliar uma noção restrita de representatividade e possibilita uma alteração de vetor, inclusive de natureza ontológica, para somar ao conceito uma dimensão de exigência.[22] A sociedade civil passa a exigir para além da sua representação política, a execução de "tarefas públicas" a serem prestadas e realizadas no plano prático com vistas ao atendimento das exigências constitucionais de garantia dos direitos fundamentais.

---

problemas e perspectivas: actas do I Encontro Nacional de Ciência Política, p. 537-548. Sobre o princípio do não retrocesso social, cf. CANOTILHO. *Direito constitucional e teoria da Constituição*, 2003, p. 338-340.

[22] No sentido de que o comprometimento axiológico da democracia humana permite formular três regras nucleares de orientação do poder político de um Estado de direitos humanos, quais sejam: "(i) O poder deve sempre proteger o fraco ou débil contra o forte, o que menos pode ou menor capacidade de defesa tem contra a prepotência e o arbítrio do que mais pode; (ii) O poder nunca pode deixar de fazer prevalecer o ser sobre o ter, a pessoa sobre as coisas, a justiça sobre o arbítrio, a liberdade sobre a opressão, a razão sobre a força, a tolerância sobre a intolerância; (iii) O exercício do poder traduz um serviço dos governantes a favor do bem comum dos governados e não um privilégio dos governantes sobre os governados: nas sugestivas palavras de Dante, 'não, são (...) os cidadãos que existem para os cônsules ou o povo para o rei, mas antes, os cônsules para os cidadãos, e o rei para o povo'" (cf. OTERO. *Instituições políticas e constitucionais*, p. 600, 601).

Dentro deste quadro de exigência de uma "eficiência pública", ou seja, de execução e prestação de tarefas públicas de forma eficiente e eficaz é que sobressai a necessidade de uma reforma normativa ou de modificação de um modelo de processo e edição legislativa e, com isso, são importados modelos de delegação normativa a entidades distintas do Estado central, na busca uma eficiência jurídica reguladora do mercado e da atuação de seus agentes econômicos.

O objetivo desta transferência de competências normativas e regulatórias aparece de forma paritária como forma de imposição do próprio mercado que foi "invadido" por serviços públicos de interesse econômico geral, antes prestados pelo Estado ou por instituições integrantes de sua Administração direta e indireta, mas, ainda, consideradas integrantes do seio orgânico da Administração Pública, antes considerada Administração do Estado. Alguns serviços públicos que antes eram prestados sob a forma de monopólio estatal tiveram a sua execução delegada a empresas que faziam parte da iniciativa privada e que desenvolviam suas atividades sob o regime de mercado, regido por regras de maior liberdade de iniciativa, livre concorrência e busca pelo lucro, como principal finalidade a ser atingida.

O ingresso destes serviços públicos no seio do mercado e da iniciativa privada, sob os regimes legais de concessão, permissão ou parcerias público/privadas ou sob a forma de prestação direta por sociedades empresárias de capital misto ou público que foram privatizadas, através da alienação do controle acionário para empresas ou grupos de empresas (consórcios) privadas, ensejou uma mudança de funcionamento do próprio mercado que foi obrigado a absorver conceitos e princípios de ordem pública em um ambiente estritamente regido por leis.

É neste contexto contemporâneo que se vive uma "crise da autoridade do Estado"[23] que se manifesta na "ingovernabilidade" da sociedade e na perda de legitimidade decorrente da perda de confiança por parte dos cidadãos, relativamente à atuação do Estado e à sua capacidade de resolução de todos os problemas sociais da atualidade.

A "Administração Pública social" fundada em uma "Constituição dirigente",[24] portanto, "inchou" e mostrou-se ineficiente para atender

---

[23] Neste sentido, AMARAL. *Do Estado soberano ao Estado das autonomias*: regionalismo, subsidiariedade e autonomia para uma nova idéia de Estado, p. 107.

[24] A tese da Constituição dirigente tem como fundamento a tese de doutoramento do Professor Doutor José Joaquim Gomes Canotilho (ano 1982). No prefácio da 2ª edição, publicada em 2001, o Professor introduz questões e problemas atuais que afetam o desenvolvimento

de forma satisfatória a demanda pela prestação de serviços de natureza econômica e social.[25] Esta crise é agravada, já na última década do século XX pelo fenômeno da globalização, em especial, da globalização econômica e pelo avanço da tecnologia que propiciaram o advento de uma "era da informação"[26] em que a sociedade, compreendida como

---

do Estado, neste período de "pós-modernidade", e a própria teoria da Constituição. E faz uma revisão parcial de alguns conceitos de sua tese inicial, para adaptá-los às novas realidades como o processo de globalização, a crise do Estado-Providência e a emergência do pós-modernismo jurídico. Aponta um momento de "mal-estar da Constituição e do pessimismo pós-moderno", com fundamento em um momento histórico de problematização do princípio da socialidade constitucional, das normas-fim, das normas-tarefas e das normas programáticas. Os textos constitucionais inseridos em uma "modernidade projectante", baseada na crença da força transformadora das normas constitucionais, assistem ao "desmoronamento do muro de Berlim" e à falência dos modelos de "Constituição socialista", precisamente aqueles que mais pretensões depositavam na programaticidade emancipatória das "Constituições-programa". Portanto, aponta que "(...) não se admira, assim, que os textos constitucionais dirigentes se viessem a defrontar com uma radical mudança na compreensão dos problemas políticos, econômicos e culturais". E afirma que: "a Constituição dirigente, ou melhor, os textos constitucionais carregados de programaticidade — desde a velha constituição mexicana de 1918, até à Constituição brasileira de 1988, passando pela magna carta portuguesa de 1976 — estão num 'fosso' sob o olhar implacável de muitos escárnios e mal-dizeres". E continua a apontar a utopia da Constituição dirigente e sua crise em especial atravessada e incentivada pela "internacionalização" e pela "europeização", no contexto de Portugal e pela "internacionalização" e pela "mercosulização", na realidade do Brasil, que tornam evidentes as transformações das ordens jurídicas nacionais em ordens jurídicas parciais, nas quais as Constituições são relegadas para um plano mais modesto de "leis fundamentais regionais". E neste sentido afirma: "(...) mesmo que as constituições continuem a ser simbolicamente a magna carta da identidade nacional, a sua força normativa terá parcialmente de ceder perante novos fenótipos político-organizatórios, e adequar-se, no plano político e no plano normativo, aos novos esquemas regulativos das novas 'associações abertas de estados nacionais abertos'" (cf. Prefácio. CANOTILHO. *Constituição dirigente e vinculação do legislador*, p. V-XXX). O pensamento do Professor Doutor Canotilho foi examinado e discutido em COUTINHO. *Canotilho e a Constituição dirigente*.

[25] A ordem econômica constitucional no Brasil distingue os serviços e meios de produção econômica em sentido estrito da prestação dos serviços públicos a que compete, exclusivamente, ao Poder Público, diretamente ou através do regime de concessão ou autorização (artigo 175 da Constituição da República Federativa do Brasil de 1988). Assim, de acordo com a Constituição brasileira quando o Estado atua na qualidade de agente econômico direto estrito, ao produzir bens e a prestar serviços considerados como bens e serviços atinentes à iniciativa privada, o Estado atua sob a forma de intervenção e exploração direta da atividade econômica em sentido estrito, permitida pelo artigo 173, parágrafo 1º da Constituição da República Federativa do Brasil de 1988, nas hipótese de ser necessária aos "imperativos de segurança nacional ou a relevante interesse coletivo, conforme definidos em lei". A ordem econômica brasileira, segundo a sua constituição, admite a existência de dois gêneros distinto incluídos na espécie atividade econômica em sentido amplo: 1. atividade econômica em sentido estrito, a qual o Estado só poderá explorar em hipóteses de necessidade aos "imperativos de segurança nacional ou a relevante interesse coletivo, conforme definidos em lei"; 2. e serviços públicos que competem ao Poder Público, exclusivamente. Neste sentido, cf. GRAU. *A ordem econômica na Constituição de 1988*, p. 92-137.

[26] A referência à "era da informação" é citada na obra de CASTELLS. *A sociedade em rede*. Sob a coordenação de José Manuel Paquete de Oliveira e Gustavo Leitão Cardoso (a obra compreende mais dois volumes: 1. A Era da Informação: (...) *ibidem*. O Poder da Identidade, v. 2; 2. e A Era da Informação: (...) *ibidem*. O Fim do Milênio, v. 3.

sociedade mundial, encontra-se em rede e em que os acontecimentos ocorrem virtualmente quase que em tempo real em ambos os hemisférios ocidental ou oriental, esteja uma pessoa no Japão e a outra no Brasil. Estes fenômenos inseridos no cenário político-administrativo de fragmentação e pluralismo do Estado moderno o colocam na posição de Estado regulador e fiscalizador,[27] após um processo de liberalização e privatização orgânica e funcional da Administração Pública. O Estado, em especial na última década do século XX e início do século XXI, desfez-se de uma série de tarefas que antes desempenhava diretamente ou através de sua administração indireta (empresas e institutos públicos) ou associativa.

As funções de agente regulador econômico e social ocupam a "cena" de atuação do Estado pós-social e pós-moderno e coloca em pauta o seu desenvolvimento em prol do desenvolvimento humano e comunitário. A formulação do "Estado do investimento social"[28] que parte da crise do Estado de bem-estar propõe uma nova forma

---

[27] Nas últimas décadas do século XX difundiram-se em todo o mundo ocidental discursos sobre a crise do Estado-Providência, que apresentava como substrato econômico um forte intervencionismo estatal, quando não desembocava até mesmo, e em algumas atividades e em alguns Estados, em dirigismo estatal. O impulso operado pela "onda neoliberalizante" que potencializou os efeitos econômicos da globalização, com a universalização do capitalismo, fez com que a autorregulação da economia pelas forças de mercado constituísse a viga mestra da reforma de muitos Estados nas décadas de 80 e 90. Desde a década de 1970, o Fundo Monetário Internacional e o Banco Mundial apoiavam esta linha de reforma que, segundo Eric Hobsbawn, "servia à economia americana de fins do século XX tão bem quanto servira à britânica de meados do século XIX, mas não necessariamente ao mundo". Neste sentido, cf. HOBSBAWN. *Era dos extremos*: o breve século XX: 1914-1991, p. 556. Atualmente, parece certo que se encontra afastada a hegemonia da tese do "culto ao mercado", como único agente propulsor do desenvolvimento do Estado e da sociedade civil. Agora, colocam-se, novamente em relevo as forças do Estado, como sendo aquelas capazes de tomar e executar as decisões imprescindíveis à evolução de um país. Neste sentido, cf. OLIVEIRA. Parceria Público-Privada e direito ao desenvolvimento: uma abordagem necessária. *Revista de Direito da Procuradoria Geral do Rio de Janeiro*, p. 84. Caio Tácito assinala que: "(...) a propriedade privada retoma, de certa forma, sua autonomia, obscurecida pela exacerbação do intervencionismo estatal na economia, mas fica nítida a subordinação de sua atividade aos pressupostos da função social que dela se exige. Em termos contemporâneos o direito público passa a refletir (...) duas vertentes específicas: a política de privatização e de desburocratização da máquina estatal e o fortalecimento da associação entre iniciativa privada e o serviço público" (cf. TÁCITO. O retorno do pêndulo: serviço público e empresa privada: o exemplo brasileiro. *In*: TÁCITO. *Temas de direito público*: estudos e pareceres, v. 1. p. 721-733).

[28] A formulação da teoria do "Estado do Investimento Social" é de autoria de Anthony Giddens, um dos idealizadores da versão contemporânea da denominada "terceira via". Este autor define a "terceira via" como uma estrutura de pensamento e de prática política que visa adaptar a social-democracia a um mundo que se transformou nas duas última décadas. É uma "terceira via" no sentido de que "é uma tentativa de transcender tanto a social-democracia do velho estilo quanto o neoliberalismo" (cf. GIDDENS. *A terceira via*: reflexões sobre o impasse político atual e o futuro da social-democracia, p. 36 *et seq.*).

de organização da economia mista.[29] Por meio dela, busca-se uma sinergia entre o público e o privado, com a utilização do dinamismo dos mercados sem perder de vista o interesse público.[30] E a saída em defesa de uma "terceira via", visto como substitutivo ao já fracassado neoliberalismo, e que viria ao encontro das expectativas de ordem social e de inclusão distributiva no sistema prestacional de uma Administração Pública fragmentada entre o público e o privado. É a busca pela realização social e do interesse público em que o Estado assume um novo papel de ser o seu garantidor e o seu defensor, emergindo, assim, na qualidade de "contraponto" aos interesses puramente privados quando atuam como agentes delegatários de funções públicas.

E preconiza-se, assim, uma "reinvenção do Estado Social"[31] que continua vinculado à obrigação de realização e efetivação dos direitos sociais de inclusão democrática,[32] por força de uma Constituição jurídica conformadora e dirigente, e sofre, por outro lado, com as dificuldades de ordem financeira e estrutural no atual estágio de desenvolvimento de uma humanidade globalizada.

A lógica de um Estado regulador, portanto, constitui pauta a ser aplicada à Administração Pública pós-moderna, como substrato à sua reforma, e encontra-se presente nos discursos políticos de uma nova direita e de uma nova esquerda, com a diferença de que nesta última o objetivo do "governo para o povo" ainda permeia os seus objetivos de conciliar os princípios da eficiência administrativa com os princípios de um Estado social e de uma Administração Pública social e democrática,

---

[29] No sentido de que "(...) a verdade é que hoje as economias capitalistas são mistas quanto ao modelo de coordenação, na medida em que combinam em doses variáveis a coordenação estadual, a coordenação pelo mercado e a autorregulação, por intermédio dos próprios agentes econômicos. Dizer que uma economia é de mercado é dizer apenas que nela predomina o princípio da coordenação pelo mercado. Nenhuma economia, por mais liberal que seja, dispensa hoje níveis de regulação mais ou menos intensa (...)" (cf. MOREIRA. *Auto-regulação profissional e Administração Pública*, p. 52).

[30] Neste sentido, cf. OLIVEIRA. Parceria Público-Privada e direito ao desenvolvimento: uma abordagem necessária. *Revista de Direito da Procuradoria Geral do Rio de Janeiro*, p. 88.

[31] A expressão é citada pelo Professor Canotilho ao afirmar que "mesmo que este Estado Social não seja mais do que um simples 'pendant' funcional de relações subjetivas interpessoais, ele continua a ter a indeclinável tarefa da inclusão social politicamente ponderada" (cf. CANOTILHO. A *Governance* do Terceiro capitalismo e a constituição social. In: CANOTILHO; STRECK. *Entre discursos e cultura jurídica*, p. 149).

[32] No sentido de que só há democracia quando se observa um processo ou procedimento justo de participação política e a existência de uma justiça distributiva no plano dos bens sociais. "A juridicidade, a socialidade e a democracia pressupõem, assim, uma base jusfundamental incontornável, que começa nos direitos fundamentais da pessoa e acaba nos direitos sociais" (cf. CANOTILHO. A *Governance* do Terceiro capitalismo e a constituição social. In: CANOTILHO; STRECK. *Entre discursos e cultura jurídica*, p. 146).

na qual o Estado assume um papel de agente "moderador", "garantidor" e "regulador" deste processo de liberalização e privatização dos setores públicos administrativos. Em suma, o equilíbrio entre democracia social e eficiência devem ser objetivos a serem traçados nos novos espaços de atuação administrativa do Estado que não perdeu, frise-se mais uma vez, a vinculação constitucional de um Estado de bem-estar. Logo, o Estado, após o processo de privatização e liberalização sofrido nas últimas décadas, deve procurar conciliar novos conceitos chaves da dogmática juspublicística, tais como:[33] flexibilidade, eficiência, publicidade, responsabilidade, transparência e socialidade.

3.1 O princípio da eficiência jurídica

O grande e principal desafio do Estado e de suas instituições é conciliar as conquistas históricas da democracia, designadamente a própria conquista do Estado de direito, concebido atualmente como Estado de "juridicidade", fundado em princípios como igualdade, separação de poderes, proporcionalidade, razoabilidade, segurança jurídica, dignidade da pessoa humana e controle judicial das decisões administrativas; com as novas concepções de modernização da Administração Pública, concebidas a partir do chamado "modelo de mercado", voltadas, sobretudo, para os cidadãos enquanto clientes e para a economia.[34]

O crescimento da Administração Pública[35] do Estado social,[36] destinado a garantir de forma direta o bem-estar, criou uma máquina burocrática de prestação de serviços "inchada" e ineficiente[37] que acabou por conduzir um processo de busca por soluções no âmbito da

---

[33] Estes novos conceitos são apontados pelo Professor Doutor Canotilho, ao referir-se à mudança do paradigma da Administração Pública do Estado, devido à imposição de sua modernização e a dificuldade de conciliação com as normas e princípios previstos na Constituição (cf. CANOTILHO. O direito constitucional passa: o direito administrativo passa também. *In*: SOARES; ALMEIDA. *Estudos em homenagem ao Prof. Doutor Rogério Soares*, p. 705-707).

[34] Cf. CARAPET; FONSECA. *Administração Pública*: modernização, qualidade e inovação, p. 20.

[35] Sobre as consequencias jurídicas do crescimento da Administração Pública no Estado social, cf. SILVA. *Em busca do acto administrativo perdido*, p. 71-99.

[36] Também chamado de Estado providência ou, no limite extremo, Estado assistencial. Importa destacar que, nas últimas décadas, o Estado social tem entrado em crise, por causa de excessivos custos financeiros e burocráticos, não tendo conseguido atingir a sua finalidade de impedir os fenômenos de exclusão social. Por isso, hoje, já se fala em Estado pós-social, que congrega não só os problemas da burocracia da administração pública, como novas questões, tais como a questão da informática, da ecologia e do meio ambiente.

[37] CARAPETO; FONSECA. *Administração Pública*: modernização, qualidade e inovação, p. 20.

iniciativa privada, seja através do recurso às formas jurídico-privadas de organização e atuação da Administração Pública,[38] seja através da importação para o setor público, em especial, o setor de prestação de serviços, de técnicas e conceitos de gestão e avaliação de resultados operados pelas empresas do setor privado.[39]

O Estado contemporâneo, denominado "pós-social",[40] direciona-se para um fenômeno de "desintervenção",[41] através do qual passa a prescindir da maioria das tarefas, antes típicas, e a dedicar-se a um número cada vez mais reduzido destas tarefas, que se reconduzem a atividades de gestão, de controle e de incentivo, numa clássica passagem de um Estado social para um Estado "regulador". As necessidades operacionais da sociedade moderna pluralista vieram, portanto, transformar o papel do Estado que deixou de ser um agente intervencionista e adquiriu uma feição dinamizadora e catalizadora, ao assumir o predomínio de funções de financiamento, de promoção e regulação, sobre as tradicionais funções de produção e distribuição de bens e prestação de serviços à comunidade.[42]

A constitucionalização e a consequente transformação jurídica do princípio da eficiência no âmbito da Administração Pública surgem como instrumentos da reforma administrativa, baseada nas novas concepções de modernização, melhoria da prestação dos serviços e "enxugamento" da máquina administrativa (mudança dos métodos de gestão das tarefas públicas e alteração das estruturas organizacionais do setor público). A reforma, portanto, passa a se utilizar da concretização jurídica do princípio da eficiência e de outros princípios conexos com a mudança de perspectiva, a fim de iniciar o processo de modernização da gestão pública. Portanto, é neste cenário de novos ventos e novas exigências que as reformas administrativas conduzem a um processo de "legalização" e "constitucionalização" dos conceitos necessários à implantação dos programas de alteração dos paradigmas do Estado.

---

[38] ESTORNINHO. *A fuga para o direito privado*, p. 47, 48.
[39] CARAPETO; FONSECA. *Administração Pública*: modernização, qualidade e inovação, p. 20.
[40] O termo Estado "pós-social" é utilizado por: SILVA. *Em busca do acto administrativo perdido*, p. 122-135, para explicar um novo modelo de Estado que surge em virtude da crise do Estado social, em razão da ineficiência econômica da intervenção de um Estado que cresceu gigantescamente; aumento da carga tributária; do risco da menor imparcialidade do Estado e do alheamento ideológico dos cidadãos, em razão da falência dos conhecidos modelos políticos até então vigentes.
[41] ESTORNINHO. *A fuga para o direito privado*, p. 48-50.
[42] CARAPETO; FONSECA. *Administração Pública*: modernização, qualidade e inovação, p. 20.

A regulação do mercado e da economia surge como instrumento a serviço da busca pela eficiência dos serviços públicos delegados e aparece, hoje, como a principal forma de intervenção do Estado na economia. Esta intervenção assume duas formas distintas: a) através de uma regulação administrativa por órgãos administrativos independentes do Poder político (uma agência pública); b) ou através de uma regulação direta por órgãos legislativos do próprio Estado ou de sua Administração Pública direta. A segunda forma leva em conta todos os esforços do Estado para guiar e planejar a economia, incluindo-se os instrumentos de elaboração de leis específicas de controle do mercado e de incentivos, tal como ocorre com os incentivos fiscais. Desta forma, esta segunda forma de regulação aparece como instrumento mais amplo do setor público na tentativa de alcançar dois objetivos principais: proteção em face das "falhas" do mercado e propulsão do desenvolvimento econômico e social.

A regulação econômica,[43] portanto, constitui uma das formas de regulação e objetiva criar um ambiente de funcionamento leal e seguro dos mercados. A busca pela segurança dos mercados passa necessariamente por uma construção de um sistema jurídico que comporte a aplicação de regras de forma eficiente e compatíveis com cada ramo de negócios desenvolvidos pela iniciativa privada. Nesta linha de raciocínio, pode-se afirmar que a eficiência jurídica está intimamente ligada aos conceitos de: segurança jurídica, proteção do consumidor ou usuário dos serviços de natureza econômica, sejam públicos ou privados e, por fim, de fomento da riqueza e do desenvolvimento.

Não há como pensar eficiência jurídica de mercado ou regulação da economia, ou dos espaços de produção de bens e prestação de serviços no âmbito da iniciativa privada, sem uma reflexão acerca de um dos principais objetivos da iniciativa privada, o lucro ou a riqueza. A economia gira em torno da produção de riqueza e possui regras próprias distintas do direito, ciência social que sempre se apresentou com um caráter de proteção e de distribuição, de forma a compensar e a flexibilizar as leis puras do liberalismo econômico, e.g. a lei da oferta e

---

[43] No sentido de que "A regulação econômica, por sua vez, (...) é uma modalidade de ação pública que tem o objetivo de criar um funcionamento leal e seguro de mercados que precisam ser ordenados para otimizar o funcionamento da economia. Contudo, a regulação econômica pode ter também objetivos de natureza social alcançáveis por meio de mecanismos econômicos, como é o caso do acesso aos medicamentos no setor farmacêutico. Sob um enfoque econômico, 'a regulação efetiva-se com a aplicação de regras e princípios de organização aos comportamentos individuais e ao mercado'" (cf. GATTO. A regulação econômica do setor de medicamentos. In: OLIVEIRA. Direito econômico: evolução e institutos, p. 300).

da procura. Desta forma, o direito ou regulação jurídica aparecem como instrumentos de compensação e complementam a própria estrutura e a dinâmica do mercado. Fácil perceber que sem a existência de uma ordem jurídica eficiente não seria possível ao mercado gerar riqueza a todos, por meio de métodos de distribuição e receitas que só se tornam possíveis através do direito.

A eficiência da regulação econômica constitui matéria comum de discussão nos Estados Unidos e no âmbito da União Europeia,[44] acerca da necessidade de reformas no processo de regulação de determinados segmentos da economia, através da análise do impacto regulatório. Neste contexto, levantaram-se vozes no sentido do uso de meios restritivos de regulação em alguns segmentos econômicos, quando presentes de maneira evidente grandes vantagens de um mercado competitivo por exemplo.[45] Esta corrente defende a ideia de que o objetivo da regulação é promover a concorrência em mercados, nos quais ela não funcione adequadamente; restringir a intervenção reguladora em mercados, nos quais a concorrência funcione muito bem e de forma adequada; e, ainda, promover a proteção do consumidor, garantindo o seu bem-estar livre de situações que possam propiciar a prática de abusos de preços e condutas dos produtores de bens e fornecedores de serviços.

Na linha de uma perspectiva de análise econômica da regulação (teoria econômica da regulação) e de uma eficiência jurídica do mercado regulado, é que hoje se desenvolvem estudos no âmbito do Governo Federal do Brasil, por intermédio da Casa Civil da Presidência da República, o Programa de Fortalecimento da Capacidade Institucional para Gestão em Regulação (PRO-REG), com apoio do Banco Interamericano de Desenvolvimento (BID). O objetivo do Programa é desenvolver ações com vistas a promover o fortalecimento dos mecanismos institucionais para gestão em regulação, propiciando condições para a melhoria da qualidade da regulação, a consolidação da autonomia decisória das Agências Reguladoras federais, e o aperfeiçoamento dos instrumentos de supervisão e de controle social.[46]

---

[44] GATTO. A regulação econômica do setor de medicamentos. In: OLIVEIRA. Direito econômico: evolução e institutos, p. 301.
[45] GATTO. A regulação econômica do setor de medicamentos. In: OLIVEIRA. Direito econômico: evolução e institutos, p. 302.
[46] Informações retiradas no site <http://www.regulacao.gov.br/>. E mais: O Programa de Fortalecimento da Capacidade Institucional para Gestão em Regulação (PRO-REG) foi instituído pelo Decreto nº 6.062, de 16 de março de 2007, e tem por finalidade contribuir para a melhoria do sistema regulatório, coordenando as ações entre as instituições que participam do processo regulatório no âmbito federal, dos mecanismos de prestação de contas e de

Considera-se uma regulação de qualidade se a mesma é efetiva, transparente, eficiente e responsável. Quer dizer, se serve para alcançar objetivos bem estabelecidos, se não impõe cargas e custos desnecessários para a sociedade como um todo, se reduz a discricionariedade e a captura e se é aberta, participativa e clara em sua preparação e implementação. Tudo isso tem inúmeras vantagens, entre elas: dar segurança ao sistema regulatório, reduzir riscos e custos regulatórios, ampliar a participação e o controle social e promover o desenvolvimento e o crescimento econômicos.

Desta forma o princípio da eficiência jurídica vincula todas as entidades da Administração Pública, inclusive, as agências reguladoras que assumem o papel de protagonistas na realização e elaboração de um rol de normas jurídicas que regulamentarão importantes setores da economia e do mercado.

3.2 A autonomia do direito de mercado

A atividade econômica da Administração Pública é uma área complexa e dinâmica nos dias atuais e compreende não só as diversas formas de intervenção do Estado na economia,[47] como também a atividade reguladora, hoje, especialmente desempenhada por entidades independentes no âmbito das atividades técnicas de mercado. Esta atividade regulatória de natureza administrativa surge no momento

---

participação e monitoramento por parte da sociedade civil e da qualidade da regulação de mercados. As ações do Programa são custeadas por meio do Contrato de Empréstimo nº 1811/OC-BR, firmado entre a República Federativa do Brasil e o Banco Interamericano de Desenvolvimento (BID) sendo US$3,850,000.00 (três milhões e oitocentos e cinquenta mil dólares dos Estados Unidos) provenientes do empréstimo BID e US$2,850,000.00 (dois milhões, oitocentos e cinquenta mil dólares dos Estados Unidos) de recursos de contrapartida. O PRO-REG é conduzido por duas instâncias: um Comitê Gestor, composto pela Casa Civil, Ministério do Planejamento e Ministério da Fazenda, e um Comitê Consultivo, composto por todas as dez agências reguladoras (ANA, ANAC, ANATEL, ANCINE, ANEEL, ANP, ANS, ANTAQ, ANTT e ANVISA), os ministérios aos quais essas agências estão vinculadas (Ministério do Meio Ambiente, Ministério da Defesa, Ministérios das Comunicações, Ministério da Cultura, Ministério de Minas e Energia, Ministério da Saúde e Ministério dos Transportes), além do Ministério da Justiça e do Conselho Administrativo de Defesa Econômica (CADE). A coordenação técnica e a execução do Programa são de responsabilidade da Subchefia de Análise e Acompanhamento de Políticas Governamentais (SAG) da Casa Civil da Presidência da República.

[47] Ao indicar as formas de intervenção do Estado na economia, como sendo: (i) por legislação; (ii) por estímulos financeiros; (iii) por fomento; (iv) por planejamento da atividade econômica; (v) e por presença direta na atividade econômica, cf. MARINS, Vinicius. Direito econômico e intervencionismo consensual: o caso das Parcerias Público-Privadas. *In*: OLIVEIRA. *Direito econômico*: evolução e institutos, p. 72, 73.

em que a sociedade civil deixa de confiar na capacidade do mercado de resolver espontaneamente as falhas econômicas e sociais. Desta forma, a neutralidade política do mercado baseada em uma equivalência (aparente) das prestações, através das formas contratuais privadas, próprias do capitalismo liberal, foi substituída por um modelo de regulação das forças econômicas e sociais.[48] Este modelo, em tese, passa a propor uma regulação apolítica, ou seja, fora das interferências políticas, ensejando o surgimento de um "direito de mercado" independente do controle político do Estado.

As agências reguladoras regulam atividades econômicas privadas, sejam em caráter de delegação pelo Estado (serviços públicos), sejam aquelas desenvolvidas pela própria iniciativa privada. E, desta forma, o Estado, em última análise, através destas entidades, aparece como interlocutor econômico,[49] pois perante a opinião pública é agora o responsável pelo adequado e eficiente funcionamento do mercado e pela adequada e eficiente prestação dos serviços e produção de bens, assegurando um enquadramento jurídico da atividade econômica, de forma a garantir o respeito aos princípios do interesse público, defesa e proteção do consumidor, qualidade dos bens e serviços, igualdade, universalidade, permanência e continuidade e preços acessíveis.

No contexto da função reguladora do Estado, especialmente das *independent regulatory agencies* norte-americanas é que nos últimos anos no Brasil desenvolve-se um sistema de autarquias, denominadas especiais. Embora submetidas a uma mínima direção política do governo foram criadas para regular, ou seja, regulamentar através de normas técnicas e específicas, determinados setores do mercado ditos como "setores administrativos tidos como particularmente delicados"[50] — *v.g.*, liberdades públicas (defesa dos interesses dos consumidores e usuários, serviços de telecomunicação e transportes e demais serviços públicos de relevância social, tais como, água, luz e gás) e áreas econômicas e financeiras (supervisão do sistema bancário e do mercado de valores imobiliários, defesa da concorrência).[51]

Os poderes normativos e regulatórios que definem e enquadram estas atividades, inseridas no âmbito do mercado de bens e serviços, passam, portanto, a serem confiados a entidades distintas do Estado central e a estruturas administrativas que se colocam em situação de

---

[48] Cf. MONCADA. *A relação jurídica administrativa*, p. 599.
[49] MONCADA. *A relação jurídica administrativa*, p. 605.
[50] Cf. VICENZO. *Corso di diritto amministrativo*, p. 230.
[51] Neste sentido, cf. OTERO. *Legalidade e Administração Pública*: o sentido da vinculação administrativa à juridicidade, p. 318.

um mínimo de "indirizzo"[52] político e administrativo. Neste último aspecto reside, aliás, a razão de ser da sua designação como autoridades independentes do poder político, pelo menos, através de um modelo legal ideal originário.

O conjunto de normas e regras jurídicas, decorrentes de uma regulação administrativa independente e a sua necessária imparcialidade ante o poder político legislativo do próprio Estado cria uma ordem jurídica paralela e independente, quase que uma reserva normativa de administração independente, livres de um controle político governamental, especialmente em matérias eminentemente técnicas.

Não se discute neste momento os problemas de sobreposição de normas legais e administrativas que podem acabar por prejudicar a própria aplicação do direito regulamentar ante a existência de lei e atos normativos das agências reguladoras a tratar sobre matérias idênticas em determinadas situações; mas avulta a importância desta independência do poder normativo enquanto contribuição efetiva para a qualidade e eficiência da regulação em alguns setores estratégicos do mercado e da economia, especialmente, setores como o bancário e de transportes, sob a forma de concessões públicas.

O instrumento da regulação, portanto, assim como todas as atividades da Administração Pública, está submetido à exigência do princípio da eficiência, no sistema político-jurídico brasileiro à luz do que dispõe expressamente o *caput* do artigo 37 da CRFB/88. Não se pode admitir nem a ausência ou insuficiência de normatização ou regulamentação de determinados setores do mercado que necessitam de limites legais e normativos para a efetivação de uma adequada concorrência; nem, muito menos, uma verdadeira panóplia de atos normativos reguladores que, ao final, inviabilizarão o próprio desenvolvimento daquela determinada atividade econômica.

4 Regulação eficiente?

Entretanto, importante questão acerca da busca por uma eficiência jurídica na regulação de mercado está relacionada à debilitação do controle administrativo do próprio conceito de juridicidade, especialmente no que diz respeito às "tensões"[53] político-administrativas trazidas pela introdução de um modelo de regulação e fiscalização

---

[52] Cf. CASETTA. *Mannuale di diritto amministrativo*, p. 216.
[53] Cf. BINENBOJM. *Uma teoria do direito administrativo*: direitos fundamentais, democracia e constitucionalização, p. 269, 270.

administrativa independente, exercido por autoridades administrativas independentes (agências reguladoras). A transferência de poderes[54] administrativos normativos e de fiscalização de setores específicos da economia, além de outros poderes específicos a depender da lei que regula cada uma das entidades administrativas independentes, se de um lado representou a possibilidade de um controle e de uma capacidade decisória administrativa cedida a um setor da Administração Pública independente e neutro em relação às ingerências do poder político, por outro lado, evidenciou, cada vez mais, alguns problemas inerentes ao controle da Administração Pública por parte do Estado, no âmbito de suas atividades.

A eficiência jurídica, concebida através do afastamento do poder político e pensada através da estruturação de entidades independentes de controle e normatização, sofre com alguns problemas jurídico-políticos, difíceis de serem resolvidos. A debilitação de espaços legislativos traz para o governo em exercício dificuldades de gestão econômica em alguns segmentos do mercado. A edição de atos normativos regulatórios, muitas vezes, de caráter técnico, foge a um controle de legitimidade, conferido pelo processo de representação política. A solução é compensada pela imposição legal de participação democrática no âmbito do processo de elaboração de determinado ato normativo, através da realização de audiências públicas e consultas via internet.[55]

A fim de conferir um tratamento sistemático a estes problemas ou "tensões" entre o Estado e as agências reguladoras, importa aqui apontar alguns dos principais pontos de destaque, especialmente em relação ao controle de juridicidade:

(i) o fenômeno da "deslegalização"[56] que importa na alteração da reserva de lei prevista para algumas matérias específicas,

---

[54] No sentido de que as autoridades administrativas independentes gozam em geral de poderes de natureza muito diferente e que variam em conformidade com o seu objeto e tipo de atividade que desenvolvem e que podem ser poderes normativos, consultivos, de investigação e inspeção, de acionar processos judiciais, aplicar sanções e, até mesmo, de dirimir conflitos entre os sujeitos intervenientes no setor respectivo, cf. MOREIRA; MAÇÃS. *Autoridades reguladoras independentes*: estudo e projecto de lei-quadro, p. 33, 34.

[55] *Vide* recente consulta pública realizada em site de internet da ANS (Agência Nacional de Saúde) acerca da possibilidade de regulamentação da redução dos valores pagos a título de plano de saúde por aqueles clientes que cuidam de sua saúde de forma preventiva, como por exemplo, através da prova da prática de exercícios regulares.

[56] Ao referir-se ao fenômeno e ao apontar que: "independentemente dos efeitos de tais fenômenos em sede de estruturação hierárquica da normativa interna infraconstitucional, registra-se que ambos ilustram uma certa plasticidade da força de lei formal por parte do legislador, permitindo-se através da deslegalização uma degradação dessa mesma força, transformando actos legislativos em actos dotados de uma simples natureza administrativa, enquanto que a legalização envolve, bem pelo contrário, a valorização da força jurídica de actos de natureza administrativa, conferindo-lhe força de lei", cf. OTERO. *Legalidade e Administração*

transformando-a em reserva de administração, ou mesmo, em reserva de administração independente ou em matérias de reserva concorrente entre a Administração independente e o Estado. Tal situação evidencia uma retração do domínio da lei sobre algumas matérias específicas que, por sua vez, provoca uma transferência de poderes normativos reservados, facultando a edição de regulamentos autônomos delegados, ou concorrentes com o poder legislativo do Estado. Evidencia-se, portanto, a "erosão" do controle de legalidade, em razão de uma "plasticidade"[57] e degradação da força vinculativa da lei sobre a edição de atos normativos pelas agências administrativas independentes. No sistema político-administrativo brasileiro, este fenômeno encontra-se delimitado ao universo de entidades decisórias que sejam titulares de uma competência administrativa e legislativa, ao mesmo tempo, de forma a permitir a possibilidade de escolha entre a edição de um ato administrativo regulamentar, ao invés de uma lei em sentido formal, ou outro ato que detenha o mesmo sentido funcional (medidas provisórias no Brasil). Desta forma, a edição de um regulamento ao invés de uma medida provisória pelo Governo, por exemplo, implica em um mecanismo de "flexibilização administrativa da legalidade"[58] da lei formal, possibilitando que as autoridades administrativas independentes (agências reguladoras) passem a gozar de uma competência concorrente, dando ensejo, assim, a uma multiplicação de fontes normativas acerca de uma determinada matéria.[59]

Pública: o sentido da vinculação administrativa à juridicidade, p. 899. A tese da deslegalização tem sua origem na doutrina francesa da *délégation de matiéres* e na doutrina italiana da *delegificazione*. Neste sentido, cf. CALIL. O poder normativo das agências reguladoras em face dos princípios da legalidade e da separação dos poderes. *In*: BINENBOJM. *Agências reguladoras e democracia*, p. 147. A tese da deslegalização foi defendida, no Brasil, por Diogo de Figueiredo, no sentido de que é possível a retirada de certas matérias do domínio da lei pelo próprio legislador, passando-as à regulação das agências (cf. CALIL. O poder normativo das agências reguladoras em face dos princípios da legalidade e da separação dos poderes. *In*: BINENBOJM. *Agências reguladoras e democracia*, p. 147).

[57] Neste sentido, cf. OTERO. *Legalidade e Administração Pública*: o sentido da vinculação administrativa à juridicidade, p. 899. Ao defender a legalidade e o princípio de juridicidade como limites formais e substanciais à competência normativa das agências, cf. MOREIRA. Os limites à competência normativa das agências reguladoras. *In*: ARAGÃO. *O poder normativo das agências reguladoras*, p. 184-210.

[58] Cf. OTERO. *Legalidade e Administração Pública*: o sentido da vinculação administrativa à juridicidade, p. 901-903.

[59] No sentido de que o poder normativo das Agências reguladoras encontra limites nos princípios da subsidiariedade do poder normativo do Estado, proporcionalidade e legalidade,

(ii) a adoção da teoria de uma "discricionariedade técnica",[60] que afastaria um controle de juridicidade sobre determinadas decisões administrativas de caráter eminentemente técnico, o que também representa uma debilitação do controle da Administração Pública, especialmente quanto às vinculações jurídico-públicas, especialmente quanto ao controle de juridicidade pelo Poder Judiciário, ensejando um reconhecimento de uma imunidade jurisdicional das autoridades administrativas independentes;

(iii) a argumentação dos riscos da "teoria da captura",[61] visualizado nos Estados Unidos da América e que trouxe a preocupação de uma regulamentação independente e específica sofrer as influências diretas dos setores que regula diretamente por meio de autoridades administrativas

---

cf. LOSS. Contribuições à teoria da regulação no Brasil: fundamentos, princípios e limites do poder regulatório das agências. *In*: ARAGÃO. *O poder normativo das agências reguladoras*, p. 164-169.

[60] Acerca da discricionariedade técnica e do uso equivocado da expressão, cf. GRAU. *Direito posto e o direito pressuposto*, p. 191 *et seq.* E, ainda, DAROCA. *Los problemas del control judicial de la discrecionalidad técnica*. E no sentido de que a discricionariedade técnica não seria um óbice ao controle da Administração Pública pelo Poder Judiciário, cf. MOREIRA. Os limites à competência normativa das agências reguladoras. *In*: ARAGÃO. *O poder normativo das agências reguladoras*, p. 216-219. E no sentido de que, embora a discricionariedade seja inerente ao exercício da regulação econômica, as agências reguladoras não conferem liberdade absoluta de decisão e ensejam uma margem de apreciação menor do que aquela exercida pelos órgãos públicos em geral, eis que fundada na lei e nos princípios da proporcionalidade e da razoabilidade, cf. MARQUES NETO. Discricionariedade e regulação setorial: o caso do controle dos atos de concentração por regulador setorial. *In*: ARAGÃO. *O poder normativo das agências reguladoras*, p. 571.

[61] No sentido de que a teoria da captura insere-se no âmbito restrito do conceito jurídico de regulação, no que diz respeito à disciplina e ao condicionamento normativo da atividade privada, seja por lei ou qualquer outro instrumento normativo. E, ao apontar que neste âmbito, observa-se o desenvolvimento de quatro escolas do pensamento regulatório: a teoria do interesse público, a teoria da falha regulatória, a teoria econômica da regulação e a teoria da organização administrativa. E, ainda, que no âmbito da teoria da falha regulatória, encontra-se desenvolvida a teoria da captura ou o modelo da captura, mais conhecido por "modelos de influência", em que "a implicação fundamental da captura das agências seria de que aquelas agências capturadas sistematicamente favoreceriam a indústria regulada por meio de suas regulamentações e, em contraposição, sistematicamente desfavoreceriam a sociedade", cf. LOSS. Contribuições à teoria da regulação no Brasil: fundamentos, princípios e limites do poder regulatório das agências. *In*: ARAGÃO. *O poder normativo das agências reguladoras*, p. 146-160. Também sobre a teoria da captura, cf. MARQUES. *Regulação de serviços públicos*, p. 37-39. No sentido de que existem teóricos que negam a existência da captura das agências, formando o que se convenciona chamar de Teoria da Conspiração (*Conspiracy Theory*) e que por esta teoria "as agências não seriam capturadas pois não teriam sua origem baseada no interesse público, mas sim no interesse da própria indústria regulada, tendo sido criadas para servi-las" (cf. LOSS. Contribuições à teoria da regulação no Brasil: fundamentos, princípios e limites do poder regulatório das agências. *In*: ARAGÃO. *O poder normativo das agências reguladoras*, p. 151, nota n. 22).

independentes, abrangendo interesses específicos em detrimento do interesse público e das demais vinculações jurídico-públicas que justificam e fundamentam o controle de juridicidade sobre o poder normativo das agências;[62]
(iv) e a problemática afeta à própria independência administrativa[63] que autojustifica a própria debilitação do espaço de controle sobre a Administração Pública e que suscita algumas questões, tais como: a) qual o espaço de reserva de administração em face das orientações e instruções ministeriais e do Governo (órgão superior da Administração Pública) no âmbito da linha de produção normativa das agências? b) Existe algum tipo de hierarquia entre regulamentos emitidos pelas autoridades independentes e as normas e princípios do Estado? c) e se é possível a interposição de recurso hierárquico impróprio em face das decisões administrativas das agências quando violadoras de normas e princípios constitucionais, ou, ao contrário, elas representam a última instância decisória administrativa, em razão de seu grau de autonomia administrativa, só se admitindo um controle jurisdicional?

Torna-se evidente que o aprofundamento de cada uma destas questões importaria em um novo estudo, sendo impossível, neste momento, o tratamento específico de cada uma delas. Compreende-se que em uma perspectiva de reforma administrativa e busca por uma maior eficiência e tecnicismo, o distanciamento do "Estado-político" justifique-se, na medida em que as razões são maiores do que a imposição do controle de legalidade clássico. Porém, não se pode deixar de

---

[62] No sentido de que um dos riscos associados ao desenvolvimento de autoridades administrativas independentes é "justamente o de caírem sob o controlo dos poderes económicos e sociais do sector, ficando ao serviço dos interesses de agentes sociais mais poderosos, em geral constituídos por empresas economicamente fortes, fenómeno conhecido pela captura pelos interesses regulados" (cf. MOREIRA; MAÇÃS. *Autoridades reguladoras independentes*: estudo e projecto de lei-quadro, p. 27).

[63] Ao apontar o pensamento do Prof. Doutor Vital Moreira no sentido de que o que caracteriza a independência das autoridades administrativas independentes: "a) a independência orgânica dos seus titulares, traduzida nos seguintes factores: requisitos pessoais de designação; regime de incompatibilidades; mandato fixo e inamovibilidade durante o mesmo; b) a independência funcional, consubstanciada nas seguintes condições: ausência de ordens e de instruções ou mesmo de directivas vinculantes; inexistência de controlo de mérito ou da obrigatoriedade da prestação de contas em relação à orientação definida; c) a independência em relação aos interesses envolvidos na actividade regulada, decorrente da ausência de título representativo na designação dos membros dirigentes e da forma de proceder à sua escolha, assente essencialmente em critérios que permitam a nomeação de personalidades realmente independentes dos interesses em jogo" (cf. MOREIRA; MAÇÃS. *Autoridades reguladoras independentes*: estudo e projecto de lei-quadro, p. 28).

lado a análise de alguns pontos em que a debilitação extrema do controle sobre as autoridades administrativas independentes põe em cheque o princípio da unidade administrativa, fundamento da soberania e da coesão político-administrativa do próprio Estado.

5 Eficiência jurídica: instrumento para democracia de "qualidade"

Embora o modelo de regulação independente traga algumas questões que, hoje, interferem na construção de uma eficiência jurídica de mercado, conforme já suscitado, não se pode deixar de reconhecer que a especificação e o tratamento setorial normativo de algumas áreas do mercado trouxe uma nova perspectiva de melhoria de qualidade jurídica. A eficiência da regulação possibilitou a conciliação de interesses antagônicos, como, por exemplo, proteção dos consumidores e a busca por lucros, e veio compensar as deficiências e falhas geradas por um mercado livre liberal clássico.

Recentemente, a crise financeira de setembro de 2008 trouxe à discussão o papel que queremos do Estado, na qualidade de agente regulador do sistema financeiro e bancário. Esta discussão acabou por interferir em outros setores e trouxe, novamente, a discussão do "pêndulo" interventor do Estado, como agente normativo e regulador de determinados setores da economia.

O fato é que o objetivo do bem-estar social e econômico aparece na maior parte das Constituições ocidentais como cláusula vinculativa das atividades públicas, traduzida na exigência de edificação de um modelo de sociedade baseada no princípio estruturante da dignidade da pessoa humana e empenhada na realização da justiça social e da solidariedade.[64]

A história jurídica das últimas décadas permite observar dois diferentes modelos jurídicos de responsabilidade do Estado: 1. socializante ou de esquerda, quando o Estado concorre diretamente com a iniciativa privada; 2. liberal ou mais afeto a políticas de direita, quando o Estado assume uma feição de subsidiariedade ou de garantidor do bem-estar.

---

[64] Acerca da função constitucional da dignidade da pessoa humana ou dignidade humana, cf. OTERO. *Instituições políticas e constitucionais*, p. 560-584. E sobre a solidariedade, cf. *ibidem*, p. 585-586.

Entretanto qualquer que seja a via eleita pelo Estado (não se discute a via eleita pelo atual Governo brasileiro, embora se reconheça que há traços de ambas as vias), por certo que a redistribuição de riquezas e as políticas de afirmativas e compensadoras são impostas ao Estado como efetivação de uma democracia de "qualidade" no seio de um "Estado-repartidor".[65]

O princípio do bem-estar que é configurado no preâmbulo da Constituição brasileira de 1988 é descrito como um dos objetivos do Estado democrático, ou seja, como fim a ser alcançado pela ordem jurídica democrática. E como princípio e vetor, impõe ao Poder Público e às suas entidades administrativas reguladoras uma meta de alcance do bem-estar do indivíduo e do cidadão, como destinatário do sistema político-jurídico.

Por outro lado, a garantia do desenvolvimento nacional constitui um dos objetivos fundamentais do Estado brasileiro (artigo 3º, inciso II da CRFB/88). Cabe ao Estado e à sua Administração Pública promover o desenvolvimento econômico e social de forma a erradicar a pobreza, redistribuir a riqueza e fomentar a atividade econômica, geradora de empregos e propícia à circulação financeira, essencial ao incremento do crédito.

A atividade normativa e reguladora administrativa ou legal, em sentido estrito, assume, portanto, papel fundamental e central na efetivação do bem-estar e do desenvolvimento socioeconômico, configurando, assim, importante instrumento para a implantação de uma verdadeira democracia de "qualidade". A ação do poder administrativo normativo, especialmente, das agências reguladoras, confere à Administração Pública e às suas entidades que detêm competência normativa uma função de concretizar os programas sociais e econômicos previstos, inicialmente, pela Constituição. Ou seja, a edição de atos reguladores de determinados setores da economia e a execução administrava "do possível" ou "do desejável", de forma a colmatar, eventualmente, alguma omissão constitucional ou legal.[66]

A eventual "desvalorização" do legislativo, na qualidade de poder clássico quanto à edição de regras normativas da economia e do mercado, cede lugar a uma maior eficiência jurídica específica, através do poder normativo e regulador das Agências, mediante delegação técnica

---

[65] A expressão é de SOARES. *Direito público e sociedade técnica*, p. 90.
[66] Neste sentido, cf. OTERO. *Instituições políticas e constitucionais*, p. 347.

e discricionária. E nos leva à conclusão de que a eficiência jurídica de determinados setores do mercado contribui como importante instrumento de concretização do bem-estar e do desenvolvimento econômico e social. Por isso, a avaliação, hoje, realizada do processo regulatório no Brasil possui como principal objetivo uma análise da qualidade das normas e regras jurídicas, ou seja, se efetivamente a regulação está contribuindo para melhoria nas diversas áreas do mercado, especialmente naquelas de suma importância e de efetivação dos direitos fundamentais, tais como água, luz, telefonia, etc.

A análise da qualidade da regulação levará em conta aspectos de utilidade, qualidade e atendimento dos princípios democráticos de universalização dos serviços, democratização e acesso aos serviços, eficiência dos serviços, proteção dos interesses do consumidor e usuário, entre outros previstos pela Constituição.

Desta forma, o mercado deve ser compreendido como um organismo artificial, construído por uma escolha consciente, por uma decisão política do Estado, enquanto instrumento destinado à melhoria da qualidade de vida da coletividade que pactuou sua própria construção. Este sistema de relações de troca é governado pelo direito, que o converte em uma ficção jurídica, condicionado, como tal, aos princípios estruturantes do Estado de direito democrático, quais sejam: dignidade da pessoa humana e democracia.

E, assim, a eficiência econômica vislumbrada pela atividade produtiva somente se justifica como eficiência jurídica do mercado, se forem observados os princípios da dignidade humana e da justiça, valores positivados nos ordenamentos jurídicos, especialmente pela ordem constitucional democrática.

Informação bibliográfica deste texto, conforme a NBR 6023:2002 da Associação Brasileira de Normas Técnicas (ABNT):

FREITAS, Daniela Bandeira de. Eficiência jurídica no mercado: um instrumento a serviço da democracia. In: FREITAS, Daniela Bandeira de; VALLE, Vanice Regina Lírio do (Coord.). Direito administrativo e democracia econômica. Belo Horizonte: Fórum, 2012. p. 77-104. ISBN 978-85-7700-619-9.

DÉFICIT DEMOCRÁTICO DO ESTADO BRASILEIRO (LEGISLATIVO E ADMINISTRATIVO)

DIOGO DE FIGUEIREDO MOREIRA NETO

1 Dedicatória

Esta exposição inaugural está dedicada, como um singelo preito, à memória do pranteado idealizador e fundador do Instituto de Direito Administrativo do Estado do Rio de Janeiro, Marcos Juruena Villela Souto: advogado brilhante, jurista fecundo, Procurador de Estado exemplar, professor dedicado, amigo devotado, companheiro de todas as horas e, sobretudo, um homem reto.

Tive em Marcos Juruena, no querido Marquinhos, para tantos de nós, um filho espiritual e um discípulo aplicado, que se tornou interlocutor intelectual, parceiro profissional e fidelíssimo amigo.

Muito por isso, para encerrar a Nota Introdutória da modesta obra que publiquei em sua memória — *Poder, Direito e Estado. O Direito Administrativo em Tempos de Globalização* — recolhi de Cícero, em seu celebrado *De Amicitia*, um interessante pensamento sobre a imortalidade, no qual, a todos nós que tivemos a ventura de ser seus amigos, consola-nos o jurista romano, expondo que o sentimento de amizade, em relação ao amigo que se foi, já nos torna imortais, na medida em que sua alma, por ser imortal, nos guardando em sua lembrança, nos imortaliza...

Por outro lado, em celebração de sua memória, observo, também, que o tema escolhido para este Congresso não deixa de ser uma homenagem a seu espírito cívico e de pensador engajado, pois, como tantos aqui por certo constatarão, compartilhávamos uma visão otimista do Direito e de nosso País, na medida em que juntos observávamos e registrávamos que nossa sociedade, não obstante tantos percalços de percurso, vem consolidando aos poucos os valores convivenciais universais indispensáveis a seu progresso, entre os quais, destacadamente, alteiam-se, com referência a nosso tema: os valores democráticos; por vezes com soluções improvisadas, nem sempre ortodoxas e tampouco as melhores possíveis, mas, seguramente, seguimos caminhando sob esta elevada inspiração, hoje, reputada como a mais própria à condição humana de liberdade.

E, sob esta mesma inspiração, passo ao tema proposto.

2 Introdução

O tema democrático, bimilenarmente próprio da política, aos poucos adentrou a agenda do direito e nele prosperou com novos desdobramentos, entre os quais, destacadamente, a sua constitucionalização e sua globalização. Quanto ao primeiro tema, basta apreciar-se o destaque que lhe é dado por juristas recentes, muitos deles com obras importantes, que tratam do fenômeno com abrangência juspolítica, ou seja, como uma só realidade com duas expressões, confirmando a cada dia a conhecida previsão de Norberto Bobbio, de que a política se juridiciza e o direito se politiza, o que se vai impondo como uma realidade de nosso tempo. Quanto ao segundo, é suficiente recordar a contribuição dos juristas na reestruturação do Direito pós-moderno pela relevância central atribuída aos princípios nos ordenamentos jurídicos — sejam estatais, internacionais ou transestatais — como se depreende dos estudos de outro grande mestre italiano de nossa época, Sabino Cassese.

Este processo se patenteia na própria evolução do Estado de Direito, que, na linha das Constituições italiana, de 1947, e alemã, de 1949, e das que se lhes seguiram, renovou-se com nova feição, como um Estado Democrático de Direito.

Entre as causas dessa extraordinária transformação qualitativa, apontem-se cinco fenômenos contemporâneos: 1. o desgaste das ditaduras e das autocracias, como consequência da vitória dos Aliados na Segunda Guerra Mundial; 2. a redescoberta dos valores do humanismo;

3. a reposição do Estado como instrumento da sociedade: 4. o envelhecimento do legalismo formal instituído pelo positivismo jurídico e, particularmente, 5. a rápida evolução da globalização da democracia. Para ressaltar apenas este último e com reflexos mais recentes — a globalização da democracia — pode-se esquematizar a saga moderna da democracia como regime político constitucionalizado, em quatro etapas:

1ª etapa — de 1776 a 1874 — a de sua implantação na era moderna, nas Constituições de países da Europa e das Américas; uma expansão que perdeu ímpeto no final do período em razão da proliferação das ideologias que pregavam vários modelos autocráticos, muitas delas se apropriando da qualificação democrática para aproveitar-lhe o carisma;

2ª etapa — de 1974 a 1990 — a de sua primeira ressurgência, como consequência da derrota dos regimes nazifascistas na Segunda Guerra Mundial, sobrevinda com a reconstitucionalização de cerca de 30 países na Europa, Américas, África e Ásia;

3ª etapa — de 1990 a 1995 — a de sua segunda ressurgência, provocado pelo melancólico ocaso das experiências comunistas na União Soviética e outros países do mundo, com mais 36 reconstitucionalizações, chegando, assim, a 117, o número de países com, pelo menos formalmente, Cartas Políticas democráticas (de um total de 191 estados membros da ONU);

4ª etapa — de 1995 aos dias de hoje — a da terceira ressurgência, marcada pela primavera islâmica (mais ampla que primavera árabe), em que, em vários povos da área se arregimentam de vários modos para eliminar ou reduzir a força dos regimes políticos fortemente teocráticos e autocráticos dominantes em seus países, como um movimento que representa não apenas uma recuperação global da adesão dos povos aos valores democráticos, como uma expressiva demonstração da crescente confiança universal em suas instituições.

Nosso País não refugiu ao apelo desses movimentos e a Constituição de 1988, ao ocupar plenamente o espaço supranormativo, teorizado pelo neoconstitucionalismo, tornou-se um documento híbrido — político e jurídico — destinado, assim, a reger, com unidade de visão, ambos os campos, outrora escrupulosamente mantidos estanques no interesse de uma pretendida supremacia da Política sobre o Direito.

Vigia uma concepção mítica de Estado, desdobrada em corolários desastrosos, tais como: 1. o da soberania — cujo conceito absoluto era capaz de eclipsar o de cidadania; 2. o das razões de Estado — capazes de subtrair decisões mais importantes tanto do bom senso como do Direito; 3. o da supremacia do interesse público, como instrumento de superposição indiscriminada dos interesses estatais sobre os sociais e 4. o da imunidade das decisões políticas ao controle judicial.

Como uma vívida prova de que, no Direito brasileiro, a democracia já ocupa o seu devido lugar como critério de juridicidade — ou seja, como fundamento de legitimidade do agir público — dá-nos conta a incipiente bibliografia que tem vindo a lume sobre sua importância no campo do Direito Administrativo e, particularmente, entre nós, com a própria realização deste Congresso sobre o tema, tão tunamente inserido no Programa por iniciativa de nossos operosos e atualizados dirigentes do IDAERJ, de tal a estar presente, direta ou indiretamente, em todos os trabalhos previstos, a começar por esta exposição inaugural.

Aqui, submete-se o tema a uma perspectiva contemporânea, merecedora de nossa permanente preocupação — como cidadãos, como profissionais do Direito e, especialmente, como membros deste bastante jovem, mas engalanado Instituto, celeiro de juristas. Trata-se de enfoque importante, por versar as condições para a efetiva realização em nosso País do auspiciosamente adotado regime de Estado Democrático de Direito, uma vez que sua referência é a premente necessidade de reduzir-se e de eliminar-se o imenso déficit democrático, que hoje separa a realidade da democracia que praticamos da idealidade que pristinamente se nos foi proposta com a adoção deste demandante modelo de Estado contemporâneo.

Para tanto, inicie-se por recorrer, retoricamente, à constatação didática de que a primeira condição para avançar com segurança está em conhecer o que nos impede de praticar satisfatoriamente a democracia. Também por isso, impõe-se afastar a polêmica conceitual, tão comum no emprego de expressões polissêmicas, adotando uma combinação do conceito mínimo clássico, de democracia, predominantemente formal, com o seu conceito mínimo contemporâneo, que vem ganhando um predomínio substantivo.

O conceito formal, que é o mais antigo, está em sua origem ática, pois se refere à escolha dos detentores do poder político pela eleição do grupo social que o gera, variando embora os critérios eletivos. Assim, a democracia formal se propõe a reger as sociedades humanas pela regra da maioria.

O conceito substantivo, bem mais recente, finca suas raízes remotas no conceito republicano romano e no humanismo renascentista, com seu atual desenvolvimento impulsionado pela vigorosa afirmação contemporânea dos direitos do homem, reconhecendo-se na democracia um conjunto de valores inerentes à pessoa, que devem ser não apenas respeitados como determinar e fundamentar as ações políticas; portanto, referido não apenas à escolha dos eventuais detentores do poder, mas à escolha dos meios e dos fins de sua atuação. Distintamente, portanto, a democracia substantiva se propõe a estabelecer limites à regra da maioria estabelecidos, com vocação universal, pela necessária observância de valores imanentes ao homem e indisponíveis pelos regimes políticos. Por ações políticas, complemente-se, entender-se-ão as dos cidadãos — como eleitores e como eleitos — exigindo-se, de ambos, por igual, a observância desses valores.

A conciliação entre ambas, de modo a conformar um só sistema para o governo das sociedades de homens livres, é a tarefa das Constituições, porque nelas se fixam as normas de convivência entre ambas as regras, opostas, mas complementares: a majoritária, em que contam as pessoas, e a contramajoritária, em que contam os valores. Se esse sistema é inadequado ou inadequadamente praticado, gera-se então um déficit democrático na vida de um país, devendo ser reduzido e eliminado, pois a sua mera existência já retira da ordem jurídica constitucionalmente estabelecida, por mais avançada e tecnicamente requintada que possa vir a ser elaborada, a imprescindível autoridade para garantir uma convivência harmoniosa, justa e segura.

3 Situando o déficit democrático na estrutura do Estado brasileiro

A tarefa seminal, que aqui se propõe desenvolver neste Congresso, não visa a buscar e, muito menos, a apresentar uma fórmula mágica, perfeita e acabada, para eliminar ou reduzir o déficit democrático na estrutura do Estado brasileiro, senão que, simplesmente, a oferecer critérios sistemáticos para identificá-los, uma vez que, sem eles, quaisquer propostas, ainda que próprias e abundantes sejam, carecerão da articulação necessária a seu êxito aplicativo. Daí, iniciar-se por distinguir os três níveis de análise da efetividade da democratização de um Estado — o constitucional, o legislativo e o administrativo — para, em continuação, neles examinar-se pontualmente, à guisa de exemplos, alguns desses déficits de legitimidade mais patentes, a serem reduzidos ou eliminados.

3.1 O nível constitucional

Hoje, se o tem como a sede conceitual primária da Política e do Direito. Nele se apresenta a sua dupla e necessária fundamentação: aquela que é própria da qualificação de Estado de Direito — que é a legalidade, ao lado daquela que é própria da qualificação de Estado Democrático — que é a legitimidade.

Não obstante os riscos que possa apresentar, por ser excessivamente analítica, a Constituição brasileira não oferece maiores problemas relativamente àquele duplo atendimento, salvo as esperadas vacilações e imprecisões naturalmente decorrentes de sua enciclopédica extensão, que se vão agravando com a crescente assistematicidade, compreensivelmente causada pela quantidade de emendas que lhe são constantemente acrescidas ao texto.

Por outro lado, teria menor relevância teórica nela buscarem-se indicações de déficits democráticos, uma vez que não está em seu texto, mas predominantemente na dinâmica de seu cumprimento o indicador a ser pesquisado.

3.2 O nível legislativo

É a órbita da ação normativa geral do Estado. Aqui há uma clivagem, pois se, por um lado, apresenta-se satisfatório enquanto examinada sob o prisma formal do Estado de Direito, mesmo com um tolerável déficit de legalidade, por outro lado, registra-se uma deficiente atuação enquanto avaliada sob o prisma material do Estado Democrático, no qual se apresenta um copioso e grave déficit de legitimidade.

3.3 O nível administrativo

Passando à órbita administrativa, da ação normativa derivada e de ação concreta do Estado para a realização de suas finalidades constitucionais, há uma dupla deficiência.

Com efeito, se a atuação administrativa é insatisfatória sob o prisma do Estado de Direito, revelando intolerável déficit de legalidade, que motiva um alto grau de litigiosidade, que causa grande intranquilidade à sociedade, apresenta-se, ainda, mais deficiente sob o prisma do Estado Democrático, em razão de grave e insustentável déficit de legitimidade, que abala seriamente a necessária confiança dos administrados.

4 Examinando o déficit de legitimidade na atuação legislativa

Em resumo, registra-se o déficit democrático na atuação legislativa:
1. Na deficiente legitimação dos representantes legislativos;
2. Na deficiente legitimação da atuação parlamentar dos representantes legislativos, e;
3. Na deficiente legitimação causada pelo reiterado desvio de finalidade na atuação parlamentar.

Apresentam-se, a seguir, em lista aberta, alguns vícios pontuais de déficit de legitimidade mais observados quanto a esta modalidade de atuação estatal.

4.1 A deficiente legitimação dos representantes legislativos

São vícios presentes:
4.1.1 Na desordenada, quando não caótica, estrutura partidária do País, que dificilmente reflete com fidelidade a vontade do eleitorado, levando à perda de representatividade do mandado parlamentar (o que até levou a mais alta Corte do País a registrar o desvio de finalidade na atuação parlamentar por violação da fidelidade partidária — STF. MS nº 26.602/DF. Relator Ministro Eros Grau);
4.1.2 Na indicação partidária de candidatos em razão de problemas estruturais dos partidos políticos, a partir de sua organização, sujeita a fortes tendências oligárquicas, quando não autocráticas e;
4.1.3 No processo eleitoral, que distancia o representante do representado e desfigura, com o voto proporcional, a autenticidade das escolhas populares;

4.2 A deficiente legitimação da atuação legislativa dos representantes

São vícios presentes:
4.2.1 No déficit técnico, que resulta da crescente complexidade dos temas que reclamam a devida segurança jurídica proporcionada pela normatização legal, como fator que dificulta ou impossibilita uma adequada e justa deliberação por parte de colegiados de formação generalista e;

4.2.2 No déficit temporal, que resulta da morosidade dos colegiados legislativos em tomar decisões que possam produzir uma oportuna legislação demandada pela sociedade.

4.3 A deficiente legitimação em razão dos desvios da atuação dos parlamentares

São vícios presentes:

4.3.1 No excessivo formalismo, que compromete a seriedade dos procedimentos regimentais (como constatado no recente episódio do quorum fantasma, flagrado na Comissão de Constituição e Justiça da Câmara dos Deputados — cf. *O Globo*, de 28 de setembro de 2011, p. 1 e 11 e tantas outras práticas desvirtuadas objeto de constantes noticiários);

4.3.2 Na deficiente nitidez, quando não a intencional confusão, quanto aos interesses sob deliberação: se os da sociedade, se os do Estado, se os do partido e se os dos próprios representantes;

4.3.3 Na subversão da hierarquia de valores, ao dar preferência: 1. a interesses pessoais dos parlamentares sobre os interesses públicos partidários, como tal definidos pelos respectivos partidos políticos (que conformam os interesses públicos terciários); 2. a interesses pessoais desses agentes políticos sobre os interesses públicos do Estado (que conformam os interesses públicos secundários); e, ainda, mais grave, 3. a interesses dos parlamentares sobre os interesses públicos da sociedade (que conformam a impostergável categoria dos interesses públicos primários);

4.3.4 No grave déficit democrático procedimental, que resulta da reduzida ou ausente abertura de processos legislativos à participação pública, sob todas as modalidades;

4.3.5 Na dificuldade de superar o corporativismo nas casas legislativas com vistas a afastar seus pares indignos e corruptos;

4.3.6 Na desvinculação da ação dos parlamentares às suas propostas apresentadas em campanha ao eleitorado (esta vinculação, no magistério de Marcos Juruena Villela Souto, está em consonância com o princípio democrático constitucional do planejamento, que exige tríplice coerência, perante o povo: da promessa eleitoral, da atuação parlamentar e da ação do Estado (*in Direito Administrativo da Economia*, Rio de Janeiro: Lumen Juris, p. 16) e;

4.3.7 No desvio de finalidade parlamentar na copiosa atuação honorífica e na usurpação da competência da Administração, mais comuns nos níveis estaduais e municipais ao atribuir nomes a bens públicos.

5 Examinando o déficit de legitimidade na atuação administrativa

5.1 A deficiente legitimação dos agentes administrativos

São vícios presentes:

5.1.1 No despreparo dos agentes públicos administrativos, causado por inadequados processos de recrutamento ou de treinamento, como se dá na hipótese de recrutamento para atividades complexas com baixa remuneração;

5.1.2 Na impropriedade abusiva de recrutamentos de agentes públicos para o desempenho de cargos em comissão (como nas hipóteses tão comumente verificadas de nomeação por nepotismo, amizade pessoal e de contra-favores, sem considerar a capacidade do recrutado, vício este de tão generalizado que chegou a ser objeto nada menos que da edição de uma Súmula Vinculante, pelo Supremo Tribunal Federal, com fundamento no princípio da moralidade administrativa — Súmula Vinculante nº 14);

5.1.3 No vício de autoritarismo por parte dos que desempenham funções públicas, atuando como se tratassem, as prerrogativas públicas, de privilégios pessoais;

5.1.4 No renitente vício histórico da herança ibérica colonial do patrimonialismo e;

5.1.5 Na deficiência dos necessários controles — políticos, técnicos, jurídicos e sociais — a começar pelos internos, sobre a atividade de seus agentes.

5.2 A deficiente legitimação da atuação administrativa

São vícios presentes:
5.2.1 No formalismo e na burocracia excessivos;
5.2.2 Na prática da arbitrariedade;
5.2.3 No preconceito em relação ao administrado;
5.2.4 Na difundida corrupção;

5.2.5 No deficiente ou no mau emprego dos instrumentos de participação cidadã e;

5.2.6 Na deficiência no emprego dos controles — políticos, técnicos, jurídicos e sociais — sobre a atividade dos agentes administrativos.

6 Democracia, política e direito público

A democracia mudou o rumo da política, então milenarmente fundada no arbítrio dos detentores do poder, passando a exigir, para reduzi-lo ou eliminá-lo, no correr de sua evolução histórica, um Direito Público bem definido quanto ao regramento do acesso, da detenção, do exercício e do controle do poder, o que vale dizer: a construção do que é, em nossos dias, um Direito democrático — destinado a reger as relações assimétricas entre os centros de poder político e as pessoas destinatárias: caracteristicamente, as relações políticas.

A sua primeira manifestação reguladora se concentrou na disciplina do acesso e da detenção do poder, ou seja, foi preponderantemente instrumental, caracterizando uma democracia formal, apenas voltada a gerar o consentimento legitimatório de quem deve governar, tendo sido os seus institutos clássicos, mais importantes, hoje praticados, desenvolvidos durante a modernidade, como o sufrágio, a representação e as assembleias populares de representantes.

A partir dela, no rumo do progresso para a pós-modernidade, iniciou-se a transformação que passaria a incluir a democracia material, com uma expressiva ampliação conceptual, para abranger, nesta nova etapa, além do acesso e da detenção, também os fenômenos do exercício e do controle do poder, para caracterizar uma democracia substantiva, ou seja, aquela voltada a gerar o consentimento legitimatório do como se vai governar, que é um processo ainda em pleno desenvolvimento.

A mais importante instituição surgida no período moderno da doma do poder, através da qual amadureceram as condições para o pleno desenvolvimento do Direito Público atual, é o Direito Constitucional, ao apresentar um fundamento geral de valores jurídicos estatais, impositivos tanto para o próprio Estado, quanto para regrar a sua relação com a sociedade, qualificando, desse modo, em uma primeira etapa, a conquista do Estado de Direito.

Mas o Direito Constitucional prosseguiria em sua missão disciplinadora da política, transfigurado pela democracia, para se tornar cumulativamente um fundamento geral de valores jurídicos supraestatais impostos ao Estado, a seu Direito estatal e, acrescidamente, às relações externas do Estado, caracterizando, desse modo, o Estado Democrático de Direito.

A partir desse fundamento constitucional de uma ordem jurídica democrática, sobrevieram todos os desdobramentos dos ramos disciplinares do Direito, notadamente os públicos — o Direito Administrativo, o Direito Eleitoral e o Direito Internacional Público — por serem os responsáveis para integrar e conferir operatividade ao seu novo e auspicioso predicado: o democrático.

Particularmente esses dois ramos públicos internos — o Direito Eleitoral e o Direito Administrativo — têm finalidades democráticas constitucionais complementares entre si: o Direito Eleitoral, como ramo operativo da democracia formal, ao regular os instrumentos de sufrágio cidadão, os partidos políticos e a sua atuação, e o Direito Administrativo, como ramo operativo da democracia substantiva, ao regular as relações assimétricas travadas entre o Poder Público e as pessoas às quais deve ele servir, que passa a ser o tema sobre o qual doravante se concentra e com o qual se culmina esta exposição.

7 Democracia e Direito Administrativo

Não basta, porém, para que se os possa caracterizar como democráticos, que os atos do Poder Público, sem importar de que natureza sejam, que apenas procedam de entes ou de órgãos formalmente legitimados, pois o que imprime à substância desses atos tal caráter, são fundamentalmente os princípios que reverenciam em sua ação.

Assim é que, o Direito Administrativo, ao regular as relações entre o Estado, como administrador dos interesses públicos constitucionalmente postos a seu cargo, e seus administrados, deve pautar-se, além das normas legais emanadas dos órgãos formalmente legitimados, pelas normas principiológicas de direito, que superiormente expressam os valores irrenunciáveis das sociedades democráticas.

Em uma primeira apreciação sobre tais normas jurídicas que expressam princípios democráticos, que se aplicam no Direito Administrativo pós-moderno, tal como vem sendo admiravelmente construído pela contribuição de gerações de pensadores do Direito desde o final do século passado, eles se classificam em princípios gerais e especiais.

São arrolados como princípios democráticos gerais: 1. o da supremacia da pessoa humana (sob seus dois aspectos: enquanto indivíduo — como o da dignidade pessoal — e enquanto membro da sociedade juspoliticamente organizada — como o da cidadania); 2. o da juridicidade (como a total submissão ao Direito); 3. o da publicidade; 4. o da realidade; 5. o da responsabilidade; 6. o da responsividade; 7. o da sindicabilidade; 8. o da sancionabilidade; 9. o da ponderação; 10. o da subsidiariedade; 11. o do devido processo da lei; 12. o do contraditório; 13. o da motivação e 14. o do controle.

São considerados como princípios democráticos especiais da Disciplina: 1. o da participação; 2. o da processualidade; 3. o da transparência; 4. o da consensualidade; 5. o da negociação; 6. o da eficiência; 7. o da economicidade e, de certo modo, sintetizando-os a todos, na expressão já consagrada, 8. o da boa administração.

Sobre alguns desses princípios especiais cabem considerações adicionais: a processualidade, por garantir a previsibilidade e a segurança jurídica; a transparência, pois que sem visibilidade de nada valeria a processualidade; a consensualidade, pois é o que se expressa nas modalidades de administração associada e participativa, efetivando alternativas pragmáticas de exercício, pela sociedade, do poder estatal; a negociação, por garantir a paridade formal na formação da norma consensual; a eficiência, pois leva à maximização possível dos resultados; a economicidade, uma vez que garante o menor custo para a sociedade; e a boa administração, por poder ser apontado como princípio-síntese do conjunto. Mas tenha-se em vista, em suma, que residirá na deferência a esses princípios e a seu acatamento, a qualificação de qualquer ação do Poder Público como substancialmente democrática — portanto, plenamente legítima.

8 Conclusão

A alternativa política democrática se tem imposto como uma esperança universal, embora em constante aperfeiçoamento no processo, pois que sua concretização está sempre na dependência de fatores culturais que a propiciem. Com efeito, como a Administração Pública tradicional herdou uma pesada carga histórica fortemente autoritária, quando não tirânica, constata-se que esse processo histórico de revertê-la, em cada país, se tem mostrado lento e penoso e, por vezes obtido como uma formidável conquista épica de seus povos.

Não obstante, a alternativa política autocrática, da velha herança histórica, ainda segue presente e por vezes ativa, valendo-se de novas motivações para se opor à democracia, tais como o desencanto, a demagogia e o carisma pessoal.

Como exemplos desse risco de retrocesso ético-político que ronda as democracias, cujos nefastos exemplos são plenamente conhecidos, valendo lembrar nossos vizinhos próximos, nunca é demais recordar que o recorrente abuso de poder tal como o que se alimenta da exploração emocional das massas e o da perversão plebiscitária, ambas comumente obtidas pelo emprego corrompido da propaganda de Estado e pela disseminação do medo, que gera o terror oficial, são fatos de que abundantemente a imprensa internacional dá-nos conta em páginas, não raro, de horror e sangue.

Por isso, somente Constituições formalmente democráticas e legislações formalmente democráticas, embora necessárias, não bastarão para garantir que os povos gozem das benesses da liberdade. Ao revés, poderão até servir de perversa cobertura e de disfarce para instalarem-se perigosas autocracias, com governos ditatoriais que se perenizam no poder, como a História já sobejamente demonstrou.

Por sua profunda relação com o exercício corrente de inúmeras fontes de poderes assimétricos — entre os quais, destacadamente, estão os estatais — que ora legítima, ora ilegitimamente se impõem sobre as sociedades e as pessoas com interesses submetidos à sua administração, tem-se que a plenitude do gozo dos respectivos direitos, sociais e individuais, muito depende da contribuição contemporânea de um Direito Administrativo democrático que se manifeste em todas as suas expressões.

Quanto à presença da suficiente qualidade democrática nessas múltiplas expressões do Direito Administrativo, registre-se que ela não se deve restringir apenas àquela referida à sua tradicional expressão, como ramo estatal, mas se estende hoje sobre todos o seus demais ramos, tais sejam: o inter-estatal, o sobre-estatal e o trans-estatal.

Assim, democrática, por certo, deverá ser a atuação administrativa sujeita ao ramo estatal (considerados os seus respectivos desdobramentos intraestatais e infraestatais), pertinentes aos entes em que se desdobram internamente, tais como estados, províncias, municípios e demais formas autonômicas — indubitavelmente ainda o conjunto coerente mais importante nesta quadra histórica, e ainda hegemônico nos quase duzentos países soberanos filiados à Organização das Nações Unidas.

Mas, também democrática, deverá ser a atuação administrativa sujeita ao ramo inter-estatal — o que regula as relações entre esses países soberanos e as organizações estatais, por eles criadas, repercutindo individualmente sobre as respectivas sociedades nacionais.

Igualmente democrática, a atuação administrativa afeta ao ramo supra-estatal — o que regula as relações entre os países soberanos e um centro de poder que lhes seja supraordinado, como é o caso da União Europeia.

E, finalmente, fechando a relação desses novos ramos do Direito Administrativo pós-moderno — e precisamente aquele que mais cresce e fielmente reflete a permeação material da democracia — a atuação administrativa sujeita ao novíssimo e estuante ramo transestatal — o que regula as relações administrativas públicas, processadas a partir de centros de poder globais, instituídos fora e independentemente do Estado.

Como se depreende dessa dupla evolução — jurídica e democrática — com toda a complexidade de relações administrativas de tal modo expandidas, globalizadas e travadas em todos os níveis de poder — por definição, assim entendidas quaisquer delas que se refiram a interesses públicos (não importando nem a sua extensão nem quem os declare) atinentes às pessoas e às sociedades organizadas — delas muito dependerá, em última análise, o aperfeiçoamento, quando não a própria a sobrevivência da democracia.

Com efeito, em futuro que não se afigura tão longe, em se considerando estes tempos de aceleradas mudanças, as Constituições e as legislações dos, possivelmente, mais de duzentos Estados em que se subdividirá politicamente o planeta, assim como os tratados e convenções pactuados entre eles, serão insuficientes para a salvaguarda das liberdades e das garantias de bilhões de pessoas, que, assim, estarão dependendo de que a atuação dos milhares de centros de poder administrativo globais, de qualquer natureza e em quaisquer níveis, efetivamente se processe sob a égide de um permanente, contínuo e controlado respeito à pessoa humana e absoluta reverência aos seus imanentes e inalienáveis direitos, acima dos quais, nenhum poder e nenhuma instituição se poderá arvorar sob qualquer pretexto. Em suma, sob a égide universalizada de um Direito Administrativo Democrático.

Informação bibliográfica deste texto, conforme a NBR 6023:2002 da Associação Brasileira de Normas Técnicas (ABNT):

MOREIRA NETO, Diogo de Figueiredo. Déficit democrático do Estado brasileiro (legislativo e administrativo). *In*: FREITAS, Daniela Bandeira de; VALLE, Vanice Regina Lírio do (Coord.). *Direito administrativo e democracia econômica*. Belo Horizonte: Fórum, 2012. p. 105-118. ISBN 978-85-7700-619-9.

ALGUMAS NOTAS CRÍTICAS SOBRE O PRINCÍPIO DA PRESUNÇÃO DE VERACIDADE DOS ATOS ADMINISTRATIVOS

ALEXANDRE SANTOS DE ARAGÃO

O princípio da legalidade se apresenta como a sujeição de toda atividade administrativa, em sentido amplo, à lei, não podendo atuar sem base legal ou constitucional.[1]

No direito positivo brasileiro, esse postulado, além do disposto no artigo 37, está contido no artigo 5º, inciso II, da Constituição Federal e, como consequência, obriga o Estado, como administrador dos interesses da sociedade, a agir *secundum legem*, jamais *contra legem* ou mesmo *praeter legem*.[2]

Assentada tal premissa, cabe dizer que a doutrina brasileira reconhece uma *presunção relativa de legalidade*[3] como sendo um dos atributos dos atos da Administração Pública e, em decorrência dela, presume-se que seus atos sejam verídicos e legítimos, tanto em relação

---
[1] MOREIRA NETO. *Curso de direito administrativo*, 2009, p. 74.
[2] MOREIRA NETO, Diogo de Figueiredo. *Curso de direito administrativo*, 2009, p. 88.
[3] GUEDES. A presunção de veracidade e o Estado Democrático de Direito: uma reavaliação que se impõe. In: ARAGÃO; MARQUES NETO (Coord.). *Direito administrativo e seus novos paradigmas*, p. 245.

aos fatos por ela invocados como a sua causa, quanto no que toca às razões jurídicas que os motivaram.

Nesse diapasão, tal presunção abrange dois aspectos: de um lado, a presunção de verdade, que diz respeito à certeza dos fatos; de outro lado, a presunção da legalidade, pois, se a Administração Pública se submete à lei, presume-se, conforme mencionado, até prova em contrário, que seus atos sejam praticados com observância das normas legais pertinentes.

Ensina Demian Guedes que "a presunção de legalidade implica que ato exarado pela Administração presume-se legal (conforme o direito), valendo até o reconhecimento jurídico de sua nulidade. Em decorrência de sua presumida correção, tem-se a presunção de veracidade do ato: seus pressupostos fáticos são admitidos como verdadeiros até prova em contrário".[4]

Essa presunção de legitimidade do agir do Estado, que vem expressa no próprio conteúdo *democrático* do Estado de Direito, submete-o, além da *vontade juridicamente positivada* — situada no campo do princípio da legalidade —, também, à *vontade democraticamente expressa*.[5]

Nesse sentido, cita-se a pertinente preleção de Diogo de Figueiredo Moreira Neto, afirmando que "a *legitimidade* se deriva diretamente do princípio democrático, destinada a informar fundamentalmente a relação entre a vontade geral do povo e as suas diversas expressões estatais — *políticas, administrativas* e *judiciárias*. Trata-se de uma vontade difusa, captada e definida formalmente a partir de debates políticos, de processos eleitorais e de instrumentos de participação política dispostos pela ordem jurídica, bem como captada e definida informalmente pelos veículos abertos à liberdade de expressão das pessoas, para saturar toda estrutura do *Estado democrático*, de modo a se tornar *necessariamente informativa*, em maior ou menor grau, conforme hipótese aplicativa, *do exercício de todas as funções* e em *todos os níveis* em que se deva dar alguma integração jurídica de sua ação".

Contudo, insta consignar que tal presunção é relativa, *juris tantum*, admitindo, prova ou argumentação em sentido contrário, da mesma forma que a possibilidade de sua impugnação judicial é sempre garantida.[6]

---

[4] GUEDES. A presunção de veracidade e o Estado Democrático de Direito: uma reavaliação que se impõe. *In*: ARAGÃO; MARQUES NETO (Coord.). *Direito administrativo e seus novos paradigmas*.

[5] MOREIRA NETO. *Curso de direito administrativo*, 2009.

[6] Curioso como a orientação do Direito Peruano parece ser a inversa do Direito brasileiro, com uma presunção da veracidade das afirmações dos administrados, não da Administração

Esse é o princípio que embasa a dita "fé pública"[7] atribuída a declarações proferidas por autoridades públicas ou agentes dela delegatários (o tabelião possui fé pública nas declarações que afiança acerca de contratos imobiliários; o guarda de trânsito, ainda que não tenha como obrigar o motorista supostamente alcoolizado a realizar o teste do bafômetro, pode e deve indicar os sinais exteriores de embriaguez, tais como a dificuldade de se expressar verbalmente e o andar com dificuldade, e estas afirmações serão tidas, na esfera administrativa, até prova em contrário, como verdadeiras quanto à existência dos fatos e válidas quanto à sua juridicidade).[8]

Quanto às consequências práticas de tal presunção, o posicionamento doutrinário tradicional defende que a presunção de veracidade do ato administrativo transfere ao particular não apenas o ônus de impugná-lo, mas de fazer prova de sua invalidade ou inveracidade. Nesse sentido, Hely Lopes Meirelles leciona que, entre as consequências da presunção de legitimidade, está "a transferência do ônus da prova da invalidade do ato administrativo para quem a invoca".[9] [10]

Todavia, no atual Estado Democrático de Direito esse princípio tem que ser visto com cautela, sobretudo nos seus aspectos incompatíveis com o devido processo legal. A esse respeito, Eduardo García de

---

Pública, como expresso na Ley 27.444/2001, nos seguintes termos: "1.7 – Principio de presunción de veracidad. – En la tramitación del procedimiento administrativo, se presume que los documentos y declaraciones formulados por los administrados en la forma prescrita por esta Ley, responden a la verdad de los hechos que ellos afirman. Esta presunción admite prueba en contrario."

[7] Vale lembrar que o art. 19, inciso II, da Constituição da República, estabelece que um ente político — União, estado, município, Distrito Federal — não pode recusar fé aos documentos dos demais entes.

[8] Por fundamentos diversos, há julgados que também imputam aos particulares o ônus da prova de não cometerem dano ao meio-ambiente: "Trata-se da inversão do ônus probatório em ação civil pública (ACP) que objetiva a reparação de dano ambiental. A Turma entendeu que, nas ações civis ambientais, o caráter público e coletivo do bem jurídico tutelado e não eventual hipossuficiência do autor da demanda em relação ao réu conduz à conclusão de que alguns direitos do consumidor também devem ser estendidos ao autor daquelas ações, pois essas buscam resguardar (e muitas vezes reparar) o patrimônio público coletivo consubstanciado no meio ambiente. A essas regras, soma-se o princípio da precaução. Esse preceitua que o meio ambiente deve ter em seu favor o benefício da dúvida no caso de incerteza (por falta de provas cientificamente relevantes) sobre o nexo causal entre determinada atividade e um efeito ambiental nocivo. Assim, ao interpretar o art. 6º, VIII, da Lei n. 8.078/1990 c/c o art. 21 da Lei n. 7.347/1985, conjugado com o princípio da precaução, justifica-se a inversão do ônus da prova, transferindo para o empreendedor da atividade potencialmente lesiva o ônus de demonstrar a segurança do empreendimento. Precedente citado: REsp 1.049.822-RS, *DJe*, 18 maio 2009" (REsp nº 972.902-RS, Rel. Min. Eliana Calmon, julgado em 25.8.2009).

[9] MEIRELES. *Direito administrativo brasileiro*, 1993, p. 141.

[10] GUEDES. A presunção de veracidade e o Estado Democrático de Direito: uma reavaliação que se impõe. *In*: ARAGÃO; MARQUES NETO (Coord.). *Direito administrativo e seus novos paradigmas*, p. 246.

Enterría e Tomás-Ramón Fernandez ensinam, manifestando como o princípio da motivação deve atuar para mitigar ou abolir o princípio da presunção de veracidade dos fatos alegados pela Administração, que "a Administração Pública deve provar no plano material das relações, de maneira que, se deixa de provar, e, todavia, dá como provados determinados fatos, a decisão que adotar será inválida".[11]

Sobre esse aspecto, Demian Guedes elucida que entre os institutos centrais das relações de direito público que demandam uma cuidadosa reavaliação está a presunção de veracidade dos atos administrativos, que, apesar de não contar com fundamentação legal específica, ainda é considerada o "fantasma que apavora quem litiga com a Administração".[12] [13] Diz, ainda, que "por se tratar de uma presunção que não ostenta qualquer respaldo legislativo — especialmente após a redemocratização do país e a promulgação da Constituição de 1988 —, a presunção de veracidade deve ser analisada com certa 'suspeita', promovendo-se sua cautelosa oposição a outros valores e princípios administrativos, estes sim, expressos no ordenamento jurídico".[14]

E continua o autor afirmando que "parcela da doutrina pátria entende que a presunção de veracidade cessa diante do *questionamento* ou da *impugnação* do ato". Esse é também o entendimento de Bandeira de Mello, que, ao reconhecer a presunção de legalidade dos atos administrativos, lembra que a dita presunção só existe até tais atos serem questionados em juízo.[15]

Nesta mesma esteira, a professora Lúcia Valle Figueiredo assevera que essa presunção se inverte quando os atos forem *contestados não apenas em juízo, mas também administrativamente*.[16]

Paralelamente a tais assertivas, Sérgio Ferraz e Adilson Dallari lembram ser o Poder Público "quem tem que demonstrar a legalidade de sua atuação". Assim, concluem os autores que "a presunção de legalidade vale até o momento em que o ato for impugnado".

Em nossa opinião, por força do devido processo legal e dos princípios da publicidade, da finalidade e da motivação, a Administração

---

[11] ENTERRÍA; FERNANDEZ *apud* GUEDES. A presunção de veracidade e o Estado Democrático de Direito: uma reavaliação que se impõe. *In:* ARAGÃO; MARQUES NETO (Coord.). *Direito administrativo e seus novos paradigmas*, p. 108.
[12] DALLARI; FERRAZ. *Processo administrativo*, p. 135.
[13] GUEDES. A presunção de veracidade e o Estado Democrático de Direito: uma reavaliação que se impõe. *In:* ARAGÃO; MARQUES NETO (Coord.). *Direito administrativo e seus novos paradigmas*, p. 245.
[14] *Op. cit.*, p. 244.
[15] *Op. cit.*, p. 246.
[16] *Op. cit.*, p. 246.

Pública tem que demonstrar os fatos que ensejaram a sua atuação, com o que, portanto, não concordamos com um princípio da *veracidade dos fatos* alegados pela Administração, salvo em casos excepcionais em que essa prova seria, para ela, de impossível realização (a chamada "prova diabólica").

Para Sérgio Ferraz, o processo administrativo é pressuposto de uma atividade administrativa transparente, na qual seja possível perceber as linhas de atuação do Poder Público e os seus desvios. Acerca disso, Nelson Nery Costa[17] observa que a verdadeira democracia passa pela abertura e democratização do Estado, com o estabelecimento de um processo administrativo efetivo, no qual o cidadão possa ter reconhecido seus direitos em face da Administração.[18]

O princípio da motivação imputa ao agente público, conforme expõe Diogo de Figueiredo Moreira Neto, "enunciar expressamente — portanto explícita ou implicitamente — as razões de fato e de direito que autorizam ou determinam a prática de um ato jurídico",[19] viabilizando o controle de legalidade e legitimidade da decisão estatal.

Elucida, ainda, o ilustre jurista, que "o princípio da motivação é instrumental e corolário do princípio do devido processo da lei (art. 5º, LIV, CF), tendo necessária aplicação às decisões administrativas e às decisões judiciárias".[20]

A esse respeito, Lúcia Valle Figueiredo afirma que "caberá à Administração provar a estrita conformidade do ato à lei, porque ela (Administração) é quem detém a comprovação de todos os fatos e atos que culminaram com a emanação do provimento administrativo contestado".[21]

O autor americano Richard H. Gaskins observa que o devido processo legal, no âmbito das instâncias administrativas, traz, como critério de aferição de legitimidade, ônus probatórios para o Estado, que deve satisfazer os interessados e demais críticos da decisão, demonstrando que todas as fontes de erro, personalismos e preferências foram efetivamente afastadas do processo.[22]

Reforçando tal obrigação, a expressa dicção do art. 2º, parágrafo único, VII da Lei nº 9.784/99, atribuindo à Administração brasileira a

---

[17] COSTA. *Processo administrativo e suas espécies*, p. 264.
[18] *Op. cit.*, p. 251
[19] MOREIRA NETO. *Curso de direito administrativo*, 2010, p. 100.
[20] *Idem*, p. 100-101.
[21] MOREIRA NETO. *Curso de direito administrativo*, 2001, p. 171.
[22] *Op. cit.*, p. 257.

tarefa de indicar os pressupostos de direito e de fato que determinaram a decisão eleita. O administrador deve, por conseguinte, diligenciar, sobretudo em processos sancionadores, a busca da verdade real, visando a conferir legitimidade e justiça à solução preceituada.

Sem prova não há legitimação. Se o processo serve apenas para enaltecer a palavra do agente público e, assim, abandonar o cidadão em condições de franca desvantagem, invertendo o princípio da presunção de inocência, não se pode falar em legitimação do Poder estatal.[23]

Com efeito, a presunção de veracidade de fatos meramente invocados pela Administração Pública levaria à presunção de culpa do administrado.

Entretanto, cabe destacar que, em sentido frontalmente contrário a tal presunção de culpa, prevê a Constituição Federal, em seu art. 5º, inc. LV c/c com inc. LVII, o princípio da presunção de inocência. Esse princípio é corolário do princípio do devido processo legal,[24] e impõe ao órgão acusador "o ônus substancial da prova"[25] da ilicitude alegada.

Nesse sentido, ensina Luiz Flávio Gomes[26] que "no que concerne à natureza jurídica da presunção de inocência urge destacar o seguinte: do ponto de vista extrínseco (formal), destarte, no Brasil, o princípio da presunção de inocência configura um direito constitucional fundamental, é dizer, está inserido no rol dos direitos e garantias fundamentais da pessoa (art. 5º). Do ponto de vista intrínseco (substancial) é um direito de natureza predominantemente processual, com repercussões claras e inequívocas no campo probatório, das garantias (garantista) e de tratamento do acusado".

E continua o supracitado autor afirmando que "(...) a doutrina no sentido de que o conteúdo do direito fundamental da presunção de inocência comporta uma dupla exigência: a) de uma parte, que ninguém pode ser considerado culpado até que assim estabeleça uma sentença condenatória; b) de outra, que as conseqüências da incerteza sobre a existência dos fatos e sua atribuição culpável ao acusado beneficiam este, impondo uma carga material da prova às partes acusadoras. O Tribunal Constitucional espanhol, com efeito, no seu julgado 31/81,

---

[23] Op. cit., p. 258.
[24] BULOS. Constituição Federal anotada, p. 312. De acordo com esse autor, "a declaração do princípio da presunção de inocência não constava expressamente nas constituições brasileiras passadas. Mesmo assim, a garantia constitucional era dessumida do princípio do contraditório e do princípio da plenitude de defesa".
[25] STF, HC nº 67.707-0/RS, Rel. Min. Celso de Mello, DJ, 14 ago. 1992.
[26] GOMES. Sobre o conteúdo processual tridimensional do princípio da presunção de inocência. Revista dos Tribunais, p. 382.

proclamou os cinco pressupostos necessários para afastar a referida presunção: a) uma mínima atividade probatória; b) produzida com as garantias processuais; c) que a prova seja incriminatória (prova 'de cargo'); d) que da prova se possa deduzir a culpabilidade do acusado; e) que a prova seja produzida em juízo (imediatidade e oralidade)".

Esse princípio também se aplica aos processos administrativos que possam ter como desfecho a imposição de sanções ao administrado.[27] Como expõe Miguel Beltrán de Felipe,[28] "a presunção de inocência rege sem exceções o ordenamento sancionador e há de ser respeitada na imposição de quaisquer sanções, sejam penais, sejam administrativas..., pois o exercício do *ius puniendi* em suas diversas manifestações está condicionado (...) ao jogo da prova e a um procedimento contraditório. (...) Em tal sentido, o direito de presunção de inocência comporta: que a sanção esteja baseada em atos e meios probatórios de cargo ou incriminadores da conduta reprovada, que a carga da prova corresponda a quem acusa, sem que ninguém esteja obrigado a provar a sua própria inocência, e que qualquer insuficiência no resultado das provas praticadas, (...) deve traduzir-se em um pronunciamento absolutório".

O Tribunal Constitucional Espanhol já decidiu, nesse sentido, que "a presunção de inocência rege-se sem exceções no ordenamento administrativo sancionador, garantindo o direito de não sofrer sanção que não tenha fundamento em uma prévia atividade probatória sobre a qual o órgão competente possa fundamentar um juízo razoável de culpabilidade".[29]

No sentido da necessidade de comprovação técnica das irregularidades apontadas em processos administrativos, as lições de Egon Bockmann Moreira de que "na medida em que a ampla defesa não pode ser compreendida como singela garantia formal ou abstrata, mas como um dos aspectos da participação efetiva do interessado no aclaramento e formação da decisão da Administração, faz-se necessário o pleno conhecimento das razões dos atos administrativos, pois somente assim poderá manifestar-se a respeito deles. Ou seja: que a atividade processual não consubstancia uma seqüência de atos que exija esforços extraordinários do particular a fim de encontrar o real significado dos provimentos administrativos. Somente com plena ciência do porquê das

---

[27] OSÓRIO. *Direito administrativo sancionador*, p. 478.
[28] FELIPE. Realidad y constitucionalidad en el derecho administrativo sancionador (Segunda Parte). *Revista Jurídica de Castilla*, p. 27-28.
[29] ESPANHA. Tribunal Constitucional. SSTC 76/1990 e 138/1990 FJ 5, STC 212/1990, de 20 de dezembro. Ponente: D. Jesus Leguina Villa *apud* CÀNOVAS. *Las medidas provisionales en el procedimiento administrativo sancionador*, p. 122.

decisões poderá o interessado concordar ou opor-se a elas. (...) Celso Antônio Bandeira de Mello identifica o princípio da motivação como um daqueles essenciais e obrigatórios aos processos administrativos, definindo-o como 'o da obrigatoriedade de que sejam explicitados tanto o fundamento fático da decisão, enunciando-se, sempre que necessário, as razões técnicas, lógicas e jurídicas que servem de calço ao ato conclusivo, de molde a poder-se avaliar sua procedência jurídica e racional perante o caso concreto'".[30]

Narra Demian Guedes,[31] invocando os deveres de motivação e de instrução inscritos na Lei do Processo Administrativo (Lei nº 9.784/99, arts. 2º, 29, 36 e 37), que Odete Medauar compreende o princípio da verdade material dentro da óptica da oficialidade, apontando que "a Administração não deve se contentar com a versão dos fatos oferecida pelos sujeitos no processo, havendo assim um verdadeiro dever (e não ônus) de prova por parte do Poder Público". Há o dever de a Administração provar suficientemente os fatos que servem de pressuposto do ato.

Em feliz passagem referente ao princípio da verdade material, Lúcia Valle Figueiredo entende que não se pode mais admitir nesse processo uma demonstração fática lacônica, fundada em uma concepção formal de verdade que fundamenta sua validade exclusivamente na condição de autoridade do agente fiscalizador — caracterizando-se assim hipótese de inaceitável auto-legitimação.

No mesmo sentido, Vicenzo Cerulli Irelli[32] esclarece que "a Administração deve, em primeiro lugar, conhecer a realidade na qual vai incidir a atuação administrativa, apreendendo os fatos e todos os elementos dos quais a realidade se compõe. 'Os atos administrativos devem ser fundados em pressupostos de fato rigorosamente verificados e explicitados' (Conselho de Estado, IV 24.02.1981 nº 191)", o que o autor resume como sendo uma "necessária instrutoria".

Como afirmam, também, Sérgio Ferraz e Adilson Abreu Dallari,[33] nos processos administrativos, ainda mais se de caráter sancionatório, os atos da Administração não podem ser desvestidos das provas necessárias para aferição da sua legitimidade, no caso, provas técnicas: "aqui a Administração-parte tem que provar suas alegações, sob pena

---

[30] MOREIRA. *Processo administrativo*: princípios constitucionais e a Lei nº 9.748/99, p. 258.
[31] GUEDES. A presunção de veracidade e o Estado Democrático de Direito: uma reavaliação que se impõe. In: ARAGÃO; MARQUES NETO (Coord.). *Direito administrativo e seus novos paradigmas*, p. 115, 118.
[32] IRELLI. *Corso di diritto amministrativo*, p. 38.
[33] FERRAZ; DALLARI. *Processo administrativo*, p. 152-153.

de não as ver reconhecidas (TRF-4ª R., Ap. cível 96.04.47023-0-RS, Rel. Juiz Antônio Albino Oliveira, *DJU*, Seção 2, p. 384, 21 jul. 1999)". Corroborando a tese de que a prova das irregularidades apontadas em processo administrativo compete ao órgão administrativo de controle, cabe, ainda, citar a lição de Nilson Naves (relator do MS nº 10906), ao afirmar que cabe à Administração Pública proceder às diligências necessárias para a descoberta da verdade:

> Penal – Apelação criminal – Peculato qualificado – Art. 171, §3º, do CP – Obtenção de benefício previdenciário – Fraude – Vínculo empregatício falso – Materialidade não comprovada – Reforma do decreto condenatório.
>
> (...) II – A obrigatoriedade de o beneficiário provar a legitimidade da concessão de seu benefício previdenciário é inversão do ônus da prova e atenta contra o princípio da presunção de inocência (...).[34]

Destarte, tendo em vista o supracitado princípio da inocência, elucida Demian Guedes que, "à luz dos princípios consagrados na Constituição de 1988, a presunção de veracidade deve ser mitigada desde o processo administrativo, admitindo-se a validade e a correção dos fundamentos de fato do ato da Administração até a sua impugnação pelo particular — uma vez que o processo judicial não é substituto do administrativo, e, de outra parte, as garantias e os princípios jurídico-constitucionais do Poder Público devem incidir sobre suas relações com os particulares independentemente de intervenção judicial".[35]

E segue o ilustre jurista asseverando que "a opção por um Estado Democrático de Direito acarreta a adoção de processos democráticos e controláveis para a formação da verdade. Nesses processos, publicidade e transparência são princípios fundamentais, na medida em que possibilitam uma verificação efetiva da veracidade alegada pela Administração — contando o cidadão, inclusive, com a intervenção do Poder Judiciário. Esses princípios afastam a compreensão tradicional da presunção de veracidade e impõem a exteriorização objetiva dos fatos que fundamentam a atuação estatal, tornando-a controlável sem a necessidade de impor, em desfavor do particular, ônus probatórios de fatos negativos, que muitas vezes impossibilitam o exercício de seu direito de defesa em face do Estado".[36]

---

[34] TRF2. ACR nº 200451020033610, Rel. André Fontes, *DJ*, 28 abr. 2008.
[35] *Op. cit.*, p. 262.
[36] *Op. cit.*, p. 259.

Na mesma linha de entendimento, os franceses Alain Pantley e François-Charles Bernard citam inúmeros precedentes do Conselho de Estado Francês acerca do tema, entre os quais cumpre destacar aqueles que afirmam categoricamente que a condição de "alegação do Poder Público" não pode conduzir à imposição, contra o particular, do ônus da prova de fatos negativos ou da inexistência de certas circunstâncias alegadas pela Administração.[37]

No Brasil, a jurisprudência, em importantíssima decisão do Superior Tribunal de Justiça, relatada pelo Exmo. Ministro Luiz Fux, rejeitou a presunção de veracidade como forma de transferir ônus probatórios de fatos negativos:

> Processual civil e administrativo. Multa por infração à legislação trabalhista. exegese dos §§3º e 4º, do Art. 630, da CLT. Comprovação de fato negativo pelo demandado. impossibilidade. necessário reexame de provas. Súmula nº 07/STJ. Violação ao art. 535, do CPC. Inexistência.
>
> Inexiste ofensa ao art. 535 do CPC, quando o Tribunal de origem, embora sucintamente, pronuncia-se de forma clara e suficiente sobre a questão posta nos autos. Ademais o magistrado está obrigado a rebater, um a um, os argumentos trazidos pela parte, desde que os fundamentos utilizados tenham sido suficientes para embasar a decisão.
>
> Afirmando o empregador a inexistência de horas extraordinárias de trabalho, não há como lhe exigir a comprovação dos documentos inerentes ao seu pagamento.
>
> Discordando a Administração Pública da suposta jornada dita extraordinária, cumpre-lhe comprovar a infração à legislação trabalhista, constituindo o crédito inerente à sanção mediante a comprovação da ilegalidade, posto competir ao autor a prova do fato constitutivo do seu direito.
>
> Assentando o empregador a inexistência de horas-extras, *a fortiori*, implica afirmar que não há nada pagar e consequentemente documentos comprobatórios desse pagamento.
>
> A autoridade somente poderia lavrar multa pela infração em si, quanto à ausência de pagamento pela jornada extraordinária, à luz da comprovação de sua existência pela entidade autuante e do correspectivo inadimplemento.
>
> Deveras, a existência da efetiva ocorrência da jornada extraordinária é matéria aferível nas instâncias ordinárias em face da cognição restrita do E. STJ.
>
> Recurso especial não conhecido.[38]

---

[37] *Op. cit.*, p. 260.
[38] AgRg no MS nº 11308/DF, Rel. Min. Luiz Fux, j. em 28.06.2006, *DJ*, 14 ago. 2006.

Cremos, por outro lado, ser compatível com a nossa Constituição um princípio de presunção apenas de legitimidade (compatibilidade com o Direito) dos atos do Estado em geral, inclusive dos atos administrativos, sob pena de se comprometer a sua autoexecutoriedade e a ordem social. É a mesma lógica pela qual as leis são dotadas de presunção de constitucionalidade.

Assim, com Gilmar Mendes (voto no MS nº 24.268), é possível observar que o princípio da presunção de legitimidade dos atos administrativos se aplica tanto em favor do Estado, como dos particulares, de maneira que conjugado com os princípios da boa-fé e da segurança jurídica pode, por exemplo, impedir ou atenuar a geração de efeitos da declaração da nulidade de um ato administrativo que o tenha beneficiado.

O princípio da veracidade dos fatos invocados pela Administração Pública na edição dos seus atos deve, contudo, a nosso ver, apesar de tradicionalmente invocado entre nós — e hábitos muitas vezes levam tempo para serem revistos —, ser considerado como não recebido pela Constituição redemocratizadora de 1988, especialmente face aos princípios da motivação e da presunção de inocência.

Nesse sentido, alvissareira no ambiente do Direito Administrativo Latino-Americano a Lei do Processo Administrativo Peruano, pois ao consagrar a presunção de veracidade dos fatos alegados pelo particular (art. 4º e 42) — o contrário do que a doutrina tradicional brasileira insiste em defender — e ao minudenciar os requisitos que os atos administrativos devem ter para atender ao dever de motivação (art. 6º), respondem amplamente às preocupações que na matéria devem imbuir um Estado Democrático de Direito.

Informação bibliográfica deste texto, conforme a NBR 6023:2002 da Associação Brasileira de Normas Técnicas (ABNT):

ARAGÃO, Alexandre Santos de. Algumas notas críticas sobre o princípio da presunção de veracidade dos atos administrativos. In: FREITAS, Daniela Bandeira de; VALLE, Vanice Regina Lírio do (Coord.). *Direito administrativo e democracia econômica*. Belo Horizonte: Fórum, 2012. p. 119-129. ISBN 978-85-7700-619-9.

A CADEIA DO GÁS, SEUS CONFLITOS FEDERATIVOS E POSSÍVEIS SOLUÇÕES

RENATO OTTO KLOSS

1 Introdução

A cadeia de gás natural, no Brasil, possui a peculiaridade de se submeter, por comando constitucional, à competência de dois entes distintos. Com efeito, à União foi assegurado o monopólio das atividades de exploração, produção e transporte do gás natural, conforme art. 177, I, II e IV, da Constituição da República, ao passo que os Estados foram incumbidos da prestação do serviço público de distribuição de gás canalizado, segundo estabelece o art. 25, §2º, do nosso Estatuto Fundamental.

Diante desta fragmentação, o desafio reside em conjugar esforços em prol do desenvolvimento harmônico desta cadeia, com o pleno exercício destas competências constitucionais por parte da União e dos Estados, mas sem que isso represente, em qualquer medida, a invasão de competência alheia.

Deve-se reconhecer, entretanto, que o relacionamento entre tais Entes, em matéria de gás natural, é pautado por rotineiras interferências ocasionadas pela União Federal, que influenciam negativamente a prestação do ventilado serviço público pelos Estados.

Alguns exemplos podem ser destacados para a devida ilustração.

O primeiro deles diz respeito ao problema de maior visibilidade, e compreende o estabelecimento da fronteira entre as etapas de transporte e de distribuição.

A referida indefinição foi em grande parte insuflada pela redação do art. 6º, XXII, da Lei do Petróleo[1] (Lei nº 9.478/97), que, ao definir a distribuição de gás canalizado como o atendimento a um usuário dito "final", a *contrario sensu* considerou que o suprimento aos usuários que não se enquadrem nesta categoria poderia ser realizado pela União, através de dutos de transporte.

Atualmente, acredita-se que esta celeuma esteja muito próxima de ser superada, reconhecendo-se a competência estadual para o abastecimento de qualquer modalidade de usuário.[2]

Contudo, outras questões, igualmente relevantes, estão longe de alcançar solução, como é o caso da convivência entre a distribuição canalizada e as atividades de distribuição de gás natural comprimido (GNC) e gás natural liquefeito (GNL), segundo exemplo a ser mencionado.

As citadas atividades econômicas, que dependem de autorização da ANP,[3] são competidoras do serviço público estadual especificamente em relação aos grandes usuários, em regra do segmento industrial, o que consubstancia o comportamento conhecido como *cherry picking* ou *cream skimming*,[4] que se traduz na vocação do GNC e do GNL de atuar seletivamente sobre a fatia mais rentável daquele mercado consumidor.

Assim, faz-se evidente que a expansão destas atividades pode prejudicar seriamente a viabilidade econômica da distribuição canalizada, já que são principalmente os grandes consumidores que permitem a existência de escala capaz de financiar os objetivos sociais do serviço público, como a universalização.

Aqui, não há que se falar em invasão de competências constitucionais, mas nem por isso se ignora que os atos do regulador federal causam reflexos sobre o segmento de distribuição canalizada.

---

[1] "Art. 6º Para os fins desta Lei e de sua regulamentação, ficam estabelecidas as seguintes definições: XXII – Distribuição de Gás Canalizado: serviços locais de comercialização de gás canalizado, junto aos usuários finais, explorados com exclusividade pelos Estados, diretamente ou mediante concessão, nos termos do §2º do art. 25 da Constituição Federal;"

[2] Tal se dá em razão da superveniente edição da Lei do Gás (Lei nº 11.909/09), que em seu art. 2º, XVIII, fez constar que os gasodutos de transporte não se prestam ao atendimento de usuários, bem assim do julgamento da Reclamação nº 4.210/SP pelo Supremo Tribunal Federal, que, em apreciação de pedido liminar, enfrentou exatamente este dilema.

[3] Agência Nacional do Petróleo, Gás Natural e Biocombustíveis.

[4] V. ARAGÃO. *Agências reguladoras e a evolução do direito administrativo econômico*, p. 455.

Passa-se, então, para o terceiro e último exemplo, agora relativo à disputa pelo gás natural travada em momentos de racionamento e de consequente necessidade de priorização de abastecimento.[5]

O gás natural, ao mesmo tempo em que é insumo essencial para o serviço público de distribuição de gás canalizado, é combustível de suma importância para a União, no âmbito de seus projetos de geração de energia elétrica, por meio do emprego de usinas termelétricas.

Assim, em caso de carência do energético, faz-se óbvia a disputa entre tais Entes para o atendimento às suas necessidades, o que pode levar, em última análise, à escolha entre a geração elétrica ou a distribuição de gás canalizado.

Na falta de um comando constitucional que solucione esta disputa, a União chamou para si a referida decisão estratégica, ao definir, no art. 50 e seguintes da Lei do Gás, o direito de estabelecer consumos prioritários, como, por exemplo, o atendimento às citadas termelétricas.

Ocorre que a chegada de gás até as termelétricas ocorre por meio da distribuição estadual, já que estas também são usuárias do cogitado serviço público. Ao mesmo tempo, cumpre verificar que a divisão do volume de gás disponível entre os diversos usuários é atividade inerente à administração do serviço público estadual, portanto de competência dos Estados.

Assim, vê-se que a Lei do Gás, neste particular, invade competência estadual e, portanto, não é o instrumento hábil para solucionar disputas que envolvam o destino do gás em momentos de escassez. Ao mesmo tempo, porém, convém assinalar que o reconhecimento de sua inconstitucionalidade, neste ponto, não resolve o problema de origem: como resolver a disputa entre a geração elétrica e a distribuição canalizada do gás, em momentos de carência do energético.

A partir dos três exemplos citados, permite-se constatar que questões importantes que surgem em decorrência da repartição de competências no âmbito da cadeia do gás não poderão ser superadas pela União ou pelos Estados isoladamente.

Faz-se necessária a busca de soluções para tais questões, sendo este o objetivo do presente estudo.

---

[5] O exemplo concreto do assunto retratado foi a chamada "Crise do Apagão", ocorrida no Brasil nos anos 2001 e 2002, decorrente da carência de chuvas que provocou a baixa dos níveis dos reservatórios das hidrelétricas brasileiras e, consequentemente, resultou em vertiginosa queda na produção de energia por meio desta que é a principal fonte de geração de energia elétrica do País. Naquele evento, a União considerou prioritário o fornecimento de gás às usinas termelétricas prioritário, mesmo que houvesse prejuízo aos demais usuários do serviço público estadual.

2 A solução constitucional

Para os conflitos de competência e determinados litígios entre Entes Federados,[6] a Constituição da República prescreveu a sua solução no art. 102, I, f, ao definir a competência originária do Supremo Tribunal Federal para processar e julgar estas referidas causas. Trata-se da atuação daquela Corte Superior na função de Tribunal da Federação.[7]

É necessário verificar, entretanto, se esta solução constitucional bem atende a sua finalidade, representando uma medida capaz de responder aos anseios de setores de infraestrutura, que demandam altos volumes de investimentos e, por esta razão, necessitam de segurança para a atração de capital privado, muitas vezes estrangeiro.

Nesta linha, há alguns exemplos a serem citados.

Primeiramente, cumpre enfocar o serviço público de saneamento básico, cujo desenvolvimento se vê expressivamente limitado por conta de dúvidas quanto à sua titularidade, se estadual ou municipal.

Esta celeuma foi submetida ao STF pela primeira vez por meio da ADI nº 1.842, movida pelo Partido Democrático Trabalhista (PDT) contra leis que tratam da criação da região metropolitana e da microrregião dos Lagos, no Estado do Rio de Janeiro (Lei Complementar nº 87/89), e sobre prestação de serviço de saneamento básico (Lei estadual nº 2.869/97). A distribuição desta ação direta ocorreu em 10 de junho de 1998.

---

[6] Conforme pontua Paulo Gustavo Gonet Branco, não é qualquer litígio entre Estados Federados e suas entidades da Administração Indireta que atrai a competência do E. STF. Veja-se: "A Corte somente reconhece a sua competência originária se a pendência, por sua natureza ou por seu objeto, recai no grupo daquelas que 'introduz a instabilidade no equilíbrio federativo ou que ocasiona a ruptura da harmonia que deve prevalecer nas relações entre entidades integrantes do Estado Federal', assinalando que 'causas de conteúdo estritamente patrimonial, fundadas em títulos executivos extrajudiciais, sem qualquer substrato político, não justificam se instaure a competência do Supremo Tribunal Federal prevista no art. 102, I, f, da Constituição, ainda que nelas figurem, como sujeitos da relação litigiosa, uma pessoa estatal e um ente dotado de paraestatalidade" (MENDES et al. Curso de direito constitucional, p. 874).

[7] Neste sentido, SILVA, José Afonso. Curso de Direito Constitucional Positivo. 30. ed. São Paulo: Malheiros, 2008, p. 562. André Luiz Borges Netto assim comenta a existência de um Tribunal Superior: "Ponto característico do Estado Federal é a existência de uma Corte Jurídica que seja suprema e superior, em termos de competência decisória, a todas as outras esferas do Poder Judiciário, para que sua atuação sirva de elemento estabilizador da sociedade, principalmente por atuar como legítima guardiã da Constituição Federal, que é o documento revelador dos aspectos funcionais do regime federativo. Doutra parte, verifica-se que é a Suprema Corte que também deverá exercer o papel de órgão solucionador de eventuais conflitos surgidos entre os Estados-membros, ou entre estes e a União, além de decidir e orientar, por intermédio de seus julgados, sobre os direitos e garantias fundamentais dos cidadãos habitantes do Estado Federal" (NETTO. Competências legislativas dos Estados-Membros, p. 53-54).

Um segundo caso com o mesmo teor — discussão sobre a titularidade do serviço de saneamento básico — ingressou no STF em setembro de 1999. Cuida-se da ADI nº 2.077, movida pelo Partido dos Trabalhadores (PT) em face de dispositivos da Constituição do Estado da Bahia, e cuja tramitação foi vinculada à ADI nº 1.842. Ambas as demandas encontram-se até hoje sem uma decisão de mérito, apesar de sua importância federativa, ressaltada pelos diversos requerimentos de admissão como *amicus curiae* oferecidos por diferentes Estados da Federação, sem contar o seu relevo social, ante a correlação direta que este serviço possui com a saúde pública.

O segundo exemplo a ser trazido à baila contempla o próprio serviço público de distribuição de gás canalizado. Com efeito, foi distribuída no E. STF, em 20 de março de 2006, a Reclamação nº 4.210-SP, que discute a delimitação da fronteira entre os segmentos de transporte e de distribuição, no âmbito da cadeia do gás, e, em especial, a possibilidade de fornecimento de gás diretamente de dutos de transporte, por parte da Petrobras, para uma planta de liquefação de gás natural situada em Paulínia, Estado de São Paulo.

Apesar deste caso contar com decisão liminar, proferida pela Ministra Ellen Gracie em 03 de abril de 2006, e com decisão da Ministra Cármen Lúcia, em julgamento de pedido de reconsideração, datada de 11 de outubro de 2006, não se pode afirmar que a resolução do problema já possua seus contornos definidos, inclusive por se tratar de decisão monocrática, de caráter perfunctório.

A Ministra Cármen Lúcia, aliás, fez constar em sua decisão que a mencionada reclamação seria julgada em momento tempestivo, mas este ainda não chegou, e o ventilado instrumento processual já tramita há mais de cinco anos.

Em ambas as hipóteses, não é preciso grande esforço para verificar que a indefinição do Judiciário gera circunstância de elevada insegurança jurídica[8] que, se não afasta de todo o investimento privado nestes setores, inevitavelmente aumenta o seu custo de atração pelo Estado.

E, dentro de um quadro de falência da máquina pública, que marcou a derrocada do Estado do Bem-Estar Social,[9] a necessária

---

[8] Convém, aqui, mencionar a doutrina de Ricardo Lobo Torres, que, ao abordar o princípio da segurança jurídica, assim pontua: "A Segurança Jurídica torna-se valor fundamental do Estado de Direito, pois o capitalismo e o liberalismo necessitam de certeza, calculabilidade, legalidade e objetividade nas relações jurídicas e previsibilidade na ação do Estado, tudo o que faltava ao patrimonialismo" (TORRES. *Tratado de direito constitucional financeiro e tributário*, v. 2, p. 168.

[9] Convém grifar que o exaurimento das finanças públicas não foi a única razão para a superação do modelo de Estado do Bem-Estar Social, ou Estado Providência, como denomina

formalização de parcerias com a iniciativa privada para o atendimento a determinadas necessidades públicas não se coaduna com demoras de cinco, dez anos para definição de uma questão sensível, tal como se assiste.

Por esta razão, não se pode considerar a resposta traçada pela Constituição como bastante para a solução de conflitos federativos, quando se trata de reunir condições atrativas para a participação do capital privado em setores de infraestrutura. A demora na resolução destes conflitos aumenta o risco envolvido e exige, consequentemente, maiores taxas de retorno para a remuneração do capital privado, em desfavor do próprio Estado.

Necessário se faz buscar outro caminho para o tratamento deste problema. É a proposta que se perseguirá adiante.

3 A diretriz traçada pelo federalismo

A solução fixada na Constituição, a nosso ver, não supre a necessidade por instrumentos eficazes de pacificação dos conflitos federativos, mas, de outro lado, extrai-se da própria Lei Maior um vetor a partir do qual a solução buscada pode começar a ser construída.

Com efeito, o art. 1º da CRFB informa que o Estado Brasileiro se organiza sob a forma de uma federação, o que pressupõe, no seu cerne, a cooperação entre seus Entes. Nesta linha, anota Gilberto Bercovici[10]

Jacques Chevallier. Como anota o mestre francês, a crise deste modelo de Estado foi o resultado de um somatório de fatos, quais sejam: "Fatores ideológicos: uma crítica do movimento de expansão estatal se desenvolve por meio da tripla denúncia do Estado totalitário, das disfunções do Estado-Providência e do desvio estatal nos países em desenvolvimento. Fatores econômicos: a crise atinge o conjunto das economias, a partir de dois choques petrolíferos, revela de maneira tangível a redução da capacidade de ação do Estado, consecutiva ao processo de internacionalização. Fatores políticos: assiste-se ao retorno com toda a força do liberalismo e à decadência dos regimes de partido único. Todos esses fatores vão se conjugar e se catalisar, provocando um movimento de retração estatal. Se essa retração tomou formas diferentes segundo o caso – crise do Estado Providência no Oeste, implosão do socialismo no Leste, ajuste estrutural no Sul –, ela constitui em todos os casos uma verdadeira reviravolta" (CHEVALLIER. *O Estado pós-moderno*, p. 29).

[10] BERCOVICI (Coord.). O federalismo no Brasil e os limites da competência legislativa e administrativa: memórias da pesquisa. *Revista Jurídica*, p. 1-18. Raul Machado Horta também exalta esta característica do federalismo: "A relação entre federalismo e cooperação, de modo geral, sugere, na etimologia da palavra federal, que deriva de *foedus*: pacto, ajuste, convenção, tratado, e entra na composição de laços de amizade, *foedus amicitae*. A associação das partes componentes está na origem do Estado Federal, tornando inseparáveis, como lembra Charles Eisenmann, as idéias da união, aliança e cooperação" (HORTA. As novas tendências do federalismo e seus reflexos na Constituição brasileira de 1988. *Revista do Legislativo, da Assembleia Legislativa do Estado de Minas Gerais*.

que "[n]ão é plausível um Estado Federal em que não haja um mínimo de colaboração entre os diversos níveis de governo. Faz parte da própria concepção de federalismo esta colaboração mútua."

Além de ser uma característica essencial do Estado Federal, vale frisar que a cooperação é vista cada vez mais como ponto basilar para o sucesso das ações governamentais. Andreas Krell[11] assim assevera:

> Nos países de estrutura federativa, a produção de políticas públicas bem-sucedidas depende, cada vez mais, da coordenação das ações de níveis de diferentes governos autônomos. *Política pública*, neste contexto, deve ser entendida como programa de ação governamental, um conjunto de medidas articuladas cujo escopo é dar impulso à realização de algum objetivo de ordem pública ou à concretização de direitos, valendo-se precipuamente de normas jurídicas para plasmar as diretrizes e os meios da atividade estatal dirigida, bem como para moldar a própria execução dos fins estabelecidos.

Entretanto, não bastasse isso, cabe destacar que, por conta de diversas passagens da Carta Política de 1988,[12] notadamente o teor do art. 23, parágrafo único,[13] conclui-se estar traçado, para o Brasil, um federalismo cooperativo, caracterizado por um dever ainda mais efetivo de mútuo apoio entre União, Estados, Distrito Federal e Municípios.

Neste sentido, Luciano Ferraz[14] afirma que "o federalismo consagrado no Texto Constitucional não é estanque, nem concorrencial, é cooperativo (art. 23, parágrafo único da Constituição), o que significa dizer que as esferas da Federação, a despeito do sistema de repartição de competências, têm escopos idênticos a cumprir".

Por seu turno, Floriano de Azevedo Marques Neto[15] refere-se à existência de um "princípio do federalismo cooperativo, que é estruturante da ordem constitucional brasileira".

---

[11] KRELL. A necessária mudança de foco na implantação do federalismo cooperativo no Brasil: da definição das competências legislativas para o desenho de formas conjuntas de execução administrativa. In: SOUZA NETO et al. (Coord.). *Vinte anos da Constituição Federal de 1988*, p. 645.

[12] Andreas Krell salienta que "[n]o Brasil, o art. 23, §único, da Carta de 1988 e a inserção do art. 241, dez anos depois, introduziram o modelo de federalismo cooperativo" (*op. cit.*, p. 650).

[13] Art. 23. Parágrafo único. Leis complementares fixarão normas para a cooperação entre a União e os Estados, o Distrito Federal e os Municípios, tendo em vista o equilíbrio do desenvolvimento e do bem-estar em âmbito nacional.

[14] FERRAZ. Parcerias Público-Público: contrato de programa e execução de serviços públicos municipais por entidade da administração indireta estadual. *Revista Eletrônica de Direito Administrativo Econômico – REDAE*.

[15] MARQUES NETO. Os consórcios no direito brasileiro.

Assim, restando certa a aplicação dos ideais do federalismo cooperativo para o Estado brasileiro, recorre-se à doutrina de José Alfredo de Oliveira Baracho[16] para a sua exata compreensão, em textual:

> Em uma perspectiva científica, procura-se utilizar essa expressão para designar a possibilidade de uma *cooperação intergovernamental* para atender os fins comuns da sociedade, em questões econômicas, sociais e culturais, através de programas e financiamentos conjuntos. Essa cooperação repousa nas práticas políticas, muitas vezes informais, que ocorrem no exterior das relações constitucionais. (...) Merece relevo a cooperação e as *decisões conjuntas*, onde inclusive ressalta-se a procura da estabilidade econômica e o bem estar social, com modalidades novas. (grifos no original)

Andreas Krell,[17] por seu turno, realça que "o federalismo *cooperativo* representa, hoje, um tipo ideal de relações governamentais, baseada na busca de se 'compartilhar tarefas de forma que há uma mistura entre as atividades dos níveis de governo'; nele, tornaram-se necessários mecanismos que viabilizem ações conjuntas nas políticas, com representação e participação de todos os atores federativos".

Em relação às vantagens obtidas, Marçal Justen Filho[18] ressalta que "a cooperação entre os entes federados é indispensável para a ampliação da legitimidade democrática e para a afirmação da eficiência da atividade administrativa do Estado brasileiro".

Especificamente no que tange à promoção dos serviços públicos, o federalismo cooperativo encontra-se estampado no art. 241[19] da

---

[16] BARACHO. A federação e a revisão constitucional: as novas técnicas dos equilíbrios constitucionais e as relações financeiras: a cláusula federativa e a proteção da forma de Estado na Constituição de 1988. *Revista do TCEMG*, p. 35-36. Viviane Machado Caffarate também oferece sua conceituação: "No federalismo cooperativo, há uma mudança dos poderes de decisão nos níveis de governo - federal e federado - em benefício de um mecanismo, mais ou menos complexo e formalizado, de negociação e acordo intergovernamental. Com isso, há uma tendência de redução das políticas que sejam conduzias por um só governo, havendo uma interdependência e coordenação das atividades governamentais. Esta interdependência e coordenação têm como base uma decisão voluntária de todos os entes da federação, não se fundamentando em uma pressão hierárquica" (CAFFARATE. Federalismo: uma análise sobre sua temática atual. *Jus Navigandi*.

[17] *Op. cit.*, p. 648.

[18] JUSTEN FILHO. Parecer elaborado sobre a proposta legislativa de criação de consórcios públicos. *Revista Eletrônica de Direito do Estado – REDE*, p. 9.

[19] "Art. 241. A União, os Estados, o Distrito Federal e os Municípios disciplinarão por meio de lei os consórcios públicos e os convênios de cooperação entre os entes federados, autorizando a gestão associada de serviços públicos, bem como a transferência total ou parcial de encargos, serviços, pessoal e bens essenciais à continuidade dos serviços transferidos."

Carta Magna, como resultado da alteração promovida pela Emenda Constitucional nº 19, de 1998.

Com efeito, o indigitado dispositivo, ao estabelecer os instrumentos do consórcio público e do convênio de cooperação, e autorizar a gestão associada de serviços públicos, supera o tom predominantemente principiológico com que é tratado o federalismo cooperativo na Constituição, para fornecer ferramentas concretas voltadas à sua realização.

Sensível ao influxo gerado pelo federalismo cooperativo sobre a prestação dos serviços públicos, Luciano Ferraz[20] salienta a existência de um dever de mútuo apoio entre os Entes da Federação relativamente à promoção destas atividades, em consonância com o art. 175[21] da CRFB, veja-se:

> A inserção deste preceito [art. 241] no Texto Constitucional, fundamentalmente a alusão a "gestão associada de serviços públicos", repercute na interpretação que se deve dar ao já citado art. 175, impondo-se entender uma vez mais a locução "Poder Público" em sentido amplo a envolver as três esferas da Federação, incluídas as respectivas entidades da Administração Indireta.

Assim sendo, é possível notar que a Constituição da República aponta para a cooperação entre seus Entes como um instrumento para o êxito das políticas públicas traçadas, o que tem, inclusive, aplicação específica para a prestação de serviços públicos. Deste panorama se pode delinear, pois, o compromisso que se impõe à União de contribuir para o desenvolvimento da distribuição de gás canalizado.

Ocorre que o trajeto entre o plano teórico e o prático não é simples. O propalado federalismo cooperativo não raro deixa de atingir os seus objetivos, no âmbito do Estado Brasileiro.

Ao comentar a celeuma estabelecida em torno do serviço de saneamento básico, por exemplo, Márcio Monteiro Reis[22] aduz ainda ser preciso que, "em algum momento, a federação brasileira atinja uma maturidade suficiente para que os governantes eleitos em cada um dos entes federativos possam alcançar um nível de integração que lhes permita encontrar suas concordâncias e tolerar suas divergências, sem

---

[20] *Op. cit.*, p. 6.
[21] "Art. 175. Incumbe ao Poder Público, na forma da lei, diretamente ou sob regime de concessão ou permissão, sempre através de licitação, a prestação de serviços públicos."
[22] REIS. Saneamento: um exemplo do exercício confuso de competências comuns na Federação brasileira.

impedir a soma dos esforços em busca dos interesses comuns a seus administrados".

Para Andreas Krell,[23] "o federalismo brasileiro deve ser considerado incompleto por não ter conseguido até hoje 'definir acordos e programas credíveis/factíveis para a atuação do seu próprio modelo de autonomia', visto que ainda não se desenvolveu uma verdadeira cultura de interação dos governos; vigora, em geral, 'um isolamento contraproducente e alguma concorrência desleal'".

De fato, desde 1988 as bases do federalismo cooperativo estão estabelecidas, e mesmo assim não se vislumbrou, salvo pontuais exceções,[24] uma aproximação perene da União e dos Estados para o tratamento dos assuntos de interesse mútuo.

Daí porque, para a construção de um cenário harmônico para o desenvolvimento da cadeia do gás natural, sem ingerências imperativas da União sobre a etapa de distribuição, não basta que se afirme que o federalismo, ou o federalismo cooperativo, recomenda a conjugação de esforços entre os Entes envolvidos. É necessário, a partir deste norte, encontrar medidas concretas capazes de solucionar os problemas existentes.

4 A consensualidade como veículo para a evolução harmônica da cadeia do gás natural

Ainda em busca de parâmetros para a superação dos problemas que contaminam o relacionamento entre a União e os Estados no que concerne à indústria do gás, cumpre também trazer à discussão o princípio da consensualidade, o qual, como se verá, se amolda à perfeição ao ideal delineado pelo federalismo cooperativo.

Por meio da consensualidade, vê-se intensificar, nos tempos atuais, uma mudança de postura da Administração Pública, que vislumbra no acordo e na negociação uma alternativa à resolução imperativa das questões a ela submetidas.

Referência nacional sobre o tema, Diogo de Figueiredo Moreira Neto[25] esclarece que a consensualidade, no âmbito da Administração

---

[23] Op. cit., p. 658.
[24] Como exemplo destas exceções, pode-se mencionar a cooperação estabelecida no âmbito do Sistema Único de Saúde (SUS), com a delimitação das competências assumidas por cada Ente da Federação, na forma da Lei nº 8.080/90.
[25] MOREIRA NETO. Mutações do direito administrativo, p. 41. Odete Medauar também expõe as razões para o fortalecimento da consensualidade: "Um conjunto de fatores propiciou esse

Pública, surge como uma opção à imperatividade e é resultante tanto do Estado Democrático, que tem na legitimidade um dos seus limitadores, como da democracia emergente no final do século XX, marcada pela maior participação social, ante a preocupação do indivíduo com a forma pela qual será governado.

Quanto às vantagens obtidas com o recurso à consensualidade, destaca o publicista:[26]

> A participação e a consensualidade tornaram-se decisivas para as democracias contemporâneas, pois contribuem para aprimorar a governabilidade (*eficiência*); propiciam mais freios contra o abuso (*legalidade*); garantem a atenção a todos os interesses (*justiça*); proporcionam decisão mais sábia e prudente (*legitimidade*); desenvolvem a responsabilidade das pessoas (*civismo*); e tornam os comandos estatais mais aceitáveis e facilmente obedecidos (*ordem*).

Gustavo Justino de Oliveira e Cristiane Schwanka[27] também salientam o movimento de concretização da consensualidade, destacando que "a Administração Pública passa a valorizar (e por vezes privilegiar) uma forma de gestão cujas referências são o acordo, a negociação, a coordenação, a cooperação, a colaboração, a conciliação, a transação".

É sabido que o princípio da consensualidade vem sendo prioritariamente empregado para informar a relação Administração-administrado, ante a percepção de que o entendimento, quando construído, revela-se solução menos onerosa e mais eficiente que a decisão unilateral

---

modo de atuar, dentre os quais: a afirmação pluralista, a heterogeneidade de interesses detectados numa sociedade complexa; a maior proximidade entre estado e sociedade, portanto, entre Administração e sociedade. Aponta-se o desenvolvimento, ao lado dos mecanismos democráticos clássicos, de 'formas mais autênticas de direção jurídica autônoma das condutas', que abrangem, de um lado, a conduta do Poder Público no sentido de debater e negociar periodicamente com interessados as medidas ou reformas que pretende adotar, e de outro, o interesse dos indivíduos, isolados ou em grupos, na tomada de decisões da autoridade administrativa, seja sob a forma de múltiplos acordos celebrados. Associa-se o florescimento de módulos contratuais também à crise da lei formal como ordenadora de interesses, em virtude de que esta passa a enunciar os objetivos da ação administrativa e os interesses protegidos. E, ainda: ao processo de *deregulation*; a emersão de interesses metaindividuais; à exigência de racionalidade, modernização e simplificação da atividade administrativa, assim como de maior eficiência e produtividade, alcançadas de modo mais fácil quando há consenso sobre o teor das decisões" (MEDAUAR. *O direito administrativo em evolução*, p. 210).

[26] *Op. cit.*, p. 41.
[27] OLIVEIRA; SCHWANKA. A administração consensual como a nova face da Administração Pública no séc. XXI: fundamentos dogmáticos, formas de expressão e instrumentos de ação. *In*: XVII ENCONTRO PREPARATÓRIO PARA O CONGRESSO NACIONAL DO CONPEDI.

do Poder Público, notadamente porque receberá maior aceitação por parte dos envolvidos.

Contudo, é absolutamente recomendável que a consensualidade também nutra o contato entre entidades da Administração Pública, que poderão igualmente auferir os benefícios do acordo de vontades.

A partir de soluções consensuais, garante-se a promoção do princípio constitucional da eficiência, que informa a Administração Pública, a teor do art. 37 da CRFB, e "determina que a Administração deve agir, de modo rápido e preciso, para produzir resultados que satisfaçam as necessidades da população".[28] Isto porque se evita o comprometimento de recursos públicos com o patrocínio de longas e nem sempre exitosas disputas judiciais.

No plano prático, podem ser colhidos importantes exemplos da construção de soluções negociadas para os mais variados conflitos, demonstrando a eficiência desta via.

No âmbito das relações internacionais, o acordo alinhado entre os Governos brasileiro e paraguaio para a criação da usina hidrelétrica Itaipu Binacional, por meio do Tratado de Itaipu, assinado em 1973, solucionou impasse diplomático envolvendo a posse de terras na região do Salto de Sete Quedas, iniciado no Século XVIII. A referida região acabou inundada para a construção do empreendimento.[29]

A reunião de esforços também foi a saída para um impasse estabelecido entre o Governo do Estado do Rio de Janeiro e a Petrobras, relativo à distribuição de gás canalizado no interior do Estado. Para expandir sua atuação além da região metropolitana do Estado, a então empresa pública Companhia Distribuidora de Gás do Rio de Janeiro (CEG) pretendia utilizar dutos de propriedade da Petrobras, que já abasteciam consumidores industriais. A solução alinhada foi a criação, em 1994,[30] de uma sociedade de economia mista, a Riogás,[31] com controle da CEG e participação acionária da Petrobras.

Caminho semelhante alicerçou, ainda, o estabelecimento de maior segurança jurídica para a continuidade dos investimentos em saneamento básico realizados pelo Estado do Rio de Janeiro, por meio de sua empresa pública CEDAE. Diante do imbróglio estabelecido quanto à titularidade deste serviço público, a CEDAE, a partir de 2007,

---

[28] MEDAUAR. *Direito administrativo moderno*, p. 132.
[29] Informações sobre o histórico da criação da usina em <www.itaipu.gov.br>. Acesso em: jun. 2011.
[30] A criação da RIOGÁS foi autorizada pela Lei estadual nº 2.367/94.
[31] Atual CEG-RIO.

passou a negociar com diversos municípios fluminenses a celebração de Termo de Reconhecimento de Direitos e Obrigações, para formalizar a gestão associada da prestação do saneamento básico.[32]

Finalmente, dentro da esfera federal, as agências reguladoras ANATEL, ANEEL e ANP vislumbraram num acordo, que possibilitou a edição da Resolução Conjunta nº 002/2001,[33] a resposta para conflitos sobre o compartilhamento de infraestrutura entre prestadores de serviços de telecomunicações de interesse coletivo, de energia elétrica pública e de transporte dutoviário de petróleo, derivados e gás natural. Por meio do mencionado ato normativo, foi criada uma comissão de resolução de conflitos, composta por dois representantes de cada agência.

Vê-se, portanto, que a consensualidade já possui vasta utilização, com aplicação eficaz em nível internacional, em tensões federativas e entre entidades de um mesmo Ente. Daí porque também se recomenda o seu emprego para amparar um novo estágio de relacionamento entre a União e os Estados no setor de gás natural. Passemos às propostas concretas.

5 A celebração de convênios

Com lastro no ideal do federalismo cooperativo e no princípio da consensualidade, a primeira proposta de harmonização do desenvolvimento da cadeia do gás natural se fundamenta numa forma tradicional de estabelecimento de acordos entre entes da Federação, que é a celebração de convênios.

Por convênio deve-se entender, conforme Marçal Justen Filho,[34] a realização de uma "contratação administrativa, em que os diversos partícipes se comprometem a conjugar recursos e esforços para o desempenho de alguma atividade de interesse comum".

Segundo o autor,[35] "[s]empre se reconheceu, entre nós, a realidade de interesses conjuntos de diversos entes federados no tocante à promoção de certos interesses. A conjugação de esforços entre entes

---

[32] A viabilidade jurídica da celebração do comentado acordo foi enfrentada em 27.02.07 pelo saudoso Procurador do Estado Marcos Juruena Villela Souto, através do Parecer nº 06/MJVS, como consta no Boletim Informativo n. 162 mar. 2007, da Procuradoria-Geral do Estado do Rio de Janeiro. Disponível em: <www.pge.rj.gov.br/Boletins/Bolet162_mar07.pdf>. Acesso em: fev. 2011. Para a íntegra do parecer, ver SOUTO. *Direito administrativo estadual*, p. 59-76.
[33] Disponível em: <http://www.aneel.gov.br/cedoc/res2001002cj.pdf>.
[34] JUSTEN FILHO. Parecer elaborado sobre a proposta legislativa de criação de consórcios públicos. *Revista Eletrônica de Direito do Estado – REDE*, p. 18.
[35] *Op. cit.*, p. 8.

federados, por meio de convênio, não apresenta qualquer novidade no Brasil".

Alexandre Santos de Aragão,[36] em sua abordagem quanto aos conflitos de competência entre entidades públicas, também vislumbra na figura dos convênios um remédio apropriado. Ao destacar que "a enorme setorização dos centros estatais de poder torna inevitável a necessidade de criação de mecanismos de coordenação entre estas diversas sedes, evitando-se conflitos positivos e negativos de competências e propiciando a otimização do conjunto de suas atuações", aponta Aragão que "[o] ideal é que os órgãos e entidades cujas competências tenham potenciais pontos de atrito expeçam os atos normativos conjuntos e celebrem os convênios necessários à prevenção de conflitos".

Desta forma, por meio da celebração de convênio entre a União e os Estados-Membro, e aqui se pode cogitar da participação de vários Estados numa mesma avença ou a assinatura de um convênio com cada Ente estadual, será possível o estabelecimento de uma agenda de apreciação conjunta de assuntos sensíveis aos partícipes, independentemente da competência constitucional definida para a matéria, até mesmo porque, "ainda que exista uma competência privativa para um determinado ente federado, deverá dita competência ser exercitada de modo a assegurar a realização dos interesses conjuntos de todos os demais entes federados".[37]

Veja-se que, no que tange à ANP, a formalização do mencionado acordo materializará, inclusive, o atendimento ao comando do inc. XIV do art. 8º da Lei nº 9.478/97,[38] que estabelece a missão da referida Agência de "articular-se com os outros órgãos reguladores do setor energético sobre matérias de interesse comum".

Diante da sugestão do emprego do convênio como meio de cooperação entre a União e os Estados-membros, faz-se necessário tecer breves comentários acerca da disciplina constitucional prevista no parágrafo único do art. 23, e no art. 241, para afastar a aplicação de ambos os dispositivos.

---

[36] ARAGÃO. *Agências reguladoras e a evolução do direito administrativo econômico*, p. 360-361.
[37] JUSTEN FILHO. Parecer elaborado sobre a proposta legislativa de criação de consórcios públicos. *Revista Eletrônica de Direito do Estado – REDE*, p. 7.
[38] "Art. 8º A ANP terá como finalidade promover a regulação, a contratação e a fiscalização das atividades econômicas integrantes da indústria do petróleo, do gás natural e dos biocombustíveis, cabendo-lhe:
XIV – articular-se com os outros órgãos reguladores do setor energético sobre matérias de interesse comum, inclusive para efeito de apoio técnico ao CNPE;"

Relativamente ao parágrafo único do art. 23 da CRFB, que informa que "leis complementares fixarão normas para a cooperação entre a União e os Estados, o Distrito Federal e os Municípios, tendo em vista o equilíbrio do desenvolvimento e do bem-estar em âmbito nacional", cabe ressaltar que estas referidas leis não foram editadas até o momento. Mesmo assim, tal fato não pode ser considerado como um impedimento para que as entidades públicas exerçam cooperação, sob pena de lesão ao próprio princípio federativo.

Desta forma, entende-se que o convênio em referência não depende da edição de lei complementar a ser editada por cada ente signatário, a teor do parágrafo único do art. 23 da CRFB.

Quanto ao art. 241 da Lei Maior, que menciona a figura dos convênios de cooperação e também exige a edição de lei, deve-se notar que o cogitado dispositivo tem uma finalidade específica, que é a de proporcionar a gestão associada de serviços públicos.

No presente caso, no entanto, não se trata de estabelecer a gestão associada da distribuição de gás canalizado, mas apenas de construir um canal de colaboração por meio do qual as decisões tomadas pela União relativamente aos segmentos da cadeia do gás natural de sua competência não prejudiquem o segmento de distribuição, de competência estadual, e vice-versa.

Portanto, também deve ser afastada a aplicação do art. 241 da CRFB ao convênio ora proposto.

6 Finalmente: a conferência de serviços

Além da celebração de convênios, a harmonização da atuação das entidades federadas, notadamente da União e dos Estados-Membros, em matéria de gás natural também pode ser obtida por meio da conferência de serviços, que constitui, conforme Diogo de Figueiredo Moreira Neto,[39] espécie dos chamados "acordos administrativos de

---

[39] MOREIRA NETO. *Mutações do direito público*, p. 73-74. Segundo o mestre, "[e]ssa nova percepção de democracia se manifesta na multiplicação de institutos consensuais no Brasil, tais como os contratos administrativos de parceria e os acordos administrativos de coordenação, ambos destacadas modalidades de execução associada do interesse público, por sua notável característica sinérgico-sociopolítica de potenciar a capacidade de ação do Estado pela composição e pela soma de esforços, sobrevindo em acréscimo às modalidades de execução tradicionais, a direta e a indireta, antes praticadas, de modo que a gestão dos interesses públicos a cargo do Estado pode ser realizada diretamente — pelos órgãos executivos da União, dos Estados, do Distrito Federal e dos Municípios; — indiretamente — pelos entes públicos por eles criados, como autarquias, paraestatais (integrantes da administração indireta); e, de modo inovativo, associadamente — através de pessoas jurídicas de direito privado que se

coordenação", na modalidade "execução associada não-contratual por cooperação".

Por se tratar de instituto oriundo de legislação alienígena, faz-se necessária a sua apresentação, ainda que de forma sucinta, já que não se trata do cerne do presente trabalho. Para tal mister, permita-se recorrer aos comentários de Santiago Muñoz Machado:[40]

> En el campo de las acciones gubernamentales y administrativas, que es donde recientemente, a partir de los años sesenta, se ha producido una gran expansión del fenómeno cooperativo, ha tenido un gran predicamento la fórmula de las conferencias de responsables políticos y administrativos. (...) La fórmula (...) es importante porque consigue combinar adecuadamente el necesario respeto a la separación de competencias y responsabilidades con la coordinación y cooperación en pro de acciones comunes. En este sentido, las conferencias ni sustituyen las decisiones de los órganos propios de cada esfera, central y territorial, ni adoptan resoluciones, por lo común, directamente aplicables. La técnica que se suele utilizar es más simples, aunque sutil; en el seno de las Conferencias se alcanzan acuerdos que luego se comprometen a ejecutar cada una de las partes en el territorio a que alcanza su responsabilidad.

Neste viés, sendo certo que o mencionado instrumento de cooperação, com suas especificidades próprias, encontra paralelo em diversos países, como Alemanha, Áustria e Suíça, o presente trabalho se deterá às contribuições colhidas junto ao ordenamento italiano, no qual a conferência de serviços, ou *conferenze di servizi*, possui assento no art. 14 da lei de procedimento administrativo daquele País, a Lei nº 241/90.

Com base nas ideias de integração e celeridade, a conferência de serviços tem ampla aplicação na Itália, no curso de procedimentos nos quais estejam envolvidos interesses de diversos atores, como meio de viabilizar, a partir da construção do consenso, a produção de uma decisão concertada.

Em consonância com Marta Portocarrero,[41] "a conferência de serviços não é mais do que o próprio nome indica: uma *conferência*, isto é, uma *reunião*, de todas as administrações interessadas na situação

---

aliam ao Estado sob um vínculo de colaboração de direito público. (...) A esse elenco se soma o da execução associada não-contratual por coordenação, também com sua especial sinergia, encontrada em várias modalidades, tais como convênios, acordos de programa, *joint ventures* públicas e conferências de serviços."

[40] MACHADO. *Tratado de derecho administrativo y derecho público general*, p. 241-242.
[41] PORTOCARRERO. *Modelo de simplificação administrativa*. A conferência procedimental e a concentração de competências e procedimentos no direito administrativo, p. 51.

concreta. A conferência tem particular valia no contexto de procedimentos complexos, procedimentos onde seja necessária a colaboração inter (ou intra) administrativa, evitando que cada uma das autoridades envolvidas prolongue ou mesmo paralise o decurso procedimental pela demora da sua pronúncia e, por outro lado, favorecendo o entendimento entre as eventuais posições divergentes pela promoção do diálogo entre todos os envolvidos".

A partir do citado dispositivo legal, a conferência de serviços se desenvolve na Itália por meio de dois tipos: a conferência instrutória e a conferência deliberativa.

Através da conferência instrutória, pretende-se a análise contextual dos interesses envolvidos. A autoridade competente para a apreciação da matéria promove a convocação dos agentes que possuam ingerência sobre a matéria ou possuam legítimo interesse na mesma, que terão a oportunidade de oferecer opinamentos, documentos e tudo o mais que possa auxiliar na ampla instrução do tema.

Nesta linha, aliás, revela-se interessante que se assegure não somente a participação de entidades públicas, mas também dos particulares que demonstrem legitimidade para participar do procedimento, conforme a posição que possuam frente à matéria em análise.[42]

Desta forma, a reunião de dados e informações, produzidos a partir de diferentes pontos de vista, possibilitará a ponderação presencial dos interesses manifestados, os quais deverão ser hierarquizados pela autoridade competente quando esta prolatar sua decisão.

Contudo, conforme é o objetivo da conferência de serviços, não se espera somente a farta dilação probatória, mas notadamente a "tentativa de harmonização *preventiva* de posições divergentes". Assim destaca Marta Portocarrero:[43]

> É possível que pela discussão de ideias, seja alcançado o consenso necessário sobre o conteúdo do acto a praticar a final, designadamente através de cedências recíprocas entre os participantes, consenso esse que poderá evitar ou, pelo menos, diminuir a conflitualidade *a posteriori*.

---

[42] Como pontua Marta Portocarrero, a participação de particulares na conferência instrutória não possui consenso doutrinário na Itália. Entretanto, comungamos da opinião da autora, nos seguintes termos: "A conferência denota a consciência de que o debate e a confrontação dos interesses públicos servem o aperfeiçoamento da actividade em curso. Ora, levando este raciocínio um pouco mais além, deverá existir a possibilidade de, para esse debate, concorrerem os interesses privados também envolvidos. Assim, a participação de particulares teria aqui uma função essencialmente colaborativa, contribuindo para a optimização da decisão final" (*Op. cit.*, p. 102).

[43] *Op. cit.*, p. 79.

A conferência instrutória deverá ser concluída por meio da formalização de atas das reuniões realizadas, nas quais seja registrado todo o trabalho exercitado, de modo que o "resultado desse 'encontro' é uma declaração que traduz a apreciação conclusiva de diversos titulares dos interesses conexos com a situação material, que ao cotejarem esses mesmos interesses, apontam para uma sua hierarquização, determinando os que deverão prevalecer, os que deverão ceder e aqueles que se revelarão irrelevantes. Trata-se da avaliação consensual dos órgãos (ou serviços) que, vendo a sua esfera de competência de qualquer forma atingida, ajudam o órgão competente na escolha do meio idóneo à satisfação do interesse público que ele próprio prossegue".[44]

O resultado da referida conferência, atingido ou não o consenso, não possui força vinculante em relação à decisão constitutiva a ser prolatada pela autoridade competente.

Todavia, mesmo em caso de discordância da autoridade competente quanto às opiniões externadas no curso da conferência, não se deve desprezar o valor do dito procedimento, já que tais discordâncias deverão ensejar um robusto exercício de motivação da decisão final, que muito provavelmente não iria ocorrer sem a realização da conferência instrutória.

A conferência deliberativa, por outro lado, tem o propósito de viabilizar a produção, em um só momento, de todos os atos inerentes a uma determinada atividade, de modo que todas as autoridades administrativas possam praticar o ato de sua respectiva competência de forma coordenada.

Novamente, o principal ganho obtido por meio da conferência deliberativa se percebe quando há inicial dissenso entre as autoridades participantes, que tentará ser superado através das discussões presenciais que se seguirão.

Neste caso, a autoridade que não esteja de acordo com o ato praticado por qualquer dos envolvidos, ao invés de simplesmente deixar de praticar o ato que lhe compete, terá a oportunidade de apresentar sugestões de modificação à outra autoridade, com vista à proteção do interesse público tutelado.

Como se pode antever, ao contrário da conferência instrutória, a conferência deliberativa, por se destinar à prática de um ato decisório, não deve comportar a participação de particulares.

---

[44] PORTOCARRERO, op. cit., p. 110.

Pois bem, com esta breve digressão pelo instituto italiano da conferência de serviços, é possível apontar sua grande utilidade para a coordenação de competências no âmbito da cadeia do gás, em especial no que tange à conferência instrutória.

A reunião em torno de uma mesa de representantes dos Executivos Federal e Estaduais, de suas entidades reguladoras e de seus parceiros privados (concessionários, permissionários e/ou autorizatários), além de consumidores e usuários de gás natural,[45] possuiria um valor inestimável para a evolução equilibrada desta indústria, consentâneo com a interdependência de seus segmentos e com os diversos interesses públicos e privados atingidos.

Com isso, seria possível a troca de expertises e a ponderação dos posicionamentos manifestados por cada participante, ao mesmo tempo em que se respeitaria a competência constitucional exclusiva de cada Ente para a prolação da decisão final sobre o assunto abordado.

Aliás, exatamente por conta da repartição constitucional de competências, não se vislumbra, ao menos em regra, como possa ser adotada a conferência deliberativa para as questões ligadas à cadeia do gás natural, notadamente porque não há previsão da edição de atos administrativos complexos, com a participação de órgãos federais e estaduais.

Ocorre, entretanto, que o ordenamento jurídico brasileiro não contempla o instituto da conferência de serviços, o que exige que se analise a possibilidade de sua utilização, mesmo assim.

Assim, é necessário verificar que, apesar da inexistência de previsão legal expressa, o instituto da conferência de serviços encontrar suporte em princípios que informam a nossa ordem jurídica e regem a Administração Pública brasileira.

Primeiramente, pode-se desde já afirmar que a conferência de serviços encontra-se em consonância com os princípios federativo e da consensualidade, acima discorridos.

Este instituto também se justifica sob o viés do princípio da eficiência, já que a construção do consenso entre Entes da Federação promove de forma mais intensa o interesse público inserido na questão então conflituosa.

Também em decorrência do consenso, será em muito minorado o risco da existência de litígio judicial posteriormente à tomada de decisão por algum dos atores envolvidos, promovendo-se o princípio da segurança jurídica.

---

[45] O rol proposto é meramente exemplificativo, admitindo-se a participação de outros atores, conforme as características dos assuntos tratados.

Já a presença de particulares no ambiente de discussão criado pela conferência de serviços está de acordo com o princípio da participação, que é corolário do princípio democrático.[46]

Por fim, a prolação de uma decisão final, com base em ampla documentação e a partir do debate dos atores envolvidos, garante, ao mesmo tempo, a observância aos princípios da transparência e da motivação das decisões.

Assim, pode-se afirmar que os princípios apresentados emprestam o suporte necessário à instauração de conferências de serviço, especialmente na sua vertente conferência instrutória, para afastar tensões federativas em matéria de gás natural.

Contudo, se isso não bastasse, é possível constatar na Lei do Processo Administrativo Federal, a Lei nº 9.784/99, o embrião da conferência de serviços. Veja-se a redação de seu art. 35:

> Art. 35. Quando necessária à instrução do processo, a audiência de outros órgãos ou entidades administrativas poderá ser realizada em reunião conjunta, com a participação de titulares ou representantes dos órgãos competentes, lavrando-se a respectiva ata, a ser juntada aos autos.

Veja-se, ademais, que regramentos favoráveis à produção de decisões consensuais, como as alcançadas por meio da conferência de serviços, também podem ser encontrados em legislações estaduais, como, por exemplo, a Lei nº 5.427/09, do Estado do Rio de Janeiro. É a redação de seu art. 46:

> Art. 46. No exercício de sua função decisória, poderá a Administração firmar acordos com os interessados, a fim de estabelecer o conteúdo discricionário do ato terminativo do processo, salvo impedimento legal ou decorrente da natureza e das circunstâncias da relação jurídica envolvida, observados os princípios previstos no art. 2º desta Lei, desde que a opção pela solução consensual, devidamente motivada, seja compatível com o interesse público.

Portanto, por parte da União, e para alguns Estados-Membros, a conferência de serviços poderá ser um recurso viável, não somente com espeque em princípios vigentes no ordenamento pátrio, mas, inclusive, com lastro no ordenamento jurídico vigente.

---

[46] Sobre os princípios democrático e da participação, ver SOUTO. *Direito administrativo regulatório*, p. 168-169.

7 Da conclusão

A importância do gás natural como veículo promotor de desenvolvimento econômico e social, notadamente no Brasil, onde o seu emprego ainda é muito acanhado, demanda que se inaugurem novas bases de convivência entre União e Estados nesta seara, não somente pautadas no respeito da repartição de competências delineada na Constituição da República, mas notadamente na harmonização e integração das suas respectivas pautas regulatórias.

É plenamente jurídico afirmar que a atuação acordada destes entes, no âmbito da indústria do gás, foi o que almejou o constituinte originário quando da formulação da Carta Política de 1988 com amparo no federalismo cooperativo.

Demais disso, conforme também verificado, convém buscar no princípio da consensualidade outro pilar importantíssimo para nutrir o diálogo entre estes entes, aproveitando-se os benefícios alcançados com a produção de decisões concertadas, como a conjugação das experiências das partes envolvidas e a menor litigiosidade.

Assim, procurou o presente estudo apresentar dois instrumentos capazes de traduzir em traços concretos a orientação emanada do federalismo cooperativo e do princípio da consensualidade, em prol da conjugação de esforços entre a União e os Estados, sendo eles o convênio e a conferência de serviços.

O convênio é um recurso bastante tradicional no Brasil para a cooperação entre diferentes entes da federação, de modo que o seu histórico exitoso de utilização deve ser sopesado como um relevante atrativo.

Por meio da celebração de convênio entre a União e Estados, com a possibilidade da interveniência de eventuais agências reguladoras, é possível estabelecer procedimentos de resolução amigável de conflitos, produzindo a tão esperada atuação orgânica destes entes em matéria de gás.

Finalmente, vislumbra-se na conferência de serviços uma solução inovadora para estes conflitos. Trata-se de ferramental que igualmente possui grande potencial para a produção de ganhos expressivos em matéria de harmonização de atuações, já que persegue a reunião de todos os atores envolvidos em um ambiente propício para a negociação dos impasses que se apresentem.

Como inexiste previsão legal expressa, apesar da identificação de normas que muito se aproximam de sua proposta, esforçou-se em demonstrar que a conferência de serviços é um procedimento passível de ser aplicado imediatamente, por encontrar respaldo nos princípios

da eficiência, da segurança jurídica, da participação, da transparência e da motivação das decisões.
São as propostas que se pretende deixar lançadas.

Informação bibliográfica deste texto, conforme a NBR 6023:2002 da Associação Brasileira de Normas Técnicas (ABNT):

KLOSS, Renato Otto. A cadeia do gás, seus conflitos federativos e possíveis soluções. *In*: FREITAS, Daniela Bandeira de; VALLE, Vanice Regina Lírio do (Coord.). *Direito administrativo e democracia econômica*. Belo Horizonte: Fórum, 2012. p. 131-152. ISBN 978-85-7700-619-9.

ENTRE O MAR E O ROCHEDO
O *DIREITO* ADMINISTRATIVO E A TENSÃO ENTRE DEMOCRACIA E *RES PUBLICA*

MAURICIO CARLOS RIBEIRO

1 Introdução

O presente ensaio é, antes de tudo, fruto de uma constatação que nos ocorre após alguns anos a trabalhar junto à Administração Pública e a estudar o Direito Administrativo: às vezes a arte de administrar os assuntos de Estado parece se encontrar no meio de um embate feroz travado entre os interesses da maioria, politicamente constituída e representada, e as providências que são tidas pelo aparato administrativo como sendo as mais aptas a satisfazer o interesse público.

Essa percepção foi se tornando cada vez mais nítida com o passar do tempo — sem, contudo, fazer-nos chegar a qualquer conclusão, fosse prática ou filosófica —, principalmente após a redação e a defesa de nossa dissertação de mestrado, na qual investigamos a ideia de interesse público e o princípio de preponderância que lhe é correlato no Direito Administrativo.[1] Naquela oportunidade, o estudo da gênese dos interesses coletivos e de sua conversão em interesses públicos deixou claro que há pelo menos dois processos de formação destes últimos, um a cargo do jogo democrático de participação política, e outro, por

---
[1] RIBEIRO. *O interesse público*: uma investigação sobre o direito do Estado dos novos tempos.

assim dizer, de caráter reconhecidamente mais autocrático, no qual o que consagra um interesse como "público" é a vontade da autoridade constituída — ainda que legitimamente embasada nas aspirações e nos anseios da sociedade.

Assim é que comumente, no cotidiano da Administração Pública, verificam-se situações em que a definição de um interesse público ou dos mecanismos que se podem utilizar para satisfazê-lo é objeto de um violento choque entre a concepção da autoridade administrativa — muitas vezes dotada de especialização técnica ou mesmo de competência legal ou constitucionalmente atribuída para fazer tais escolhas — e o posicionamento de setores representativos da sociedade, diretamente ou por meio de representantes eleitos. Some-se a isso o fato de que recentemente vêm ganhando força instrumentos que tanto enfatizam a participação direta dos cidadãos junto à Administração — dos quais são exemplos as audiências e consultas públicas — quanto reforçam as competências institucionais para a tomada de decisões-chave, entre os quais citamos a importância dada hodiernamente à chamada "discricionariedade técnica" e a crescente tendência de legitimação da atuação administrativa pelos resultados.

Assim é que, em qualquer dos momentos da atuação da Administração Pública, desde a elaboração de políticas públicas até o controle *a posteriori* da atividade administrativa, pode-se perceber, em algum grau, a tensão entre *democracia* — aqui entendida como o regime de governo no qual as decisões políticas são tomadas pelos cidadãos, diretamente ou mediante representação — e *república*, que conceituamos nesta oportunidade — e apenas para os fins deste trabalho — como o princípio político segundo o qual o Estado só é legítimo se buscar a satisfação dos interesses da sociedade que lhe dá suporte, da *res publica* de que falavam os romanos.[2]

2 Um primeiro olhar: democracia e república

Democracia e república são, separadamente ou em conjunto, assunto de dezenas de milhares de livros ao redor do mundo, nas

---

[2] Nos dizeres de Diogo de Figueiredo Moreira Neto, o termo república é "derivado da voz latina res publica, traduzida livremente como coisa comum, e entendido como um regime político em que se define um espaço público, distinto do privado, no qual são identificados e caracterizados certos interesses, também qualificados como públicos, porque transcendem os interesses individuais e coletivos dos membros da sociedade e, por isso, passam a ter sua satisfação submetida a decisões normativas ou concretas de agentes da sociedade, também públicos" (MOREIRA NETO. *Curso de direito administrativo*, 2009, p. 84).

mais diversas áreas de interesse — principalmente Direito, Ciência Política, História e Filosofia. Seus conceitos às vezes coincidem — o que se vê pela profusão de trabalhos científicos que atribuem ao princípio democrático características do republicanismo e *vice-versa* —, por outras se distanciam, ou mesmo se contrapõem. Além disso, traduzem ideias que, aparentemente, não têm contraindicação — tanto assim que praticamente todos os governos do mundo se dizem democráticos, mesmo quando muito pouco ou nada têm de participação popular;[3] também todos os Estados, inclusive os monárquicos, reconhecem ser sua principal missão a persecução dos interesses públicos, o bem comum, a satisfação da sociedade. E não é à toa: a partir principalmente das revoluções liberais que sacudiram o mundo ocidental na segunda metade do século XVIII, a democracia se tornou o regime de governo mais aceito e pretensamente praticado no planeta; o poder — e o direito — de decidir seu próprio destino passaram a ser cada vez mais exigidos pelos cidadãos. Também assim o princípio republicano mereceu atenção cada vez maior, principalmente quando as antigas colônias europeias na América adotaram a forma de repúblicas, com a limitação temporal do exercício do poder político. Não nos parece exagero dizer que, no plano político, democracia e república sintetizavam os ideais de liberdade, igualdade e fraternidade do Iluminismo setecentista.

As raízes de ambas, como se sabe, remontam à Antiguidade clássica: associa-se à democracia a origem grega, enquanto da república se diz que nasceu em Roma.[4] Parece-nos que as condições históricas de cada região favoreceram o desenvolvimento de cada uma dessas ideias: na Grécia das cidades-Estado buscava-se limitar a força dos reis e da religião, dando ao povo (*demos*) o poder (*kratos*) de decidir diretamente sobre assuntos da coletividade; em Roma, por outro lado, as instituições democráticas — como o Senado — não bastavam para evitar a apropriação do bem público pelos governantes, pelo que se tornou necessário

---

[3] Ressalte-se aqui a pesquisa denominada "*Democracy Index*", realizada pelo grupo midiático britânico *The Economist*, que mede a democracia ao redor do mundo; sua última edição, de novembro de 2010, pode ser encontrada em <http://graphics.eiu.com/PDF/Democracy_ Index_2010_web.pdf>.

[4] Muito embora o grego Platão, por volta do século IV a.C., tenha escrito uma obra, *Politeia*, à qual mais modernamente se atribuiu o título "A República", esta se voltava mais para a ideia de justiça; parece ter sido mesmo em Roma que a ideia do "espaço público", traduzido na expressão *res publica*, mais se desenvolveu, sendo importante citar, como principal autor romano sobre o tema, Marco Túlio Cícero, cuja obra "Da República" (*"De re publica"*) tornou-se um marco da filosofia política.

reforçar para as autoridades constituídas que a lei suprema devia ser o bem da coletividade,[5] o espaço público, a *res publica*. De todo modo, ambas as ideias chegaram-nos como dois dos mais importantes vetores da atuação estatal legítima, talvez os dois únicos fatores que legitimam completamente a existência do Estado e seu poder no século XX e no começo do XXI — daí advindo a utilização acrítica dos adjetivos "democrático" e "republicano" por governos, regimes políticos e partidos que muitas vezes pouco ou nada têm de respeito a tais princípios.

Com todos os seus acertos e erros, ainda assim tanto a democracia quanto a república chegam valorizadas ao Terceiro Milênio, não como fins em si mesmos, mas sim como instrumentos de justificação e de legitimidade do Estado, como meios para se buscar a plena satisfação dos direitos da coletividade. Ainda que o próprio fenômeno estatal esteja se modificando, adotando novos formatos,[6] prescindindo de algumas de suas características originais de imperatividade, soberania, coercitividade; ainda que se discuta atualmente até mesmo a transterritorialidade do fenômeno político,[7] com a consequente redução da importância do Estado-nação; ainda assim, a participação dos cidadãos no jogo político e a preservação do espaço público mantêm a centralidade no que se refere à existência válida do fenômeno cratológico.

No centro de tal debate, portanto, está a legitimação estatal.[8] De um lado, a *legitimação democrática*, para a qual a autoridade do Estado é legítima na medida em que é constituída pela vontade da maioria, diretamente ou por representantes, e oferece mecanismos de participação para que os cidadãos façam valer suas opiniões; do outro, a *legitimação republicana*, segundo a qual só é legítima a autoridade estatal quando esta não usurpa o espaço público e o transforma em seu próprio, e mais ainda: quando tem como objetivo principal da atuação estatal a satisfação do interesse coletivo. Na primeira se prioriza a participação dos cidadãos nas decisões políticas; na segunda, o que importa é a *virtude*,

---

[5] Nos dizeres de Cícero, "*Salus populi suprema lex esto*", ("seja o bem do povo a lei suprema"), in *De Legibus* ("Das Leis"), livro terceiro, III, 8. Disponível em: <http://www.thelatinlibrary.com/cicero/leg3.shtml>. Acesso em: 13 jun. 2011.

[6] Ver, para um panorama destes fenômenos, CASESSE. *La crisis del Estado*, p. 49-80.

[7] Neste sentido, MOREIRA NETO. *Poder, direito e Estado*: o direito administrativo em tempos de globalização; e ANTUNES. *O direito administrativo sem Estado*: crise ou fim de um paradigma?.

[8] Para Max Weber, a legitimidade estatal equivale às razões jurídicas que justificam e mantêm a submissão ao poder, a obediência às ordens determinadas pela autoridade. Segundo Weber, "nos governantes e nos governados, o poder costuma antes assentar internamente em razões jurídicas, razões de sua 'legitimidade', e o abalo desta fé legitimadora costuma ter consequências de vasto alcance" (*Três tipos puros do poder legítimo*).

a eficiência, a especialização técnica. Na primeira temos Aristóteles, na segunda Platão, ambos igualmente certos.

Ressalte-se, aliás, que a moderna preocupação quanto à legitimação do Estado não analisa apenas a validade do acesso ao poder político ou de sua manutenção, mas também se o seu exercício pelo agente público é *reconhecido* como válido pelos cidadãos e em que medida isso acontece — ideia geralmente associada aos princípios de justiça e moral. Neste contexto, o voto da maioria não mais legitima, por si só, a autoridade do agente político; ao contrário, a opinião pública passa, cada vez mais, a exigir dos governantes eficiência e atingimento de resultados, confirmando a máxima segundo a qual "ganhar eleição é fácil, difícil mesmo é governar".

Eis aí, então, um elemento importante que se coloca para o Estado pós-moderno: não lhe basta ser democrático, há que ser também republicano, e vice-versa. Sendo o Direito Administrativo uma ferramenta da persecução do interesse público e um instrumento de controle da atividade estatal, coloca-se-lhe a mesma questão. Analisemos, portanto, como nossa ciência se comportará no meio deste embate. Vejamos este emaranhado de espinhos.

3 Autogoverno, interesse da maioria e interesse público

Falar de democracia significa falar do *autogoverno*, ou seja, da capacidade que se confere aos cidadãos para que estes, em conjunto, diretamente ou mediante mecanismos de representação política, decidam os rumos que o Estado e a Administração Pública adotarão. Obviamente as bases desse autogoverno se assentam muito mais na validação numérica, na legitimação pela maioria, do que na busca pelos "acertos" das decisões adotadas — ao congregar os cidadãos, os representantes, os parlamentares ou equivalentes, o processo decisório certamente enfatizará a opção que receba a simpatia do maior número de eleitores, sejam quais forem os motivos que levaram a tal decisão.[9]

Esse é um problema sensível do jogo democrático: a maioria muito possivelmente não estará qualificada, capacitada, dotada de conhecimento técnico para decidir; por vezes, aliás, essa maioria terá sido *capturada* por partidos, ideologias, lobistas, o que deturpará o

---

[9] Para uma discussão sobre as características do autogoverno, suas virtudes e seus problemas, veja-se PRZEWORSKI. *Qué esperar de la democracia*: límites y posibilidades del autogobierno.

resultado da decisão — apesar de formalmente válida, pretensamente representando a vontade democrática, em verdade a decisão poderá ter sido adotada como fruto da vontade do grupo político dominante, ou refletir apenas uma ideia que naquele momento se fazia presente na sociedade.

Isto faz com que, às vezes, determinadas questões consideradas de maior relevância para a coletividade ou para a autoridade estatal sejam validamente *suprimidas* do jogo democrático tradicional e elevadas a uma outra categoria, a das matérias constitucionais — principalmente em ordenamentos jurídicos em que se adota a ideia de rigidez constitucional, nos quais o processo de reforma ou revisão da Constituição passa por limitações como o procedimento qualificado por quórum especial, o limite temporal e mesmo a definição de cláusulas pétreas. Estas últimas, aliás, talvez sejam o maior exemplo da supressão absoluta, porém justificada e validamente efetuada, de algumas questões importantes para a sociedade do processo democrático de decisão; com efeito, as matérias inscritas nas chamadas cláusulas pétreas são inalteráveis, na mesma ordem constitucional, mesmo pelas gerações que lhes sobrevêm. Privilegia-se o "governo dos vivos pelos mortos",[10] justamente pelo temor do que pode acontecer se tais matérias forem deixadas ao alvedrio do "governo dos vivos pelos mais vivos".[11]

Ou seja: a relevância de tais questões para a sociedade — ou ainda, sua importância como interesse público — justifica sua retirada absoluta do jogo democrático, só sendo possível sua modificação ou degradação de âmbito normativo no caso de uma *ruptura*, do surgimento de uma nova ordem constitucional. O que se verifica neste caso, portanto, é a escolha da assembleia constituinte por privilegiar a *virtude* sobre os possíveis *vícios* da participação democrática.

Isto porque, se é certo que a democracia e o autogoverno dela decorrente reúnem diversas vantagens, que fazem com que sejam considerados mais legítimos do que qualquer outro regime político, por vezes os resultados obtidos no processo democrático não são aptos à satisfação pretendida para o interesse público, ou ainda podem vir a afrontá-lo. A democracia não é isenta de erros;[12] a questão que se coloca,

---

[10] Frase de Auguste Comte, pensador francês da última metade do século XIX, um dos criadores do pensamento Positivista.

[11] Paráfrase feita inicialmente por Aparício Torelly, famoso humorista e jornalista brasileiro do século XX, mais conhecido pelo pseudônimo "Barão de Itararé".

[12] Como disse Sir Winston Churchill, enquanto primeiro-ministro do Reino Unido: "diz-se que a democracia é o pior regime de governo depois de todos os outros que já foram experimentados".

então, é como se deve — ou se pode — intervir nesse processo decisório para promover a melhor adequação das decisões políticas às necessidades da coletividade, expressas ou não pelo processo democrático. Ou ainda: como compatibilizar o máximo de participação democrática com o máximo de virtude republicana.

Veja-se que, no passado, tentou-se conciliar esses "lados positivos" dos princípios republicano e democrático por meio de expedientes que hoje não seriam mais aceitáveis — como o voto censitário, em que só se reconhecia o direito de participação política às pessoas que fossem em cada época consideradas mais "aptas" ao exercício do voto: inicialmente apenas os homens livres, maiores e dotados de riqueza podiam participar do processo de tomada de decisões políticas, depois estendido apenas a todos os homens livres, posteriormente apenas aos homens, até se chegar à extensão maior do direito de voto. Em alguns países o voto censitário obedeceu, até há pouco, a critérios raciais ou sexuais. No entanto, a mesma ideia de limitação do direito de voto àqueles que teriam condições de efetuar as melhores escolhas permanece até hoje no ordenamento jurídico brasileiro, no qual analfabetos não são elegíveis e têm voto facultativo.

Atualmente, então, essa compatibilização do processo democrático com o interesse público republicano deverá passar por outros mecanismos, aptos a promover a maior participação popular possível sem implicar em uma escalada da "tirania da maioria", e também capazes de legitimar a tomada de decisões pela autoridade estatal constituída sem, no entanto, descambar para a autocracia.

Junte-se a isso o fato de que as sociedades são cada vez mais plurais, detentoras de interesses múltiplos e conflitantes, e ainda que o fenômeno estatal vem vivenciando simultaneamente uma crescente fragmentação, com o surgimento de novos centros de poder, incluindo o poder da coletividade não estatal, e uma inegável globalização.[13]

Em tal contexto, parece-nos interessante primeiramente dissociar a ideia de "interesse público" daquela de "interesse da maioria" — mesmo porque, caso tais ideias coincidissem, seria de interesse público apenas aquilo que importasse à maior parte da população com direito a voto. Por sorte ou consequência da evolução política e social, fato é que atualmente percebe-se com clareza que nem sempre os interesses da sociedade a serem tutelados pelo Estado pertencerão, necessariamente, à maior parte da coletividade que o institui e que é representada

---

[13] Ver, neste sentido, MOREIRA NETO. *Poder, direito e Estado*: o direito administrativo em tempos de globalização, p. 24-29, 66-70.

nos parlamentos — é o caso, por exemplo, dos direitos assegurados às minorias étnicas, religiosas ou culturais, que, apesar de não serem do interesse da maioria da sociedade que embasa um determinado Estado, afiguram-se imprescindíveis ao bem-estar dessa coletividade.

Eis aí, então, um importante fator de legitimação *republicana*, e não democrática, da atuação estatal: cumpre ao Estado a persecução do interesse público *independentemente de este pertencer ou não à maioria dos indivíduos com direito à participação política*. Não é mais apenas a maioria que justifica a ascensão de um interesse à categoria de interesse público — ao revés, há de ser verificado em cada caso se esse interesse, seja ele ou não detido ou defendido pela maioria politicamente ativa ou representada, integra o *espaço público* que deve ser protegido pelo Estado.

Vê-se então que em diversas situações a Administração Pública necessitará estar preparada para a adoção de decisões políticas, quer lhe sejam atribuídas pela Constituição ou pelo Parlamento, quer se mostrem imperiosas nos casos concretos. Resta saber como fazer para que tais decisões, embora de cunho manifestamente *republicano*, possam ser consideradas democraticamente legítimas. Esse é um concerto que envolve, a nosso ver, três grandes movimentos; cada um deles pode ser apreciado em separado, mas só o conjunto poderá ser completamente compreendido.

4 Primeiro movimento: a discricionariedade

A faculdade do Administrador Público de fazer escolhas administrativas foi talvez a primeira grande instituição a ser considerada pelo Direito Administrativo, certamente a primeira a sofrer a limitação pelo Direito. Desde o surgimento das primeiras comunidades humanas se percebeu que ao governante cabia o poder — e o dever — de efetuar escolhas, de adotar decisões que afetariam diretamente os interesses da coletividade. Com o surgimento do Estado de Direito, essa função de decidir passou a ter que respeitar os parâmetros estabelecidos pela norma jurídica; ou seja, passou-se da liberdade absoluta de decidir, detida pelos monarcas e déspotas, esclarecidos ou não, para a vinculação do agir administrativo à lei.[14]

No entanto, a necessidade de adoção de escolhas diretamente pelo Administrador Público, para agir efetivamente nos casos concretos,

---

[14] Para uma percuciente análise da evolução do poder-dever do Administrador Público de realizar escolhas administrativas, ver GUERRA. *Discricionariedade e reflexividade*: uma nova teoria sobre as escolhas administrativas, p. 35 *et seq.*

torna impossível na prática a vinculação absoluta da atuação administrativa, ou seja, a previsão, pela norma legal, de todas as opções que poderiam ser adotadas pela Administração. Para permitir essa *flexibilidade* nas escolhas administrativas, então, desenvolveu-se a técnica jurídica da *discricionariedade*, pela qual a norma legal estabelece um rol de escolhas adotáveis pelo Administrador Público em cada caso, dando-lhe portanto a faculdade de optar por uma entre as escolhas estabelecidas, seja no que tange ao motivo para a atuação, seja quanto ao objeto a ser adotado. A norma legal cria para o Administrador, portanto, um *espaço jurídico decisório substantivo*,[15] dentro do qual este poderá atuar, válida e legitimamente.

Essa legitimidade, aliás, está no centro da ideia de discricionariedade: conforme bem lembrado por Diogo de Figueiredo Moreira Neto, esta técnica jurídica tem por objetivo conciliar a ação administrativa com a legitimidade democrática da lei; todavia, aqui a vinculação não se daria mais à legalidade estrita, mas sim à legitimidade, que deverá ser necessariamente deduzida do conteúdo central estabelecido pela norma.[16]

É evidente, porém, que a atuação do Administrador Público só será legítima, mesmo nos casos de discricionariedade, quando se limitar ao espaço decisório substantivo que lhe tiver sido, *in casu*, estabelecido pela norma positivada. Os dois parâmetros básicos do instituto da discricionariedade — a conveniência e a oportunidade — deverão ser aqueles e apenas aqueles considerados pela norma como pressupostos da validade da atuação estatal. Trata, portanto, a discricionariedade clássica de exigir a adequação do agir administrativo — ou seja, da adoção de escolhas pelo Administrador — à vontade democrática expressa pelo diploma legal.

Interessante notar, porém, que a evolução do Estado e do Direito Administrativo fizeram surgir novas formas de discricionariedade, entre as quais consideramos importante mencionar a chamada *discricionariedade técnica*, por meio da qual a norma legal confere ao Administrador Público ampla liberdade de ação e decisão no que concernir a determinados assuntos especializados, reconhecendo então à Administração, por conta dessa especificidade das matérias a serem tratadas, um maior espaço decisório, no qual será inclusive limitada ou impedida a ingerência legislativa ou judicial.

---

[15] Expressão usada por MOREIRA NETO. *Curso de direito administrativo*, p. 106.
[16] *Idem*, p. 107.

Neste âmbito, então, é de se ver que por vezes a discricionariedade não será considerada apenas um *instrumento* para a satisfação de determinados interesses públicos que só possam ser eficientemente perseguidos pelo Administrador Público, mas até mesmo um *mecanismo de defesa* de alguns assuntos relevantes contra uma decisão democrática que lhe possa eventualmente ser danosa. Esta é, por exemplo, uma das grandes justificativas para a adoção da discricionariedade técnica para a regulação econômica a cargo de autoridades administrativas independentes, como as agências reguladoras, para a qual se diz que é muito mais salutar retirar determinadas matérias do jogo político e atribuí-las a uma autoridade que possa, por meio de conhecimentos técnicos, efetuar a melhor gestão possível dos interesses públicos envolvidos.[17]

Atualmente têm sido feitas tentativas de limitar ou parametrizar o exercício da discricionariedade pelo Administrador Público, para conceder maior segurança jurídica aos administrados, contudo sem privar a Administração dessa ferramenta que se afigura tão útil (principalmente quando bem usada). Proporcionalidade, razoabilidade e reflexividade, por exemplo, são ideias utilizadas no controle e na parametrização da atuação discricionária da Administração Pública.[18] De todo modo, a atuação discricionária do Poder Público deve sempre levar em conta um juízo de ponderação entre os interesses públicos e privados envolvidos, de forma a assegurar a maior efetividade possível a todos eles.[19]

5 Segundo movimento: a deslegalização

A par de atribuir ao Administrador Público a liberdade — condicionada, obviamente, ao espaço decisório estabelecido pela norma positivada — de realizar escolhas, o Direito Administrativo contemporâneo também vivencia uma crescente degradação do âmbito normativo de diversas matérias, fenômeno que ficou mais conhecido como *deslegalização*. Trata-se, aqui, de fazer com que determinados assuntos, que antes eram tratados por leis, passem a ser disciplinados e regulamentados por atos normativos emanados do Poder Executivo, seja pelo poder central — como os decretos — ou por meio de outros

---

[17] Ver, neste contexto, ARAGÃO. *Agências reguladoras e a evolução do direito administrativo econômico*, 2002, p. 88 *et seq.*

[18] Para um panorama da reflexividade administrativa como forma de parametrização das escolhas discricionárias, enfatizando o ambiente regulatório, ver GUERRA. *Discricionariedade e reflexividade*: uma nova teoria sobre as escolhas administrativas.

[19] Neste sentido, GIANNINI. *Diritto amministrativo*, v. 2, p. 45 *et seq.*

órgãos ou entidades administrativas, independentes ou não, por meio de portarias, resoluções e outros instrumentos congêneres. Inspirada em grande parte pela ideia de discricionariedade — inclusive técnica — e outro tanto pelo princípio de subsidiariedade, a deslegalização atualmente se mostra importante em praticamente todos os ramos da atuação do Poder Público, desde as competências organizacionais e normativas atribuídas ao Chefe do Poder Executivo pela Constituição da República até a regulação econômica realizada pelas agências reguladoras.

A lógica da deslegalização é simples: se a matéria não precisa ser objeto de lei formal, ou se o Parlamento não detém conhecimento sobre o assunto suficiente para normatizá-lo, entrega-se por lei ou por dispositivo constitucional a competência normativa ao Poder Executivo. Assim é que, de acordo com o artigo 84, VI, *a* da Constituição Federal, compete *privativamente* ao Chefe do Poder Executivo normatizar, por decreto, a organização e o funcionamento da administração federal, ou, de acordo com o artigo 19 da Lei nº 9.472/97, compete à Agência Nacional de Telecomunicações (ANATEL) expedir normas quanto à outorga, à prestação e a fruição dos serviços públicos por ela regulados.

Atende-se, portanto, a uma ideia de *subsidiariedade*, mas não só — promove-se também, por meio da especialização técnica, uma certa otimização da atuação administrativa, à medida que as decisões serão tomadas por aquela autoridade pública que se encontra, em cada caso, mais próxima do assunto e (espera-se) mais capacitada para sua gestão.

É a deslegalização, então, o fenômeno que embasa o instituto normativo dos chamados *decretos ou regulamentos autônomos*, por meio dos quais o Poder Executivo recebe da lei ou da Constituição a competência para normatizar uma determinada matéria diretamente, ao contrário do tradicional *regulamento de execução*, no qual a norma serviria apenas para minudenciar os aspectos já delimitados *ab initio* pela lei.[20]

Obviamente tal deslegalização não passa isenta de críticas; sempre que há a deslegalização de uma determinada matéria, alega-se, em contradição, que com isso há uma perda para a democracia, já que a norma não mais virá da discussão no Parlamento, mas sim de uma autoridade constituída ou de um órgão técnico. Fala-se, com frequência, em um certo *déficit democrático* acarretado pela deslegalização, que poderia por em xeque a legitimidade das normas daí decorrentes, e

---

[20] Para um estudo dos regulamentos autônomos, ver CYRINO. *O poder regulamentar autônomo do Presidente da República*.

mesmo de todo o aparato regulatório.[21] Contudo, e apesar das vozes em sentido contrário, é de se ver que *a própria deslegalização é fruto de uma decisão democraticamente efetuada*, considerando que, ao fim e ao cabo, é por meio de *lei* ou da Constituição que se atribui ao Poder Executivo a competência normativa — ou seja, é a própria democracia quem resolve suprimir algo de seu âmbito. Além disso, a deslegalização acarreta necessariamente, em nossa opinião, uma substituição de parâmetro de legitimação: sai a participação democrática, entra a preocupação com o interesse público tutelado.[22]

6 Terceiro movimento: os mecanismos contramajoritários

Também merecem destaque como instrumentos de contenção da democracia e promoção do espaço público os chamados "mecanismos contramajoritários", instituições constitucionalmente criadas com o objetivo, entre outros, de promover exatamente a contenção do poder político das maiorias, seja administrativo ou legislativo, fazendo-o por meio do Direito.

A primeira instituição de papel contramajoritário que se pode mencionar é o Poder Judiciário, vinculado especificamente ao Direito, teoricamente neutro em face das paixões políticas, e que seria responsável, portanto, pela contenção dos abusos eventualmente praticados pelas maiorias representadas no Parlamento ou pelos governantes democraticamente eleitos. O controle judicial de constitucionalidade e a apreciação judiciária dos atos administrativos, neste contexto, apresentam função contramajoritária, contrapondo-se às decisões das maiorias ou dos governantes eleitos. Ressalte-se também o papel dos Tribunais de Contas, responsáveis pela análise das finanças públicas e da regularidade da utilização dos recursos públicos pelo Administrador.

Outras instituições consideradas contramajoritárias integram as chamadas *funções essenciais à Justiça*, de que trata a Constituição Federal — o Ministério Público, com sua função de fiscal da lei; a Defensoria Pública, cujo papel de defesa dos menos favorecidos a torna um potencial bastião de contrariedade aos interesses da maioria; a advocacia pública, que se reveste de importância fundamental na defesa dos interesses

---

[21] ARAGÃO, *op. cit.*, p. 433 *et seq.*
[22] Conforme bem percebido por Michela Manetti *apud* ARAGÃO, *op. cit.*, p. 444, diante da existência de diversos interesses contrapostos "o ordenamento reagiu criando uma espécie de anticorpos, ou seja, alguns novos organismos que devem — em âmbitos determinados — substituir a decisão político-partidária por aquelas técnico-neutrais".

não apenas do Estado, mas também da sociedade, inclusive no papel consultivo e no controle de legalidade; e, por fim, a advocacia, uma vez que a proteção dos interesses privados também servirá de mecanismo de controle dos atos adotados pelo Poder Público.

Veja-se inclusive que, para assegurar a imparcialidade das instituições públicas de natureza contramajoritária, a Constituição assegura que elas sejam dotadas de ampla autonomia administrativa, financeira e orçamentária, além de contar com independência funcional.[23]

7 "Temperando" a república: os mecanismos de participação popular no Direito Administrativo

A par dos instrumentos de contenção da democracia e exaltação do espaço público que mencionamos acima, verifica-se simultaneamente o crescimento da importância de alguns mecanismos de participação popular direta na tomada de decisões pela Administração Pública, em uma valorização da discussão democrática e, principalmente, da oitiva direta das coletividades afetadas pelas escolhas públicas.

Com efeito, atualmente tem-se tornado mais comum a realização de *audiências públicas*, reuniões nas quais a Administração explicita seus projetos e permite aos cidadãos o debate democrático, muito utilizadas no ambiente regulatório e nas grandes obras, e as *consultas públicas*, nas quais o Poder Público disponibiliza à sociedade um prazo para que os eventuais interessados se pronunciem sobre determinado projeto, muito comuns para discussões sobre projetos legislativos.

Também se verifica no Direito Administrativo contemporâneo uma crescente tendência ao incremento da *consensualidade* e da *negociação* como instrumentos de legitimação da atuação administrativa, por meio dos quais se minimizam os conflitos e se otimizam as soluções, reforçando a importância da participação democrática.

Estes instrumentos — entre outros — permitem uma nova relação entre Administração Pública e cidadãos, talvez inaugurando uma nova fase do Estado, na qual se privilegia a *consensualidade* sobre a *imperatividade* tradicional, em novas formas de administração dos interesses públicos.[24]

---

[23] Ver, a respeito, MOREIRA NETO. *Poder, direito e Estado*: o direito administrativo em tempos de globalização, p. 90 *et seq*.

[24] Neste sentido, MOREIRA NETO. *Poder, direito e Estado*: o direito administrativo em tempos de globalização, p. 141 *et seq*.

8 Conclusão: o Direito Administrativo, republicano e democrático, em tempos de pluralismo e policentrismo

Um Estado fragmentado, globalizado e em crise, do qual tudo se espera e ao qual quase tudo se pede; uma sociedade plural, com uma profusão nunca vista de interesses individuais, coletivos e sociais distintos; instituições políticas que ora se complementam, ora se contradizem. É este o ambiente no qual o Direito Administrativo contemporâneo se desenvolve, é com esses paradoxos que ele tem que lidar.

Entre essas contradições, como vimos, encontra-se a tensão entre o princípio democrático, que privilegia a participação popular na tomada de decisões pelo Poder Público, e o ideal republicano, que preconiza a *virtude* e o respeito ao espaço público. Essas ideias, que em geral se complementam, podem por vezes entrar em conflito, e no meio deste embate pode se encontrar um interesse público, que o Estado precisará tutelar, cabendo ao Administrador Público, muitas vezes, a tarefa ingrata de efetuar a ponderação entre a solução democrática — a desejada pela maioria da população com poder político — e a escolha republicana, que não necessariamente satisfaça a maioria mas se mostre talvez mais apta à satisfação do interesse público em questão.

A legitimidade da atuação e do poder estatal, então, dependerá de a sociedade conseguir reconhecer como válida a escolha administrativa, o que talvez seja mais fácil de se obter por meio da opção preferida da maioria; porém, pode ocorrer de o caminho mais tortuoso ser também o mais virtuoso, e a legitimação virá por meio do *resultado* obtido, pelo zelo e pela boa gestão da *res publica*.

Verifica-se aí, portanto, uma importante questão a ser resolvida pelo Direito Administrativo: é que o âmbito de atuação de nossa ciência encontra-se majoritariamente no momento do *governo*, da administração dos interesses públicos pela autoridade constituída. Cumprirá ao Direito Administrativo, então, conciliar o ideal republicano com o princípio democrático, sendo a ferramenta de satisfação dos interesses públicos e o instrumento de controle da atuação estatal — o objeto, o meio e o limite da arte de governar.

Informação bibliográfica deste texto, conforme a NBR 6023:2002 da Associação Brasileira de Normas Técnicas (ABNT):

RIBEIRO, Mauricio Carlos. Entre o mar e o rochedo: o *direito* administrativo e a tensão entre democracia e *res publica*. In: FREITAS, Daniela Bandeira de; VALLE, Vanice Regina Lírio do (Coord.). *Direito administrativo e democracia econômica*. Belo Horizonte: Fórum, 2012. p. 153-166. ISBN 978-85-7700-619-9.

A RELEVÂNCIA DA DEFESA DA CONCORRÊNCIA PARA A CONCRETIZAÇÃO DA DEMOCRACIA ECONÔMICA

PATRÍCIA REGINA PINHEIRO SAMPAIO

1 Introdução

O objetivo deste artigo é comentar brevemente as razões pelas quais a defesa da livre concorrência constitui elemento relevante na busca por democracia econômica. O exercício abusivo de posição dominante acentua iniquidades e alija uma parcela de consumidores dos mercados, razão pela qual deve o Estado reprimi-lo através dos seus órgãos de defesa da concorrência, inclusive nos setores regulados.

Para atingirmos o fim a que nos propomos, o trabalho encontra-se dividido em quatro partes.

Na primeira lembramos as razões pelas quais o País apresenta um histórico de concentração do poder econômico e por que a defesa da concorrência não era uma política pública privilegiada até o início dos anos 90.

Em seguida, destacamos o tema a partir da perspectiva da defesa das liberdades, relacionando ambas as liberdades de iniciativa e concorrência.

Adiante apresentamos a relação entre poder econômico e déficit democrático e finalizamos mencionando a relevância de se defender a concorrência em setores regulados, preservando a competência dos órgãos antitruste nessa seara.

2 Breve contextualização histórica

Formalmente, o Brasil possui órgão destinado à defesa da concorrência desde 1962, ou seja, há cerca de meio século. O Conselho Administrativo de Defesa Econômica (CADE) foi formalmente instituído por meio da Lei nº 4.137/62. No entanto, circunstâncias de caráter político e econômico, referentes ao projeto de desenvolvimento pretendido para o país até a década de oitenta, centralizado em sociedades estatais, incentivo à formação de grandes conglomerados nacionais e à adoção de práticas de reserva de mercado, tornaram a defesa da concorrência um princípio descasado do contexto da época.[1] Dessa forma, não surpreende que entre as décadas de sessenta e noventa a atuação do CADE tenha sido relativamente limitada.[2]

A ausência de uma preocupação mais efetiva com a defesa da concorrência na mesma época em que o CADE era formalmente criado pode ser ilustrada pela edição da Lei delegada nº 4/62 apenas poucos meses após a promulgação da Lei nº 4.137/62. Referida lei autorizou a intervenção do Estado no domínio econômico para assegurar a livre distribuição de produtos necessários ao consumo do povo, atribuindo competência à União Federal para controlar a compra, armazenamento, distribuição e venda de uma extensa lista de produtos, bem como para fixar preços e controlar quantidades ofertadas ao mercado (controle do abastecimento). No mesmo ano é editada ainda a Lei delegada nº 5, que determina a criação da Superintendência Nacional de Abastecimento

---

[1] Nesse sentido, constata Modesto Carvalhosa: "Contrariando a tendência mundial de repressão às concentrações empresariais, a partir dos fins do século XIX (Lei Sherman e Clayton Act), nosso II PND (1973-1975) estabeleceu um amplo programa de formação de conglomerados financeiro-industrial-comerciais, pois considerava tal regime concentracionista fundamental para o revigoramento das atividades empresariais do setor privado nacional. (...) Inspiraram-se, à época, as autoridades econômicas governamentais (II PND) na implementação de uma política de criação do Poder Nacional baseada nos sistemas de concentração japonês (*kaibatsu*) e alemão (*konzern*). Em consequência, a reforma da nossa lei societária de 1976 deveria, como efetivamente ocorreu, institucionalizar a prática oligopolística, tendo como modelo legal a reforma societária alemã de 1965. E o veículo escolhido pelo II PND para a criação dos conglomerados institucionais entre nós foi a lei societária de 1976, cujos mecanismos previstos no Capítulo XXI permitiriam a formação de grupos societários convencionais visando ao alinhamento de fatores de produção das empresas do grupo para a criação de uma economia de escala necessária ao surgimento da Grande Empresa Nacional — o Poder Nacional" (CARVALHOSA, Modesto. *Comentários à Lei de Sociedades Anônimas*, p. 246, 247).

[2] Conforme demonstra Lucia Helena Salgado, "Em sua primeira fase, de 1963 a 1990, o CADE cuidou de 337 procedimentos ingressados, dos quais foram instaurados 117 processos e apenas 16 foram condenados. Desses, todos tiveram a condenação suspensa pelo Poder Judiciário, após recurso das partes inconformadas" (SALGADO. *A economia política da ação antitruste*, p. 176).

(SUNAB), com "competência específica e exclusiva para fixar preços e disciplinar o sistema de seu controle".[3] Todavia, práticas como fixação artificial de preços, controle da distribuição de produtos e imposição de quantidades de oferta tendem a ser antagônicas ao estabelecimento de uma efetiva economia de mercado e são, em regra, objeto de repressão pela legislação de defesa da concorrência quando praticadas por agentes privados.

Em mercados competitivos, o preço é função do mercado, ou seja, é determinado como consequência das relações entre vendedores e compradores e não um *a priori* fixado exogenamente (no caso, pelo Estado). Por meio das diversas operações de troca (compras e vendas), o mercado termina por maximizar o bem-estar social, traduzido na oferta de preços competitivos, que maximizam o resultado para agentes econômicos e consumidores.[4] Por outro lado, se o preço ou a quantidade ofertada são fixados de forma artificial, por hipótese, mediante políticas de tabelamento de preços ou estabelecimento de quotas de produção, já não se estará propriamente em um ambiente concorrencial.

Paralelamente, a opção por um modelo de industrialização atrelado à concentração de capital teve por efeito acentuar as desigualdades econômicas, sociais e regionais, mantendo substancial parcela da população alijada do acesso a bens e serviços.[5] Além disso, práticas

---

[3] MEIRELES. *Direito administrativo brasileiro*, 1995, p. 552. A Lei delegada nº 5 também possuía dispositivos de difícil compatibilização com uma política de efetivação da livre concorrência, como, por exemplo, a atribuição à SUNAB de competência para fixação de quotas para importação e exportação de produtos essenciais (art. 2º III) e preços, disciplinando o sistema de seu controle (art. 2º, VII).

[4] Em mercados em concorrência perfeita, "as forças da oferta e da demanda alocam os recursos de maneira eficiente. Isto é, mesmo que em um mercado cada comprador e cada vendedor só esteja preocupado com o próprio bem-estar, eles são conduzidos por uma mão invisível para um equilíbrio que maximiza os benefícios totais para compradores e vendedores" (MANKIW. *Introdução à economia*: princípios de micro e macro, p. 157). A referência aqui se centra na generalidade dos mercados que funcionam de forma mais aproximada ao modelo de concorrência perfeita. Mercados com graves falhas como assimetrias de informação, monopólio natural, externalidades e bens públicos (em sentido econômico) vão requerer uma ingerência maior do poder público por meio de técnicas de regulação econômica, o que será objeto de análise mais adiante.

[5] Esse movimento pode ter suas raízes buscadas ainda no modelo de exploração colonial. Sobre a história dos países colonizados na América e na África, bem como as razões para a formação de economias caracterizadas por mercados altamente concentrados, ver SALOMÃO FILHO. Monopólio colonial e subdesenvolvimento. *In*: BENEVIDES; BERCOVICI (Coord.). *Direitos humanos, democracia e República homenagem a Fabio Konder Comparato*, p. 159-206. Acerca da tendência à concentração de renda, inclusive em termos regionais, a partir do processo de industrialização vivenciado no século XX, observou Celso Furtado: "Assim como na primeira metade do presente século [XX] cresceu a consciência de interdependência econômica — à medida que se articulavam as distintas regiões em torno do centro cafeeiro-industrial em rápida expansão — na segunda poderá aguçar-se o temor de que o crescimento intenso

protecionistas governamentais auxiliavam na perpetuação de indústrias nem sempre com base na sua maior eficiência.[6] E, ainda, como visto, o Estado tinha poderes para agir amplamente sobre as variáveis fundamentais ao mercado.

Não surpreende, assim, que durante as décadas de 70 e 80 o CADE tenha experimentado um espaço restrito de atuação, em uma economia dominada pelo poder estatal de produzir e ofertar bens diretamente ao mercado (intervenção direta) e pela regulação substitutiva do mercado consistente na definição de preços ou quantidades em diversos setores.

A Constituição de 1988 vem inaugurar uma nova Ordem Econômica.

Mantendo a tradição de país capitalista que protege a livre iniciativa, a Constituição estatui um novo jogo de forças entre Estado e mercado. Além de consagrar a livre iniciativa, a livre concorrência e a propriedade privada como princípios fundadores da nova Ordem Constitucional Econômica (art. 170, *caput*, II e IV, CF/88), a Carta Constitucional aponta para uma reordenação da participação do Estado na economia por meio do art. 173, CF/88,[7] que será concretizada especialmente por meio do Programa Nacional de Desestatização (Lei nº 8.031/90). Essa mudança será ainda aprofundada com as Emendas Constitucionais nºs 5 a 9, todas de 1995, as quais retiraram do texto constitucional algumas vedações à participação da iniciativa privada em certos setores estratégicos da economia, como telecomunicações e algumas das etapas da cadeia produtiva do petróleo e do gás natural caracterizadas como monopólio estatal.[8]

---

de uma região é necessariamente a contrapartida da estagnação de outras. A tendência à concentração regional da renda é fenômeno observado universalmente, sendo amplamente conhecidos os casos da Itália, da França e dos EUA. Uma vez iniciado esse processo, sua reversão espontânea é praticamente impossível. Em um país da extensão geográfica do Brasil, é de esperar que tal processo tenda a prolongar-se extremamente" (FURTADO. *Formação econômica do Brasil*, p. 239).

[6] "Muitas empresas brasileiras só surgiram pela forte proteção ora tarifária, ora cambial e, às vezes, por ambas conjuntamente, de tal sorte que qualquer esforço no sentido da industrialização era marcado pelo êxito, se entendermos por êxito a mera viabilização financeira da empresa dentro da realidade brasileira. Pensava-se a essa altura, ingenuamente, que o processo industrial, por si mesmo, iria levando o País em níveis superiores de riqueza e desenvolvimento" (BASTOS. O Brasil na encruzilhada. *In*: MARTINS (Coord.). *Desafios do século XXI*, p. 99).

[7] "Art. 173. Ressalvados os casos previstos nesta Constituição, a exploração direta de atividade econômica pelo Estado só será permitida quando necessária aos imperativos da segurança nacional ou a relevante interesse coletivo, conforme definidos em lei".

[8] A Emenda Constitucional nº 08/95, por exemplo, modificou a redação do art. 21 da Constituição, que passou a prever, entre as competências privativas da União Federal, "XI – explorar, diretamente ou mediante autorização, concessão ou permissão, os serviços de

Desse novo arranjo constitucional e do novo contexto político-econômico pós 1988 emergirá a necessidade de fortalecimento das instituições de promoção da concorrência. Assim, em 1994, por meio da Lei nº 8.884, o CADE é transformado em autarquia e lhe são asseguradas várias características tendentes a conferir-lhe maior autonomia, destacando-se a previsão de mandato dos conselheiros, vedada a exoneração imotivada, bem como a determinação de que as decisões do CADE não podem ser objeto de revisão no âmbito do Poder Executivo (art. 50, Lei nº 8.884/94).

Posteriormente, a adoção de técnicas sofisticadas de investigação, especialmente a partir da promulgação da Lei nº 10.149/2000, tais como a possibilidade de se realizarem mandados de busca e apreensão com autorização judicial (art. 35-A, Lei nº 8.884/94); a introdução do acordo de leniência (arts. 35-B e 35-C, Lei nº 8.884/94) e, a partir de 2007, a nova disciplina dos termos de compromisso de cessação de prática com relação aos cartéis (nova redação do art. 53 da Lei nº 8.884/94, conferida pela Lei nº 11.482/07) permitiu às autoridades antitruste aprofundar a sua atuação na repressão a práticas empresariais anticompetitivas.

Assim, ao longo das duas últimas décadas o Sistema Brasileiro de Defesa da Concorrência foi reforçado como mecanismo de garantir-se a preservação da livre iniciativa.[9] Vejamos então a relação entre esses princípios.

3 Livre iniciativa e livre concorrência

Nas palavras de Amartya Sen, "a liberdade de trocar palavras, bens ou presentes não necessita de justificação defensiva com relação a

---

telecomunicações, nos termos da lei, que disporá sobre a organização dos serviços, a criação de um órgão regulador e outros aspectos institucionais". A Emenda nº 09/95, por sua vez, ao alterar o §1º do art.177 da Constituição, abriu a possibilidade de contratação com a iniciativa privada da execução de parcelas dos monopólios previstos na cadeia do petróleo e do gás natural: "Art. 177. (...) §1º A União poderá contratar com empresas estatais ou privadas a realização das atividades previstas nos incisos I a IV deste artigo observadas as condições estabelecidas em lei". Com relação à participação direta do Estado na economia, no entanto, não podemos deixar de mencionar que a Constituição confere ao legislador ordinário as principais decisões nesse tocante, não se podendo, a nosso ver, retirar do texto constitucional uma leitura única — liberal ou estatizante — dos arts. 173, 175 e 177 da Carta. Ver, a respeito, SAMPAIO. A Constituição de 1988 e a disciplina da participação direta do Estado na Ordem Econômica. *In*: LANDAU (Coord.). *Regulação jurídica do setor elétrico*, p. 322 *et seq*.

[9] O Sistema Brasileiro de Defesa da Concorrência é formado pela conjugação das competências de três distintos órgãos: a Secretaria de Direito Econômico, do Ministério da Justiça; a Secretaria de Acompanhamento Econômico, do Ministério da Fazenda; e o CADE, autarquia federal vinculada ao Ministério da Justiça.

seus efeitos favoráveis mas distantes; essas trocas fazem parte do modo como os seres humanos vivem e interagem na sociedade".[10]

Do mesmo modo, a liberdade de produzir e intercambiar bens e serviços em mercados competitivos constitui um desdobramento da autonomia privada no campo econômico: ter acesso aos mercados significa ter capacidade para intercambiar bens e serviços em um processo econômico no qual as posições das partes se apresentem razoavelmente equânimes.

Não por outro motivo a resposta ao problema primeiro da economia — traduzido na ideia de escassez dos recursos disponíveis — por meio do mercado se apresenta qualitativamente superior quando comparada aos sistemas de organização econômica planificada; através do mercado garante-se ao indivíduo lugar no processo econômico democrático e, assim, direito de participar da produção das informações economicamente relevantes e de tomar as decisões que melhor lhe aprouverem dentro da sua autodeterminação individual (direito de escolha).[11]

Por outro lado, a fim de que não haja abusos, faz-se necessário que "o poder contenha o poder"[12] nos mercados. Dessa forma, para garantir a própria liberdade de iniciativa — e a democracia econômica que ela deve propiciar — faz-se necessário que o Estado intervenha para promover a concorrência.[13]

---

[10] SEN. *Desenvolvimento como liberdade*, p. 12.
[11] Nesse sentido, Amartya Sen destaca que, mesmo que tanto o sistema de mercado quanto o planificado fossem capazes de alocar igualmente os recursos, ainda assim sobressairia a superioridade do primeiro, porque resultado de um processo que respeita a liberdade do agente econômico. Ver, a esse respeito, SEN. *Desenvolvimento como liberdade*, p. 42 *et seq*. Friedrich Hayek anteriormente já havia ressaltado a superioridade da solução do mercado sobre uma organização planificadora centralizada, ao entendimento de que as informações econômicas não preexistem ao mercado, mas são resultado da interação dos agentes econômicos, donde a importância de se resguardar a liberdade de participação processo: "A característica peculiar do problema de uma ordem econômica racional é determinada precisamente pelo fato de que o conhecimento das circunstâncias das quais devemos fazer uso não existe de forma concentrada ou integrada, mas somente como pedaços dispersos de conhecimentos incompletos e frequentemente contraditórios que cada indivíduo possui. O problema econômico da sociedade não é apenas um problema de como alocar recursos 'dados' — se 'dado' significa fornecidos por uma única mente que deliberadamente resolve problemas postos por essas 'informações'. É antes um problema de como assegurar o melhor uso dos recursos conhecidos por qualquer dos membros da sociedade, para fins cuja importância somente esses indivíduos conhecem" (HAYEK. *The use of Knowledge in Society*: Individualism and Economic Order, p. 77, 78).
[12] Nas clássicas palavras de Montesquieu: "é uma experiência eterna que todo homem que possui poder é levado a abusar dele; vai até onde encontra limites", de modo que, "para que não se possa abusar do poder, é preciso que, pela disposição das coisas, o poder contenha o poder" (MONTESQUIEU. *O espírito das leis*. Livro XI, cap. IV. In: WEFORT, Francisco. Os clássicos da política, p. 173).
[13] Conforme explana Fernando Aguillar, "o agente econômico é livre para empreender o que bem entenda, desde que não prejudique a liberdade, de outros agentes econômicos, de

Em uma realidade econômica permeada por situações de exploração abusiva de posição dominante ou colusão entre agentes, a liberdade de concorrentes, assim com a de consumidores e fornecedores, restará restringida. De fato, em mercados que se aproximam artificialmente da situação de monopólio — como, por exemplo, aqueles nos quais o poder econômico tornou-se concentrado em decorrência de operações de fusões e aquisições ou por meio de práticas de cartelização — a teoria econômica aponta que haverá redução na oferta e aumento de preços: como consequência do exercício do poder econômico, observa-se a transferência de renda entre consumidores e fornecedores; a saída do mercado daqueles incapazes de pagar os preços supracompetitivos (aqueles que deixam de ser adquirentes/consumidores); e a redução da quantidade ofertada. Em suma, gera-se ineficiência econômica e perda de bem-estar.[14]

O princípio da liberdade de concorrência visa, portanto, garantir o processo econômico de escolha por meio do mercado, proporcionando a multiplicação dos centros difusores de informações economicamente relevantes, com a consequente diluição do poder econômico.[15] Trata-se, dessa forma, de princípio essencial à concretização dos objetivos constitucionalmente relacionados à democracia econômica, visando ao incremento de bem-estar social.[16]

No entanto, a verdadeira liberdade econômica, que advém do funcionamento não distorcido dos mercados, para ser assegurada muitas vezes exigirá a intervenção pontual do Estado mediante a vedação ou o condicionamento de certas operações de concentração, por um lado,

---

concorrer. Em sentido inverso, para que haja liberdade de concorrer é preciso que não se utilize em termos absolutos a liberdade de empreender, o que somente pode ser obtido mediante restrições a esta última" (AGUILLAR. Direitos econômicos e globalização. *In*: SUNDFELD; VIEIRA (Coord.). *Direito global*, p. 273, 274).

[14] Conforme aponta Gregory Mankiw, "sempre que um consumidor paga um dólar a mais em decorrência da determinação monopolística do preço, o consumidor tem sua situação piorada em um dólar a menos e o produtor tem a sua situação melhorada no mesmo montante de um dólar". Há, portanto, uma transferência de renda dos consumidores aos produtores. Além disso, "o problema do mercado monopolista surge porque a empresa produz e vende uma quantidade de produto inferior ao nível que maximiza o excedente total". Ainda como resultado do aumento de preços, alguns consumidores deixam de adquirir o bem (MANKIW, *op. cit.*, p. 329, 330).

[15] "Consequentemente, a concorrência — e não o mercado — é o valor a ser protegido pelo direito concorrencial. A possibilidade de escolha tem um valor social, que não pode ser negado e que deve ser necessariamente reconhecido pelo Direito. O mercado, por outro lado, não necessariamente leva a esse resultado. É aí que o Estado deve intervir, garantindo a primeira, e não o segundo" (SALOMÃO FILHO. *Direito concorrencial*: as condutas, p. 50).

[16] SALOMÃO FILHO. Direito como instrumento de transformação social e econômica. *Revista de Direito Público da Economia – RDPE*, p. 28 *et seq*.

ou a repressão a condutas anticompetitivas, por outro, competências essas atribuídas aos órgãos de defesa da concorrência.[17]

Conforme constata Natalino Irti, "a disciplina da concorrência (...) tem por finalidade tutelar a liberdade de iniciativa econômica e a liberdade de escolha individual", uma vez que "a pluralidade competitiva das empresas, multiplicando a oferta de mercadorias, é condição necessária da escolha: concorrência entre empresas e preferências dos consumidores são lados do mesmo fenômeno".[18] Nesse aspecto, quanto menos distorcidos os mercados, menor o desperdício social, maior o acesso dos cidadãos aos bens economicamente apreciáveis e, por conseguinte, maior a democracia econômica.

A função de conferir unidade e coerência do sistema econômico observada na norma constitucional de preservação da livre concorrência explica, inclusive, a preocupação com a tutela desse princípio constante das legislações promulgadas para reger os setores regulados da economia,[19] assim como na determinação de observância das normas de defesa da concorrência também pelas entidades estatais.[20]

4 Poder econômico e democracia

Conforme visto no item anterior, a simultânea proteção à liberdade de iniciativa e de concorrência vai requerer a ação corretiva do Estado, pois o exercício da liberdade de iniciativa consagrada ao agente econômico pode, em algumas situações, ter por efeito a exclusão de rivais do mercado, não em razão de uma maior eficiência na condução da atividade econômica, mas em decorrência da utilização de seu poderio econômico para atingir e manter uma situação próxima à de monopólio.

---

[17] Conforme destacou Francisco José Marques Sampaio: "A atribuição de liberdade absoluta ou a excessiva limitação dessa liberdade estão fadadas ao insucesso. A primeira, já experimentada, conduz a situações de opressão do poder econômico a indivíduos e classes de indivíduos economicamente, socialmente, culturalmente e, nos tempos atuais, também tecnologicamente desfavorecidos. A segunda, a seu turno, revela-se incompatível com o sistema econômico capitalista industrial em que se vive e, por isso mesmo, acarretaria inaceitável freio à liberdade dos indivíduos (...) e traria consigo inevitáveis prejuízos ao desenvolvimento econômico e ao bem estar social, para os quais se faz indispensável a permanente produção e circulação de riquezas, o desenvolvimento de novas tecnologias que permitam o aprimoramento da atividade econômica e a melhoria da qualidade de vida dos povos" (SAMPAIO. *Negócio jurídico e direitos difusos e coletivos*, p. 36, 37).

[18] IRTI. Persona e mercato. *Rivista di Diritto Civile*, p. 294.

[19] Veja-se, nesse sentido, artigo, 3º, VIII, IX e parágrafo único, da Lei nº 9.427/96; artigos 5º, 6º e 7º da Lei nº 9.472/97; artigo 1º, IX, da Lei nº 9.478/97, entre outros.

[20] Nesse sentido, dispõe o art. 15 da Lei nº 8.884/94: "Esta lei aplica-se às pessoas físicas ou jurídicas de direito público ou privado, bem como a quaisquer associações de entidades ou pessoas, constituídas de fato ou de direito, ainda que temporariamente, com ou sem personalidade jurídica, mesmo que exerçam atividade sob regime de monopólio legal".

A mais grave das práticas anticoncorrenciais consiste na formação de cartéis, que constituem acordos entre concorrentes sobre questões comerciais fundamentais, como preços, volume de produção, divisão territorial de mercados.[21] Dados da Organização para Cooperação e Desenvolvimento Econômico apontam que cartéis são responsáveis pelo incremento dos preços em cerca de 10 a 20% acima do que seria esperado se o mercado atuasse sob os padrões de concorrência.[22]

Da mesma forma, o agente com poder de mercado pode se engajar em práticas de elevação de barreiras à entrada, utilizando sua posição dominante para dificultar o ingresso de potenciais concorrentes no seu mercado de atuação.

A necessidade de uma pluralidade de centros disseminadores de informação mostra-se ainda fundamental porque o poder econômico tende a transbordar os limites do mercado e se expandir para a seara político-legislativa, na qual tem possibilidade de movimentar a elaboração e a aplicação do direito. Em última instância, garantir a dispersão do poder econômico constitui fator essencial à preservação do Estado democrático de direito, sendo pressuposto de qualquer ordenamento jurídico que busque uma distribuição isonômica dos escassos recursos disponíveis à sociedade. O risco da captura do Estado por um grupo de agentes econômicos é reduzido quando esses não possuem poder de mercado, mas se encontram sob estrita e constante vigilância de concorrentes, consumidores e outras classes que, no jogo econômico, dificultarão o processo de captura.[23]

---

[21] No Brasil, a prática é condenada pelos arts 20 c/c art. 21, I, II, III e VIII da Lei nº 8.884/94, além de constituir crime contra a ordem econômica, nos termos da Lei nº 8.137/90.

[22] OCDE/BID. *Fighting Hard Core Cartels in Latin America and the Caribbean*. Dados relatados pela OCDE informam que em se calculando os efeitos de apenas 16 entre os cerca de 145 cartéis que foram relatados pelos países que responderam a uma pesquisa do órgão, observa-se que seus efeitos haviam tido impacto sobre cerca de US$55 bilhões em comércio, o que, em uma perspectiva conservadora, significaria ter havido pagamento de sobrepreço, pelos consumidores, de cerca de US$5,5 bilhões (10%). Informações da Secretaria de Direito Econômico, do Ministério da Justiça, permitem constatar os efeitos decorrentes de cartéis investigados no território nacional. De acordo com a SDE, "cálculos conservadores indicam que o Cartel das Britas causou prejuízo à sociedade de, ao menos, R$80 milhões, apenas para o período de 2000 a 2003". Trata-se de caso em que o CADE condenou agentes econômicos pela prática de cartel no mercado de pedra britada na região metropolitana de São Paulo. A SDE informa ainda que, como resultado de investigação de cartel no setor de revenda de combustíveis realizada nas cidades de João Pessoa e Recife, "o preço médio da gasolina tipo C em João Pessoa passou de R$2,74/litro em abril de 2007 para R$2,37/ litro, em dezembro do mesmo ano", representando uma economia de R$32 milhões anuais aos consumidores (BRASIL. *Combate a cartéis na revenda de combustíveis*, p. 13, 26).

[23] Sobre a captura do processo político por agentes econômicos, *vide* STIGLER. The Theory of Economic Regulation. *The Bell Journal of Economics and Management Sciences*, p. 3 *et seq*.

De fato, concentração econômica e poder político geralmente caminham juntos, sendo esperado que grupos coesos e pouco numerosos tendam a ser mais organizados do que grupos numerosos e dispersos (como costumam ser os consumidores).[24] Nesse aspecto, entidades reguladoras setoriais seriam mais propensas a serem capturadas do que entidades de defesa da concorrência, que possuem uma competência transversal sobre os mais diferentes setores da economia.

A tutela jurídica da livre concorrência reflete, então, o conhecimento acumulado pela teoria econômica no sentido de ser o embate dos agentes no mercado, em regra, a forma de se obter a melhor alocação dos recursos escassos possível, propiciando maior nível de bem-estar social.[25]

5 A importância da concorrência em setores regulados

Em mercados que apresentam graves falhas geralmente a intervenção estatal é mais profunda, mediante a imposição de normas cogentes visando à redução de assimetrias de informação, internalização das externalidades aos agentes que lhes dão causa, disciplina dos bens públicos (em sentido econômico) e dos monopólios naturais.

Nesse sentido, paralelamente ao crescimento da importância da atuação do Estado na tutela da concorrência, o país vivenciou, a partir de 1996,[26] um processo de desestatização permeado pela criação

---

[24] José Eduardo Faria observa que a ausência de uma desconcentração do poder decisório das empresas privadas traz preocupações de natureza concorrencial: "Na dinâmica dos processos de liberalização e desregulamentação conduzidas pelo Estado e justificadas sob o argumento de que a iniciativa privada é mais eficiente do que as autarquias governamentais e as empresas sob controle estatal, quando um monopólio público é revogado e submetido à privatização a estrutura do setor em que está continua tendo fortes elementos anticompetitivos. O mercado foi liberalizado e a oferta foi privatizada, é certo. Mas se o desequilíbrio de forças entre ofertantes e demandantes dos serviços privatizados não foi neutralizado desde o início, a desregulamentação acaba levando as rendas do monopólio a serem transferidas das mãos públicas para mãos privadas. Os serviços podem até melhorar, mas continuam sendo monopolizados — e os ganhos de produtividade, em vez de serem repassados à sociedade sob a forma de redução de taxas e tarifas, são apropriados pelos novos prestadores" (FARIA. Democracia sem política?: Estado e mercado na globalização econômica. *In*: CAMPILONGO (Org.). *A democracia global em construção*, p. 104).

[25] Nesse sentido, um mercado será mais eficiente quanto mais se aproximar do modelo contrafático dos mercados em concorrência perfeita. Conforme observam Stiglitz & Walsh: "No modelo básico de concorrência perfeita, em que cada consumidor e cada firma aceitam o preço de mercado como dado, o equilíbrio entre demanda e oferta garante que o ganho conjunto de consumidores e firmas seja o máximo possível" (WALSH; STIGLITZ. *Introdução à microeconomia*, p. 171).

[26] Em 28.12.1996 é promulgada a Lei nº 9.427/97, instituindo a Agência Nacional de Energia Elétrica (ANEEL), que constitui a primeira agência reguladora federal criada no contexto da reforma administrativa do Estado da década de 1990.

de agências reguladoras, primeiramente em âmbito federal e, posteriormente, na maioria dos Estados-membros e em alguns municípios. A essas entidades a lei atribuiu a natureza jurídica de autarquias em regime especial, conferindo-lhes autonomia reforçada, caracterizada principalmente pela decisão colegiada, pelo mandato fixo de seus dirigentes (com vedação à exoneração *ad nutum*) e pela impossibilidade de recurso ao Chefe do Poder Judiciário contra suas decisões. Foram-lhes consagradas funções regulatórias de ordenação de determinados mercados.

No que tange a serviços públicos e atividades econômicas monopolizadas, observou-se um movimento de substituição do exercício dessas atividades da iniciativa pública para a privada por meio de instrumentos de delegação (como parte do processo de desestatização dos anos 90), que veio acompanhado de um processo de regulação técnica e econômica por parte das autoridades reguladoras setoriais e de introdução de concorrência nos segmentos potencialmente competitivos. De fato, entre as linhas mestras do programa de desestatização do Estado brasileiro esteve a desverticalização dos setores de infraestrutura para introdução de concorrência onde possível.

A partir desse momento, passou-se a discutir, no Brasil, a quem competiria a defesa da concorrência nos setores regulados, se aos órgãos de defesa da concorrência ou às entidades setoriais.

O CADE firmou entendimento no sentido de que a relação entre as competências das autoridades reguladoras e dos órgãos de defesa da concorrência é de complementaridade, ou seja, nem se sobrepõem, nem se excluem. Sendo assim, o fato de uma atividade ser considerada serviço público, monopólio estatal ou estar sujeita, por qualquer motivo, a uma regulação setorial mais incisiva não afastaria a competência julgadora da autoridade antitruste.[27]

Com base (i) na ausência de isenção explícita na Lei nº 8.884/94 a qualquer setor; (ii) na ampla redação do artigo 15 da Lei nº 8.884/94,

---

[27] Nesse sentido, decidiu o Conselheiro Celso Campilongo, em ato de concentração no qual o CADE analisava a alteração do controle societário de uma concessionária de distribuição de gás canalizado, atividade reconhecida como serviço público titularizado pelos Estados-membros da federação nos termos do art. 25, §2º, da Constituição Federal: "(i) Não pode o CADE, em face da atribuição aos Estados da competência constitucional (art. 25, §2º) para a exploração dos serviços de gás canalizado, inovar, modificar ou criar regulação diversa daquela do agente com capacidade para tal; (ii) o CADE não é instância reguladora nem tampouco esfera administrativa de julgamento da regulação de terceiros; é, isto sim, órgão de adjudicação adstrito à matéria concorrencial; (iii) entre a atividade regulatória das agências setoriais e a função preventiva e repressiva desempenhada pelo CADE na defesa da livre concorrência há relação de complementaridade e não de exclusão ou de conflito de competências" (AC nº 08012.004550/99-11, j. em 28.03.2001).

que alude inclusive a pessoas jurídicas que exercem atividade monopolizada e não exclui os agentes constituídos pelo Estado, desde que desempenhem atividade econômica; e (iii) no amparo constitucional da livre concorrência como princípio fundador da Ordem Econômica (art. 170, IV), o CADE tem entendido ser competente para tutelar a concorrência em todo e qualquer setor econômico, sustentando que eventuais atribuições de competência regulatória em matéria técnica e econômica a autoridades setoriais não ocorre em detrimento das suas próprias atribuições, que advêm de comandos legais expressos na Lei nº 8.884/94 e que encontram, inclusive, matriz constitucional (conforme art. 173, §4º, CF/88). Há, portanto, complementaridade de funções.

Todavia, recente decisão do Superior Tribunal de Justiça relativa ao setor bancário excepcionou-o da incidência das normas antitruste, basicamente sob um argumento de especialidade da legislação setorial sobre a legislação concorrencial geral, que deveria ceder quando aquela previsse competência privativa da entidade reguladora para tutela da concorrência e aprovação de operações de concentração.

Por maioria de votos, nos autos do Recurso Especial nº 1.094.218-DF, o STJ determinou ser exclusiva do Banco Central do Brasil a competência para decidir acerca de fusões e aquisições no setor bancário, afastando a possibilidade de intervenção do CADE. A decisão baseou-se em norma específica da Lei nº 4.595/64 e em parecer proferido pela Advocacia Geral da União, ao qual foi conferido efeito normativo em decorrência da sua ratificação pelo Presidente da República.[28]

O objetivo do presente artigo não reside em discutir o mérito da referida decisão, mas apontar a importância da defesa da concorrência no processo de construção de uma efetiva democracia econômica e, por conseguinte, a relevância de se pugnar pela defesa da concorrência também nos setores regulados, inclusive mediante a atuação do CADE

---

[28] A decisão tem a seguinte ementa: "Administrativo – Ato de concentração, aquisição ou fusão de instituição integrante do sistema financeiro nacional – Controle estatal pelo BACEN ou pelo CADE – Conflito de atribuições – Leis 4.594/64 e 8.884/94 – Parecer normativo GM-20 da AGU. 1.Os atos de concentração, aquisição ou fusão de instituição relacionados ao Sistema Financeiro Nacional sempre foram de atribuição do BACEN, agência reguladora a quem compete normatizar e fiscalizar o sistema como um todo, nos termos da Lei 4.594/64. 2. Ao CADE cabe fiscalizar as operações de concentração ou desconcentração, nos termos da Lei 8.884/94. 3. Em havendo conflito de atribuições, soluciona-se pelo princípio da especialidade. 4. O Parecer GM-20, da Advocacia-Geral da União, adota solução hermenêutica e tem caráter vinculante para a administração. 5. Vinculação ao parecer, que se sobrepõe à Lei 8.884/94 (art. 50). 6. O Sistema Financeiro Nacional não pode subordinar-se a dois organismos regulatórios. 7. Recurso especial provido" (REsp nº 1.094.218/DF, Rel. Ministra Eliana Calmon, Primeira Seção, j. em 25.08.2010, DJe, 12 abr. 2011).

na aplicação da Lei nº 8.884/94 ou do diploma legislativo concorrencial que lhe venha a suceder.

Assim, sustentamos que não se deve, a partir desse julgado, circunscrito a especificidades da lei de ordenação do Sistema Financeiro Nacional, adotar-se interpretações extensivas ou analógicas aos demais setores regulados.

Por todas as razões que buscamos apresentar ao longo deste artigo, privilegiar a defesa da concorrência e a dispersão do poder econômico constitui premissa relevante à concretização da democracia econômica, não havendo razão para se imaginar por que essa também não seria uma assertiva válida aos setores regulados. Faz-se relevante considerar que a ótica de análise da autoridade concorrencial pode ser distinta da regulatória, a começar pelo fato de que a definição de mercado relevante, passo inicial de qualquer análise antitruste, não necessariamente se circunscreverá aos limites de atuação de uma entidade regulatória setorial, mas pode, por hipótese, abranger setores da economia regulados por distintos entes, ou distintas áreas dentro do mesmo ente regulador.

Não se nega que as entidades reguladoras costumam ter, a depender dos comandos legais, atribuições mais amplas do que as funções atribuídas ao CADE e às Secretarias que o auxiliam no exercício de suas competências (como, por exemplo, preocupações de universalização; de garantia da continuidade e regularidade do serviço; políticas redistributivas). No entanto, no mais das vezes, a regulação setorial é compatível e se beneficia da aplicação das normas de defesa concorrência, que pode auxiliar no processo de se evitar a criação de normas regulatórias anticompetitivas como, por exemplo, as que aprovem desnecessárias exigências regulatórias, criando barreiras de acesso ou de competição nos mercados regulados.

Embora não se negue que há um custo envolvido na subordinação dos agentes econômicos à dupla tutela da entidade reguladora setorial e da entidade de defesa da concorrência — bem como, em tese, possibilidade de decisões conflitantes ou divergentes —, a doutrina aponta, por outro lado, aspectos positivos a esse duplo controle como forma de se criar um ambiente de maior maturidade institucional e reduzir riscos de captura, em um verdadeiro sistema de freios e contrapesos que talvez possa trazer mais benefícios do que custos, especialmente em economias em desenvolvimento e com histórico de elevada concentração, como é o caso brasileiro.[29]

---

[29] Conforme sustentou Joísa Dutra: "Estache e Martimort (1999) apontam que a separação estrutural dos poderes regulatórios ente diferentes agências pode operar como compromisso

Aspecto de elevada relevância na interação entre autoridades reguladoras e concorrenciais reside também na tempestividade dessa colaboração: a participação do órgão concorrencial no momento da formulação das políticas públicas setoriais tende a ser bastante proveitosa. Pela mesma razão, as análises de impacto regulatório que venham a ser realizadas no âmbito da Administração Pública devem ter entre seus vetores de análise a promoção da concorrência nos setores regulados.

6 Conclusão

Neste artigo procurou-se demonstrar que a concorrência tem por objetivo garantir a pluralidade de agentes e, consequentemente, o direito de escolha individual.

Tem-se por inegável o relevante papel exercido pelo princípio da livre concorrência no processo desconcentrador da riqueza e das informações e, consequentemente, a sua importância para a concretização da democracia econômica, especialmente em um contexto histórico de concentração do poder econômico no país.

O papel concretizador de direitos a ser exercido através da concorrência pode, além de garantir os direitos do consumidor, permitir a ampliação do direito ao consumo. De fato, ao propiciar a diminuição dos preços comparativamente a mercados em que se observem práticas de abuso de posição dominante, a intervenção do Estado através da defesa da livre concorrência também concretiza os princípios e objetivos fundamentais da República de redução das desigualdades.

Os setores regulados tendem a se beneficiar da promoção da livre concorrência. O reconhecimento da complementaridade de competências entre o CADE e as agências reguladoras, instituindo um sistema de freios e contrapesos, poderá contribuir para a construção da democracia econômica em nosso país. Por outro lado, deve-se pensar em mecanismos que busquem reduzir custos e ônus ao agente econômico

para impedir captura regulatória por grupos de interesse. Esse seria o caso de uma divisão de direitos ou atribuições entre uma agência reguladora setorial e um órgão incumbido de licenciamento ambiental. Mas pode também ser o caso da divisão na atribuição de competências estabelecida, por exemplo, entre a agência de regulação do setor elétrico, a ANEEL, e o Sistema Brasileiro de Defesa da Concorrência, no zelo 'pelo cumprimento da legislação de defesa da concorrência'" (SARAIVA. Governança regulatória em leilões de usinas estratégicas: o caso do leilão da UHE Santo Antonio. *In*: LANDAU (Coord.). *Regulação jurídica do setor elétrico*, p. 322).

que é submetido a esse duplo escrutínio, tema, no entanto, que poderá ser explorado em outra oportunidade.

Informação bibliográfica deste texto, conforme a NBR 6023:2002 da Associação Brasileira de Normas Técnicas (ABNT):

SAMPAIO, Patrícia Regina Pinheiro. A relevância da defesa da concorrência para a concretização da democracia econômica. In: FREITAS, Daniela Bandeira de; VALLE, Vanice Regina Lírio do (Coord.). Direito administrativo e democracia econômica. Belo Horizonte: Fórum, 2012. p. 167-181. ISBN 978-85-7700-619-9.

RESPONSABILIDADE CIVIL ESTATAL POR INTERVENÇÃO NO ORDENAMENTO ECONÔMICO

FLÁVIO DE ARAÚJO WILLEMAN

1 Introdução

A atividade estatal de intervenção do Estado na ordem econômica cresceu gradativamente nas constituições brasileiras.

A Constituição de 1934 foi a primeira Carta Polícia brasileira a mencionar, expressamente, um título com o nome "Ordem Econômica e Social" e previu algumas medidas de intervenção estatal no ordenamento econômico. No artigo 115 da referida Carta constava: "A ordem econômica deve ser organizada conforme os princípios da Justiça e as necessidades da vida nacional, de modo que possibilite a todos existência digna. Dentro desses limites é garantida a liberdade econômica". Entre outros instrumentos de intervenção foram previstos: a) o fomento ao desenvolvimento do crédito (art. 117) e da produção (art. 121); b) nacionalização dos bancos (art. 117), das minas e jazidas minerais (art. 119, §4º; e c) o estímulo à formação de colônias agrícolas em áreas empobrecidas (art. 121, §5º).

A Constituição de 1937 retomou a tese liberal por Getúlio Vargas. A intervenção estatal no domínio econômico só se legitimaria para suprir deficiências da iniciativa individual e coordenar os fatores da produção, de maneira a evitar ou resolver os seus conflitos e introduzir no jogo das competições individuais o pensamento dos interesses da Nação, representados pelo Estado.

A **Constituição de 1946** estabeleceu, pela primeira vez, no artigo 145, que a intervenção na economia *é um princípio* a ser observado pelo Estado, prevendo que "a ordem econômica deve ser organizada conforme os princípios da justiça social, conciliando a liberdade de iniciativa com a valorização do trabalho humano". Mencionou-se ainda o monopólio (art. 146) e a repressão ao abuso de poder econômico (art. 148).

A **intervenção militar de 1964 conduziu-nos à Constituição de 1967** e estabeleceu que a justiça social era a finalidade da ordem econômica, com base nos seguintes princípios (art. 157): liberdade de iniciativa, da valorização do trabalho humano como condição da dignidade humana, da função social da propriedade, da harmonia e solidariedade entre os fatores de produção, do desenvolvimento econômico, caracterizado pelo domínio dos mercados, a eliminação da concorrência e o aumento arbitrário dos lucros. Repete ainda a possibilidade de constituição de monopólios (art. 162).

A **Emenda Constitucional nº 1/69** elevou, por intermédio do artigo 160, o desenvolvimento nacional à categoria de finalidade da ordem econômica, introduzindo, como princípio, a "expansão das oportunidades de emprego produtivo".

Não há dúvidas de que foi a **Constituição Federal de 1988** a primeira Constituição brasileira a dedicar um título inteiro (Título VII) à Ordem Econômica e Financeira, onde são tratados os princípios da ordem econômica e da prestação de serviços públicos, do monopólio e do sistema financeiro nacional. Estabeleceu, no artigo 2º, inciso IV, que *a livre iniciativa e os valores sociais do trabalho são fundamentos da República*, e, no artigo 170, *elencou os princípios a serem seguidos e observados pelo Estado e pelos agentes privados*. E mais: no artigo 174 a CRFB/88 detalhou hipóteses de intervenção estatal na economia:

> Art. 174. Como agente normativo e regulador da atividade econômica, o Estado exercerá, na forma da lei, as funções de fiscalização, incentivo e planejamento, sendo este determinante para o setor público e indicativo para o setor privado.

Importante dizer que a atividade estatal de intervenção na economia não se confunde com a prestação de serviços públicos. Doutrinariamente se estabeleceu a diferença entre *serviço público*[1] e *atividade*

---

[1] Cite-se o conceito de serviço público nas palavras de León Duguit como sendo "toute activité dont l'accomplissement doit être assuré, réglé et contrôlé par les gouvernants, parce que

econômica,[2] sendo que, em algumas situações, a primeira atividade estará subsumida na segunda.[3]

Afirma-se isto pois, não obstante ter a Constituição Federal de 1988, por meio do art. 170, outorgado à livre-iniciativa e à livre concorrência de particulares o exercício de atividades econômicas, também previu, nos artigos 173 e §1º, 174, 175 e 177, o exercício destas mesmas atividades pelo Estado, que, em determinadas hipóteses, traçadas pela própria Constituição Federal ou por lei, poderão ser consideradas serviços públicos.

Para aclarar o que se disse impõe-se trazer à baila a distinção formulada pela doutrina entre atividade *econômica em sentido estrito* e *atividade econômica em sentido amplo*.

A primeira (*atividade econômica em sentido estrito*) é aquela regulada por meio do artigo 170, da CRFB/88, entregue primordialmente à iniciativa privada em regime de livre-iniciativa e livre concorrência, independentemente de autorização de órgãos públicos (§1º do artigo 170 da CRFB/88), salvo previsão legal, com a incumbência de atendimento aos princípios da dignidade da pessoa humana, da redução das desigualdades sociais, da busca do pleno emprego e do bem-estar do consumidor.

Frise-se que, por força da regra inserta no artigo 173 da CRFB/88, ao Estado também restou deferida a competência para o exercício de

---

l'accomplissement de cette activité est indispensable à la réalisation et au développment de l'interdépendence social, et qu'elle est de telle nature qu'elle ne peut être réalisée complètement que par l'intervention de la force gouvernementel". Tradução livre: "Toda atividade cujo cumprimento deve ser assegurado, regrado e controlado pelos governantes, porque o cumprimento de tal atividade é indispensável à realização e ao desenvolvimento da interdependência social, e que ela é de tal natureza que não pode ser realizada concretamente senão pela intervenção da força governamental" (Troité de droit constitutionnel, p. 61 *apud* GRAU. Constituição e serviço público. *In*: GRAU; GUERRA FILHO. *Direito constitucional*: estudos em homenagem a Paulo Bonavides, p. 256).

[2] Eros Roberto Grau, após afirmar que "(i) No art. 173 enuncia as hipóteses nas quais é permitida a exploração direta de atividade econômica pelo Estado. (ii) No art. 175 define incumbir ao Poder Público a prestação de serviços públicos. (iii) Além disso, o art. 174 dispõe sobre a atuação do Estado como agente normativo e regulador da atividade econômica", conclui asseverando que "a necessidade de distinguirmos *atividade econômica* e serviço público é assim, no quadro da Constituição de 1988, inquestionável" (Constituição e serviço público. *In*: GRAU; GUERRA FILHO. *Direito constitucional*: estudos em homenagem a Paulo Bonavides, p. 250).

[3] Neste sentido, Eros Roberto Grau, ao nos afirmar que "Inexiste, em um primeiro momento, oposição entre *atividade econômica* e *serviço público*; pelo contrário, na segunda expressão está subsumida a primeira. Podemos afirmar que a prestação de serviço público está voltada à satisfação de necessidades, o que envolve a utilização de bens e serviços, recursos escassos. Daí por que *serviço público* é um tipo de *atividade econômica*" (Constituição e serviço público. *In*: GRAU; GUERRA FILHO. *Direito constitucional*: estudos em homenagem a Paulo Bonavides, p. 250).

atividade econômica em sentido estrito, em regime de intervenção[4] para competição com a iniciativa privada, mas desde que presentes os indispensáveis requisitos do *relevante interesse coletivo* e *imperativos da segurança nacional*, expressamente definidos em lei.

Já a *atividade econômica em sentido amplo* também engloba algumas atividades tidas como serviço público, sendo certo que o liame para esta caracterização é bastante sutil e dependerá não só da natureza e da peculiaridade do serviço, mas também do regime normativo que o rege, isto é, do que dispuser a lei ou a Constituição Federal.[5]

Neste diapasão, torna-se importante afirmar que, à luz de uma interpretação teleológica das regras previstas nos artigos 170, 173, 174 e 175, todos da CRFB/88, tanto a atividade econômica em sentido estrito

---

[4] Eros Roberto Grau diferencia as expressões intervenção e atuação estatal na economia: "Por certo que no art. 173, caput, as hipóteses nas quais é permitido ao Estado a exploração direta de atividade econômica. Trata-se, aqui, de atuação do Estado — isto é, da União, do Estado-membro e do Município — como agente econômico, em área da titularidade do setor privado. Insista-se em que a atividade econômica em sentido amplo é território dividido em dois campos: o do serviço público e o da atividade econômica em sentido estrito. As hipóteses indicadas no art. 173 do texto constitucional são aquelas nas quais é permitida a atuação da União, dos Estados-membros e dos Municípios neste segundo campo" (*A Ordem Econômica na Constituição de 1988*, p. 135).

[5] Registre-se o posicionamento contrário de Odete Medauar, para quem, a despeito de existir diferença entre serviço público e atividade econômica, não admite a coincidência entre os dois institutos, pois afirma, *verbis*: "A nosso ver, não parece adequado ao ordenamento brasileiro considerar o serviço público como atividade econômica. De um lado tem-se o art. 175 da Constituição Federal, que, de modo claro, atribui o serviço público ao Poder Público, podendo ser realizado pelo setor privado mediante concessão ou permissão. Vê-se que a Constituição Federal fixou um vínculo de presença do Poder Público na atividade qualificada como serviço público — presença, esta, que pode ser forte ou fraca, mas que não pode ser abolida. Esta presença expressa-se na escolha do modo de realização da atividade, na sua destinação ao atendimento de necessidades da coletividade. Daí, como observa Giuseppe Caia, ser essencial a pertinência do serviço à Administração, situação que não implica, necessariamente, gestão direta.
De outro lado, verifica-se que alguns preceitos contidos no art. 170 e destinados a nortear a atividade econômica não se aplicam ao serviço público. É o caso da livre iniciativa, por exemplo; não se pode dizer que a prestação dos serviços públicos é informada pela livre iniciativa. A decisão de transferir a execução ao setor privado é sempre do Poder Público. Também é impensável aplicar ao serviço público o preceito do parágrafo único do artigo 170 da Constituição Federal, porquanto todos os serviços públicos prestados por particulares devem sê-lo mediante titulação, na qual está subentendido o consentimento do Poder Público. Para Caia 'a gestão por particulares exige título jurídico, de atribuição, emitido pela Administração, que dita também o modo de realização do serviço" (Nova crise do serviço público?. *In*: CUNHA; GRAU. *Estudos de direito constitucional em homenagem a José Afonso da Silva*, p. 536-537). Ousamos, modesta e respeitosamente, discordar da ilustre publicista citada, quanto aos fundamentos que conduziram ao raciocínio da ausência de comunhão nas noções de serviço público e atividade econômica em sentido amplo, mormente no que diz respeito à impossibilidade de se aplicar aos serviços públicos o regime de livre-iniciativa, conforme consta no nosso: Princípios setoriais que regem a prestação dos serviços públicos — aplicação do princípio da livre-iniciativa no regime dos serviços públicos (*Revista de Direito da Procuradoria-Geral do Estado do Rio de Janeiro*).

quanto a atividade econômica em sentido amplo (que engloba o serviço público) serão objeto da atuação reguladora do Estado.

E, em sendo assim, dúvidas não restam de que a atuação do Estado poderá, no afã de regular determinada atividade econômica, causar danos a terceiros que compõem — ou não — o segmento regulado, situação que poderá ensejar o seu dever de indenizar.

Nas linhas a seguir, buscar-se-á descrever algumas hipóteses que poderão dar azo ao dever de indenizar do Estado por atuação ou intervenção indevida no ordenamento econômico, nos termos do artigo 37, §6º da CRFB/88.

2 A responsabilidade civil das agências reguladoras por atos regulatórios de planejamento econômico, de fomento público, e por ato que impõe tabelamento ou controle de preços

A doutrina costuma cuidar da intervenção do Estado no ordenamento econômico sob diferentes critérios.

Para Diogo de Figueiredo Moreira Neto, as instituições interventivas do Estado no domínio econômico poderão ocorrer em quatro modalidades: i) regulatória; ii) concorrencial; iii) monopolista; e iv) sancionatória.[6]

Marcos Juruena Villela Souto, por sua vez, aduz que a Constituição Federal de 1988 estabeleceu os seguintes instrumentos e mecanismos de intervenção estatal no ordenamento econômico: a) planejamento do desenvolvimento econômico — art. 174, §1º; b) incentivo (Fomento Público) — art. 174; c) repressão ao abuso de poder econômico — art. 173, §4º; e d) exploração direta da atividade econômica — art. 173.[7]

---

[6] MOREIRA NETO. *Curso de direito administrativo*, p. 465.
[7] SOUTO. *Direito administrativo da economia*, p. 16. Registre-se, no entanto, que Eros Roberto Grau, exclui, expressamente, o planejamento estatal como forma de intervenção do Estado sobre o ordenamento econômico. Confira-se: "Uma derradeira observação cabe ainda, neste passo de minha exposição, alusiva à não inclusão do *planejamento* entre as *modalidades* de intervenção. O *planejamento* apenas qualifica a intervenção do Estado *sobre e no* domínio econômico, na medida em que esta, quando conseqüente ao prévio exercício dele, resulta mais racional. Como observei em outro texto, em termos de ação racional caracterizada pela previsão de comportamentos econômicos e sociais futuros, pela formulação explícita de objetivos e pela definição de meio de ação coordenadamente dispostos, o planejamento, quando aplicado à intervenção, passa a qualificá-la como encetada sob padrões de racionalidade sistematizada. Decisões que vinham sendo tomadas e atos que vinham sendo praticados, anteriormente, de forma aleatória, *ad hoc*, passam a ser produzidos, quando objeto de planejamento, sob um novo padrão de racionalidade. O planejamento, assim, não configura

Luís Roberto Barroso pontifica que o Estado poderá intervir no domínio econômico por meio da disciplina, do fomento e da atuação direta.[8] Importante ainda registrar a clássica doutrina de Eros Roberto Grau, ao defender que a intervenção do Estado poderá ocorrer no ordenamento e sobre o ordenamento econômico.

No primeiro caso, que o Autor citado denominou de *intervenção por absorção* ou *participação*, o Estado assume integralmente os meios de produção e/ou atua em regime de monopólio, ou, ainda, encampa parcela do controle de atividade econômica, e atua em regime de competição com os demais agentes econômicos.[9]

No segundo caso citado, o Estado intervém sobre o ordenamento econômico, estabelecendo regras regulatórias de direção ou de indução do segmento econômico regulado.

Aproveitando as lições doutrinárias anteriormente expendidas, sem adentrar no mérito de qual método classificatório apresenta-se mais adequado para expressar as formas de intervenção do Estado no ordenamento econômico, interessa-nos especificamente o estudo de sua atuação sobre o ordenamento econômico, por meio de atos regulatórios que esbocem um planejamento econômico ou que traduzam regras de indução ou de direção de determinado segmento regulado, ou ainda que imponham o tabelamento ou "congelamento" de preços, situações que poderão gerar danos e, consequentemente, o dever de indenizar.[10]

---

modalidade de intervenção — note-se que tanto intervenção *no* quanto a intervenção *sobre* o domínio econômico podem ser praticadas *ad hoc* ou, alternativamente, de modo planejado — mas, simplesmente, um método a qualificá-la, por torná-la sistematizadamente racional" (*A ordem econômica na Constituição de 1988*, p. 171).

[8] BARROSO. Modalidades de intervenção do Estado na ordem econômica: regime jurídica das Sociedades de Economia Mista: inocorrência de abuso de poder econômico. In: BARROSO. *Temas de direito constitucional*, p. 395.

[9] GRAU. *A ordem econômica na Constituição de 1988*, p. 168.

[10] Segundo Eros Roberto Grau, "A atuação reguladora há de, impõe a Constituição, compreender o exercício das funções de incentivo e planejamento. Mas não apenas isso: atuação reguladora reclama também fiscalização, e no desempenho de sua ação normativa, cumpre também ao Estado considerar que o texto constitucional assinala, como funções que lhe atribui, as de incentivo e planejamento. Este, por outro lado, não abrange apenas a atividade econômica em sentido estrito, porém toda a atividade econômica em sentido amplo. Tanto é assim que o preceito determina ser ele — o planejamento — 'determinante para o setor público e indicativo para o setor privado'. O art. 174 reporta-se nitidamente, nestas condições, a atividades econômicas em sentido amplo" (*A ordem econômica na Constituição de 1988*, p. 139-140).

2.1 O dever de indenizar em razão de falha no planejamento econômico

A primeira hipótese a ser analisada diz respeito à possibilidade de surgimento do dever de indenizar da Agência Reguladora em razão de sua atuação na implementação do planejamento econômico traçado pelo Poder Público Central.

Segundo Luis S. Cabral de Moncada, "o plano económico pode ser definido como acto jurídico que define e hierarquiza objectivos de política económica a prosseguir em certo prazo e estabelece as medidas adequadas à sua execução".[11]

O Autor lusitano acrescenta ainda que o plano económico compõe-se de duas operações essenciais, a saber: o diagnóstico e o prognóstico. Na primeira, contabilizam-se os dados globais e setoriais da atividade econômica a que se visa regular; no caso da segunda (prognóstico), a atuação estatal dirige-se a projetar para o futuro, por meio do estabelecimento de metas, as estimativas verificadas durante a fase do diagnóstico. Conclui, então, afirmando que "do conceito de plano económico fazem parte três elementos; as previsões, os objectivos e os meios a utilizar, numa perspectiva sempre temporária".[12]

Entre nós, a ideia de planejamento, como forma organizada de atuação jurídica do Estado, surgiu com a edição do Decreto-Lei nº 200, de 25.02.1967, que, ao tratar da reforma administrativa no plano federal, mencionou o instituto no artigo 6º.[13]

Hodiernamente, têm-se no artigo 174 da CRFB/88 a previsão e a possibilidade de o Estado intervir sobre o ordenamento econômico por meio da edição de um planejamento, que será indicativo para o setor privado e determinante para o setor público.[14]

---

[11] MONCADA. *Direito econômico*, p. 482. Vicente Paulo e Marcelo Alexandrino afirmam que "o planejamento impede que o Estado atue de forma aleatória ou caprichosa. É por meio do planejamento que o Estado pode identificar as necessidades presentes e futuras dos diversos grupos sociais e orientar (inclusive mediante indução positiva ou negativa) a atuação dos agentes econômicos visando ao atingimento de fins determinados" (PAULO; ALEXANDRINO. *Agências reguladoras*, p. 05).

[12] MONCADA. *Direito econômico*, p. 482.

[13] Neste sentido é a lição de Marcos Juruena Villela Souto (*Direito administrativo da economia*, p. 20).

[14] Explica-se a afirmação com a importante lição doutrinária de Celso Ribeiro Bastos acerca do planejamento econômico: "O Estado pode comparecer na economia para planejar. O planejamento é, em princípio, próprio dos países socialistas, como já visto no correr dessa obra. As economias desta natureza são sempre planejadas, isto é, os diversos agentes econômicos, as empresas estatais, obedecem a um plano único nacional traçado por um poder central: plano, este também, centralizado e obrigatório para as empresas. Desaparece, portanto, a

Diga-se ainda que o plano econômico apresenta-se, como afirma Luis S. Cabral de Moncada, como um conjunto de atos jurídicos, que vão desde a sua previsão por meio de lei ordinária (lei em sentido material), até os atos administrativos que põem em prática a execução do plano.[15]

No entanto, para saber se do atuar do Estado poderá surgir o dever de indenizar, é necessário identificar o que vêm a ser planos indicativos, incitativos e imperativos, para, então, se aferir em qual ou em quais modalidades o particular poderá alegar danos indenizáveis.

Segundo Lucia Vale Figueiredo, planos **indicativos** são aqueles em que o governo apenas assinala em alguma direção os objetivos econômicos pretendidos, sem qualquer compromisso, sem pretender o engajamento da iniciativa privada.[16]

Pontifica ainda a Autora citada que os planos **incitativos**, por sua vez, são aqueles em que o Poder Público não somente sinaliza, mas pretende também o engajamento da iniciativa privada para lograr seus fins. Adverte que nesses planos não há apenas a indicação, mas também

---

força do mercado, e a direção das empresas segue tão-somente os ditames do planejamento. Esse sistema, no entanto, encontra-se em profunda decadência nos dias atuais, em razão do fim da antiga União das Repúblicas Socialistas Soviéticas (URSS).
Essa idéia de impor metas fixas e meios racionais influenciou também os países do ocidente, que — sem abandonarem a economia de livre-iniciativa, em que são os diversos agentes econômicos que tomam as decisões, quanto a investir, ao momento de fazê-lo e sobre a quantidade a ser investida — adotaram, ainda que de forma branda, o princípio do planejamento. No Brasil editaram-se planos prevendo-se o atingimento de certas metas, com a profunda diferença, no entanto, de que tais planos não são totalmente vinculantes, como acontece no sistema socialista. É dizer, o planejamento, no Ocidente penetrou de forma moderada, não com força obrigatória absoluta, mas como meio de orientação da atividade dos particulares. Isso significa que apenas são vinculantes com relação ao Estado. No que respeita aos particulares contém estímulos e incentivos para que sejam adotados seguidos, mas não são obrigatórios ou cogentes" (*Direito econômico brasileiro*, p. 231-232).

[15] Luis S. Cabral de Moncada, ao tratar da natureza jurídica do plano econômico, afirma que: "Seria ligeireza querer identificar a natureza jurídica do plano econômico como se este fosse um acto jurídico unitário e a partir daí imputar-lhe uma natureza jurídica especial e verdadeiramente original no quadro dos actos normativos ou mesmo políticos e administrativos do estado de direito dos nossos dias. Em boa verdade, o plano econômico é composto por um conjunto de actos normativos e administrativos, desde a lei das grandes opções do plano até os actos administrativos de execução do plano e mesmo contratos. O plano econômico é um ciclo que começa com a lei parlamentar de aprovação das grandes opções do plano, até o plano propriamente dito e daí aos actos individuais e concretos e aos contratos necessários para a sua execução. Pode sem dúvida admitir-se que todos estes actos jurídicos estão funcionalmente identificados através da sua referência permanente à estratégia político-econômica que o plano, globalmente considerado, encerra. Em todos eles é particularmente nítido o 'indirizzo' político que o plano veicula, mas isso não é o suficiente para os autonomizar no capítulo geral dos actos normativos, administrativos e contratuais correntes, como se uma nova espécie tratasse" (*Direito econômico*, p. 487).

[16] FIGUEIREDO. O devido processo legal e a responsabilidade do estado por dano decorrente do planejamento. *Revista de Direito da Procuradoria Geral do Estado do Rio de Janeiro*, p. 191.

promessas com várias medidas, quer por meio de incentivos, ou por qualquer outra forma para que a iniciativa privada colabore; salienta ainda que os administrados que aderem a tais promessas estão imbuídos da boa-fé e esperam lealdade por parte da Administração Pública.[17]

Por último, cumpre assinalar que os planos **imperativos** são aqueles que necessariamente devem ser observados pelos administrados, de forma cogente, por determinação do Poder Público.[18]

Pois bem; estabelecidos os conceitos anteriormente destacados, cumpre assinalar que apenas se admite a hipótese de eventual responsabilização do Poder Público, em casos de planos econômicos incitativos ou imperativos, tendo em conta que nos planos meramente indicativos cabe ao particular assumir os riscos pela adoção de alguns dos caminhos antevistos pelo plano.[19]

---

[17] Idem.

[18] Entendemos que este plano não foi previsto pelo artigo 174, da CRFB/88, eis que apenas admite o plano indicativo para o setor privado, e se realmente for imposto à sociedade poderá configurar ato ilícito (inconstitucional), surgindo o dever de indenizar do Estado caso restem comprovados o dano e o nexo causal. Neste sentido, merece ser citada a lição doutrinária de Iara Maria Pinheiro de Albuquerque, que afirma ser ilícita a conduta do Estado (e assim da Agência Reguladora) que imponha uma vinculação de atuação ao setor privado, o que faz nascer o seu dever de indenizar. Confira-se: "Para nós, portanto, a intervenção por direção, na medida em que busca vincular de forma cogente os titulares econômicos do setor privado, viola o ordenamento jurídico em vigor. Em sendo assim a Administração Pública, ao empreender planos imperativos, incorrerá em comportamentos ilícitos, nascendo translúcido o dever de indenizar por parte do Estado se, em decorrência das condutas administrativas, sobrevier dano à esfera juridicamente protegida dos empresários particulares. O fundamento desta norma de responsabilização é o princípio da legalidade ao qual está expressamente jungida a Administração Pública (art. 37, caput, CF), bem como por quebrar a igualdade, ao onerar alguns (os titulares da atividade econômica), a fim de beneficiar o corpo social" (Responsabilidade do Estado interventor. *In*: ESTUDOS de direito administrativo em homenagem ao Professor Celso Antônio Bandeira de Mello, p. 290).

[19] Neste sentido é a lição de Almiro do Couto e Silva (A responsabilidade do Estado no quadro dos problemas jurídicos resultantes do planejamento. *Revista de Direito Público*, p. 133). Também parece concordar com o que aqui defendemos a lição doutrinária de Mário Luiz Oliveira da Costa, que, malgrado a confusão entre nomenclatura das normas incitativas e indutivas de intervenção, assim se posicionou: "Realmente, quando se tratar de normas indutivas (em que o administrado não está obrigado a segui-las), a responsabilidade pela intervenção no domínio econômico somente se verificará, ainda que verificado o dano, se o estado não tiver cumprido o planejado ou o tiver feito em desconformidade com o que fizera crer ao administrado, contrariando especialmente os princípios da moralidade e da boa-fé que devem nortear tais relações. Afinal, tem o administrado o direito de confiar na Administração, não podendo ser por ela surpreendido para atingir determinada finalidade, restando-lhe quando menos o inequívoco direito à recomposição dos danos ou prejuízos sofridos por não ter a Administração honrado seus compromissos" (*Setor Sucroalcooleiro*: da rígida intervenção ao livre mercado. São Paulo: Método, 2003, p. 165-166). Aqui também merece ser consignado o posicionamento de Marcos Juruena Villela Souto, que, ao longo das discussões travadas para orientação deste trabalho, manteve-se fiel ao posicionamento de que o Poder Público seria responsável por prejuízos oriundos de alteração de qualquer plano jurídico, e não só, dos planos incitativos e imperativos.

Assim, no caso de o Poder Público Central alterar as diretrizes mestras resultantes do diagnóstico realizado, entendemos que tal fato poderá dar origem ao seu dever de indenizar, caso a empresa privada que a ele tenha aderido experimente algum prejuízo, devidamente comprovado, e que esteja imbuída de boa-fé, sobretudo em sua versão objetiva.[20]

Entendemos que, mesmo se o ato regulatório que alterou o plano anteriormente traçado for considerado lícito, este poderá render ensejo ao dever de indenizar da Agência Reguladora, desde que imponha um sacrifício irrazoável ao particular que a ele aderiu, de boa-fé, e em decorrência dele experimentou um dano ou prejuízo.[21]

Para corroborar o que se disse, importante trazer a lição de Almiro do Couto e Silva, que, enfocando o dever de indenizar do Estado em razão de atos concretos que alteraram um plano econômico incitativo, bem como a boa-fé do particular, professou:

> Há essa responsabilidade (estatal) sempre que o Estado na implantação de plano ou no seu processo de execução acena, mediante promessas firmes com benefícios e vantagens, induzindo os particulares a um determinado comportamento e ocasionando dano a eles, pela ulterior modificação do plano, mesmo quando realizada mediante lei. A hipótese verifica-se, sobretudo, nos casos de "administração concertada". (...)

---

[20] Acerca da versão objetiva do princípio da boa-fé, traz-se à balia a lição doutrinária de Bruno Lewicki, *verbis*: "Foi neste contexto que se construiu a doutrina da boa-fé objetiva, caracterizada como um dever de agir de acordo com determinados padrões, socialmente recomendados, de correção, lisura e honestidade. Reduz-se a margem de discricionariedade da atuação privada: agir com lealdade, observando e respeitando não só os direitos, mas também os interesses legítimos e as expectativas razoáveis de seus parceiros na aventura social.
Conclui Fernando Noronha, com base nestas constatações, que 'mais do que duas concepções de boa-fé, existem duas boas-fés, ambas jurídicas'. Logo, podemos identificar uma boa-fé subjetiva, ou boa-fé crença, e uma boa-fé objetiva, ou boa-fé lealdade" (LEWICKI. Panorama da boa-fé objetiva. *In*: TEPEDINO. *Problemas de direito civil*: constitucional, p. 57).

[21] Necessário colacionar as palavras de Adilson Abreu Dallari acerca do tema aqui tratado, *verbis*: "Na medida em que se abandona o empirismo e a improvisação e se fortalece o processo de planejamento, passa a ser mais clara a responsabilidade decorrente da quebra da confiança legítima, como muitas vezes aconteceu no passado, quando a Administração Pública simplesmente mudava de orientação, arruinando quem havia acreditado em incentivos e atos de fomento. Melhor que isso: certamente haverá maior coerência, constância e segurança nas ações administrativas" (DALLARI. Privatização, eficiência e responsabilidade. *In*: MOREIRA NETO. *Uma avaliação das tendências contemporâneas do direito administrativo*, p. 221).

b) A responsabilidade do Estado nessas circunstâncias tem seu fundamento específico na quebra de confiança, com a violação de deveres jurídicos decorrentes do princípio da boa-fé.

c) A responsabilidade do Estado, em tais casos, limita-se em princípio, à reparação do interesse negativo do particular, adstringindo-se à reparação do dano emergente.[22]

Lúcia Valle Figueiredo, citando Gordillo, Laubadère, Vidal e Perdomo, compartilha o mesmo entendimento do Autor anteriormente mencionado, pois assim se posiciona:

> Em tempos de Administração concertada, como dizem Gordillo, Laubadère, Vidal e Perdomo, tal seja a participação do administrado nos planos é totalmente inviável excluir a responsabilidade do Estado por atos decorrentes de **modificação do planejamento**, sejam estes responsáveis (portanto lícitos), sejam irresponsáveis, como acontece, muitas vezes, em países em que o grau de responsabilidade dos supremos governantes ainda deixa muito a desejar. E, ademais disso, em que o país, na verdade, passa a ser laboratório de experiências. É dizer, planos são elaborados sem a necessária previsão das conseqüências, tanto assim é que são modificados em brevíssimo prazo levando de roldão a iniciativa privada para graves conseqüências.[23] (grifos no original)

Desta forma, somos de opinião que o Estado, por prática de ato regulatório que altere um plano incitativo, responderá objetivamente[24]

---

[22] SILVA. A responsabilidade do Estado no quadro dos problemas jurídicos resultantes do planejamento. *Revista de Direito Público*.

[23] FIGUEIREDO. O devido processo legal e a responsabilidade do Estado por dano decorrente do planejamento. *Revista de Direito da Procuradoria Geral do Estado do Rio de Janeiro*, p. 192.

[24] No mesmo sentido é a lição doutrinária de Iara Maria Pinheiro de Albuquerque: "Nessa perspectiva, quando o Estado simplesmente deixa de lado as principais diretrizes da fase inicial do planejamento, tomando atitudes surpreendentes, totalmente imprevisíveis pelos agentes econômicos, por revelarem total incoerência com as vigas mestras do planejado, é indubitável a sua má-fé, a sua falta de ética, devendo ser compelido a reparar o dano — assim como fica jungido a indenizar o contraente que frustrar o natural desfecho das negociações preliminares. Entretanto, não responderá a título de culpa como o particular, mas sim objetivamente.
Dito por outras palavras, o contraente privado não tem direito adquirido à continuidade do plano, ou mesmo a sua imodificabilidade. Mas, é direito subjetivo dos agentes econômicos, que nasce no momento da adesão ao plano, que o ente estatal o desenvolva sem alterar seus contornos básicos, sem subverter por completo as promessas empreendidas à época da divulgação. De fato, o Poder Público possui poderes para, unilateralmente, alterar o ajuste feito inicialmente, haja vista estar jungido ao dever jurídico de adequar os serviços públicos conforme os reclamos da coletividade. Todavia, responderá na medida que as novas condições que forem estabelecidas desnaturarem profundamente as linhas mestras do planejamento inicial" (Responsabilidade do Estado interventor. *In*: ESTUDOS de direito administrativo em homenagem ao Professor Celso Antônio Bandeira de Mello, p. 293).

caso o particular que compõe o segmento regulado a comprove, bem como prove um dano emergente e o consequente nexo de causalidade entre as duas condutas anteriores.[25][26]

2.2 O dever de indenizar decorrente da regulação do fomento público

Passa-se, agora, à hipótese de responsabilização do Poder Público por intervenção sobre o ordenamento econômico por meio do fomento

---

[25] Fernando Facury Scaff bem analisa a problemática do dever de indenizar do Estado por intervenção sobre o ordenamento econômico à luz do Princípio da Lucratividade e, após enfatizar que nem toda limitação de lucro apresenta-se como um dano efetivo, pondera: "Portanto, o conceito que cunhamos para o Princípio da Lucratividade deve compreender aquela atividade da empresa, estatal ou não, em busca de saldos ativos de balanço. Por outras palavras, o *Princípio da Lucratividade* não se refere a um lucro propriamente liberal-capitalista, que busca a obtenção do maior ganho possível no mercado, mas sim à ocorrência de *saldos positivos de balanço*, onde a idéia do prejuízo econômico fique afastada.
Observe-se que limitação de lucro não é dano, mas medida de ordem econômica adotada pelo Estado no interesse da manutenção do sistema capitalista, uma vez que, como vimos no item 8, os confrontos de classe existentes durante o Estado Liberal, se conduzidos a extremos, levariam à desagregação do regime capitalista. Logo, o Estado Intervencionista se impôs, visando à manutenção dissimulada da sociedade de classes, envolta sob o véu do 'bem comum', e servindo de anteparo para as reivindicações sociais. Conseqüentemente, esta limitação do lucro não é um dano, mas uma forma de política econômica.
Diversamente ocorre com o prejuízo econômico ocasionado pelo Estado, que não pode ser considerado uma política econômica. Nenhum Estado pode, impunemente, levar os agentes econômicos à obtenção de prejuízo através de normas de direção. O estado é co-partícipe na condução da política econômica adotada através de normas de direção, e o prejuízo ocasionado a um agente econômico, se tiver relação de causalidade com a política econômica de direção implementada, deverá ser indenizado. E isto por ser um imperativo do sistema econômico adotado nos países que optaram por um modelo intervencionista de Estado, e não por um modelo tecnoburocrático (ou aparentemente socialista (...))" (*Responsabilidade civil do Estado intervencionista*, p. 199-200).

[26] Também não se pode deixar de registrar aqui o entendimento doutrinário de Joaquim José Gomes Canotilho, ainda nos idos de 1974, *verbis*: "Vol- vendo-nos para a situação subjectiva do particular, cremos que a segunda interrogação — a pretensão da indemnização não deve merecer uma negativa frontal.
Pois imaginemos que num plano de incentivo industrial se estabelecem subsídios a certas indústrias e se proíbem as importações de produtos das suas congéneres estrangeiras. A posterior verificação de o interesse público ser incompatível com tal regime, e por isso mesmo conducente à suspensão da proibição de importação ou dos subsídios, poderá colocar os industriais afectados pelas alterações do plano em situações de ruína económica. Por que não distribuir o plano pela colectividade se essa alteração vem incidir especialmente sobre certos indivíduos? (...)
Parece-nos seguro ser de exigir à administração o exacto conhecimento das suas possibilidades a fim de evitar que, através de promessas não mantidas, leve os particulares a compromissos e a riscos que eles não dominam e que não correriam se não fossem as garantias dos entes públicos. Mas a demonstração da falta de cumprimento da promessa será, talvez, elemento imprescindível ao desencadeamento do fenómeno indemnizatório. Isto significa que, a aceitarmos neste caso uma responsabilidade, ela tem que basear-se no comportamento ilícito e culposo da administração" (*O problema da responsabilidade civil do Estado por actos lícitos*, p. 205-206, 208).

público, que se apresenta como decorrência natural do planejamento econômico dentro de um regime que privilegia a livre-iniciativa.[27] Segundo Luis S. Cabral de Moncada o fomento econômico consiste numa atividade administrativa de satisfação de necessidades de caráter público, protegendo ou promovendo atividades de sujeitos privados ou outros que direta ou indiretamente satisfaçam ditas necessidades. Salienta ainda que o objeto da atividade fomentadora do Estado consiste no apoio prestado às empresas privadas, representado em estímulos positivos e dinâmicos, sendo certo que poderá ser de ordem social ou cultural.[28]

Exemplos de fomento econômico são a concessão de incentivos fiscais e tributários, a concessão de subsídios, os empréstimos em condições mais favoráveis do que as apresentadas pelo mercado, as garantias bancárias etc.

Como regra, a competência para o exercício da atividade fomentadora é do Ente Público Central, consoante dispõe a regra prevista no artigo 174 da CRFB/88. Tem-se que decisão de fomentar um setor, uma região ou tipo de atividade é política. No entanto, a instrumentalização desta decisão não é livre; pode depender de elementos técnicos e deve, sempre que possível, respeitar os anseios de igualdade de tratamento.

Assim, pode-se dizer que se o Estado, quando da efetivação de fomento, o fizer em desrespeito a eventuais estudos técnicos para detectar setores econômicos, sociais ou mesmo regiões que necessitem de apoio, bem assim sem levar em conta os princípios da igualdade e impessoalidade, expressamente previstos no *caput* do artigo 37 da CRFB/88, com a finalidade de beneficiar determinada empresa ou região, poderá sujeitar-se a uma obrigação indenizatória, caso restem comprovados efetivos prejuízos.

Afirma-se isto pois o princípio da igualdade tem por norte a função de proteger e garantir a livre concorrência entre as pessoas que se lançam ao mercado de produção e circulação de bens e serviços, seja quando a sua atividade tem por objeto o poder, seja quando o pólo de seu interesse são os bens materiais ou imateriais, cujo gozo exclusivo lhes é assegurado pelo direito de propriedade.[29] Ademais, privilegiar determinado tomador para o recebimento de um incentivo estatal representará não só a violação do princípio da igualdade, mas

---

[27] SOUTO. *Direito administrativo da economia*, p. 39.
[28] MONCADA. *Direito econômico*, p. 426.
[29] SCAFF. *Responsabilidade civil do Estado intervencionista*, p. 183.

também configurará um ato regulatório com desvio de finalidade, que, certamente, caracterizará a captura do Estado Regulador. Ressalta-se, no entanto, que malgrado ser objetiva a responsabilidade do Poder Público, nos termos do artigo 37, §6º da CRFB/88, o ônus da prova de tais fatos é do suposto lesado.[30]

2.3 O dever de indenizar decorrente de ato regulatório que imponha tabelamento ou controle de preços

Após analisar as hipóteses de responsabilidade civil do Poder Público por intervenção sobre o domínio econômico por atos regulatórios de implementação do planejamento econômico e de fomento público, passa-se agora ao estudo da sua responsabilidade civil por ato regulatório que imponha o tabelamento ou congelamento de preços.

Inicialmente, cumpre asseverar, com Luis S. Cabral de Moncada, que a livre estipulação de um preço pelo produtor é consequência direta do seu direito de livre-iniciativa econômica.[31]

Esta afirmação, se interpretada ao pé da letra, conduz ao raciocínio de que impossível se afigura ao Estado, mesmo que tenha optado por um regime de dirigismo econômico[32] (como o fez a CRFB/88, no

---

[30] Neste diapasão, impende trazer a lume a doutrina de Fernando Facury Scaff, que bem analisa o dever de indenizar do Estado ou da Agência Reguladora quando a intervenção sobre o ordenamento econômico violar o princípio da igualdade de tratamento, *verbis*: "Enfim, qualquer que seja a vestimenta com que o Estado se paramente — Poder Legislativo, Poder Executivo, Poder Judiciário, Administração Pública, sociedade de economia mista, empresa pública, fundação, autarquia, agências governamentais, etc. —, haverá responsabilidade do Estado por Intervenção sobre o Domínio Econômico caso haja infringência das normas infradescritas. (...)
Então, em face desta imposição de intervenção do Estado, como operacionalizar o Princípio da Igualdade? Só há uma resposta: que a intervenção se faça de maneira a não quebrar o princípio isonômico, por via de atos conformes com as suas exceções cabíveis, tal como retrodescrito. Assim, qualquer norma interventiva do Estado, seja de direção, seja de indução, mas que incentive, desincentive ou vede uma atividade, deverá estar em conformidade com os seguintes critérios:
1º) o correto estabelecimento do critério discriminatório;
2º) haver correção lógica entre o critério discriminador escolhido e a disparidade estabelecida no tratamento jurídico diversificado;
3º) este discrímen se encontrar de conformidade com o ordenamento jurídico posto.
Se qualquer um destes critérios não estiver sendo obedecido para que haja a intervenção do Estado, estará ocorrendo um ato inconstitucional, posto que o Princípio da Igualdade, presente em todas as Constituições dos países civilizados, estará sendo violado" (*Responsabilidade civil do Estado intervencionista*, p. 176, 193-194).
[31] MONCADA. *Direito econômico*, p. 351.
[32] A distinção entre intervencionismo e dirigismo econômico foi formulada com maestria por Tércio Sampaio Ferraz Jr, que assim expôs: "O primeiro é atitude flexível, que visa

artigo 174), impor ao segmento regulado um tabelamento ou congelamento — como preferem alguns — de preços. Este ato regulatório estatal, se analisado à luz da CRFB/88, afigurar-se-ia inconstitucional, por violação dos princípios que proclamam a livre-iniciativa e a livre concorrência, estampados no dispositivo do artigo 170.

Deve-se mencionar que parte da doutrina brasileira adota o posicionamento que entende ser inconstitucional, por violação dos artigos 1º, IV, e 170, ambos da CRFB/88, mais especificamente dos princípios da livre-iniciativa e da livre concorrência, o tabelamento de preços por parte do Estado.[33]

Neste caso, a se entender que é inconstitucional o tabelamento ou congelamento de preços, qualquer ato estatal que intervier sobre o ordenamento econômico, por meio desta prática, sujeitará a Administração Pública ao dever de indenizar, desde que presente se faça um dano, que poderá restar comprovado com a violação do princípio da lucratividade.

Todavia, Luís Roberto Barroso adota posicionamento diverso, com o qual concordamos, admitindo, desde que respeitados alguns parâmetros, o tabelamento de preços por parte do Estado, justamente para garantir a intangibilidade dos princípios da livre-iniciativa e da livre concorrência, quando estes se encontrarem deteriorados pela atuação do mercado. Confira-se a lição do citado autor, *verbis*:

> Penso ser preciso conceder que, em situações excepcionais, o controle prévio de preços poderá justificar-se, com fundamento nos próprios princípios da livre-iniciativa e da livre concorrência. Será este o caso quando esta medida extrema for essencial para reorganizar um mercado deteriorado, no qual esses dois princípios tenham entrado em colapso e não mais operem regularmente. De qualquer sorte, ainda nessa hipótese,

---

a estimular o mercado e a definir as regras do jogo. Já o segundo se caracteriza por uma atitude rígida que impõe autoritariamente certos comportamentos. Neste há uma direção central da economia que funciona na base de um plano geral obrigatório que todos executam; a entidade Autora do plano determina a necessidade dos sujeitos e a sua prioridade, fixa os níveis de produção e de preços e opera direta ou indiretamente a distribuição dos bens produzidos" (Congelamento de preços: tabelamentos oficiais. *Revista de Direito Público*, p. 83).

[33] Neste sentido, apresenta-se a doutrina de Celso Ribeiro Bastos. "Regular, na Constituição Federal quer dizer calibrar, colocar em harmonia expelindo toda a sorte de manipulações que empresários não éticos possam implantar. Como se vê, o Estado edita normas no sentido de purificar o mercado, de evitar a sua deturpação, como se viu no capítulo anterior. Deve-se atentar ao fato, de que algumas vezes, o Estado, a pretexto de regular, intervém no preço praticado no mercado. O tabelamento de preços é uma forma drástica de intervenção no mercado, tendo em vista os princípios formadores de nossa ordem econômica. Tal instituto não tem cabida na economia brasileira" (*Direito econômico brasileiro*, p. 227-228).

o controle de preços somente será considerado legítimo se obedecer a um conjunto de pressupostos, que serão analisados adiante.[34]

E é o próprio Autor que, destacando os princípios da unicidade e da razoabilidade para a correta interpretação das normas constitucionais, nos fornece os pressupostos por ele mencionados para que se tenha uma legítima e constitucional atuação regulatória estatal de tabelamento (fixação) de preços, sem violação dos princípios da livre-iniciativa e da livre concorrência. E mais: Luís Roberto Barroso afirma que a medida não pode ser adotada pelo Estado de forma regular; esta drástica intervenção deverá ocorrer por tempo determinado e não poderá impor aos agentes econômicos um preço inferior ao preço de custo, *verbis*:

> A admissão de que algum tipo de controle de preços pode ser legítima — tese aqui defendida, em oposição a boa parte da doutrina — impõe, como contrapartida, a exigência de rígida observância dos condicionamentos constitucionais para sua adoção.
>
> Com efeito, pelo princípio da unidade da Constituição, inexiste hierarquia entre as normas constitucionais, de forma que jamais se deve interpretar uma delas invalidando ou paralisando a eficácia de outra. Por assim ser, como já se teve ocasião de registrar, deve-se sempre preservar um núcleo mínimo dos princípios constitucionais em ponderação, sob pena de violar-se a unidade da Carta. *Nesse sentido, há razoável consenso em que, mesmo quando admitido o controle de preços, ele sofre três limitações insuperáveis: a) deverá observar o princípio da razoabilidade; b) como medida excepcional, pressupõe uma situação de anormalidade e deve ser limitado no tempo, e c) em nenhuma hipótese pode impor a venda de bens ou serviços por preço inferior ao preço de custo, acrescido de um retorno mínimo compatível com as necessidades de reinvestimento e de lucratividade próprias do setor privado.*[35]

Merece ainda destaque o posicionamento do doutrinador português Luis S. Cabral de Moncada, que também admite, não como regra, mas sim como exceção, o controle de preços por parte do Estado, sempre que tal medida regulatória se fizer necessária para a proteção de interesse da coletividade, *verbis*:

> O estabelecimento livre de um preço pelo produtor é uma conseqüência directa do seu direito de livre iniciativa econômica. Assim sendo, a

---

[34] BARROSO. A ordem econômica constitucional e os limites à atuação Estatal no controle de preços. *Revista de Direito da Associação dos Procuradores do Novo Estado do Rio de Janeiro*, p. 47.
[35] BARROSO. A ordem econômica constitucional e os limites à atuação Estatal no controle de preços. *Revista de Direito da Associação dos Procuradores do Novo Estado do Rio de Janeiro*, p. 65-66.

problemática do conteúdo e limites da intervenção estadual em matéria de preços tem de ser encarada no quadro da conformação constitucional daquele direito.

Daí que face à nossa Constituição o regime de preços livres deva ser a regra e o regime de preços 'limitados' a excepção; serão todavia sempre possíveis medidas de fixação unilateral de preços pelos poderes públicos em casos em que a sua livre fixação comprometeria o interesse geral, sem que isso afecte o conteúdo essencial, intocável, do direito de livre empresa privada. Significa isto que muito embora a intervenção estatal em matéria de preços não seja já um princípio constitucional, não fica ela excluída como prolongamento natural de certas medidas de política económica que a constituição requer. Sabe-se contudo que o regime dos preços livres ou seja, espontaneamente fixados pelas movimentações do mercado, é o mais apto a traduzir e a informar sobre as preferências dos consumidores e dos vendedores e nessa medida critério essencial da sua iniciativa económica.[36]

Com efeito, mencione-se o entendimento firmado pelo Egrégio Supremo Tribunal Federal, quando do julgamento da ADI nº 319-DF, que considerou constitucional a Lei nº 8.039/90, que dispunha sobre critérios de reajustes das mensalidades escolares, e, assim, neste caso concreto, admitiu a possibilidade de o Estado proceder à intervenção regulatória sobre o ordenamento econômico, por meio da edição de atos regulatórios que imponham o tabelamento ou o controle de preços, para o fim de tutelar o interesse público. Por sua importância, pede-se vênia para transcrição da ementa da decisão anunciada, *verbis*:

Ação Direta de Inconstitucionalidade. Lei 8.039, de 30 de maio de 1990, que dispõe sobre critérios de reajuste das mensalidades escolares e dá outras providências.

Em face da atual Constituição, para conciliar o fundamento da livre-iniciativa e do princípio da livre concorrência com os da defesa do consumidor e da redução das desigualdades sociais, em conformidade

---

[36] MONCADA. *Direito econômico*, p. 351. Fábio Konder Comparato também se posiciona favoravelmente à possibilidade de controle de preços por parte do Estado, asseverando, no entanto, que tal postura deverá respeitar os princípios da legalidade, igualdade e proporcionalidade. Confira-se a lição do autor citado, *verbis*: "No que tange, especificamente, à restrição à liberdade empresarial, consubstanciada no controle público de preços no mercado, já se formou um razoável consenso, na doutrina e na jurisprudência, quanto aos limites dentro nos quais essa restrição é considerada legítima. Eles são de três ordens: a legalidade, a igualdade e a proporcionalidade" (Regime constitucional no controle de preços no mercado. *In*: COMPARATO. *Direito público*: estudos e pareceres, p. 109).

com os ditames da justiça social, pode o Estado, *por via legislativa*, regular a política de preços de bens e de serviços, abusivo que é o poder econômico que visa ao aumento arbitrário dos lucros.

Não é, pois, inconstitucional a Lei 8.039, de 30 de maio de 1990, pelo só fato de ela dispor sobre critérios de reajuste das mensalidades das escolas particulares.

Exames das inconstitucionalidades alegadas com relação a cada um dos artigos da mencionada Lei. Ofensa ao princípio da irretroatividade com relação à expressão "março" contida no parágrafo 5º do artigo 2º da referida Lei. Interpretação conforme a Constituição aplicada ao "caput" do artigo 2º, ao parágrafo 5º desse mesmo artigo e ao artigo 4º, todos da Lei em causa. Ação que julga procedente em parte, para declarar a inconstitucionalidade da expressão "março" contida no parágrafo 5º do artigo 2º da Lei 8.039/90, e, parcialmente, o "caput" e o parágrafo 2º do artigo 2º, bem como o artigo 4º, os três em todos os sentidos que não aquele segundo o qual de sua aplicação estão ressalvadas as hipóteses em que, no caso concreto, ocorre direito adquirido, ato jurídico perfeito e coisa julgada.[37] (grifos nossos)

---

[37] BRASIL. Supremo Tribunal Federal. ADI nº 319/DF, Rel. Min. Moreira Alves. Tribunal Pleno, publicado no *DOU*, 30 abr. 1993. Ementário nº 1701-1. Requerente: CONFENEM – Confederação Nacional dos Estabelecimentos de Ensino. Requeridos: Congresso Nacional e o Presidente da República. No mesmo sentido decidiu a Colenda 3ª Turma do Egrégio Tribunal Regional Federal da 1ª Região, em acórdão cuja ementa merece transcrição, *verbis*: "Controle de preços. Intervenção do Estado na atividade econômica (Carta Magna, art. 170). 'Plano Collor II' (Lei 8.178/91). Constitucionalidade.
1. 'Em face da atual Constituição, para conciliar o fundamento da livre-iniciativa e do princípio do livre concorrência com os da defesa do consumidor e da redução das desigualdades sociais, em conformidade com os ditames da justiça social, pode o Estado, por via legislativa, regular a política de preços de bens e de serviços, abusivo que é o poder econômico que visa ao aumento arbitrário dos lucros' (STF. ADI nº 319/DF).
2. Constitucionalidade da Lei 8.178/91 que instituiu o chamado 'Plano Collor II' e o controle de preços respectivo.
3. Legitimidade da multa imposta à empresa que vendeu produto por preço superior ao legalmente estabelecido.
4. A lei delegada e o decreto-lei são instrumentos normativos situados num mesmo plano hierárquico.
5. Assim sendo, é constitucional a alteração do disposto no artigo 13 da Lei Delegada nº 4/62 pelo Decreto-Lei 2.339/87.
6. Constitui mera irregularidade, não infringindo o disposto no parágrafo 8º do artigo 2º da Lei 6.830/80, a retificação de certidão de dívida ativa com data retroativa.
7. Improcedência da alegação de que a multa em causa foi fixada em valor superior ao legalmente permitido, uma vez que foi ela estabelecida no máximo previsto no artigo 11, 'caput', da Lei Delegada nº 4/62 (redação dada pela Lei 8.035/90).
8. Não tem o Poder Judiciário competência para reduzir o valor da multa imposta, em decisão devidamente motivada, sob o fundamento de desproporção entre o valor dela e os fatos que a ensejaram, uma vez que o controle jurisdicional do ato administrativo restringe-se ao aspecto da legalidade. Precedentes do STF e desta Corte.
9. Tratando-se de infrações administrativas praticadas em momentos sucessivos, nas mesmas condições de tempo, lugar e maneira de execução, devem as subsequentes ser havidas como continuação da primeira, à semelhança do que sucede com as infrações penais (Código Penal, art. 71). Precedentes desta Corte e do STJ.

Assim, partindo da premissa de que é possível a intervenção regulatória do Estado no ordenamento econômico por meio do controle de preços, quer para proteger a intangibilidade dos princípios da livre-iniciativa e da livre concorrência, quer para ponderá-los[38] com os ditames da justiça social, da proteção ao consumidor, bem como para coibir o acirramento das desigualdades sociais, cumpre assinalar que se tal medida interventiva for praticada à margem da lei (ou dos critérios informadores do princípio da razoabilidade) e que causem danos àqueles que compõem o segmento regulado, poderá exsurgir o dever de indenizar do Poder Público.

A corroborar o que anteriormente se disse, mister trazer a lume a ementa da decisão proferida pela Colenda 2ª Turma do Egrégio Superior Tribunal de Justiça, que não só declarou legal e válida a intervenção estatal por meio do controle de preços, mas também admitiu que esta espécie de regulação fosse realizada por meio de uma autarquia, o Instituto do Açúcar e do Álcool (IAA), que, a nosso sentir, como dito, detinha todas as vestes de uma Agência Reguladora. Confira-se, *verbis*:

> Direito econômico. Intervenção do Estado no domínio econômico. Tabelamento. Preço único. Setor sucroalcooleiro. Congelamento de preços. Planos econômicos. IAA – Instituto do Álcool e do Açúcar. Apuração de custo de produção pela FGV – Fundação Getúlio Vargas. Indenização pleiteada por prejuízo ocasionado por política de fixação de preços em desacordo com os critérios do art. 9º da Lei nº 4.870/65.
>
> I – O exercício da atividade estatal, na intervenção no domínio econômico, não está jungido, vinculado, ao levantamento de preços efetuado por órgão técnico de sua estrutura administrativa ou terceiro contratado para esse fim específico; isto porque há discricionariedade do Estado na adequação das necessidades públicas ao contexto econômico estatal; imprescindível a conjugação de critérios essencialmente técnicos com a valoração de outros elementos de economia pública.
>
> II – O tabelamento de preços não se confunde com o congelamento, que é política de conveniência do Estado, enquanto intervém no domínio econômico como órgão normativo e regulador do mercado, não havendo quebra do princípio da proporcionalidade ao tempo em que todo o

---

10. Apelação provida em parte" (BRASIL. Tribunal Regional Federal da 1ª Região. Apelação Cível nº 01296195. Processo: 199301296195 UF: GO Órgão Julgador: 3ª Turma Suplementar. Rel. Juiz Leão Aparecido Alves – Conv. Data da decisão 03.10.2001 Documento: TRF100123027. Fonte *DJ*, p. 2, 23 jan. 2002).

[38] Sobre a técnica de interpretação constitucional por meio da ponderação de valores expressos em princípios constitucionais, remete-se o leitor à excelente obra doutrinária de Daniel Sarmento (*A ponderação de interesses na Constituição Federal*).

setor produtivo sofreu as conseqüências de uma política econômica de forma ampla e genérica.

III – Apesar de inviável, em sede de recurso especial, a quantificação dos danos sofridos pelas usinas e engenhos de açúcar — com a fixação de preços únicos para o setor sucroalcooleiro, decorrente de tabelamento de preço — porque implica reexame de prova vedado pela Súmula nº 07/Colendo Superior Tribunal de Justiça, é possível a discussão da legalidade dos critérios exteriorizadores da defasagem do setor.[39]

A matéria acima referida foi levada a julgamento perante o Supremo Tribunal Federal quando do julgamento do Recurso Extraordinário nº 422.941, tendo sido mantido o dever de indenizar da União Federal por falha no tabelamento de preço privado:

> Em conclusão de julgamento, a Turma, por maioria, deu provimento a recurso extraordinário interposto por destilaria contra acórdão do STJ que, em recurso especial, reformara decisão que condenara a União a indenizar os prejuízos advindos da intervenção do Poder Público no domínio econômico, a qual resultara na fixação de preços, no setor sucro-alcooleiro, abaixo dos valores apurados e propostos pelo Instituto Nacional do Açúcar e do Álcool. A recorrente alegava ofensa ao art. 37, §6º, da CF, sustentando que, não obstante o referido ato tivesse decorrido de legítima atividade estatal, deveria ser indenizada pelo dano patrimonial por ela sofrido — v. Informativo 390. *Entendeu-se que a intervenção estatal na economia possui limites no princípio constitucional da liberdade de iniciativa e a responsabilidade objetiva do Estado é decorrente da existência de dano atribuível à atuação deste. Nesse sentido, afirmou-se que a fixação, por parte do Estado, de preços a serem praticados pela recorrente em valores abaixo da realidade e em desconformidade com a legislação aplicável ao setor constitui-se em óbice ao livre exercício da atividade econômica, em desconsideração ao princípio da liberdade de iniciativa. Assim, não é possível ao*

---

[39] BRASIL. Superior Tribunal de Justiça. REsp nº 79.937. Processo: 199500604701/DF, 2ª T., Rel. Min. Nancy Andrighi. Data da decisão 06.02.2001. Documento: STJ000402930. Fonte *DJ*, p. 366, 10 set. 2001. *RDR*, v. 00021, p. 327, *RSTJ*, v. 00149, p. 151. Exatamente sobre o tema em questão, registre-se a matéria veiculada no jornal O Globo, sob o título "Ações na Justiça ameaçam retirar R$250 bilhões dos cofres do governo", por meio do qual se noticia que em razão de um tabelamento equivocado de preços pelo IAA, em desacordo com um estudo realizado pela Fundação Getúlio Vargas, as Usinas de Cana e Destilarias de Álcool teriam suportado um prejuízo, que hoje cobram da União Federal, no valor aproximado de 50 (cinquenta) bilhões de reais (Ações na Justiça ameaçam retirar R$250 bilhões dos cofres do governo. *O Globo*, 29 set. 2003, p. 18. Economia). Diga-se ainda que entre as várias medidas adotadas pela União Federal para implementar o livre mercado no setor sucroalcooleiro, uma delas foi a total liberalização dos preços antes fixados pelo IAA — entre os quais se destacava o da cana-de-açúcar —, ocorrida em 1º de fevereiro de 1999, por meio da Portaria MF nº 275/98.

Estado intervir no domínio econômico, com base na discricionariedade quanto à adequação das necessidades públicas ao seu contexto econômico, de modo a desrespeitar liberdades públicas e causar prejuízos aos particulares. Vencido, em parte, o Min. Joaquim Barbosa que dava parcial provimento ao recurso, para que a condenação somente recaísse sobre o período compreendido entre março de 1985 e maio de 1987. (RE nº 422.941/DF, Rel. Min. Carlos Velloso, 6.12.2005)

Assim, se o Poder Público, com o pretexto de tutelar o interesse público, editar ato impondo o congelamento de preços a determinado setor regulado, sem qualquer parâmetro de razoabilidade, isto é, se não houver adequação entre o meio empregado (controle do preço) e o fim público almejado; ou se existir meio menos gravoso para solucionar o problema porventura surgido, o qual se visa solucionar via drástica regulação por controle de preços e este não for adotado; ou, ainda, se a medida impuser um ônus maior ao segmento regulado do que a situação anterior já existente, patente restará o dever de indenizar do Estado, desde que comprovados, pelo suposto lesado, o dano e o nexo de causalidade.

Da mesma forma, caso o ato regulatório não se fizer transitório ou se impuser ao segmento regulado preço inferior àquele que seria o razoável para cobrir os custos da produção e para obtenção de um lucro mínimo, entendemos que presente estará o dever de indenizar.

Por ser objetiva a responsabilidade civil do Estado, reafirme-se que a ele, para afastar o nexo de causalidade, incumbirá o dever de provar, acaso existente, fato exclusivo do lesado, caso fortuito ou força maior, ou fato de terceiro.

Uma última palavra ainda deve ser dita acerca da edição de ato regulatório de controle de preços (públicos) sobre atividades econômicas em sentido amplo, que também são consideradas serviços públicos. Neste caso, nada obstante competir ao Poder Concedente a fixação do valor da tarifa que custeará a atividade, se este impuser um tabelamento que de tal forma viole o equilíbrio econômico e financeiro do contrato de concessão, patente restará o dever de indenizar, mais especificamente o de ao menos restabelecer o equilíbrio econômico contratual, seja por meio do pagamento de uma indenização (via judicial), seja por meio de uma alteração contratual.[40]

---

[40] Embora seguir, em linhas gerais, a mesma regra da responsabilidade civil extracontratual, a matéria envolve a discussão acerca da responsabilidade contratual do Estado, que não é o tema objeto desta trabalho, razão por que nos absteremos de tecer maiores considerações a seu respeito.

Conclusões

Face ao exposto, sem a pretensão de esgotar o tema, pode-se concluir este trabalho com as seguintes ponderações:
1. A regulação intervenção estatal na ordem econômica não é livre. Encontra limites na Constituição Federal de 1988, máxime nas regras e princípios do artigo 170. Caso o Estado se desvencilhe de tais comandos e objetivos constitucionais e, assim, cause danos a terceiros, poderá responder civil e objetivamente, nos termos do artigo 37, §6º da CRFB/88.
2. Com efeito, poderá o Estado responder, por exemplo, por ato regulatório que intervenha sobre o ordenamento econômico para formular e implementar plano econômico ou de plano de fomento público, desde que reste configurada a sua captura — o que configura o desvio de finalidade na atuação regulatória —, quer por ação ou por falha na fiscalização, ou mesmo em razão da prática de atos lícito e ilícito.
3. Responderá ainda civilmente o Poder Público se vier a editar ato para controlar preço privado sem a devida e correta ponderação dos princípios constitucionais que disciplinam as atividades econômicas (art. 170 da CRFB/88), ou que mantiver o controle do preço por tempo indeterminado ou mesmo superior ao necessariamente devido, impondo aos regulados a circunstância de trabalharem com prejuízo ou com ausência de ganho de um lucro mínimo.

Informação bibliográfica deste texto, conforme a NBR 6023:2002 da Associação Brasileira de Normas Técnicas (ABNT):

WILLEMAN, Flávio de Araújo. Responsabilidade civil estatal por intervenção no ordenamento econômico. *In*: FREITAS, Daniela Bandeira de; VALLE, Vanice Regina Lírio do (Coord.). *Direito administrativo e democracia econômica*. Belo Horizonte: Fórum, 2012. p. 183-204. ISBN 978-85-7700-619-9.

LICITAÇÃO E CONTRATAÇÃO NO TERCEIRO SETOR
QUESTÕES ATUAIS

RAFAEL CARVALHO REZENDE OLIVEIRA

1 Introdução

O objetivo deste estudo é analisar a eventual exigência de licitação para as contratações realizadas no âmbito do denominado "Terceiro Setor".[1]

Inicialmente, serão abordados os fundamentos para o surgimento do Terceiro Setor; em seguida, o trabalho apontará as "entidades" que compõem o Terceiro Setor e as suas principais características, bem como as controvérsias relacionadas às contratações realizadas por estas entidades; na parte final, o estudo analisará o regime jurídico do Terceiro Setor previsto no Anteprojeto de Lei de Normas Gerais sobre Administração Pública Direta e Indireta, entidades paraestatais e entidades de colaboração.

---

[1] Para uma análise aprofundada das inúmeras controvérsias que envolvem o Terceiro Setor, remetemos o leitor à nossa obra: OLIVEIRA. *Administração Pública, concessões e Terceiro Setor*, 2012.

2 "Terceiro Setor": significado, fundamentos e características gerais

O denominado "Terceiro Setor" vem inserido em uma nova forma de organizar a Administração Pública e de atender ao interesse público. A Administração, em vez de utilizar órgãos e pessoas administrativas, vem estabelecendo formas diferenciadas de parcerias com a iniciativa privada para atender às finalidades públicas impostas pelo ordenamento jurídico.

A expressão "Terceiro Setor", que engloba as entidades da sociedade civil sem fins lucrativos, surge justamente como uma "terceira via" possível no atendimento do interesse público. Usualmente, o Primeiro Setor, formado pelo Estado (Entes federados e entidades da Administração Pública Indireta), e o Segundo Setor, relativo ao mercado (entidades privadas com fins lucrativos, tais como os concessionários e os permissionários de serviços públicos),[2] eram os responsáveis pelo atendimento do interesse público. Atualmente, em virtude da aproximação entre o Estado e a sociedade civil, a iniciativa privada, que presta atividades socialmente relevantes, sem finalidade lucrativa, vai ser fomentada, notadamente, pelo recebimento de benefícios públicos (recursos orçamentários, cessão de bens, entre outros previstos em lei).

Costuma-se citar o princípio da subsidiariedade como um dos principais fundamentos das parcerias com as entidades do Terceiro Setor. O Estado Democrático de Direito é marcado pela aproximação entre o Estado e a sociedade civil, relativizando a divisão absoluta entre o direito público e o privado.[3] Há, atualmente, uma valorização da sociedade civil na satisfação do interesse público, devendo o Estado criar condições materiais para que os cidadãos possam atuar.

---

[2] Há uma relevante controvérsia doutrinária quanto à possibilidade de utilização da autorização como forma de delegação do serviço público. Entendemos que, a partir da interpretação conjugada dos arts. 21, XI e XII e 175 da CRFB, a autorização não se presta para a delegação de tais serviços, mas apenas como expressão do poder de polícia (consentimento de polícia com caráter, em regra, discricionário e precário) em relação às atividades privadas de relevância social. Nesse sentido: CARVALHO FILHO. *Manual de direito administrativo*, 2007, p. 392-394; DI PIETRO. *Direito administrativo*, p. 280; JUSTEN FILHO. *Curso de direito administrativo*, 2005, p. 485.

[3] Na lição de Teresa Negreiros: "Fica claro, portanto, que num sistema de proeminência da dignidade da pessoa humana, perde eficácia legitimante a oposição entre o público e o privado, já que, contrariamente ao que preside a uma relação dicotômica, o uso axiológico destas duas esferas não mais admite a sua conceituação como esferas reciprocamente exclusivas e impermeáveis" (NEGREIROS. A dicotomia público-privado frente ao problema da colisão de princípios. *In*: TORRES. *Teoria dos direitos fundamentais*, p. 370).

O princípio da subsidiariedade,[4] cunhado a partir da doutrina social da Igreja Católica, dá ensejo ao denominado "Estado subsidiário", caracterizado pela ausência de intervenção direta quando a sociedade for capaz da atender aos interesses sociais. De acordo com Silvia Faber Torres, a subsidiariedade enfatiza os limites à ação do Estado (sentido negativo) — que deve respeitar as competências e as responsabilidades naturais dos indivíduos — e também a ajuda (sentido positivo) que o Estado deve prestar à sociedade para atingir o "bem comum".[5] Em relação ao sentido positivo, destaca-se a atividade de fomento estatal à atuação de entidades privadas não-lucrativas, realçando a importância da denominada "esfera pública não-estatal".[6]

Em verdade, as entidades que integram o Terceiro Setor não representam novidades intrínsecas do ponto de vista organizacional. São entidades privadas que assumem formas organizacionais conhecidas há bastante tempo e compatíveis com a ausência do escopo do lucro: fundações privadas ou associações civis. O que existe de novidade, destarte, é a qualificação jurídica que será atribuída a tais entidades. As expressões "Serviços Sociais Autônomos" (Sistema "S"), "Organizações Sociais" ("OS"), "Organizações da Sociedade Civil de Interesse Público" ("OSCIP"), entre outras previstas no ordenamento jurídico, uma vez conferidas às entidades privadas, permitem a formalização, futura e eventual, de instrumentos jurídicos responsáveis pelo repasse de benefícios públicos.

Nessa perspectiva, os Serviços Sociais Autônomos têm sido criados, após autorização legal,[7] por Confederações privadas, como a

---

[4] Na lição de Silvia Faber Torres: "A subsidiariedade eleva a sociedade civil a primeiro plano na estrutura organizacional do estado e concebe a cidadania ativa como pressuposto básico para sua realização, colocando a instância privada a serviço do interesse geral a partir, também, da idéia de solidariedade, que se funda, principalmente, na maior eficiência da ação social sobre a ação estatal junto aos grupos menores" (TORRES. *O princípio da subsidiariedade no direito público contemporâneo*, p. 15).

[5] TORRES. *O princípio da subsidiariedade no direito público contemporâneo*, p. 18. Vide também: BARACHO. *O princípio da subsidiariedade*: conceito e evolução, p. 50.

[6] Lembre-se de que o "público" não se confunde com o "estatal". Enquanto a natureza pública da entidade relaciona-se com a função desenvolvida, a qualificação estatal diz respeito à inserção da entidade no interior da Administração Pública.

[7] A exigência de autorização legal para a criação dos Serviços Sociais Autônomos decorre da necessidade de lei impositiva das contribuições sociais, espécie tributária, e da sua respectiva destinação. Em outras palavras: não se trata da autorização legislativa prevista no art. 37, XIX da CRFB, mas, sim, da necessidade de lei (princípio da legalidade) para criação de tributos e para o seu repasse às mencionadas pessoas privadas, tendo em vista o disposto no art. 240 da CRFB.

Confederação Nacional do Comércio (CNC) e da Indústria (CNI),[8] para exercerem atividade de amparo a determinadas categorias profissionais. Tais entidades, uma vez constituídas, entre outras receitas, receberão "dinheiro público" (contribuições sociais), cobrado compulsoriamente da iniciativa privada,[9] conforme previsão do art. 240 da CRFB, e serão submetidas ao controle estatal.[10] Destaque-se que essas contribuições parafiscais são de instituição exclusiva da União (art. 149 da CRFB), mas isso não impede a constituição de Serviços Sociais pelos estados, DF e municípios, que seriam custeados de outras formas.[11]

De outra banda, o Estado também vem criando qualificações jurídicas diferenciadas que, uma vez conferidas, por ato administrativo, às pessoas privadas sem fins lucrativos e que desempenham determinadas atividades de caráter social (ensino, pesquisa científica, desenvolvimento tecnológico, proteção e preservação do meio ambiente, cultura, saúde, entre outras atividades previstas em lei), permitem o repasse de benefícios públicos para tais entidades.

Nesse sentido, por exemplo, a qualificação "Organização Social" ("OS"), prevista na Lei federal nº 9.637/98,[12] autoriza a entidade privada a firmar o denominado "contrato de gestão" com a União,[13] o qual

---

[8] Os Decretos-leis nº 9.403/46 e nº 9.853/46 atribuíram, respectivamente, à CNI e à CNC o encargo de criação do Serviço Social da Indústria (SESI) e do Serviço Social do Comercio (SESC). Existem, todavia, outros exemplos de Serviços Sociais Autônomos, como, por exemplo: SENAI (criação autorizada pelo Decreto-Lei nº 4.048/42), SENAC (criação autorizada pelo Decreto-Lei nº 9.621/46) etc.

[9] Normalmente, a arrecadação é realizada pelo INSS e repassada aos Serviços Sociais.

[10] O DL nº 200/67, em seu art 183, estabelece: "As entidades e organizações em geral, dotadas de personalidade jurídica de direito privado, que recebem contribuições parafiscais e prestam serviços de interesse público ou social, estão sujeitas à fiscalização do Estado nos termos e condições estabelecidas na legislação pertinente a cada uma." Nesse sentido, por exemplo, o SESI, SENAI, SESC e SENAC, por força do Decreto nº 74.296/74, vinculam-se ao Ministério ao Trabalho.

[11] Nesse sentido: MOREIRA NETO. *Curso de direito administrativo*, 2006, p. 267.

[12] O STF, no julgamento do pedido liminar na ADIn n° 1923 MC/DF, confirmou a constitucionalidade da Lei n° 9.637/98. Sustentava-se a inconstitucionalidade, entre outros argumentos, pelo fato de a referida Lei admitir o repasse de benefícios públicos para entidades privadas sem licitação (Informativo de Jurisprudência do STF nº 474). É importante notar que o mérito da ação encontra-se pendente de julgamento.

[13] Frise-se que o denominado "contrato de gestão", no âmbito da "OS", não se confunde com o "contrato de gestão" formalizado no âmbito das agências executivas (art. 51, II da Lei nº 9.649/98 c/c art. 37, §8º da CRFB). A diferença principal entre tais "contratos" reside nas "vantagens" conferidas às entidades parceiras. No que tange à "OS", o contrato de gestão (externo ou exógeno) serve para permitir o repasse de benefícios públicos (recursos orçamentários, permissão de uso de bens públicos e cessão especial de servidores públicos) para a parceira privada. Por outro lado, em relação às agências executivas, o citado "contrato" (interno ou endógeno) é formalizado no âmbito interno da própria Administração e tem por objetivo ampliar as autonomias gerencial, orçamentária e financeira dessas entidades administrativas (OLIVEIRA. *Contrato de gestão*, p. 253-255). A utilização de nomes idênticos

estabelecerá metas de desempenho, que deverão ser alcançadas pela entidade, e permitirá o repasse de recursos orçamentários (art. 12), a permissão de uso de bens públicos (arts. 12 e 13) e a cessão especial de servidores públicos (art. 14), com custo para o Poder Público.

Da mesma forma, a qualificação "Organização da Sociedade Civil de Interesse Público" ("OSCIP"), prevista na Lei federal nº 9.790/99, será conferida às entidades privadas que não exercerem atividades lucrativas e desempenharem as atividades especialmente citadas pela Lei. Uma vez qualificadas, tais entidades poderão firmar "termo de parceria" com o Poder Público, que estabelecerá programas de trabalho (metas de desempenho), e estarão aptas a receber recursos orçamentários do Estado (art. 10).

Saliente-se que as Leis nº 9.637/98 e nº 9.790/99 são consideradas leis federais, aplicáveis somente à União, mas nada impede que estados, DF e municípios instituam, por suas respectivas leis, as qualificações de "OS" e "OSCIP".[14]

É importante destacar as seguintes características gerais das entidades do Terceiro Setor: a) são criadas pela iniciativa privada; b) não possuem finalidade lucrativa; c) não integram a Administração Pública Indireta; d) prestam atividades privadas de relevância social; e) possuem vínculo legal ou negocial com o Estado; f) recebem benefícios públicos.

Muito embora sejam pessoas da iniciativa privada, não integrantes da Administração Pública Indireta, as entidades do Terceiro Setor formalizam vínculos com o Estado (lei, contrato de gestão e termo de parceria) e dele recebem benefícios. Tal parceria acaba por influenciar o regime jurídico dessas pessoas, fazendo incidir, quando expressamente previsto no ordenamento, normas de caráter público, o que tem gerado controvérsias no âmbito da doutrina e da jurisprudência.[15]

---

para ajustes distintos dificulta a compreensão dos institutos, gerando confusões terminológicas e insegurança jurídica. Com o intuito de evitar confusões terminológicas, o "Anteprojeto de Lei de Normas Gerais sobre Administração Pública Direta e Indireta, entidades paraestatais e entidades de colaboração" utiliza a expressão "contrato de autonomia" para se referir ao contrato mencionado no texto constitucional, reservando a expressão contrato de gestão para os ajustes firmados com as Organizações Sociais. A íntegra do texto do anteprojeto encontra-se disponível no seguinte endereço eletrônico: <http://www.planejamento.gov.br>. Acesso em: 02 nov. 10.

[14] Nesse sentido: DI PIETRO. Direito administrativo, p. 465. No Estado do Rio de Janeiro, as Organizações Sociais e as Organizações da Sociedade Civil de Interesse Público são tratadas, respectivamente, na Lei n° 5.498/09 e na Lei n° 5.501/09. No Município do Rio de Janeiro, a Lei n° 5.026/09 dispõe sobre a qualificação de entidades como Organizações Sociais.

[15] Na lição de Paulo Modesto, "as entidades de colaboração não são delegadas do Estado e não gozam de prerrogativas de direito público, processuais ou materiais. Não editam atos

3 Licitação e contratações realizadas por pessoas do Terceiro Setor

3.1 A necessidade de processo de seleção objetivo para celebração do contrato de gestão e do termo de parceria

O primeiro aspecto enfrentado pela doutrina refere-se à necessidade ou não de realizar licitação para escolha da "OS" e da "OSCIP" que formalizarão, respectivamente, o contrato de gestão e o termo de parceria.

A partir da distinção tradicional entre os contratos e os atos administrativos complexos, seria possível, de início, sustentar que os contratos de gestão e os termos de parceria são verdadeiros convênios, tendo em vista a ausência de interesses contrapostos.[16]

Em consequência, a regra da licitação seria afastada para celebração desses ajustes, uma vez que o art. 116 da Lei nº 8.666/93 determina a aplicação das normas de licitação e contratos aos convênios apenas "no que couber". Ora, se os convênios e os contratos fossem sinônimos, não faria sentido a ressalva feita pelo legislador, já que o tratamento jurídico seria o mesmo. Enquanto a licitação é exigida, em regra, para a celebração de contratos (art. 37, XXI da CRFB e art. 2º da Lei nº 8.666/93), ela não seria necessária para a formalização de convênios, justamente porque os partícipes aqui não buscam o lucro, não havendo competição (mas, sim, colaboração), e o valor pago pela Administração tem o objetivo apenas de cobrir os custos do particular.[17]

---

administrativos nem estão sujeitas ao processo administrativo para decidir. São entidades privadas, não estatais, que colaboram com o Estado, mas não se equiparam a ele ou a qualquer órgão do Poder Público" (MODESTO. O direito administrativo do terceiro setor: a aplicação do direito público às entidades privadas sem fins lucrativos. In: MODESTO; CUNHA JUNIOR. *Terceiro setor e parcerias na área de saúde*, p. 32).

[16] A distinção entre os convênios/consórcios e contratos foi consagrada pelo saudoso professor Hely Lopes Meirelles: "No contrato as partes têm interesses diversos e opostos; no convênio os partícipes têm interesses comuns e coincidentes. Por outras palavras: no contrato há sempre duas partes (podendo ter mais de dois signatários), uma que pretende o objeto do ajuste (a obra, o serviço etc.), outra que pretende a contraprestação correspondente (o preço, ou qualquer outra vantagem), diversamente do que ocorre no convênio, em que não há partes, mas unicamente partícipes com as mesmas pretensões" (MEIRELES. *Direito administrativo brasileiro*, 1997, p. 359. No mesmo sentido, *vide*: DI PIETRO. *Direito administrativo*, p. 314-318; CARVALHO FILHO. *Manual de direito administrativo*, 2007, p. 200).

[17] O STF já afirmou a possibilidade de dispensa de licitação, com fundamento no art. 24, XIII da Lei nº 8.666/93, na celebração de convênios (*Informativo de Jurisprudência do STF*, n. 387). Da mesma forma, o TCU decidiu que "a firmatura de termo de parceria por órgãos ou entidades da Administração Pública com Organizações da Sociedade Civil de Interesse Público não demanda licitação" [TCU. Acórdão nº 1.006/11, Plenário, Rel. Min. Ubiratan Aguiar, 20.04.11. (*Informativo de Jurisprudência sobre Licitações e Contratos do TCU*, n. 59)].

Apesar de ser desnecessária a licitação formal da Lei nº 8.666/93 para celebração de convênios, não se pode olvidar que a Administração Pública tem a obrigação de cumprir os princípios constitucionais, notadamente a impessoalidade e a moralidade. Por tal razão, caso existam várias entidades potencialmente interessadas no contrato de gestão ou no termo de parceria, deve o Poder Público estabelecer procedimento administrativo prévio para a escolha da entidade beneficiária do convênio, sob pena de se violar a igualdade. Em abono a essa ideia, a Lei nº 9.637/98 não exige que seja realizada licitação para celebrar o contrato de gestão, mas estabelece a necessidade de observância dos princípios aplicáveis à Administração.[18]

Nesse sentido, o art. 23 do Decreto nº 3.100/99, com redação conferida pelo Decreto nº 7.568/11, que regulamenta a Lei nº 9.790/99, exige a realização do denominado "concurso de projetos" como forma de se restringir a subjetividade na escolha da "OSCIP", garantindo o cumprimento dos princípios da igualdade e da eficiência.[19]

Cabe registrar, por fim, que o art. 4º do Decreto nº 6.170/07 dispõe que a celebração de convênio ou contrato de repasse com entidades privadas, sem fins lucrativos, será precedida de chamamento público, a ser realizado pelo órgão ou entidade concedente, visando à seleção de projetos ou entidades que tornem mais eficaz o objeto do ajuste (art. 4º do Decreto nº 6.170/07, alterado pelo Decreto nº 7.568/11).[20] A exigência do chamamento público fundamenta-se nos princípios da impessoalidade e da moralidade.

---

[18] Art. 7º da Lei nº 9.637/98. No Estado do Rio de Janeiro, o art. 11 da Lei n° 5.498/09 exige "processo seletivo" para celebração do contrato de gestão.

[19] Em sua redação originária, o art. 23 do Decreto nº 3.100/99 não tornava obrigatória a utilização do concurso de projetos, que dependeria da análise discricionária do Poder Público. O TCU, analisando a questão, determinou ao Poder Executivo a realização de aperfeiçoamento no Decreto nº 3.100/99 para, entre outras medidas, tornar, em princípio, obrigatória a realização do concurso de projetos (TCU. Decisão 931/1999, Plenário, Rel. Min. Marcos Vilaça, publicada no BTCU, 78/1999). Com a alteração promovida pelo Decreto nº 7.568/11, o concurso de projetos passou a ser obrigatório.

[20] Em relação ao chamamento público, o art. 7º da Portaria Interministerial MP/MF/CGU nº 507/11 dispõe: "Para a celebração dos instrumentos regulados por esta Portaria com entes públicos, o órgão ou entidade da Administração Pública Federal poderá, com vista a selecionar projetos e órgãos ou entidades públicas que tornem mais eficaz a execução do objeto, realizar chamamento público no SICONV, que deverá conter, no mínimo: I – a descrição dos programas a serem executados de forma descentralizada; e II – os critérios objetivos para a seleção do convenente ou contratado, com base nas diretrizes e nos objetivos dos respectivos programas. Parágrafo único. Deverá ser dada publicidade ao chamamento público, pelo prazo mínimo de 15 (quinze) dias, especialmente por intermédio da divulgação na primeira página do sítio oficial do órgão ou entidade concedente, bem como no Portal dos Convênios."

É importante lembrar, no entanto, que o Superior Tribunal de Justiça já decidiu pela necessidade de realização de licitação para formalização do contrato de gestão (o que, por coerência, poderia ser estendido ao termo de parceria).[21]

No entanto, a licitação é dispensável, na forma do art. 24, XXIV da Lei nº 8.666/93, para a "celebração de contratos de prestação de serviços com as organizações sociais, qualificadas no âmbito das respectivas esferas de governo, para atividades contempladas no contrato de gestão".

Não obstante a norma em questão se refira tão somente às Organizações Sociais e o rol do art. 24 da Lei nº 8.666/93 seja considerado como taxativo, entendemos que a referida dispensa deve ser aplicada também às OSCIPs,[22] tendo em vista os seguintes argumentos: a) princípios constitucionais da isonomia e da razoabilidade: as duas entidades possuem, na essência, características similares que justificam tratamento isonômico em matéria de licitação; b) o inciso XXIV foi inserido ao art. 24 da Lei nº 8.666/93 pela Lei nº 9.648/98, ou seja, antes da instituição normativa da OSCIP que só ocorreu em 1999 (Lei nº 9.790/99); e c) o "contrato" com entidades privadas, sem fins lucrativos, constituir verdadeiro convênio, o que afastaria a necessidade de licitação. Ainda que se considere como contrato, propriamente dito, o art. 24, XIII da Lei nº 8.666/93 justificaria a dispensa nos casos nele elencados.

Apesar das polêmicas envolvendo a presente questão, entendemos ser necessária a realização de processo objetivo de seleção dos interessados na formalização do contrato de gestão e do termo de parceria, sem a obrigatoriedade de aplicação da Lei nº 8.666/93. O mais importante, em verdade, é a observância necessária dos princípios que regem a Administração Pública na seleção dos interessados.[23]

---

[21] BRASIL. Superior Tribunal de Justiça. REsp nº 623.197/RS, Rel. Min. José Delgado, 1ª T. *DJ*, p. 177, 08 nov. 2004. Da mesma forma, Marçal Justen Filho, ao analisar a formalização do contrato de gestão, afirma a "necessidade de prévia licitação para configurar o contrato de gestão e escolher a entidade privada que será contratada", salvo as situações de dispensa e de inexigibilidade, bem como de credenciamento (JUSTEN FILHO. *Comentários à Lei de Licitações e Contratos Administrativos*, p. 36. No mesmo sentido, *vide*: SANTOS. Licitação e Terceiro Setor. *In*: OLIVEIRA. *Terceiro Setor, empresas e Estado*: novas fronteiras entre o público e o privado, 297-300).

[22] É importante notar que não há novidade na admissão de interpretações extensivas de itens constantes de listas taxativas. O STF, no tocante à lista de serviços sujeitos ao ISS, constante do DL nº 406/68, afirma que o rol de serviços é taxativo, "embora comportem interpretação ampla os seus tópicos" (RExt nº 361.829/RJ, Rel. Min. Carlos Velloso, 2ª T., *DJ*, p. 51, 24 fev. 06).

[23] Em sentido semelhante, José Vicente Santos de Mendonça, ao tratar do fomento público às entidades privadas, sustenta a necessidade de procedimento administrativo transparente, que permita a competitividade e a escolha do fomentado por meio de critérios objetivos, sem a necessidade de realização de "licitação pública". Na hipótese de impossibilidade de

3.2 A controvérsia a respeito da necessidade de licitação nas contratações com dinheiro público pelo Terceiro Setor

Em razão da roupagem jurídica atribuída às entidades do Terceiro Setor (associação ou fundação privada), alguns doutrinadores sustentam a desnecessidade de licitação e a inaplicabilidade da Lei nº 8.666/93 ao Terceiro Setor.

Nesse sentido, por exemplo, Diogo de Figueiredo Moreira Neto, ao tratar dos Serviços Sociais Autônomos, entende ser inconstitucional a inclusão das "entidades controladas direta ou indiretamente" pela Administração Direta e Indireta no rol do art. 119 da Lei nº 8.666/93.[24] Isso porque a regra geral, que deve pautar a interpretação dos institutos relacionados ao Sistema "S", é a impossibilidade de interferência estatal (art. 5º XII da CRFB),[25] salvo nos casos expressamente autorizados pelo próprio texto constitucional. Em consequência, a interferência estatal, em matéria de licitações e contratos, realizada pela Lei nº 8.666/93, seria despida de fundamento constitucional, consoante as seguintes razões: a) a Constituição estabeleceu como destinatários da regra da licitação a Administração Pública Direta e Indireta, bem como as empresas sob seu controle, não fazendo menção aos Serviços Sociais Autônomos; b) o Sistema "S" não integra a Administração Pública Indireta nem se sujeita ao controle estatal, salvo nos casos expressamente ressalvados pela Constituição; c) não poderia a Lei nº 8.666/93, portanto, ampliar o rol dos destinatários da licitação para nele incluir os Serviços Sociais Autônomos.[26]

No entanto, outros autores, como José dos Santos Carvalho Filho, defendem a obrigatoriedade de licitação para as contratações realizadas

---

competição, o autor sustenta o acesso livre ou a adoção do critério cronológico do ingresso dos requerimentos (MENDONÇA. Uma teoria do fomento público: critérios em prol de um fomento público democrático, eficiente e não-paternalista. *Revista dos Tribunais*, p. 131-132).

[24] "Art. 119. As sociedades de economia mista, empresas e fundações públicas e demais entidades controladas direta ou indiretamente pela União e pelas entidades referidas no artigo anterior editarão regulamentos próprios devidamente publicados, ficando sujeitas às disposições desta Lei." Veja que o art. 1º, parágrafo único da mesma Lei, ao elencar os destinatários da regra da licitação, também faz menção às "demais entidades controladas direta ou indiretamente pela União, Estados, Distrito Federal e Municípios".

[25] "Art. 5º (...) XVII – é plena a liberdade de associação para fins lícitos, vedada a de caráter paramilitar". Poderia ser citado, ainda, o inciso XVIII do mesmo artigo, que dispõe: "a criação de associações e, na forma da lei, a de cooperativas independem de autorização, sendo vedada a interferência estatal em seu funcionamento".

[26] MOREIRA NETO. Natureza jurídica dos serviços sociais autônomos. *Revista de Direito Administrativo*, p. 93.

por pessoas integrantes do Terceiro Setor, por força da literalidade do art. 1º, parágrafo único da Lei nº 8.666/93, que se refere às "demais entidades controladas direta ou indiretamente" pela Administração Direta. O fato de a Constituição, em seus arts. 22, XXVII, e 37, XXI, referir-se apenas às entidades administrativas não impede que o legislador federal inclua como destinatários da licitação outras pessoas que venham a estabelecer vínculos formais com o Poder Público.[27]

A nosso ver, no entanto, deve-se fazer uma interpretação moderada da questão, como se passa a demonstrar.

Ao ser exigida a submissão às regras da Lei nº 8.666/93 pelo Terceiro Setor, pode-se engessar sobremaneira a atuação das pessoas privadas, burocratizando os seus procedimentos e dificultando o alcance dos seus objetivos sociais. Ora, a própria ideia de parceria entre o Estado e a sociedade civil justifica-se pela ineficiência e burocracia inerentes à máquina administrativa, o que gerou a já mencionada "fuga para o direito privado".

Por outro lado, a liberação total do Terceiro Setor das "amarras" do Poder Público pode servir como um convite às práticas (a)imorais com o dinheiro público. Em vez de realizar a licitação, o Poder Público, de forma fraudulenta e disfarçada, poderia repassar o dinheiro público para as pessoas do Terceiro Setor, criadas sob encomenda, que contratariam apenas com os padrinhos políticos daquele governante.

A solução mais adequada, s.m.j., é aquela adotada pela legislação que trata das Organizações Sociais e das Sociedades Civis de Interesse Público. O legislador procurou restringir a liberdade dessas entidades na contratação com a utilização de recursos repassados pelo Poder Público, exigindo o estabelecimento de procedimentos objetivos na escolha do contratado.

Os arts. 17 da Lei nº 9.637/98[28] e 14 da Lei nº 9.790/99[29] estabelecem a necessidade de edição de regulamentos próprios, respectivamente, pela "OS" e pela "OSCIP", contendo os procedimentos que tais entidades devem adotar "para a contratação de obras e serviços, bem

---

[27] CARVALHO FILHO. *Manual de direito administrativo*, 2007, p. 474-475.
[28] "Art. 17. A organização social fará publicar, no prazo máximo de noventa dias contado da assinatura do contrato de gestão, regulamento próprio contendo os procedimentos que adotará para a contratação de obras e serviços, bem como para compras com emprego de recursos provenientes do Poder Público."
[29] "Art. 14. A organização parceira fará publicar, no prazo máximo de trinta dias, contado da assinatura do Termo de Parceria, regulamento próprio contendo os procedimentos que adotará para a contratação de obras e serviços, bem como para compras com emprego de recursos provenientes do Poder Público, observados os princípios estabelecidos no inciso I do art. 4º desta Lei."

como para compras com emprego de recursos provenientes do Poder Público". No mesmo sentido, o art. 11 do Decreto nº 6.170/07 dispõe que as entidades privadas, sem fins lucrativos, não precisam licitar para aquisição e contratação de serviços com recursos recebidos da União. Todavia, tais contratações deverão observar os princípios da impessoalidade, moralidade e economicidade, sendo necessária, no mínimo, a realização de cotação prévia de preços no mercado antes da celebração do contrato.

O TCU afirmou não ser aplicável a Lei nº 8.666/93 às entidades do Terceiro Setor na contratação com emprego de dinheiro público. Apenas seria necessária a edição de regulamentos próprios que fossem pautados pelos princípios da licitação.[30]

Ao analisar a necessidade de licitação nas contratações promovidas pelo Sistema "S", o TCU afirmou:

> Portanto, é razoável que os serviços sociais autônomos, embora não integrantes da Administração Pública, mas como destinatários de recursos públicos, adotem, na execução de suas despesas, regulamentos próprios e uniformes, livres do excesso de procedimentos burocráticos, em que sejam preservados, todavia, os princípios gerais que norteiam a execução da despesa pública. Entre eles podemos citar os princípios da legalidade — que, aplicado aos serviços sociais autônomos, significa a sujeição às disposições de suas normas internas —, da moralidade, da finalidade, da isonomia da igualdade e da publicidade. Além desses, poderão ser observados nas licitações os princípios da vinculação ao instrumento convocatório do julgamento objetivo. O fato de os serviços sociais autônomos passarem a observar os princípios gerais não implica em perda de controle por parte do Tribunal. Muito pelo contrário: o controle se tornará mais eficaz, uma vez que não se prenderá à verificação de formalidades processuais e burocráticas e sim, o que é mais importante, passará a perquirir se os recursos estão sendo aplicados no atingimento dos objetivos da entidade, sem favorecimento. O controle passará a ser finalístico, e terá por objetivo os resultados da gestão. O uso de procedimento uniformes irá facilitar o controle do Poder Público, tanto a cargo do Poder Executivo quanto do Tribunal de Contas da

---

[30] Inicialmente, a orientação do TCU, em relação ao Sistema "S", determinava a aplicação da Lei nº 8.666/93 (vide, por exemplo: Acórdão nº 24896, Ata nº 24/96 - 1ª Primeira, de 09.07.96; Acórdão nº 170/97 e Decisão nº 455/97). Todavia, após as Decisões nº 907/97 e nº 211/98, ambas do Plenário, o TCU não tem exigido a submissão à Lei nº 8.666/93, bastando que os regulamentos próprios dessas entidades respeitem os princípios constitucionais insculpidos no art. 37, caput, da CRFB.

União. Uma vez aprovados, esses regulamentos não poderão ser infringidos sob pena de se aplicar aos administradores as sanções cabíveis, previstas na Lei nº 8.443/92.[31]

Da mesma forma, quanto às OSCIPs, o TCU decidiu:

9.1.1. as Organizações da Sociedade Civil de Interesse Público – Oscips, contratadas pela Administração Pública Federal, por intermédio de Termos de Parceria, submetem-se ao Regulamento Próprio de contratação de obras e serviços, bem como para compras com emprego de recursos provenientes do Poder Público, observados os princípios da legalidade, impessoalidade, moralidade, publicidade, economicidade e da eficiência, nos termos do art. 14, c/c o art. 4º, inciso I, todos da Lei 9.790/99;

9.1.2. não se aplicam aos Termos de Parceria celebrados entre a Administração Pública Federal e as Oscips as normas relativas aos Convênios, especificamente a IN 01/97-STN; (...).[32]

Como se vê, foi conferida à própria entidade a atribuição para estabelecer os seus procedimentos para a contratação com recursos públicos. Ainda que se aproxime das regras de licitação, fato é que serão regras próprias e simplificadas, não se aplicando, neste ponto, a Lei nº 8.666/93.

Por esta razão, o art 1º, §5º do Decreto nº 5.504/05, quando exige a adoção da modalidade de licitação pregão, preferencialmente, da forma eletrônica, para as contratações realizadas por tais entidades com verbas públicas, viola o princípio da legalidade (arts. 17 da Lei nº 9.637/98 e 14 da Lei nº 9.790/99). Isso porque a legislação remete às entidades, e não ao Chefe do Executivo, a atribuição para a criação de procedimentos adequados na contratação de terceiros. O Chefe do Executivo, portanto, ao editar o Decreto em comento, exorbitou do seu poder regulamentar.[33]

---

[31] TCU. Decisão nº 907/97, Plenário, Rel. Min. Lincoln Magalhães da Rocha, *DOU*, 26 dez. 97.
[32] TCU. Acórdão nº 1.777/05, Plenário, Rel. Min. Marcos Vinicios Vilaça, *DOU*, 22 nov. 05.
[33] Sobre o tema, *vide*: OLIVEIRA. *Administração Pública, concessões e Terceiro Setor*, 2012, p. 319-320. Ademais, o art. 1º, §5º do Decreto nº 5.504/05 foi revogado pelo art. 11 do Decreto nº 6.170/07.

4 O Terceiro Setor no Anteprojeto de Lei de Normas Gerais sobre Administração Pública Direta e Indireta, entidades paraestatais e entidades de colaboração

O Ministério do Planejamento, Orçamento e Gestão, por meio da Portaria MP nº 426 de 06 de dezembro de 2007, constituiu Comissão de juristas com o objetivo de elaborar o Anteprojeto de Lei de Normas Gerais sobre Administração Pública Direta e Indireta, entidades paraestatais e entidades de colaboração.[34]

De acordo com o anteprojeto, a nova organização administrativa seria composta pelas seguintes entidades: a) Entidades estatais: Administração Pública Direta e Indireta (Título II); b) Entidades paraestatais: corporações profissionais e Serviços Sociais Autônomos (Título III); e c) Entidades de colaboração: pessoas jurídicas de direito privado não estatais, sem fins lucrativos, constituídas voluntariamente por particulares, que desenvolvam atividades de relevância pública, tais como as Organizações Sociais (OS), as Organizações da Sociedade Civil de Interesse Público (OSCIP), etc. (Título IV).

É possível perceber, desde logo, que a expressão "Terceiro Setor" não foi mencionada no anteprojeto, que optou pelo rótulo "Entidades de colaboração" para referir-se às pessoas jurídicas de direito privado não estatais, sem fins lucrativos, constituídas por particulares para o desempenho de atividades de relevância pública, incentivadas e fiscalizadas pelo Poder Público.[35] Ademais, pelo texto do anteprojeto, os Serviços Sociais Autônomos seriam inseridos no rol de entidades paraestatais, recebendo tratamento distinto daquele conferido às Organizações Sociais, às Organizações da Sociedade Civil de Interesse Público e às demais entidades de colaboração.

4.1 Normas gerais sobre o Terceiro Setor e a questão federativa

Não se pode olvidar que, atualmente, diversas entidades de colaboração estão disciplinadas em leis específicas federais, estaduais e

---

[34] A Comissão foi composta por de notáveis juristas, a saber: Almiro do Couto e Silva, Carlos Ari Sundfeld, Floriano de Azevedo Marques Neto, Maria Coeli Simões Pires, Maria Sylvia Zanella Di Pietro (Presidente), Paulo Modesto (Secretário-Geral) e Sergio de Andréa Ferreira. O texto integral do anteprojeto encontra-se disponível no endereço eletrônico: <http://www.planejamento.gov.br>. Acesso em: 20 mar. 11.

[35] Art. 73 do Anteprojeto. É oportuno ressaltar, todavia, que a expressão "Terceiro Setor" encontra-se, atualmente, consagrada na doutrina pátria, o que justifica, inclusive, a existência do denominado "Direito do Terceiro Setor". Nesse sentido: OLIVEIRA. *Direito do Terceiro Setor*.

municipais que podem conflitar com as normas do anteprojeto. O ponto nodal da questão é saber se a União tem competência para elaborar normas gerais sobre os vínculos jurídicos a serem estabelecidos entre os Entes estatais e as pessoas jurídicas de direito privado.

De acordo com a exposição de motivos do anteprojeto, a legislação específica em vigor continuará a ser aplicada no que não contrariar as novas normas nele veiculadas. Vale dizer: a intenção da Comissão responsável pela elaboração do anteprojeto é demonstrar que a União tem competência para fixar normas vinculativas aos Estados, DF e Municípios.

Entendemos, contudo, que a autonomia legislativa deve ser prestigiada, uma vez que a Constituição não prevê a competência da União para edição de normas gerais sobre convênios administrativos com entidades de direito privado.[36]

4.2 Contrato público de colaboração e o chamamento público

As entidades de colaboração estabelecem "vínculos de colaboração" com o Poder Público que têm por objeto: a) o fomento estatal às atividades de relevância pública exercidas por entidades privadas não estatais; b) a atribuição da execução de ação ou programa de iniciativa estatal, de relevância pública, mediante contrapartidas públicas;[37] e c) a execução conjunta (Estado e entidades de colaboração) de atividade de relevância pública (art. 74 do anteprojeto).

As atividades, ações e programas são considerados de relevância pública quando relacionados aos seguintes objetos: a) assistência social; b) cultura, proteção e conservação do patrimônio histórico e artístico;

---

[36] Essa posição foi defendida em outra obra: OLIVEIRA. *Administração Pública, concessões e Terceiro Setor*, p. 300.

[37] O art. 74, parágrafo único do anteprojeto elenca as atividades de relevância pública que serão objeto da parceria: "a) assistência social; b) cultura, proteção e conservação do patrimônio histórico e artístico; c) prestação de serviços de saúde, de educação e de outros serviços sociais diretamente à população, em caráter complementar ou suplementar aos serviços estatais, de forma inteiramente gratuita ou predominantemente gratuita; d) incentivo ao voluntariado; e) segurança alimentar e nutricional; f) incentivo à prática de esportes; g) desenvolvimento econômico e social e combate à pobreza; h) promoção da ética, da paz, da cidadania, dos direitos humanos, da democracia e de outros valores universais; i) preservação e conservação do meio ambiente e promoção do desenvolvimento sustentável; j) experimentação, não lucrativa, de novos modelos socioprodutivos e de sistemas alternativos de produção, comércio, emprego e crédito; k) promoção de direitos e assessoria jurídica gratuita; ou l) estudos e pesquisas, desenvolvimento de tecnologias alternativas, produção e divulgação de informações e conhecimentos técnicos e científicos que digam respeito às atividades e finalidades mencionadas neste artigo".

c) prestação de serviços de saúde, de educação e de outros serviços sociais diretamente à população, em caráter complementar ou suplementar aos serviços estatais, de forma inteiramente gratuita ou predominantemente gratuita; d) incentivo ao voluntariado; e) segurança alimentar e nutricional; f) incentivo à prática de esportes; g) desenvolvimento econômico e social e combate à pobreza; h) promoção da ética, da paz, da cidadania, dos direitos humanos, da democracia e de outros valores universais; i) preservação e conservação do meio ambiente e promoção do desenvolvimento sustentável; j) experimentação, não lucrativa, de novos modelos socioprodutivos e de sistemas alternativos de produção, comércio, emprego e crédito; k) promoção de direitos e assessoria jurídica gratuita; ou l) estudos e pesquisas, desenvolvimento de tecnologias alternativas, produção e divulgação de informações e conhecimentos técnicos e científicos que digam respeito às atividades e finalidades mencionadas neste artigo (art. 74, parágrafo único, do anteprojeto).

O anteprojeto refere-se ao denominado "contrato público de colaboração" como instrumento idôneo para formalização do vínculo.

Independentemente da nomenclatura utilizada, os instrumentos jurídicos que instituírem vínculos de colaboração serão regidos pelas normas do contrato público de colaboração, incluindo, portanto, os contratos de gestão, os termos de parceria, os convênios ou outros termos previstos em lei específica.[38]

A proposta legislativa, no entanto, afasta a aplicação das normas dos contratos de colaboração aos contratos administrativos celebrados com as entidades não estatais de direito privado sem fins lucrativos regidos pela Lei nº 8.666/93 e legislação correlata.[39]

O contrato de colaboração deve ser formalizado por escrito, com a estipulação adequada dos direitos e obrigações dos contratantes, incluindo os procedimentos de controle, fiscalização e prestação de contas, sendo vedada a sua utilização nos seguintes casos: a) atividade que não seja de relevância pública; b) delegação das funções de regulação, do exercício do poder de polícia ou de outras atividades exclusivas do Estado; c) simples fornecimento de mão de obra, serviço ou bens necessários à execução de atividade pela própria entidade estatal.[40]

A entidade estatal pode editar regulamento, após consulta pública, para dispor sobre: i) os tipos de vínculos de colaboração que se

---

[38] Art. 73, §§3º e 4º do Anteprojeto.
[39] Art. 73, §5º do Anteprojeto.
[40] Arts. 75 e 80 do Anteprojeto.

dispõe a estabelecer e respectivos prazos de vigência; ii) os requisitos de elegibilidade das entidades pretendentes; iii) os requisitos da manifestação de interesse ou requisitos do projeto a ser apresentado pelas entidades; e iv) os procedimentos, prazos e critérios de decisão do processo de chamamento público.[41]

Por fim, o contrato público de colaboração não se submete às normas da Lei nº 8.666/93, salvo quando celebrado na modalidade de convênio, hipótese em que também deve ser observado o disposto no art. 116 daquela lei.[42]

4.3 Fomento e controle das entidades de colaboração

As parcerias formalizadas entre o Estado e as entidades de colaboração são justificadas pela necessidade de fomento de atividades sociais desenvolvidas por particulares.

Além dos incentivos previstos em leis específicas, o anteprojeto prevê a cessão de servidores públicos para a entidade de colaboração e sem ônus para a origem. Nesse caso, a proposta veda à entidade estatal o pagamento de débitos contraídos por entidade de colaboração, assim como a assunção de responsabilidade, a qualquer título, em relação ao pessoal contratado.[43]

Ademais, o contrato de colaboração pode prever a cessão de uso de bens da entidade estatal à entidade privada, durante seu prazo de vigência.[44]

Quanto ao controle, que será estipulado no contrato de colaboração, a atuação dos órgãos controladores limita-se à verificação da regularidade do contrato e de seus resultados, não sendo admitido controle ou interferência na gestão da entidade não estatal.[45]

5 Conclusões

O estudo das entidades do Terceiro Setor ainda é embrionário no Brasil, mas não se pode desconsiderar a importância do tema na atualidade.

---

[41] Art. 76, *caput* e parágrafo único, do Anteprojeto.
[42] Art. 81 do Anteprojeto.
[43] Art. 82, *caput* e §3º do Anteprojeto.
[44] Art. 82, §4º do Anteprojeto.
[45] Art. 80, §2º do Anteprojeto.

A profusão de parcerias entre o Estado e as entidades privadas não lucrativas suscita controvérsias importantes em relação ao regime jurídico aplicável (de direito público ou de direito privado), justamente pela prestação de atividades públicas (socialmente relevantes) por entidades que não integram formalmente o Estado. Em razão disso, o presente artigo pretendeu destacar a controvérsia da licitação no âmbito do Terceiro Setor para chegar a apresentar as seguintes conclusões: a) a formalização dos vínculos entre o Estado e o Terceiro Setor não se submete à licitação, mas depende de processo seletivo objetivo (ex: concurso de projetos, chamamento público ou outra nomenclatura que vier a ser estabelecida pelo Poder Público); e b) as contratações realizadas com dinheiro proveniente dos cofres públicos devem obedecer ao procedimento objetivo estabelecido pela própria entidade, sendo inaplicável a Lei nº 8.666/93 (arts. 17 da Lei nº 9.637/98 e 14 da Lei nº 9.790/99).

Informação bibliográfica deste texto, conforme a NBR 6023:2002 da Associação Brasileira de Normas Técnicas (ABNT):

OLIVEIRA, Rafael Carvalho Rezende. Licitação e contratação no Terceiro Setor: questões atuais. In: FREITAS, Daniela Bandeira de; VALLE, Vanice Regina Lírio do (Coord.). *Direito administrativo e democracia econômica*. Belo Horizonte: Fórum, 2012. p. 205-221. ISBN 978-85-7700-619-9.

REGULAÇÃO E MALEABILIDADE NORMATIVA À LUZ DO DIREITO ADMINISTRATIVO ECONÔMICO

SÉRGIO GUERRA

1 Introdução

Nas letras promulgadas da Carta Cidadã de 1988, o Brasil passou a ter o desenho de um novo Estado de Direito, agora democrático, estruturando a ordem social focada no trabalho, bem-estar e justiça social, e a ordem econômica sobre os pilares da livre iniciativa e da valorização do trabalho humano.

Sob o ideal de que compete ao Estado formular políticas públicas[1] visando, cumulativamente, regular a competitividade nos mercados e promover o bem comum da sociedade (meio), o foco, a meta maior, passa a ser alcançar instrumentos de elevação e proteção da dignidade da pessoa humana (fim).[2]

---

[1] Sobre as diversas abordagens acerca das políticas públicas, ver SARAVIA; FERRAREZI. *Políticas públicas*: coletânea.

[2] BRASIL. Constituição Federal (1988). Art. 1º A República Federativa do Brasil, formada pela união indissolúvel dos Estados e Municípios e do Distrito Federal, constitui-se em Estado Democrático de Direito e tem como fundamentos: I – a soberania; II – a cidadania; III – a dignidade da pessoa humana; IV – os valores sociais do trabalho e da livre iniciativa; V – o pluralismo político.

Presencia-se, segundo diversos autores,[3] um novo e instigante sistema, em que o protagonismo do Poder Executivo, o conhecido intervencionismo exacerbado no campo econômico, cede lugar à atuação estatal regulatória, com desafios atinentes à alta complexidade cotidiana[4] e questões sociais que demandam novas soluções para atingir o bem estar do cidadão.

Um dos principais traços dessa fase por que passa a sociedade brasileira está no fato de que a atuação estatal em um determinado aspecto do conjunto social tende a produzir reflexos em outro segmento e afetar o direito individual. Isto é, diante da enorme diversidade de interesses contrapostos, a implementação de políticas públicas, regra geral, não atende satisfatoriamente a todos os desejos e expectativas dos brasileiros.

Diante desses desafios, trazidos, em parte, pela forte complexidade cotidiana e impostos pela Constituição Federal de 1988, ainda que se leve em conta a teoria da "reserva do possível",[5] não há dúvida de que as ações governamentais necessitam de maior eficácia, de melhor aplicação dos recursos orçamentários, ao contrário do que, em muitos casos, ainda ocorre sob o rótulo da vetusta escolha discricionária.[6]

O Estado deve funcionar de maneira eficiente e eficaz; isto é, deve ser um instrumento para o desenvolvimento nacional e o Governo deve prestar contas de suas atividades.

Áreas que abrangem políticas públicas voltadas à distribuição de renda, alimentação, oferta de empregos, segurança, investimentos em

---

[3] Por todos, cite-se: MOREIRA NETO. *Direito regulatório*: a alternativa participativa e flexível para a Administração Pública de relações setoriais complexas no Estado Democrático.
[4] CAMPILONGO. *O direito na sociedade complexa*, p. 2.
[5] Por essa teoria reconhece-se haver dificuldade prática na compatibilização do atendimento dos direitos fundamentais previstos na Constituição Federal e os recursos disponíveis no tesouro público para a plena satisfação desses direitos. Daí, constantemente, o tema ser levado ao julgamento a ser feito pelo Poder Judiciário como, por exemplo, nos casos da entrega de medicamentos. Sobre o tema, recomenda-se a leitura do acórdão proferido pelo Supremo Tribunal Federal, na Suspensão de Liminar 47 AgR/PE, em que foi Relator o Ministro Gilmar Mendes, em julgamento ocorrido em 17.03.2010, perante o Tribunal Pleno: EMENTA: Suspensão de Liminar. Agravo Regimental. Saúde pública. Direitos fundamentais sociais. Art. 196 da Constituição. Audiência Pública. Sistema Único de Saúde (SUS). Políticas públicas. Judicialização do direito à saúde. Separação de poderes. Parâmetros para solução judicial dos casos concretos que envolvem direito à saúde. Responsabilidade solidária dos entes da Federação em matéria de saúde. Ordem de regularização dos serviços prestados em hospital público. Não comprovação de grave lesão à ordem, à economia, à saúde e à segurança pública. Possibilidade de ocorrência de dano inverso. Agravo regimental a que se nega provimento.
[6] GUERRA. *Discricionariedade e reflexividade*: uma nova teoria sobre as escolhas administrativas, p. 63.

educação, acesso à justiça, melhorias na saúde e programas de infraestrutura para moradia e saneamento básico devem ser a base central do planejamento, imposto, de forma aberta,[7] aos governos pelo atual sistema constitucional. Contudo, ainda hoje, no Brasil, depara-se com certa opacidade no planejamento e na capacidade para implementar, adequadamente, as políticas públicas nessas áreas essenciais para o desenvolvimento da sociedade.

Sob a forma de Estado Regulador, o Governo Federal já cogitou a mudança da forma de executar algumas de suas ações em áreas estratégicas. Seguindo tal posicionamento, órgãos da administração federal passariam a trabalhar sob um novo formato de atuação: a administração gerencial.[8]

---

[7] Na doutrina pós-nazismo, Konrad Hesse concentrou-se na abertura e na força normativa da Constituição, contrapondo as reflexões apresentadas por Ferdinand Lassalle, em 1862. Segundo a concepção de Lassalle, questões constitucionais não seriam jurídicas, e, sim, políticas. A Constituição seria apenas um pedaço de papel (*ein Strück Papier*), e sua concretização estaria limitada à compatibilidade com a "Constituição real". A teoria de Hesse baseia-se na existência, de um lado, do poder determinante das relações fáticas, expressas pelas forças políticas e sociais, e, de outro, uma força determinante do direito constitucional. Contudo, ambos os aspectos devem ser observados: Constituição real e jurídica estão em uma relação de coordenação. Elas condicionam-se mutuamente, mas não dependem, pura e simplesmente, uma da outra. Segundo seu pensamento, a Constituição não configura apenas a expressão de um "dever-ser" (*Sollen*); ela significa mais do que o simples reflexo das condições fáticas de sua vigência, em especial as forças políticas e sociais graças à pretensão de eficácia, a Constituição procura imprimir ordem e conformação à realidade política e social (HESSE. *A força normativa da Constituição*).

[8] Conforme consta do Plano Diretor da Reforma do Estado, esse modelo de Administração Pública Gerencial "emerge na segunda metade do século XX, como resposta, de um lado, à expansão das funções econômicas e sociais do Estado e, de outro, ao desenvolvimento tecnológico e à globalização da economia mundial, uma vez que ambos deixaram à mostra os problemas associados à adoção do modelo anterior. A eficiência da administração pública — a necessidade de reduzir custos e aumentar a qualidade dos serviços, tendo o cidadão como beneficiário — torna-se então essencial. A reforma do aparelho do Estado passa a ser orientada predominantemente pelos valores da eficiência e qualidade na prestação de serviços públicos e pelo desenvolvimento de uma cultura gerencial nas organizações. A administração pública gerencial constitui um avanço, e até um certo ponto um rompimento com a administração pública burocrática. Isso não significa, entretanto, que negue todos os seus princípios. Pelo contrário, a administração pública gerencial está apoiada na anterior, da qual conserva, embora flexibilizando, alguns dos seus princípios fundamentais, como a admissão segundo rígidos critérios de mérito, a existência de um sistema estruturado e universal de remuneração, as carreiras, a avaliação constante de desempenho, o treinamento sistemático. A diferença fundamental está na forma de controle, que deixa de basear-se nos processos para concentrar-se nos resultados, e não na rigorosa profissionalização da administração pública, que continua um princípio fundamental. Na administração pública gerencial a estratégia volta-se: (1) para a definição precisa dos objetivos que o administrador público deverá atingir em sua unidade; (2) para a garantia de autonomia do administrador na gestão dos recursos humanos, materiais e financeiros que lhe forem colocados à disposição para que possa atingir os objetivos contratados; e (3) para o controle ou cobrança *a posteriori* dos resultados. Adicionalmente, pratica-se a competição administrada no interior do próprio Estado, quando há a possibilidade de estabelecer concorrência entre unidades internas. No plano da estrutura organizacional, a descentralização e a redução dos níveis hierárquicos tornam-se essenciais. Em suma, afirma-se que a administração pública

Entre várias ações foram criadas, ou reestruturadas, no bojo do processo de desestatização, entidades reguladoras independentes (autarquias especiais vinculadas, e não subordinadas ao Poder Público central), compondo, em parte, a chamada administração descentralizada ou indireta.

A criação de entes estatais reguladores seguiu tendência internacional[9] de reformar a Administração Pública mediante a elaboração de novas ferramentas gerenciais, jurídicas, financeiras e técnicas.[10]

As entidades reguladoras independentes, com suas características próprias, estão implantadas em diversos países. A título exemplificativo, identificam-se as seguintes "agências": as *independent regulatory commissions* estadunidenses, as *autorités administratives indépendantes* francesas, as *autorità indipendenti* italianas, as *administraciones independientes* espanholas, as *régies* canadenses, as *ambetswerk* suecas e finlandesas, os *ministerialfreien Raums* germânicos.[11]

---

deve ser permeável à maior participação dos agentes privados e/ou das organizações da sociedade civil e deslocar a ênfase dos procedimentos (meios) para os resultados (fins). A administração pública gerencial inspira-se na administração de empresas, mas não pode ser confundida com esta última. Enquanto a receita das empresas depende dos pagamentos que os clientes fazem livremente na compra de seus produtos e serviços, a receita do Estado deriva de impostos, ou seja, de contribuições obrigatórias, sem contrapartida direta. Enquanto o mercado controla a administração das empresas, a sociedade — por intermédio de políticos eleitos — controla a administração pública. Enquanto a administração de empresas está voltada para o lucro privado, para a maximização dos interesses dos acionistas, esperando-se que, através do mercado, o interesse coletivo seja atendido, a administração pública gerencial está explícita e diretamente voltada para o interesse público. Neste último ponto, como em muitos outros (profissionalismo, impessoalidade), a administração pública gerencial não se diferencia da administração pública burocrática. Na burocracia pública clássica existe uma noção muito clara e forte do interesse público. A diferença, porém, está no entendimento do significado do interesse público, que não pode ser confundido com o interesse do próprio Estado. Para a administração pública burocrática, o interesse público é frequentemente identificado com a afirmação do poder do Estado. Ao atuarem sob esse princípio, os administradores públicos terminam por direcionar uma parte substancial das atividades e dos recursos do Estado para o atendimento das necessidades da própria burocracia, identificada com o poder do Estado. O conteúdo das políticas públicas é relegado a um segundo plano. A administração pública gerencial nega essa visão do interesse público, relacionando-o com o interesse da coletividade e não com o do aparato do Estado. A administração pública gerencial vê o cidadão como contribuinte de impostos e como cliente dos seus serviços. Os resultados da ação do Estado são considerados bons não porque os processos administrativos estão sob controle e são seguros, como quer a administração pública burocrática, mas porque as necessidades do cidadão-cliente estão sendo atendidas (BRASIL. Plano Diretor da Reforma do Estado).

[9] Para uma análise comparativa entre as entidades reguladoras independentes nos Estados Unidos da América, Reino Unido, Alemanha, França, Itália e Espanha, ver a obra doutrinária de SALVADOR MARTÍNEZ. *Autoridades independientes*.

[10] Sobre o tema, ver: PIMENTA. A reforma gerencial do estado brasileiro no contexto das grandes tendências mundiais. *Revista de Administração Pública*, p. 173-199; e REZENDE. *Por que falham as reformas administrativas?*.

[11] Para análise detalhada sobre esses entes, CARDOSO. *Autoridades administrativas independentes e Constituição*.

Cumpre destacar, ainda, que com o processo de unificação europeia tornou quase que imperativa a necessidade de coordenar a atividade das diversas agências reguladoras de cada país. Assim, foram criadas inúmeras instituições com esse objetivo.

Cite-se a Agência Europeia para a Segurança da Aviação (EASA). Essa entidade foi criada pelo Parlamento Europeu e pelo Conselho da Europa no ano de 2002.[12] Vale destacar a Autoridade Europeia de Segurança Alimentar (EFSA), também criada no ano de 2002 pelo Conselho da Europa. É um órgão comunitário com personalidade jurídica própria, independente das instituições da comunidade.[13]

Cabe ressaltar a existência da Agência Europeia de Segurança Marítima (EMSA), criada em 2002 com o objetivo de reduzir o risco de acidentes marítimos, a poluição produzida por navios e a perda de vidas humanas no mar.[14]

Outro ente criado em 2003 é o Grupo Europeu de Reguladores de Eletricidade e Gás (ERGEG – European Regulators Group for Electricity and Gas), que surgiu no âmbito da Comissão Europeia como grupo assessor das autoridades reguladoras independentes de cada país, de forma a apoiar a Comissão na consolidação do mercado europeu de eletricidade e gás;[15] e, também, o Grupo Europeu de Reguladores de Redes e Serviços de Comunicação Eletrônica (ERG Telecom),[16] criado pela Comissão Europeia em 2002, com o objetivo de fomentar a cooperação e coordenação das autoridades nacionais de regulação com a Comissão, promover o desenvolvimento do mercado interno de redes e serviços de comunicação eletrônica, e lograr a aplicação efetiva, em todos os Estados membros, das determinações do novo marco regulatório.

Entre nós, surgiram as Agências Reguladoras e foram disciplinados novos modelos para o Conselho Administrativo de Defesa da Concorrência (CADE) e para a Comissão de Valores Mobiliários (CVM).

Naquele contexto histórico, partiu-se da ideia de que havia questões em que a visão política, inerente ao ciclo eleitoral, poderia afetar a

---

[12] Disponível em: <http://www.easa.eu.int/language/pt/home.php>. Acesso em: 10 dez. 2010.
[13] Disponível em: <http://www.efsa.europa.eu/>. Acesso em: 10 dez. 2010.
[14] Disponível em: <http://www.emsa.eu.int/>. Acesso em: 10 dez. 2010.
[15] Disponível em: <http://www.energy-regulators.eu/portal/page/portal/EER_HOME>. Acesso em: 10 dez. 2010.
[16] Disponível em: <http://ec.europa.eu>. Acesso em: 10 dez. 2010.

adoção de práticas que precisam de continuidade e segurança jurídica,[17] consideradas práticas de Estado — e não de Governo.[18] Um dos fatores que emerge em decorrência de toda essa transformação está na normatização técnica exarada por entidades reguladoras independentes. Com efeito, o direito administrativo acaba por experimentar uma forte influência do direito econômico (despontando o "direito administrativo econômico"), sendo mais um componente de provocação, com grande pujança, do estudo da regulação jurídica e os impactos, custos e benefícios da escolha regulatória protagonizada por entidades estatais independentes.[19]

Com a criação de entidades reguladoras independentes aplicam-se noções próprias do direito econômico que o direito administrativo não convivia na sua concepção napoleônica, oitocentista. Por essa concepção, as regras legais, regulamentares e regulatórias, para satisfazerem a necessidade de maior *maleabilidade* da matéria econômica, são, cumulativamente, menos imperativas, instáveis e imprecisas que as escolhas administrativas clássicas.[20]

De outro lado, as formas de intervenção estatal sobre a ordem econômica e social sofreram — e vêm sofrendo — forte mutação, carecendo de novas categorias, fórmulas e institutos para compreensão e acoplamento do "novo" direito administrativo, agora de viés econômico.

Diante desse cenário constitucional brasileiro e complexidade cotidiana, busca-se neste artigo evidenciar as formas de intervenção

---

[17] "A partir da perspectiva de governança pública, as agências reguladoras independentes são entidades dotadas de um poder significativo e com certo nível de autonomia em seu processo de tomada de decisões. Isso corresponde a uma etapa posterior na descentralização da administração pública, promovida pela *Nova Gestão Pública*. No entanto, os reguladores independentes diferem significativamente das agências descentralizadas por causa desse poder de tomada de decisões, que é superior ao da administração descentralizada e por causa de outros poderes delegados que detêm, os quais tradicionalmente é uma prerrogativa do Poder Executivo. A vantagem das agências reguladoras independentes é que elas podem isolar as atividades regulatórias das considerações políticas de curto prazo e a influência de interesses especiais públicos ou privados, particularmente das empresas reguladas" (ORGANIZAÇÃO PARA COOPERAÇÃO E DESENVOLVIMENTO ECONÔMICO – OCDE. *Brasil*: fortalecendo a governança para o crescimento. Grifamos).

[18] Bresser-Pereira sustentou essa dicotomia entre Estado e Governo ao afirmar que as agências executivas e reguladoras são organizações estatais descentralizadas que implementam políticas. Quando a lei define claramente a política, tem-se uma política de Estado; quando deixa a definição precisa para a administração vigente, tem-se uma política de governo (BRESSER-PEREIRA. *Construindo o Estado republicano*: democracia e reforma da Gestão Pública, p. 305).

[19] GUERRA. *Discricionariedade e reflexividade*: uma nova teoria sobre as escolhas administrativas, p. 21.

[20] *Ibidem*.

estatal aplicável ao modelo de Estado Regulador e, sob as premissas do direito administrativo econômico, apontar premissas para compreensão da *maleabilidade* normativa no exercício da função regulatória por entidades autônomas.

2 Formas de intervenção estatal no modelo de Estado Regulador

É certo afirmar que o modelo de Estado regulador implantado entre nós foi — e, de certa forma, ainda é — criticado sob a pecha de que teria sido concebido de forma unívoca para sociedades que se encontram em diferentes graus de desenvolvimento.

Concorda-se, em parte, com essa visão, pois não basta a simples importação para o Direito pátrio de modelos idealizados para outras culturas sem os ajustes necessários, notadamente do ponto de vista jurídico-constitucional.

Não obstante, deve-se reconhecer que as novas funções do Estado, em um ambiente globalizado, independentemente do grau de desenvolvimento do país, exigem novas competências, novas estratégias para o exercício das funções administrativas, novas instituições — estatais ou não — e revisão das escolhas e respectivas categorias e institutos de direito administrativo para a perfeita conformação dessas mudanças e desses acoplamentos.

À luz do texto constitucional de 1988 pode-se identificar inúmeras formas de intervenção do Estado em face da ordem econômica, e que orientam as escolhas políticas em diversas atuações.

Marcos Juruena Villela Souto, por exemplo, destaca que com vistas ao desenvolvimento do atual papel pelo Estado (regulador) estão previstas as seguintes formas de intervenção: normativa, repressiva, tributária, regulatória e exploração direta da atividade econômica.[21]

Outros autores apresentam classificações distintas acerca das formas de intervenção.[22]

---

[21] SOUTO. *Desestatização*: privatização, concessões, terceirizações e regulação, p. 22.
[22] Celso Antonio Bandeira de Mello denota que existem três formas de interferência do Estado na ordem econômica: poder de polícia, incentivos e atuação direta empresarial (BANDEIRA DE MELLO. *Curso de direito administrativo*, 2002, p. 619). Diogo de Figueiredo Moreira Neto, sem considerar o fomento público por não ter natureza impositiva, as classifica em quatro tipos: regulatória, concorrencial, monopolista e sancionatória (MOREIRA NETO. *Direito regulatório*: a alternativa participativa e flexível para a Administração Pública de relações setoriais complexas no Estado Democrático, p. 129). Por sua vez, Diogenes Gasparini apresenta as seguintes formas de intervenção no domínio econômico: controle de preços, controle de

Malgrado haver dificuldade prática em apontar todos os mecanismos de intervenção estatal, no Estado Regulador, cumpre indicar algumas formas de fazê-lo, de modo a melhor compreender os desafios para a aplicação das classificações do direito administrativo.

O Estado intervém quando proíbe, por meio de lei, a exploração de atividade econômica, como, por exemplo, a produção de materiais com o uso do amianto (Lei nº 12.684/2007 do Estado de São Paulo).

Também é uma forma de intervenção quando o Estado cria um monopólio para a exploração de atividade econômica, a exemplo do que ocorria com as atividades inerentes à indústria do petróleo, notadamente antes da edição da Emenda Constitucional nº 9/95 e o monopólio das atividades afetas aos correios (Lei nº 6.538/78, recentemente julgado pelo Supremo Tribunal Federal, em sede da ADPF nº 46).

Constitui mecanismo de intervenção do Estado ao reservar algumas atividades econômicas como sendo serviços públicos e, portanto, executados pelos particulares por meio de concessão, permissão ou autorização.[23] Exemplos marcantes alcançam os serviços de telecomunicações, distribuição de energia elétrica e transporte público, atualmente regulados, em sua maioria, por Agências Reguladoras.

A presença do Estado é marcante quando atua na qualidade de agente econômico de forma direta, como nos casos de empresas estatais prestadoras de serviços públicos (serviços postais — Lei nº 6.538/78, com a observação supra ou no caso da ELETROBRAS).

A regulação do exercício de atividades determinadas como, por exemplo, a regulação do sistema financeiro — Lei nº 4.595/64, que dispõe sobre a política e as instituições monetárias, bancárias e creditícias, é forma de intervenção estatal.

Mesmo atuando em sentido mais amplo, quando regula o exercício de atividades gerais (ex.: no caso da disciplina ambiental (Lei nº 6.938/81) e da concorrência (Lei nº 8.884/04), o Estado atua de maneira intervencionista.

Também o Estado disciplina normativamente o exercício de atividades econômicas (ex.: legislando acerca da atividade da indústria

---

abastecimento, repressão ao abuso do poder econômico, monopólio, fiscalização, incentivo e planejamento (GASPARINI, Diogenes. *Direito administrativo*, p. 605).

[23] Para uma parcela da doutrina, as atividades previstas no art. 21, XI e XII, da Constituição Federal de 1988, quando prestadas no regime de autorização, não caracterizam serviços públicos, mas sim atividades privadas de interesse público. Para essa corrente, os serviços públicos efetivamente titularizados pelo Estado somente podem ser delegados à exploração privada pelos institutos da concessão e da permissão, conforme a previsão do art. 175 da Constituição, o que não impede, por outro lado, que haja serviços de interesse público autorizados relativamente àquelas atividades elencadas no art. 21.

do tabaco — Lei nº 6.437, de 20 de agosto de 1977, Lei nº 9.294 de 15 de julho de 1996 e Lei nº 9.782, de 26 de janeiro de 1999).

Outra forma de intervenção está na delegação de funções de autorregulação, como, por exemplo, os casos das profissões regulamentadas (CRA, CRECI etc.).

Ao atuar na figura de "contratante" de bens e serviços, o Estado atua na intervenção da economia (ex.: contratação de infraestrutura por meio de Parcerias Público-Privadas — Lei nº 11.079/2004).

Incentivando ou induzindo a atuação dos agentes econômicos privados (ex.: política aduaneira, disciplinada pelo vetusto Decreto-Lei nº 37, de 18 de novembro de 1966) ou quando o Estado exerce o poder de polícia sobre atividades econômicas, como no caso da vigilância sanitária (Lei nº 9.782, de 26 de janeiro de 1999), está ele intervindo.

Vale destacar que a forma de intervenção estatal pode ocorrer isolada ou, até mesmo, de forma cumulativa em determinados setores, de modo que o Estado reserva uma atividade econômica como serviço público, regulando-a, atuando como agente econômico e criando políticas indutivas (ex. setor elétrico).

Como se vê, são inúmeras as formas de intervenção estatal na ordem econômica, impondo-se novas categorias de Direito Administrativo (econômico) que, efetivamente, se acoplem aos desafios do Estado Regulador.

3 Direito Administrativo e o deslocamento de questões complexas do eixo legislativo para o Poder Executivo

Os temas cotidianos se encontram com tamanha e progressiva complexidade, gerando novos riscos, novas exceções,[24] novas urgências, novas necessidades e, consequentemente, clamam por novos institutos jurídicos e mecanismos de compatibilização das relações entre sistema econômico, sistema social e sistema jurídico[25] sob uma verdadeira "sociedade em rede".[26]

---

[24] Sobre o tema, ver BERCOVICI. *Constituição e Estado de exceção permanente*.
[25] Fábio Medina Osório comenta o dinamismo da sociedade pós-moderna e o descompasso entre o Direito e os hodiernos problemas sociais: "As estruturas extremamente dinâmicas da sociedade pós-capitalista certamente produzem angústia no jurista, que pode se sentir incapaz de acompanhar a velocidade das mudanças sociais. Se o Direito, em geral, sempre caminhou atrás dos fatos, em uma sociedade veloz, instantânea, de informação, pluralista, este instrumento de controle social resulta ainda mais lento diante da assustadora rapidez dos acontecimentos e transformações de topos os tipos que ocorrem nas civilizações globalizadas. O fenômeno jurídico, de um lado, vive um profundo descompasso com os fatos cuja

A evolução tecnológica e científica põe também cada vez mais em risco os direitos fundamentais. Os atentados à liberdade ocorrem, sobretudo, em setores caracterizados por forte expansão, em virtude da acentuada evolução econômica e técnica.

Vale citar a informática, que modificou a atividade bancária, o funcionamento da bolsa de valores, o mercado de seguros, a liberdade da concorrência ou as telecomunicações.[27]

Trata-se de domínios em que a liberdade não pode ser encarada apenas em sua relação dialética com a autoridade estatal, mas também como limite e até garantia, no confronto com grupos privados e sujeitos econômicos fortes.

Diante do inevitável processo de evolução tecnológica, o legislador vê-se obrigado, cada vez mais, a deixar amplas margens de discricionariedade nas mãos do Administrador.[28]

O *déficit* de informação do Parlamento, em termos comparativos com o Governo, tanto mais grave quanto cada questão, envolve crescente tecnicidade e uma pluralidade de interesses contraditórios e reforça a diminuição da capacidade parlamentar, fazendo-o surgir como um órgão destituído de elementos que habilitem uma intervenção decisória conveniente e oportuna, além de revelar sua própria dependência institucional de quem lhe forneça essa informação.[29]

Com a tecnicidade do mundo pós-moderno impõe o deslocamento da competência sobre questões complexas do Poder Legislativo para o Poder Executivo.

As operações que dependem de escolha de natureza técnica não se devem incluir nas matérias reservadas à lei estrita, haja vista que a "vontade geral" não está na técnica (meio) e, sim, no resultado almejado (fim) e o legislador não tem como exaurir o âmbito dessas questões, de grande complexidade tecnológica, e até mesmo econômicas, a serem reguladas paulatinamente em cada subsistema de acordo com o caso concreto.

---

regulação é necessária (e ambicionada) e, de outro, se mostra insuficiente como instrumento destinado a solucionar graves problemas sociais, não conseguindo atender demandas emergentes" (OSÓRIO. *Direito administrativo sancionador*, p. 74).

[26] Acerca dessa questão, em que se conforma a informação com a economia, sociedade e cultura, ver a trilogia de CASTELLS. *A sociedade em rede*.

[27] MOREIRA; MAÇÃS. *Autoridades reguladoras independentes*: estudo e projecto de lei-quadro, p. 52.

[28] SILVA. Princípios da legalidade da Administração Pública e da segurança jurídica no estado de direito contemporâneo. *Revista de Direito Público*, p. 46-63.

[29] OTERO. *Legalidade e Administração Pública*: o sentido da vinculação administrativa à juridicidade, p. 108.

Desse modo, não há de se falar, em sede de escolha regulatória, de delegação legislativa nem tampouco discricionariedade, mesmo considerando que "o conceito de discricionariedade (poder discricionário) é um dos conceitos mais plurissignificativos e mais difíceis da teoria do Direito".[30]

Nesse aspecto, a mutabilidade econômica e tecnicidade contemporânea — que permeia todas as principais decisões regulatórias no país — importa que haja uma *maleabilidade* normativa para os sucessivos ajustes ao longo dos tempos que não se conformam unicamente ao instituto da discricionariedade.

4 Maleabilidade normativa inerente ao Direito Administrativo Econômico

Exatamente pela necessária maleabilidade normativa, não existe, regra geral, uma codificação em textos sistematizados das normas de direito administrativo ou econômico.[31]

A constante alteração e a dispersão de normas sobre o mesmo objeto por vários diplomas fazem com que seja difícil, por vezes, definir claramente o estatuto jurídico de certas matérias.

A realidade econômica e tecnológica não pode ser explicitada completamente em normas; dependem, basicamente, da realidade social e econômica do momento.

Devem ser levadas em consideração tanto as razões passadas quanto os efeitos prospectivos. O dinamismo e a mobilidade social fazem deste ramo do Direito [econômico] gênese dos fatos aos quais estes objetivos se prendem e oferecem razões que o diferenciam dos demais. Quando se vai cuidar das razões que levaram cada objetivo definido em um Plano Econômico a ser nele incluído, e se chega depois a transformar em lei o próprio Plano, depara-se com toda uma visão global da vida econômica e se pretende substituí-la por uma outra realidade, outra visão global. A lei do Plano seguida das demais leis e instrumentos legislativos que a complementam serão encarregadas dessa transformação da realidade. Simplificar a explicação, dizendo apenas que em todos estes casos as fontes do Direito são estes instrumentos legais, não pode satisfazer ao raciocínio jurídico, pois há razões anteriores que os geraram e que se mergulham na realidade da vida

---

[30] ENGISCH. *Introdução ao pensamento jurídico*, p. 214.
[31] VAZ. *Direito econômico*: a ordem econômica portuguesa, p. 50.

social. Esta realidade é conhecida a partir da observação direta e por meio de instrumentos diferentes dos jurídicos como a observação, a análise econômica e outros.[32]

Além dessas considerações, há inúmeros termos técnicos empregados nas normas de cunho econômico, muitos deles com grande indeterminação, e que, por isso, necessitam de certa margem de apreciação diante do caso concreto.

Não obstante essa concretização da norma aberta ser de competência do Administrador Público, a integração dos termos fluidos não deve ser fundamentada sob a ótica desse servidor, sob uma pretensa oportunidade e conveniência, mas ponderando-se motivadamente à luz dos princípios e valores constitucionais,[33] proporcionalmente aos impactos prospectivos da escolha regulatória.

Nesse sentido, importa ressaltar a existência de peculiaridades nas normas que contêm termos técnicos empregados na ciência econômica.

Ainda que a ciência econômica recorra ao uso de modelos e formas matemáticas, é certo que, por sua própria definição, os conceitos econômicos levam consigo a existência de interesses valorativos. Esses valores, muitas das vezes, implicam na realização de juízos que supõem a necessidade de ponderar entre diferentes interesses e garantias fundamentais que estão envolvidas, suplantando, em muito, o instituto determinativo de conceitos ou da discricionariedade administrativa.[34]

Registre-se ainda a necessidade de periódicas reformas regulatórias, notadamente em atividades econômicas que abrangem oscilações de mercado e muitos componentes tecnológicos.

Está-se diante da "progressiva tecnização no tratamento dos assuntos a cargo da Administração".[35]

Uma legislação minuciosa e exaustiva sobre a conduta administrativa em sede de temas complexos e arriscados não é garantia de

---

[32] SOUZA. *Direito econômico*, p. 112-113.
[33] "Para que la coexistencia de los princípios y valores sea posible es necesario que pierdan su carácter absoluto, este es, la condición que eventualmente permitiría construir un sistema formal cerrado a partir de uno sólo de ellos" (ZAGREBELSKY. *El derecho dúctil, ley, derechos, justicia*, p. 125).
[34] CIRIANO VELA. *Administración económica y discrecionalidad*, p. 133.
[35] MEDAUAR. *O direito administrativo em evolução*, p. 186. Sobre a inserção de inúmeros termos técnicos nas normas reguladoras, Alexandre Santos de Aragão denota que através das normas abertas, e mesmo de regras fixas, mas consideradas sob o prisma dos objetivos públicos aos quais se destinam, o Direito insere em seu âmbito aspectos do subsistema regulado, aspectos estes de elevado conteúdo técnico-especializado (ARAGÃO. Regulação da economia: conceito e características contemporâneas. *Revista de Direito da Associação dos Procuradores do Novo Estado do Rio de Janeiro*, p. 27).

lisura ou proteção aos cidadãos.[36] Esse equívoco foi cometido no passado recente, quando as leis que tratavam de matéria administrativa procuravam esgotar todas as situações possíveis sob sua égide. A clareza das diretrizes e dos fundamentos da função administrativa, ao contrário, se expostas ao conhecimento e à deliberação dos cidadãos, podem funcionar como poderoso meio de constrangimento ao abuso do aparelho administrativo para fins que não interessam à coletividade.

Vale dizer, a sociedade atual é um agregado altamente diferenciado, com numerosas interdependências, sendo muito comum que uma intervenção reguladora em um âmbito parcial do conjunto social repercuta em outros, fazendo com que a vantagem parcial seja menor que as desvantagens globais.[37]

Não é demais aduzir que essa mobilidade normativa, em vista da tecnicidade dos atos regulatórios, que conduz a um "ciclo vital efêmero",[38] não pode ser classificada como um retrocesso do atual Estado Democrático de Direito, esculpido sob o princípio da legalidade como garantia máxima contra a autocracia oitocentista do Poder Executivo.

As regras "assumem um caráter *retrospectivo* (*past-regarding*), na medida em que descrevem uma situação de fato conhecida pelo legislador"[39] e, de outro lado, mas ainda na esfera do "dever-ser" deontológico, os princípios "possuem caráter *prospectivo* (*future-regarding*), já que determinam um estado de coisas a ser construído".[40]

---

[36] BUCCI. *Direito administrativo e políticas públicas*, p. 15-16. Podemos citar, a título exemplificativo, a Lei nº 4.131, de 18 de julho de 2003, pela qual a Assembleia Legislativa do Estado do Rio de Janeiro, visando o bem estar dos usuários dos diversos serviços de transportes públicos concedidos a empresas privadas (rodoviário, metroviário, ferroviário e aquaviário), determinou que todas as concessionárias teriam que construir, em suas instalações, banheiros públicos com capacidade mínima para 6 usuários, em um prazo máximo de 180 dias, sob pena de multa diária por descumprimento da norma. Malgrado o pretendido benefício decorrente da norma, jamais os Senhores Deputados poderiam ter descido a esses detalhes. Com efeito, esses serviços são regulados por agência reguladora estadual, que deveria examinar tecnicamente as especificidades de cada caso e, só assim, apurar quais serviços comportam a construção de banheiros públicos, qual seria o impacto desses custos para as tarifas, em que prazo deveriam ser construídos e em que dimensão.

[37] ARAGÃO. Regulação da economia: conceito e características contemporâneas. *Revista de Direito da Associação dos Procuradores do Novo Estado do Rio de Janeiro*, p. 8.

[38] BERMEJO VERA. *El declive de la seguridad jurídica en el ordenamiento plural*, p. 33.

[39] ÁVILA. *Teoria dos princípios*: da definição à aplicação dos princípios jurídicos, p. 67.

[40] *Ibidem*.

Ademais, não deve caber ao legislador primário tecer minúcias normativas em um subsistema econômico moldado por aspectos técnicos de alta complexidade com vistas ao correto funcionamento. Diante da maior proximidade com os fatos concretos da vida, pelo maior contato com a sociedade, deve incumbir ao Executivo (e seus órgãos e suas entidades reguladoras), seja por estar em melhores condições de avaliar qual será, em determinado caso, a melhor solução para encontrar-se um grau ótimo de execução da norma legal ou das demais políticas públicas, seja por dispor de melhor aparato institucional para tecer maiores detalhamentos normativos.

5 A normatização sob a ótica da deslegalização

Considerando que para regular os diversos subsistemas — telecomunicações, energia elétrica, saúde, transportes e outros, cujo ordenamento jurídico é pautado por conceitos e estruturas próprias — a Administração Pública se vale de normas que devem observar uma produção institucional sensível, haja vista a necessária compatibilidade com outros subsistemas (ambiental, consumidor, urbanístico etc.), desponta ao direito administrativo pátrio, em confronto com a ampliação de espaços para as escolhas administrativas em ambientes de intervenção econômica, o desafio de compreender novas categorias e encontrar fórmulas e caminhos que busquem a harmonização e coerência entre esses subsistemas.

Como dito, a norma primária, editada pelo Poder Legislativo, não tem condições de criar um completo subsistema normativo compatível com a complexidade cotidiana. De outro lado, a regulação de serviços públicos e atividades econômicas, por entidades reguladoras independentes, acaba por produzir, paradoxalmente, uma abundância de regras, pois "o processo de liberalização da vida econômica, como todo processo, só se desenvolve por meio de normas".[41]

---

[41] COMPARATO. Ordem econômica na Constituição brasileira de 1988, *Revista do Direito Público*, p. 268. O autor complementa seu pensamento: "Já no tocante à supressão do poder normativo de certos órgãos da Administração Pública, determinada no art. 25 das Disposições Constitucionais Transitórias, a medida, se concretizada, irá acarretar sério descontrole no campo econômico. A Constituição admitiu que o Congresso prorrogasse o prazo de seis meses para a entrada em vigor dessa proibição, o que foi feito pela Lei 7.770, de 30 de maio de 1989, até 30 de outubro do mesmo ano. Na verdade, reconhecendo-se a indispensabilidade de uma ação normativa originária pelo Governo — que a Constituição francesa de 1958 de fato reconheceu — seria preciso pensar em descentralizar essa competência, mormente em matéria de política creditícia". O autor conclui favoravelmente à instituição de entidades

Assim, desponta a controvérsia, à luz da rígida e hermética ótica da teoria original setecentista tripartite da separação dos poderes, a intervenção regulatória estatal, antes apontada neste artigo, notadamente quando exercida por entidades estatais descentralizadas da Administração Pública.[42]

Parece não haver dúvidas quanto à juridicidade de entidades reguladoras exercerem uma função normativa secundária, desde que observadas as normas hierarquicamente superiores, a exemplo de diversas outras autarquias, especiais ou não.

Compreende-se essa função normativa como não sendo primária, e sim secundária, haja vista que, entre nós, a função normativa primária é precípua do Poder Legislativo, sendo exercida de forma extravagante pelo Poder Executivo, seja por meio de medidas provisórias ou delegação legislativa[43] — casos em que não se enquadra a função normativa ora em comento.

A questão, em si, é saber em qual categoria de direito administrativo essas normas regulatórias se enquadram.

Objetivamente, em nossa doutrina administrativista, tanto os que defendem a função normativa de entidades independentes do Poder Executivo Central, como, por exemplo, as agências reguladoras, quanto os que são contrários,[44] conduzem o tema para esse campo de questões.

---

reguladoras independentes: "Essa descentralização administrativa pode dar-se em favor de independent regulatory commissions, como nos Estados Unidos..." (*Ibidem*, p. 269).

[42] Confira-se a manifestação de Carlos Ari Sundfeld: "Ademais, é totalmente oca a afirmação de que as agências reguladoras seriam estranhas ao Direito tradicional brasileiro, seja porque toda mudança de algum modo confronta a tradição (...), seja porque a estrutura brasileira de divisão de poderes, implantada com a Constituição da República, é de clara inspiração norte-americana" (SUNDFELD. Introdução às agências reguladoras. *In*: SUNDFELD (Coord.). *Direito administrativo econômico*, p. 23).

[43] Veja-se como devem ser os procedimentos para as delegações legislativas a teor do que dispõe o art. 68 da Constituição de 1988: "As leis delegadas serão elaboradas pelo Presidente da República, que deverá solicitar a delegação ao Congresso Nacional. §1º Não serão objeto de delegação os atos de competência exclusiva do Congresso Nacional, os de competência privativa da Câmara dos Deputados ou do Senado Federal, a matéria reservada à lei complementar, nem a legislação sobre: I – organização do Poder Judiciário e do Ministério Público, a carreira e a garantia de seus membros; II – nacionalidade, cidadania, direitos individuais, políticos e eleitorais; III – planos plurianuais, diretrizes orçamentárias e orçamentos. §2º A delegação ao Presidente da República *terá a forma de resolução do Congresso Nacional, que especificará seu conteúdo e os termos de seu exercício*. §3º Se a resolução determinar a apreciação do projeto pelo Congresso Nacional, este a fará em votação única, vedada qualquer emenda".

[44] Maria Sylvia Zanella Di Pietro critica a função normativa exercida pelas entidades reguladoras: "A intenção de colocar tais atividades [serviços públicos] sob regime jurídico de direito privado vem sendo frustrada pela atividade regulatória exercida pelas agências, que acaba substituindo o direito administrativo criado por lei pelo direito administrativo

São várias as denominações utilizadas para categorizar a função normativa do Poder Executivo. Eis algumas delas: (i) regulamento decorrente de delegação inominada, (ii) regulamento autônomo, (iii) deslegalização, (iv) regulamento delegado ou autorizado,[45] (v) capacidade normativa de conjuntura,[46] (vi) remissões normativas[47] e, até mesmo, (vii) discricionariedade técnica.

Seja qual for a nomenclatura adotada, além da modalidade tradicional da regulamentação secundária, existem aquelas tipicamente regulatórias.

De fato, as entidades reguladoras editam normas que, indiscutivelmente, afetam direitos e obrigações dos cidadãos. Exemplo dessas normas é a Resolução nº 460, de 19 de março de 2007, da ANATEL, que criou o instituto da portabilidade de números de celulares. Não está expressamente em lei; contudo, foi editada, está sendo cumprida por todos. É relevante para a competição entre as operadoras e que beneficia o cidadão: o chamado "equilíbrio sistêmico".

Como se vê, é extremamente difícil submeter uma norma dessa categoria a uma ordem hierárquica definida no modelo de Direito Administrativo tradicional. Como dito, as noções próprias do direito econômico impõe uma releitura da função normativa do Executivo para o acoplamento dessa nova fase de atuação estatal. "Por exemplo de actos que, para satisfazer à necessidade de maior maleabilidade da matéria económica, são, ao mesmo tempo, menos imperativos, menos estáveis e menos precisos que os actos administrativos habituais".[48]

Nesse contexto, destaca-se a importância de compreender a escolha regulatória como sendo uma nova categoria das escolhas administrativas.

---

criado por agências pretensamente independentes, na realidade muito mais autoritárias do que independentes" (DI PIETRO. Privatização e o novo exercício de funções públicas por particulares. *In*: MOREIRA NETO (Coord.). *Uma avaliação das tendências contemporâneas do direito administrativo*, p. 434).

[45] Segundo doutrina de Eros Grau, os chamados "regulamentos autorizados" (ou "autorizativos"), são aqueles que dispõem sobre matérias que, embora não cheguem a ser disciplinadas detalhadamente em lei formal, nela encontram seu fundamento de validade (GRAU. *Direito posto e o direito pressuposto*, p. 252).

[46] Também é expressão constante da doutrina de GRAU, *op. cit.*, p. 231.

[47] Fabrício Motta denomina de "remissões normativas" os casos em que a lei "reenvia a um ato normativo inferior e posterior, a ser elaborado pela Administração, a regulação de certos elementos que complementam a ordenação estabelecida na própria lei" (MOTTA. *A função normativa da administração pública brasileira*, f. 146).

[48] LAUBADÈRE. *Direito público económico*, p. 121.

Na regulação de atividades econômicas pelo Estado, a estrutura estatal necessária para equilibrar os subsistemas regulados, ajustando as falhas do mercado, ponderando-se diversos interesses ambivalentes, não se enquadra no modelo positivista clássico e moderno,[49] do direito administrativo tradicional de viés napoleônico.[50]

Ademais, a regulação setorial descentralizada tem mais condições de enfrentar os desafios da "reflexividade da vida social" que consiste no fato de que as práticas sociais são constantemente examinadas e reformadas à luz de informação renovada sobre estas próprias práticas, alterando, dessa forma, seu caráter constitutivamente.[51]

Nesse contexto, Floriano Azevedo Marques Neto anota que a atividade regulatória é espécie do gênero atividade administrativa; contudo trata-se de uma espécie bastante peculiar. É na moderna atividade regulatória estatal que melhor se manifesta o novo paradigma de direito administrativo, de caráter menos autoritário e mais consensual, aberto à interlocução com a sociedade e permeado pela participação do administrado.[52]

Ainda que se cogite a existência de diversos graus de vinculação do regulador público às regras legais, parece ser indisputável que, dada a tecnicidade encontrada em ambientes sistêmicos (aviação civil, telecomunicações, sistema financeiro etc.), passa a ser missão do ente regulador encontrar, na autorreferência do sistema, uma solução de concordância prática entre as normas legais, em tese aplicáveis, e os efeitos prospectivos visando o equilíbrio e a sobrevivência do sistema.

Sabe-se que no Brasil ainda temos dificuldade em fugir dos reducionismos do pensamento catalogatório, baseado na hierarquia normativa e simplificado sob a forma piramidal.

Contudo, à luz da necessária maleabilidade normativa inerente ao Direito Administrativo Econômico, a conformação da atuação do

---

[49] Sob esse viés clássico do princípio da legalidade em cotejo com a atuação da Administração Pública, expõe Diogenes Gasparini: "O princípio da legalidade significa estar a Administração Pública, em toda a sua atividade, presa aos mandamentos da lei, deles não se podendo afastar, sob pena de invalidade do ato e responsabilidade de seu autor. Qualquer ação estatal sem o correspondente calço legal, ou que exceda ao âmbito demarcado pela lei, é injurídica e expõe-se à anulação" (GASPARINI. *Direito administrativo*, p. 6).

[50] Zagrebelsky adverte que até mesmo na França já existe um forte movimento para reduzir a força da lei. Consta que em 23 de agosto de 1985 o *Conseil Constitutionnel* decidiu que "la loi votée n'exprime la volonté générale que dans le respect de la Constitution" (ZAGREBELSKY, *op. cit.*, p. 61).

[51] GIDDENS. *As consequências da modernidade*, p. 45.

[52] MARQUES NETO. Pensando o controle da atividade regulação estatal. *In*: GUERRA (Coord.). *Temas de direito regulatório*, p. 202.

Poder Executivo por meio de Agências Reguladoras é, a nosso juízo, possível pela deslegalização de matérias do Legislativo para entidades do Executivo.

O tema já foi agitado em sede doutrinária e pretoriana, notadamente em temas cuja positivação pelas casas legislativas apresenta-se inviável.

Por exemplo, o Plenário do Supremo Tribunal Federal, ao julgar o Recurso Extraordinário nº 140.669-1/PE, Relator o eminente Ministro Ilmar Galvão, apreciando a constitucionalidade de leis ainda editadas sob a égide da Constituição anterior, já teve o ensejo de examinar e acolher a tese da deslegalização, desde que a norma observe não só os parâmetros de legalidade que lhe foram traçados, mas, também, em um sentido mais lato, os padrões de juridicidade delineados em determinado sistema jurídico, e desde que não se trate de matéria sujeita à reserva de lei.

Note-se que ali se estava diante, inclusive, de matéria tributária (embora não se tratasse de ato normativo definidor de tributo ou de elemento essencial deste, mas de elemento secundário). Contudo, mesmo assim foi reconhecida a juridicidade de transferência normativa de lei para o Executivo, para que este, por meio de portaria, alterasse o prazo de recolhimento do tributo ali em questão.

Entendeu-se, então, que a fixação de prazo para o recolhimento de tributo não é matéria submetida à reserva legal. Logo, poderia ser objeto de *deslegalização*. É o que se colhe da ementa do acórdão, *in verbis*: "Tributário. IPI. Art. 66 da Lei nº 7.450/85, que autorizou o Ministro da Fazenda a fixar prazo de recolhimento do IPI, e portaria nº 266/88/MF, pela qual dito prazo foi fixado pela mencionada autoridade. Elemento do tributo em apreço que, conquanto não submetido pela Constituição ao princípio da reserva legal, fora legalizado pela Lei nº 4.502/64 e assim permaneceu até a edição da Lei nº 7.450/85, que, no art. 66, o deslegalizou, permitindo que sua fixação ou alteração se processasse por meio da legislação tributária (CTN, art. 160), expressão que compreende não apenas as leis, mas também os decretos e as normas complementares (CTN, art. 96)".

Digna de nota também é a seguinte passagem constante do corpo do acórdão, nos seguintes termos.

O juiz Tift emitiu um voto brilhante dizendo que a indelegabilidade — que tem origem constitucional — não pode jamais ser encarada em termos absolutos. Acrescentou que pode a lei estabelecer, inclusive em matéria tributária, atribuições ao Poder Executivo — autoridade administrativa. Para que isso aconteça é preciso que haja autorização legal e que o exercício desse poder se faça dentro dos limites razoáveis. A deslegalização encontra limites constitucionais nas matérias constitucionalmente reservadas à lei. Sempre que exista reserva material de lei, a lei ou a decreto-lei (no caso de autorização legislativa) não poderão limitar-se a entregar aos regulamentos a disciplina jurídica da matéria constitucionalmente reservada à lei.

García de Enterría[53] comenta o instituto francês de deslegalização de matérias pelo Legislativo ao Executivo: "Desde la famosa Ley de 17 de agosto de 1948 se sortea de la técnica de la *deslegalización* o rebajamiento del rango normativo de la regulación de determinadas materias, que quedan así entregadas al poder reglamentario (*matières relevant de la compétence du pouvoir règlementaire*, dice expresamente esa Ley). Esta práctica, que se repetirá cada vez con mayor osadía, recordando ya casi exactamente la técnica de los anteriores Decretos-Leyes (...), va a ser sancionada por la autoridad del Consejo de Estado, consultado especialmente por el Gobierno sobre su compatibilidad con la Constitución".

A ideia, portanto, dessa teoria é de que a normatização executiva pode ser legitimada e conformada ao contexto jurídico-constitucional brasileiro por meio da deslegalização de matérias, a conviver com as regras constitucionais e com a primeira fonte normativa ordinária: a lei.

Segundo Aragão, a lei não precisa preestabelecer os elementos das relações jurídicas a serem formadas. Não é necessário que ela tenha de chegar a fixar os direitos e as obrigações que teriam apenas a forma de seu mero exercício definida pelos regulamentos necessários à "mera" execução.[54]

A deslegalização não envolve a atribuição de uma discricionariedade diferenciada (especialmente a suposta "discricionariedade técnica"),[55] pois não se trata de atuar sob o manto "intocável" da conveniência e oportunidade discricionária. Decorre de uma ampliação (e evolução) das fontes normativas necessárias não só ao atingimento do fim público, em que é necessária à prevenção e mediação do caso

---

[53] GARCÍA DE ENTERRÍA. *Legislación delegada, potestad reglamentaria y control judicial*, p. 106.
[54] ARAGÃO. *Direito dos serviços públicos*, p. 328. O autor enfatiza seu ponto de vista ao anotar: "Integramos a corrente daqueles para quem deve haver uma habilitação legal dos poderes da Administração Pública, sem que a lei precise entrar na matéria a ser regulada pela Administração" (*Ibidem*).
[55] Sobre o tema, ver GUERRA. *Controle judicial dos atos regulatórios*.

concreto, como, notadamente, para considerar as "consequências específicas sobre o setor regulado".[56]

Quando se cogita a deslegalização para a compatibilização da escolha executiva ao atual contexto jurídico-constitucional brasileiro, não se pretende sustentar a retirada da base legalitária para a atuação das entidades administrativas na regulação de atividades econômicas e setores sensíveis à sociedade.

O que é sustentável é a manutenção do "monopólio da política legislativa"[57] nas mãos do Legislativo e a "autorização deste",[58] prevista na norma primária, para que entes descentralizados do poder público possam estruturar a "moldura normativa",[59] o marco regulatório de determinado subsistema especializado, sem estar atrelado às situações previstas anteriormente pela lei.

Para Paulo Otero[60] a deslegalização torna-se um processo de reforço da escolha administrativa gerando um correlativo enfraquecimento da tradicional esfera de intervenção vinculativa do poder legislativo. Torna a legalidade administrativa mais dócil ou adaptável aos propósitos da Administração Pública, encurtando, assim, os espaços de heterovinculação da legalidade.

Assim, deslegalizar significa não estarem perfeitamente indicados na lei os meios para atuação dos agentes estatais responsáveis pela regulação de subsistemas sensíveis ao equilíbrio das ambivalências sociais.

---

[56] Cf. MOREIRA NETO. *Direito regulatório*: a alternativa participativa e flexível para a Administração Pública de relações setoriais complexas no Estado Democrático, p. 112.

[57] MOREIRA NETO. *Mutações do direito público*, p. 262. O monopólio da política legislativa "vem a ser a competência para firmar princípios e baixar as normas gerais que deverão ser observadas pelas demais fontes intra-estatais" (*Ibidem*). O autor conclui seu raciocínio nos seguintes termos: "Persegue-se a norma que ganha em *eficiência quanto ao conteúdo*, porque mais próxima da realidade dos fatos, não só na aplicação como na elaboração: ela é mais técnica, menos vaga, de maior precisão, por isso, menos controvertida, e produz mais segurança jurídica aos jurisdicionados. Mas, ao mesmo tempo, ela ganha em *eficiência quanto ao tempo*, pois, dispensando os pesados e demorados processos legislativos nas casas parlamentares, ela é formulada na medida em que é necessária e, com a mesma celeridade pode ser revogada, alterada ou substituída" (MOREIRA NETO. Governo e governança em tempos de mundialização: reflexões à luz dos novos paradigmas do direito. *Revista de Direito Administrativo*, p. 46).

[58] Como dito, Eros Grau utiliza a expressão "regulamentos *autorizados*" (GRAU, *op. cit.*, p. 252).

[59] TORRES. *Tratado de direito constitucional financeiro e tributário*, p. 507.

[60] OTERO, *op. cit.*, p. 903.

6 Conclusão

O direito administrativo brasileiro, diante de uma doutrina mais "clássica" — e até mesmo diante dos Tribunais em todo o país — ainda registra características, como: a prevalência da supremacia da Administração Pública nas relações com os cidadãos; a superioridade absoluta do interesse público sobre o interesse privado; uma forte hierarquia na burocracia estatal; a submissão quase que absoluta ao princípio da legalidade e espaços para a atuação executiva discricionária.

Com a difusão de ideias democráticas e globalizantes, e com a chegada ao direito pátrio das entidades reguladoras independentes, chega-se à conclusão de que o direito administrativo não pode mais comportar-se como nos tempos da ilustração francesa oitocentista.

A regulação de atividades econômicas pelo Estado desponta como uma "nova" categoria de escolha pela Administração Pública, sendo a estrutura estatal necessária para equilibrar os subsistemas regulados, suprir as falhas do mercado, mediar e ponderar os diversos interesses ambivalentes.

A escolha regulatória descentralizada tem mais condições de enfrentar os desafios da reflexividade da vida social, que consiste no fato de que as práticas sociais são constantemente examinadas e reformadas à luz de informação renovada sobre estas próprias práticas, alterando assim seu caráter.

A associação do direito administrativo à fase pós-moderna indica sua necessária adaptação às mudanças econômicas e sociais do século XXI, permitindo seu perfeito acoplamento ao contexto da realidade para ser instrumento de efetividade dos direitos fundamentais (direito administrativo econômico).

Com efeito, as políticas nacionais típicas do Estado contemporâneo se põem em prática mediante a edição de muitas regras gerais, em grande parte com indeterminações técnicas, que acabam por exigir mais do que uma simples integração dessas mesmas normas.

Com as premissas da pós-modernidade e o ingresso do Brasil no modelo regulador, inferiu-se que novas necessidades devem ser identificadas e expostas, especialmente para que o Estado neutralize os excessos e utilize seu "poder" como instrumento de controle da atuação privada.

Tratou-se, neste artigo, do objetivo da maleabilidade da escolha regulatória descentralizada vinculando-o à cessão de capacidade decisória sobre aspectos técnicos para entidades autônomas em troca da busca por credibilidade e estabilidade, demonstrando que a regulação estatal deixa de ser assunto de Governo para ser uma prioridade de Estado.

A importância da escolha regulatória deve ser detectada na conformação da garantia de equilíbrio de um subsistema, por meio de mecanismos para sua efetividade com vistas ao ajuste das oscilações econômicas, ainda que possam parecer surpreendentes por suas características inovadoras e flexíveis em relação ao passado.

É com a maleabilidade normativa que a regulação estará em condições próximas de se apresentar como apta a garantir direitos fundamentais, ponderando-os com outros interesses e direitos de idêntica dignidade jurídica e constitucional, observando-se princípios e valores sem uma predeterminada hierarquia entre os mesmos.

Apresenta-se diante da doutrina publicista o desafio de enfrentar as heranças do passado e que influenciam o presente, e estruturar um novo direito administrativo "econômico" — menos preocupado com rótulos — mas que traga respostas às demandas por uma nova forma de atuação estatal executiva.

Informação bibliográfica deste texto, conforme a NBR 6023:2002 da Associação Brasileira de Normas Técnicas (ABNT):

GUERRA, Sérgio. Regulação e maleabilidade normativa à luz do direito administrativo econômico. In: FREITAS, Daniela Bandeira de; VALLE, Vanice Regina Lírio do (Coord.). *Direito administrativo e democracia econômica*. Belo Horizonte: Fórum, 2012. p. 223-244. ISBN 978-85-7700-619-9.

GOVERNANÇA
NOVA FRONTEIRA DO DIREITO REGULATÓRIO

VANICE REGINA LÍRIO DO VALLE

1 Agências reguladoras: 15 anos depois, uma mudança no eixo de debates

Transcorridos mais de 15 anos da tematização do modelo institucional identificado como agência reguladora,[1] é de se reconhecer uma mudança no eixo de debates envolvendo essas denominadas autarquias especiais. Afinal, tem-se por superada — seja doutrinariamente, seja judicialmente[2] — a discussão acerca de sua constitucionalidade, restando já hoje pacificada a possibilidade da existência de uma entidade

---

[1] O apontamento da data de instituição da primeira agência reguladora no Brasil dependerá da posição perfilhada pelo leitor no que toca à qualificação como tal, de instituições anteriores à Reforma do Estado de 1995, que todavia se revestem das características associadas àquele modelo institucional, como o exemplo de sempre do Banco Central do Brasil. Independente dessa opção "técnica", por assim dizer; fato é que a viabilidade em si da existência de uma entidade da administração indireta com esse contorno institucional foi tematizada pelo movimento reformista de 1995.

[2] Decisão emblemática, a avaliar a viabilidade constitucional das agências reguladoras no direito brasileiro é a sempre invocada ADI nº 1.949-MC, Rel. Min. Sepúlveda Pertence, Tribunal Pleno, julgamento em 18.11.1999, onde se afirmou a compatibilidade da investidura a termo de seus conselheiros com a ordem constitucional.

da administração indireta, sob regime especial, delegatária de competências normativas[3] e revestida de independência.

Enunciado assim parece pouco — especialmente quando se tem em conta as resistências que ainda se põem em relação aos limites e possibilidades de implementação de um Estado cada vez menos comprometido com a execução direta de atividades, e mais orientado à atuação reguladora *lato sensu*. Não se pode olvidar que mesmo essa primeira etapa de consolidação implica em superar as resistências que se ergueram por ocasião da eleição da trilha do Estado regulador — seja pela coincidência com o momento de privatizações, seja pela afinidade do modelo com o parâmetro de desenho institucional norte-americano, seja pelas "mudanças estruturais, axiológicas e conceituais propiciadas pela emergência do Estado predominantemente regulador".[4]

O primeiro patamar de consolidação das agências reguladoras no Brasil é sim de merecer comemoração, quando se tem em conta traduza ele a superação de pelo menos mais dois importantes obstáculos.

Primeira dificuldade enfrentada na implementação da proposta das agências reguladoras no Brasil diz respeito às falhas sequenciais nos desdobramentos reclamados pela Reforma Gerencial de 1995. A concretização da mudança institucional preconizada pela opção por um Estado orientado à regulação haveria de contemplar outros estágios — entre eles, aquele que se dedicaria ao próprio desenho de marco legal mais genérico das agências reguladoras —;[5] etapas essas que não se logrou alcançar, seja pelas dificuldades próprias do ambiente político, seja pelas constrições impostas pela lógica à época muito presente de observância aos imperativos do ajuste fiscal.[6]

É verdade que a construção do chamado marco legal das agências reguladoras é tema que não restou esquecido, municiado pelo relatório do Grupo de Trabalho Interministerial convocado em 2003, pela

---

[3] No tema, sempre vale a referência ao hoje conhecido texto de Sampaio Ferraz Jr., que sintetiza o argumento de que a atualização de sentido do princípio da eficiência esteja a recomendar uma compreensão das funções reguladoras do Estado que incorpora dimensões de prevenção às disfunções do mercado decorrentes de assimetrias e comportamentos oportunistas dos agentes privados (FERRAZ JR. Agencias reguladoras: legalidade e constitucionalidade).

[4] MARQUES NETO. Regulação econômica e suas modulações. *Revista de Direito Público da Economia – RDPE*.

[5] Como se sabe, a construção de um marco legal das agências reguladoras foi se dando de forma não sistemática, com regras distintas em cada qual das respectivas leis de criação, sem que se tenha uma matriz comum devidamente preceituada.

[6] No tema da tensão entre a ideia de Estado gerencial — e portanto, que opere a partir de delegação e descentralização — e ajuste fiscal, consulte-se REZENDE. O dilema do controle e a falha seqüencial nas reformas gerenciais. *Revista do Serviço Público*, p. 50-74.

Presidência da República, que tinha por objeto justamente a análise e avaliação do papel dessas entidades no atual arranjo institucional brasileiro.[7] Não é menos verdade todavia que a complexidade das questões envolvidas na fixação de um regime legal com essa amplitude[8] tem retardado o processamento do Projeto de Lei nº 3.337/2004, já objeto de um substitutivo que busca a construção do consenso possível no tema.

Segundo importante obstáculo que restou superado pelo primeiro momento de consolidação institucional das agências reguladoras é a presença do direito como verdadeira cláusula de bloqueio à inovação institucional que elas pretendiam veicular. A referência se faz ao movimento inicial em expressiva parcela do círculo doutrinário no campo do direito, de rejeição à ideia, com a imputação de inconstitucionalidades várias — circunstância que, evidentemente, determinou uma desaceleração em algumas das mudanças institucionais reclamadas pela implementação de um modelo de Estado regulador.[9]

Não é ocioso sublinhar que a superação das resistências iniciais se deve em boa parte à disseminação em outros ramos do direito, de vários dos traços à atuação reguladora do Estado; traços esses que geraram o estranhamento inicial. Assim é que a delegação de funções como estratégia, transferindo escolhas públicas para outros níveis que não aquele central, usualmente afeito às escolhas políticas, apresenta-se hoje como uma realidade em várias áreas de atuação estatal, evidenciando que a estratégia não se revelava localizada — algo de interesse tão somente do direito regulatório — e menos ainda indesejável.

Na mesma linha de consideração, a exploração de estruturas normativas que se manifestem em outras arquiteturas que não o velho arquétipo preceito-sanção, com predominância no caráter coercitivo

---

[7] Análise e avaliação do papel das agências reguladoras no atual arranjo institucional brasileiro. Relatório do Grupo de Trabalho Interministerial. Brasília, set. 2003. Disponível em: <http://www.bresserpereira.org.br/Documents/MARE/Agencias/avaliacao_das_agencias_reguladoras_-_casa_civil.pdf>. Acesso em: 27 abr. 2011.

[8] A própria ideia em si de unificação do marco legal, antes percebida como desejável, hoje já se apresenta passível de críticas tendo em conta as profundas diferenças na forma de operação dos vários seguimentos regulados, que poderia estar a sugerir vantagens na adoção de regimes diversos para cada qual desses setores.

[9] O exemplo mais chamativo será sempre aquele atinente à natureza jurídica do vínculo que a agência reguladora possa manter com seus servidores, onde a proposta inicial de que o regime aplicável fosse o celetista veio a merecer censura judicial com o deferimento de medida liminar na ADI nº 1.668, Rel. Min. Marco Aurélio. Tribunal Pleno, julgamento em 20.08.1998. A leitura dos argumentos expendidos no julgamento da providência de urgência evidencia a toda clareza o emprego de uma matriz de aproximação das funções do Estado e das estruturas institucionais disponíveis à sua execução, muito orientada ainda aos modelos clássicos, numa postura nitidamente conservadora.

da ação estatal, é fenômeno que transcende o direito administrativo, anunciando-se em verdade como o novo desafio para a teoria da norma no século XXI.[10] Normas de indução, que operem a partir de uma lógica de prevenção são preconizadas para as esferas em que a atuação estatal por si só se revele insuficiente a garantir a concretização dos resultados. Sob a inspiração da *law and economics*, tem-se a visão das normas jurídicas como estrutura de incentivo[11] — e o despertar para o papel que elas possam ter no fomento a atividades específicas; sob o pálio do "constitucionalismo da diferença" preconizado por uma teoria constitucional da solidariedade, cogita-se de normas que oportunizem à sociedade civil a condição de elementos ativos da normatividade constitucional.[12]

Finalmente, a abertura a outras áreas do conhecimento — que é uma característica essencial do exercício da atividade regulatória — se apresenta hoje como algo inevitável, superado o momento de clausura intelectual que viveu o direito,[13] sob a falsa impressão de que esse isolamento cognitivo pudesse significar, de alguma maneira, a preservação de uma pureza técnica que, no passado, reputou-se importante.[14]

A reprodução em outras searas do mundo jurídico dos mesmos dilemas que originalmente puseram em xeque a própria possibilidade de um direito regulatório, evidenciou que a resistência passiva a essas novas provocações não seria suficiente para fazer desaparecer a necessidade social de uma nova dinâmica nas relações entre Estado, mercado e sociedade mediadas pelo universo do jurídico. Mais ainda, essa duplicação dos problemas — antes na esfera da regulação, agora em outros campos de atuação do direito e do Estado — está a evidenciar

---

[10] Examinando os novos mecanismos de gestão de que se vale o direito — à vista da inadaptação do velho modelo às tarefas do século XXI — Mockle elenca, entre outros modelos alternativos de regramento de conduta, as convenções de performance, os planos estratégicos, as cartas de direito de usuários, as declarações de serviços, as normas de substituição, entre outras (MOCKLE. *La gouvernance, le droit et l'état*).

[11] "(...) definindo direitos e deveres, a norma jurídica estabeleça para os indivíduos uma estrutura de incentivos que vai influenciar de forma determinante suas escolhas e decisões econômicas" (FLORENZANO; BERNARDES. A moderna concepção de norma jurídica como estrutura de incentivos. *Revista de Direito Público da Economia – RDPE*).

[12] CABO MARTÍN. *Teoría constitucional de la solidariedad*, p. 75-81.

[13] VALLE. O direito-narciso: nova ameaça à jusfundamentalidade dos direitos. *A&C – Revista de Direito Administrativo e Constitucional*.

[14] Manifestação expressiva dessa incorporação da interdisciplinariedade se tem, no âmbito da estrutura de poder político organizado que sempre se identificou com a predominância técnica, a saber, o Supremo Tribunal Federal, que vem se valendo, de forma crescente, do instituto das audiências públicas justamente para a trazida de informações originárias de outras áreas de conhecimento que não aquela de expertise própria da Corte.

apresente-se aquela primeira área como verdadeiro "campo de teste" na construção de um direito orientado à formação do consenso possível, e à indução de condutas.

Disso não decorre que se possa afirmar superadas todas as reservas a um direito regulatório, revestido de características próprias. Mudança de paradigmas exige uma aproximação nova de velhos problemas — e esse novo olhar sobre o fenômeno da regulação envolverá (ainda) o tema central da opção que a primeira envolve no sentido de uma delegação das escolhas políticas em favor de outras estruturas, que não o legislativo.

2 Delegação *versus* concentração de escolhas públicas: ainda um ponto sensível

Identificar a possibilidade jurídica, a conveniência e os limites do que se possa delegar constitui ainda hoje o tema central da chamada política de regulação[15] — com todas as questões a ela associadas, notadamente qual deva ser a estrutura institucional e o procedimento decisório aplicável no âmbito de uma eventual entidade da Administração que se revele destinatária de uma ampla delegação para a formulação de escolhas públicas que podem revelar-se de conteúdo político mais ou menos acentuado.

Também esse tema, todavia, está a merecer uma revisitação com os olhos voltados para o futuro — e disso decorrerá a necessidade de afastamento de mitos associados à qualificação de uma decisão como técnica ou política, critério aparente de solução ao conflito que dá nome ao presente subitem.

2.1 Primeiro mito a superar: a sobrevalorização de uma decisão qualificada como política

Um primeiro mito envolve a compreensão de que a afirmação do caráter político de uma decisão possa trazer consigo uma carga valorativa — positiva ou negativa.[16] Em verdade, o caráter político

---

[15] MOSEDALE. Why Regulatory Governance Matters. *CRC Policy Briefs*, Center on Regulation and Competition.

[16] O desencantamento generalizado para com a política, noticiado por Bauman, tem determinado uma "desqualificação" dos temas que se identificam como tal. Mais do que isso, verifica-se um sentimento de não pertencimento; como se os temas políticos fossem afetos a outra esfera, que não a da sociedade (BAUMAN. *Em busca da política*).

de uma decisão nada mais significa do que a afirmação de que nela se contenha uma *dimensão estratégica*, sem que disso decorra qualquer juízo em relação à sua pertinência subjetiva, ou mesmo ao seu valor intrínseco. Traçará a estratégia em determinada área de atuação do Estado aquela estrutura que se revelar institucionalmente mais apta ao desenvolvimento dessa tarefa — ao menos esse é o parâmetro racional.

Com os olhos voltados a velhos modelos teóricos, afirma-se ainda que às agências reguladoras só se possa confiar as escolhas técnicas, tendo em conta inclusive sua *expertise* e o seu caráter de executoras de função administrativa; já as escolhas políticas, essas haveriam de ser reservadas aos órgãos de idêntica composição, tudo no suposto de uma segregação absoluta entre o que se possa qualificar como juízo técnico e aquele de índole política.

Não é ocioso destacar que o suposto apartamento entre política e função administrativa — preconizado, é certo, por Woodrow Wilson[17] na gênese da administração pública como ciência autônoma — se teve rapidamente por superado, com a constatação de que administrar, especialmente a coisa pública, envolvia o lidar com o pensamento e a valoração empreendida por seres humanos, donde a insustentabilidade de um caráter politicamente neutro dessa mesma atividade.[18]

Não é correta, portanto, a afirmação de que as escolhas políticas tenham uma pertinência subjetiva inafastável no legislativo — assim como não é acertado afirmar que toda escolha técnica tenha em si uma irretorquível neutralidade política. Em verdade, o próprio sistema de *checks and balances* repudia essa ideia quando combina capacidades recíprocas de intervenção — e, portanto, do desenvolvimento de funções que não lhe são típicas — entre as estruturas formais de poder, o que evidencia o *mix* de funções, ainda que remanesça, decerto, a predominância em cada qual das estruturas especializadas de poder político organizado.

De outro lado, é no próprio sistema de checks and balances que se pode encontrar em alguma medida fundamento para o argumento contra a regulação. Isso porque numa perspectiva mais conservadora, esse sistema permitiria o exercício de controle do poder (*in casu*, do poder legislativo); ao passo que a delegação das deliberações dessa natureza a estruturas como aquelas das agências reguladoras estaria a retirar relevantes escolhas públicas dessa estrutura constitucional de constrição do poder.

---

[17] WILSON. The Study of Administration. *Political Science Quarterly*.
[18] Fry e Raadschelders, 2008, p. 312.

O equívoco aí parece estar no excessivo apego aos sistemas de controle de poder no modelo do século XVIII, não porque isso seja o mais conveniente para o endosso da proposta regulatória, mas porque é preciso reconhecer, na esteira da advertência de Scott,[19] que se o debate constitucional daquele momento histórico se via animado por uma preocupação com a disciplina dos poderes políticos pela lei, o ponto a ser considerado, na segunda década do século XXI, é o regramento de uma dinâmica social muito distinta, poliárquica e complexa.

2.2 Segundo mito a superar: a decantada objetividade e neutralidade das decisões técnicas

O segundo mito — aquele da neutralidade política das instâncias técnicas — se tem por construído a partir da suposição de que toda escolha dessa natureza seja presidida por elementos eminentemente objetivos, e, portanto, neutros. Também aqui, a realidade dos fatos insiste em desmentir a construção teórica.

É certo que a técnica busca conferir essa objetividade e neutralidade — e com isso diferenciar-se de outros vetores de escolha. Não é menos correto todavia que nem todas as opções técnicas se revelam necessariamente excludentes, conduzindo àquele suposto ótimo objetivo. É justamente nessa zona de incerteza, onde a técnica recorta as possibilidades — mas não as concentra numa só — que se terá oportunidade para a formulação de juízos que se revelam essencialmente políticos. Não há portanto como negar que ainda a delegação seja limitada no seu conteúdo, onde houver escolhas técnicas — particularmente em setores regulados de grande complexidade econômica ou tecnológica — haverá igualmente oportunidade para a formulação de juízo político.[20]

Disso tudo se extrai como consequência que o dilema delegação *versus* centralização das escolhas políticas simplifica o problema, já que

---

[19] SCOTT. Regulatory Governance and the Challenge of Constitutionalism. *EUI RSCAS – Robert Schuman Centre for Advanced Studies.*
[20] Moreira Neto, discorrendo sobre a função regulatória, evidencia esse caráter político da eleição que ali se desenvolve, ao explicitar que, na atuação reguladora, *"não existindo um interesse público específico legalmente predefinido*, todos os interesses em conflito ou potencialmente conflitivos admitem ser legitimamente *ponderado* e até *negociados*, o que patenteia a existência de uma ampla disponibilidade relativa para o exercício judicativo extrajudicial da *função reguladora*, não só pela conciliação e pela mediação, que são sempre possíveis, como pela via do *arbitramento"* (MOREIRA NETO. *Direito regulatório*: a alternativa participativa e flexível para a Administração Pública de relações setoriais complexas no Estado Democrático, p. 111, os destaques são do original).

mesmo naquela primeira hipótese haverá escolhas políticas a serem efetivadas. O eixo de discussão é de envolver não uma alternativa excludente, mas sim *como se pode, delegando, parametrizar o modo de formulação das opções de caráter não objetivo*.

Como se vê, a atualização de sentido da velha dualidade delegação X concentração de escolhas está a reclamar uma aproximação não mais a partir da pertinência subjetiva, mas sim do procedimento. O foco portanto para o avanço ao segundo patamar de compreensão e consolidação do Estado regulador e seu braço institucional — agência reguladora — estará *não da dimensão estrutural dessas últimas*, mas sim na reflexão sobre seus parâmetros procedimentais de decisão.

O referido deslocamento do eixo de discussão no que toca à figura das agências reguladoras e seu marco legal não se dá de forma aleatória. Ao contrário, reflete não só o amadurecimento inicial da discussão quanto à própria viabilidade dessa alternativa de desenho institucional, mas também o adensamento da questão central acerca dos limites da delegação, particularmente no que toca ao poder normativo, em favor daquelas entidades que no nosso modelo integram a administração indireta.

Nesses termos, debater o papel das agências reguladoras no cenário brasileiro atual envolve uma opção em relação a qual seja o seu espectro possível de atuação no contexto de um Estado comprometido, no que toca à ordem econômica, com a livre iniciativa e a concorrência, mas também com a valorização do trabalho e a redução das desigualdades regionais e sociais. O que se está afirmando é que o tema do marco legal das agências reguladoras não se esgota, como já dito, na sua dimensão estrutural, mas envolve necessariamente a definição de uma *política de regulação*, debate que envolverá necessariamente a identificação do papel dessas entidades na atual estrutura do Estado brasileiro, em uma economia de mercado com preponderância de empresas privadas em importantes áreas de infraestrutura; e dos meios possíveis de incremento da *accountability*, em especial pela via do controle social. É nesse último segmento que a ideia de governança pode agregar valor ao debate sobre o marco legal de desenvolvimento da função regulatória.

3 Migração da ideia de governança para a função pública

O uso da expressão governança, como se sabe, teve lugar inicialmente no âmbito privado, a partir da reflexão acerca das práticas diretivas desenvolvidas nas grandes corporações, *vis a vis* o interesse das minorias societárias que se viam excluídas do processo decisório. A preocupação envolvia, então, a maneira pela qual se formulavam as escolhas de estratégia e ação — de molde que se pudesse assegurar também a esses a oportunidade de participar e contribuir num processo decisório que, em última análise, também sobre eles deitaria efeitos.

Não tardou que essa mesma ideia migrasse da área privada para o cenário público, a partir da provocação originária antes, das grandes agências internacionais de financiamento, em relação ao modo de formulação de escolhas públicas, particularmente nos países em desenvolvimento e de redemocratização recente. Isso porque, superada a falácia da neutralidade política dessas mesmas agências internacionais, restou reconhecido que o modo de formulação daquelas mesmas escolhas nos países destinatários de auxílio de qualquer natureza repercutia de forma definitiva nos resultados alcançados pelas respectivas organizações públicas.

Já em 1992, pela primeira vez o Banco Mundial referia a governança como "a maneira pela qual o poder é exercido na administração dos recursos sociais e econômicos de um país, visando ao desenvolvimento".[21] Observe-se que essa enunciação, aparentemente simples, já punha em destaque dois elementos que ocupam hoje lugar central do direito público em geral, e no direito administrativo em particular, a saber, o processo pelo qual a autoridade é exercida na gestão dos recursos econômicos e sociais de um país, rumo ao próprio desenvolvimento — que sugere o debate em torno da legitimidade —; e a capacidade dos governos para conceber, formular e implementar políticas e se desincumbir de funções, vetor que remete à questão da eficiência.

Essas mesmas ideias centrais se tem por aprofundadas, 15 anos depois, em novo documento daquela mesma agência internacional, onde se associa governança "à maneira através da qual os agentes e instituições públicas adquirem e exercem sua autoridade para o provimento de bens e serviços públicos, incluindo a oferta de serviços essenciais, infraestrutura e um ambiente favorável ao investimento — corrupção é um produto de uma governança frágil".[22]

---

[21] THE WORLD BANK. *Governance*: the World's Bank Experience: Development in Pratice.
[22] THE WORLD BANK. Strengthening World Bank Group Engagement on Governance and Anticorruption.

No âmbito da União Europeia, o tema foi explicitado pela primeira vez no chamado *Livro Branco*[23] que enunciou o seguinte conceito: "governança designa as normas, processos e comportamentos que influem no exercício dos poderes em nível europeu, especialmente desde o ponto de vista da abertura, participação, responsabilidade, eficácia e coerência".[24]

Importante ter por claro que governança, mais do que a ampliação episódica da escolha pública a outros eventuais atores, envolve, na lição de Chevallier,[25] outro modo de pilotar o social, repousando mais sobre a cooperação dos atores do que sobre a unilateralidade de uma Administração que, em tempos de hipercomplexidade, não mais se pode considerar detentora de conhecimentos suficientes a lhe permitir identificar por si só qual possa ser a linha de ação que se repute traduzir melhor o interesse público. Governança envolve portanto o reconhecimento de que "a solução de problemas coletivos não é mais, portanto, responsabilidade exclusiva do Estado, mas implica a participação dos atores sociais, prontos a ultrapassar a defesa de seus próprios interesses categoriais para tentar extrair um interesse comum".[26]

A incorporação da governança como conceito aplicável igualmente à função pública envolve portanto uma amplificação da importância dos mecanismos legitimadores das suas escolhas — no que se compreende, entre outras variáveis, a diversificação do leque de colaboradores nas atividades de construção dessa mesma decisão. Não é ocioso registrar que a abertura à qualificação das escolhas públicas pela diversificação dos interlocutores que dela participam proposta pela governança sucede e aprofunda uma outra tendência de desmistificação de um monopólio do Estado central sobre o poder político e sobre a capacidade legislativa e administrativa. Assim, no prisma *intragovernamental*, a fragmentação e a descentralização do Estado já determinaram uma ampliação do universo de interlocutores na formulação das decisões políticas;[27] a seu passo, a governança aprofundará

---

[23] COMISSIÓN DE LAS COMUNIDADES EUROPÉIAS. La gobernanza europea: un libro blanco.

[24] Não se deve jamais esquecer que nos temas afetos à União Europeia a questão do *déficit* de legitimidade decorrente de sua singular estrutura institucional determina sempre uma ênfase nas dimensões de participação e visibilidade. Esse contexto permite compreender melhor o porquê de uma enunciação de governança literalmente comprometida com abertura e participação.

[25] CHEVALLIER. *O Estado pós-moderno*.

[26] CHEVALLIER. A governança e o direito. *Revista de Direito Público da Economia – RDPE*.

[27] FREITAS. *A fragmentação administrativa do Estado*: fatores determinantes, limitações e problemas jurídico-políticos, p. 75-76.

esse alargamento do conjunto de agentes decisores para fazer incluir não só ao cidadão individualmente considerado, como parece estar a sugerir a participação, mas também aos segmentos organizados da sociedade que tenham contribuição a dar a essa mesma concentração da linha de conduta da Administração Pública.

Muito embora se esteja enfatizando a dimensão subjetiva do conceito de governança, não se pode esquecer que essa nova forma de condução dos assuntos públicos, marcada por um traço de autogestão nos campos social, político e econômico, estará a reclamar ainda outras características que viabilizem esse deslocamento dos centros de poder, sem inviabilizar-se a ação pública que há preservar sempre a sua capacidade de oferecer resposta em velocidade adequada ao enfrentamento dos conflitos e das necessidades públicas.

Sintetizando outros elementos igualmente nucleares do conceito de governança, Löffler[28] destaca: 1. o reconhecimento da importância seja das regras formais (constituição, leis, regulamentos), quanto daquelas informais (códigos de ética, costumes); 2. a abertura ao concurso de estruturas que não aquelas próprias às relações de mercado; admitindo que não só as redes de cooperação, mas também as hierarquias (como aquelas próprias à burocracia) possam concorrer como facilitadores, nas circunstâncias apropriadas; 3. aplicação não só da lógica de meios e resultados, *inputs* e *outputs*, assumindo que as características dos principais processos de interação social (transparência, integridade, inclusão) possam se apresentar como valor por si mesmas; e 4. o reconhecimento de que o processo de escolha pública é inerentemente político, voltado à mediação de distintos segmentos que pretende exercer seu poder sobre os demais de maneira a fazer prevalecer seus próprios interesses — e, portanto, não se cuida de disputa que se possa deixar a cargo tão somente do managerialismo ou de elites profissionais.

Em suma, governança desafia um desenvolvimento de função administrativa que esteja permeável à comunicação em ambiente de colaboração e confiança recíproca; à articulação e negociação de objetivos: numa palavra, à construção das escolhas públicas pela via da formação do consenso possível. Esse é o ponto a partir do qual se pode aproximar governança do desenvolvimento da função regulatória.

---

[28] LÖFFLER. Public Governance in a Network Society. *In*: BOVAIRD; LÖFFLER. *Public Management and Governance*, p. 217-218.

4 Governança e função regulatória

Demonstrou-se, no subitem 1 acima, que a consolidação do modelo de Estado regulador proposto nos idos da década de 90 compreende agora uma nova etapa de revisão do papel das agências reguladores no Estado brasileiro — tema sujeito à cunhagem, como igualmente já se disse, de uma política regulatória —; e aos mecanismos possíveis de incremento da *accountability* dessas mesmas estruturas, aspecto que guarda por sua vez visceral relação de dependência com o anterior na medida em que quanto maior o espectro de delegação em favor das agências, mais elevado o grau desejável de responsividade e transparência.

Não é por outra razão que seja o Projeto de Lei nº 3.337/2004[29] proposto pelo Poder Executivo para figurar como marco regulador das agências; seja o seu Substitutivo (SBT-1), apresentado pelo Dep. Leonardo Picciani,[30] identificam sua própria cogitação com o estabelecimento de regras aplicáveis às agências reguladoras concernente à sua gestão, organização e mecanismos de controle social — e nesse campo de preocupação, evidente a utilidade de um modelo como o proposto pela governança.

Tome-se como ponto de partida para a demonstração, a lição de Villela Souto,[31] que, com a clareza que lhe era habitual, sintetizava que, "dada a impossibilidade de o Estado satisfazer a todas as necessidades públicas, resta-lhe orientar e acompanhar como essas necessidades serão atendidas pelos agentes privados". Esse — dizia o autor — o "espírito da regulação", que se desenvolveria por duas espécies básicas de atuação: aquela normativa e a operacional.

Numa ou n'outra matriz de atuação da função regulatória, o que se tem é a concretização do direito como operação de identificação dos valores preponderantes naquela atividade e situação específica, para a formulação da solução justa tendo em conta o interesse da totalidade dos administrados.[32] É justamente esse núcleo da função que permite a conclusão da importância da construção de um modelo procedimental aberto à governança, sensível à contribuição plural dos múltiplos setores interessados na decisão em construção, para a prevenção dos riscos ainda hoje comumente associados à função regulatória.

---

[29] Disponível em: <http://www.camara.gov.br/sileg/prop_detalhe.asp?id=248978>. Acesso em: 20 maio 2011.
[30] Disponível em: <http://www.camara.gov.br/sileg/prop_detalhe.asp?id=265002>. Acesso em: 20 maio 2011.
[31] SOUTO. *Direito administrativo regulatório*, p. 37.
[32] MOREIRA NETO. *Direito regulatório*: a alternativa participativa e flexível para a Administração Pública de relações setoriais complexas no Estado Democrático, p. 105.

5 Governança e a prevenção aos riscos da tecnocracia: potencializando a previsibilidade

Primeiro fator de ameaça, curiosamente, envolve extremar-se aquela característica que é apontada como virtude máxima do modelo das agências reguladoras, a saber, a possibilidade de ali estabelecer-se um centro de excelência técnica, cuja *expertise* legitime de forma especial suas próprias decisões. Embora no plano do ideal este pareça um atributo relevante do modelo vigente, não se pode desconhecer que o radicalismo tecnocrático pode determinar um isolamento na formulação da decisão que não se revele compatível com a qualificação da decisão regulatória que se buscava alcançar com o modelo institucional proposto.

Ademais, para que o raciocínio não se construa a partir das patologias de uma tecnocracia indesejável, fato é que, em plena sociedade de risco, parece inteiramente insustentável a pretensão de que a máquina estatal — por mais qualificada que ela se possa revelar — tenha em si um índice ótimo de conhecimento e previsibilidade em todos os aspectos de um determinado segmento regulado, que permita dispensar as contribuições de quaisquer outros atores que não os seus próprios técnicos.

Mais ainda, o cenário de permanente contingência e imprevisibilidade, à vista da ampliação do potencial de intervenção humana na realidade e dos conhecidos fenômenos da desconstrução dos conceitos de espaço e tempo, está a exigir não mais uma atuação administrativa *reativa*, como classicamente se entendeu. Especialmente nos setores regulados de atividade econômica, identificar os padrões emergentes num cenário de permanente mudança pode se revelar antecipação preciosa, que o modelo clássico que concebe a escolha pública como atividade encerrada em seus próprios agentes não estará apto a produzir.[33]

A abertura à governança — e portanto à contribuição que o conhecimento societal possa trazer ao processo de tomada de decisão — favorece a *capacidade de antecipação* de problemas e a formação de estratégia de decisão mais rica. Ainda que disso não resulte necessariamente a escolha ótima, não resta dúvida de que, se a incerteza amplia o leque de efeitos possíveis da conduta estatal, a solução há de envolver uma prática que igualmente amplie os atores orientadores da decisão, enriquecendo o processo decisório.

---

[33] BOURGON. The Future of Public Administration: Serving Beyond the Predictable. *Public Money and Management*.

6 Governança e a provocação ao dinamismo das decisões

Ainda retomando as "virtudes" do modelo de agências reguladoras, também no que toca ao dinamismo na oferta de resposta aos problemas vivenciados pelo setor regulado, seja à conta das normas aplicáveis, seja à conta de novas contingências no mercado, a governança se apresenta como um instrumento de aprimoramento da qualidade regulatória.

Aberto o canal direto de comunicação e controle social — não só para a formação da norma regulatória, mas também para a execução do serviço público —[34] pela via da governança, o que se tem é um verdadeiro catalisador da resposta regulatória, na mais estrita consonância com o atributo de rapidez que se punha como legitimador da opção política pela delegificação.

Não é ocioso ainda consignar que essa a abertura à realidade, revestida do desejável imediatismo proporcionada pela governança, permitirá o desenvolvimento daquilo que Rodríguez-Arana Muñoz denomina de "pensamento compatível",[35] conceito que, embora traçado para o desenvolvimento da função administrativa como um todo, cai como luva ao direito regulatório em especial.

Um pensamento que queira abordar com êxito a compreensão da realidade como e qual a perfilamos deve ser também e necessariamente um pensamento compatível. Trata-se de um pensamento que não se encaixa nos modelos rígidos e planos, e que tem capacidade, precisamente porque trata de compreender ao humano em todas as suas dimensões — de conciliar o pessoal e o social, o estatal e o civil, a liberdade e o ordenamento, o mercado competitivo e a regulação político-econômica.

Não é ocioso registrar que o dinamismo na decisão regulatória, que fundamentava as vantagens do modelo desde o início de sua proposição, remanesce relevante não só à conta da velocidade natural das mudanças nos segmentos regulados;[36] mas também da circunstância

---

[34] SOUTO. *Direito administrativo regulatório*, p. 346.
[35] RODRÍGUEZ-ARANA MUÑOZ. *El buen gobierno y la buena administración de instituciones públicas*, p. 28-29.
[36] O exemplo sempre mais significativo é aquele das telecomunicações, cuja aceleração tecnológica parece não encontrar qualquer sinal de estabilização. Nesse segmento, portanto, o reconhecimento das novas ferramentas e tecnologias disponíveis, dos riscos a elas inerentes para a segurança dos serviços e sobretudo para a proteção dos usuários e do mercado, são elementos a recomendar uma capacidade de regulação e reavaliação das orientações primárias que mantenha a mesma velocidade com que o mercado se comporta.

de que, em matéria de regulação, a segurança pode estar na garantia da mudança. Afinal, a adequação das condições de desenvolvimento de uma atividade pode residir justamente não numa estabilidade indesejada de seus critérios de execução, mas numa resiliência que, pela mudança, assegure a legitimidade da regulação.[37]

É certo que sempre se encontrará quem aponte, por sua vez, os riscos de instauração de um regime assembleísta com a opção pela governança — e isso pode neutralizar o apontado ganho sob o prisma do dinamismo.

Para enfrentar essa objeção é de se distinguirem os dois planos distintos que se põem no argumento: 1º) o plano da informação; e 2º) o plano da decisão. Uma estrutura orientada a viabilizar a governança e a vocalização de distintos setores da sociedade que detenham interesses variados em relação ao segmento regulado trabalha no plano da informação, do *input*, do recebimento das contribuições desses interlocutores. Esse é o nível em que o dinamismo se pode beneficiar da chegada rápida de um *feed back* acerca da norma regulatória, da antecipação de um possível problema, ou ainda, da reclamação pura e simples quanto à qualidade do serviço.

O plano da decisão esse é de ser concebido mesmo num modelo orientado à governança, de forma a compatibilizar os benefícios da ampliação do universo de interlocutores com os riscos de paralisia decisória em razão dessa mesma abertura.

A inteligência estará na cunhagem de mecanismos diferenciados para a recepção das contribuições daqueles que aceitam o convite à participação via governança, de molde a maximizar o potencial de informações, sem bloquear a capacidade de decisão.

7 Governança e o mapeamento do dissenso

Outro possível ganho relevante de uma abertura à governança na função regulatória está na potencialização do mapeamento do dissenso em relação a um tema em debate.

---

[37] Uma vez mais desponta o direito regulatório como um cenário de proposição de novas ideias, com uma visão de segurança de regulação que se aparta do conceito tradicional de estabilidade e imutabilidade, para abraçar a contingência como característica própria dos setores regulados, exigindo como garantia maior da adequação da atividade estatal (nisso se incluindo a de disciplina, *lato sensu*) não a permanência em opções estratégicas que se revelem inadequadas de origem ou já anacrônicas pelas mudanças de cenário. Ao contrário, no universo do direito regulatório, a segurança pode estar na permanente abertura à mudança.

O tema da importância do dissenso no que toca à vida social em geral é ricamente trabalhado pela obra de Sunstein,[38] com a demonstração de que é mais do que vasto o elenco de fatores que podem influenciar — positiva ou negativamente — a escolha coletiva. O primeiro deles — a outra face da moeda no aumento do número de participantes do processo — é a influência sobre a decisão de "B", da opinião previamente expressa por "A", gerando o fenômeno identificado por *informational cascades*, que descaracteriza a participação de cada ator como expressão da sua real vontade, para transformá-la numa mera reprodução do que lhe pareça correto pela autoridade de quem antes dele se manifestou, ou ainda daquilo que lhe pareça como a decisão já consolidada no grupo, em relação à qual ele pouco poderá influir.

Pré-compreensões errôneas em relação ao tema em debate, indicação distorcida das possibilidades reais de decisão, receio da reprovação social pelo externar de um ponto de vista que não é o mais comum; todos esses são fenômenos que se verificam nas eleições que compreendam um vasto número de envolvidos, e que podem contaminar o processo de apuração do que seja a opinião pública no tema submetido à função regulatória.[39]

Mais recentemente, as possibilidades tecnológicas de seletividade em relação aos temas e ideias em relação aos quais se é exposto, confrontado, podem gerar outro elemento de distorção identificado por Sunstein (2009c),[40] a saber, aquele da fragmentação das comunidades que pretendam vez e voz no processo público de deliberação; disso decorrendo um possível incremento na possibilidade real de entendimento mútuo. Num ambiente de fragmentação, as intervenções de cada qual dos segmentos sociais se dá a partir de uma visão parcial não só quanto à sua opinião pessoal, mas também dos possíveis pontos de vista divergentes sobre um mesmo assunto — que teriam sido excluídos inicialmente de cogitação pelo uso de filtros em relação à exposição ao dissenso.

Como se vê, o ambiente da pós-modernidade está a desafiar no exercício da função regulatória um duplo cuidado em matéria de dissenso. Num primeiro momento, é importante a identificação em si de divergentes pontos de vista na matéria a ser objeto de regulação, como mecanismo de incremento da qualidade da decisão.

---

[38] SUNSTEIN. *Why do Societies Need Dissent*; SUNSTEIN. *A Constitution of many minds*: why the Founding Document doesn't mean what it mean before, 2009a.; SUNSTEIN. *Going to Extremes*: how Like minds Unite and Divide, 2009b; SUNSTEIN. *A era do radicalismo*.
[39] SUNSTEIN. *Infotopia*: how many Minds Produce Knowledge, p. 13-14.
[40] SUNSTEIN. *Republic.com 2.0*, 2009c.

De outro lado, a advertência de Sunstein em relação às distorções possíveis na formação do consenso ou dissenso hão de ser levadas em conta no momento pós-regulação, ou seja, naquele em que se dá a conhecer a decisão regulatória — e a partir do qual seria de se aferir a sua aptidão a efetivamente determinar acordo. Isso porque a suposta adesão à decisão regulatória pode decorrer de qualquer dos vícios apontados pelo autor, e não do acerto da decisão regulatória.

Numa ou n'outra hipótese, a abertura proporcionada pela governança contribui para o aprimoramento da qualidade da escolha.

Isso porque a decisão regulatória só permitirá a adequada aplicação dos valores constitucionais na busca da solução justa, se ela conhecer os distintos ângulos de um mesmo problema, a partir da perspectiva econômica, social, ambiental, de inclusividade, de sustentabilidade — e de tantos outros vetores que podem envolver ou resultar de uma escolha regulatória. A recente incorporação no cenário teórico brasileiro da importância da figura da análise de impacto regulatório — a entendida como instrumento formal que permite a explicitação dos problemas regulatórios, das opções disponíveis de política e das consequências das decisões regulatórias, em cada caso concreto, mediante a utilização de dados empíricos —[41] é uma evidência de como se tem por relevante o conhecimento das distintas leituras, seja com relação aos problemas, seja na proposta de soluções.

Conhecer os pontos de divergência, portanto, é direcionar o esforço de solução no desenvolvimento da função regulatória — e, portanto, aprimorar o seu resultado.

Disseminar a decisão e sua fundamentação em ambiente institucional apto a neutralizar os desvios de formação de consenso elencados por Sunstein é prática igualmente relevante sob o prisma do aprimoramento da qualidade na regulação, na medida em que permitirá uma percepção mais realista dos efeitos do ato regulatório no mercado e nos demais interessados naquela atuação administrativa em particular.

8 Governança pública: entre a regulação estatal e aquela policêntrica

O avanço na reflexão em torno da regulação, como uma nova forma de manejo do social — como capital de conhecimento e

---

[41] GAETANI; ALBUQUERQUE. Análise de impacto regulatório e melhoria regulatória. *In*: RAMALHO. *Regulação e agências reguladoras*: governança e análise de impacto regulatório, p. 189-196.

direcionamento de expectativas — tem evidenciado a importância do desenvolvimento dessas mesmas atividades, inclusive fora do âmbito estatal. O papel indutor de grandes empresas, de segmentos organizados da sociedade e do mercado tem determinado a afirmação do policentrismo na regulação, como fenômeno que reconhece que essa mesma disciplina possa se dar *fora do Estado*, assumindo a fragmentação do poder como uma realidade presente em nossos dias, a reclamar novas dimensões inclusive (se não particularmente) no plano da *accountability* e do controle.

Nesse cenário, a incorporação da governança como mecanismo de ampliação do universo de integrantes de um processo decisório desenvolvido no âmbito do Estado — ainda que por estruturas especializadas como as agências reguladoras — parece figurar como modelo intermediário, que se de um lado reconhece o pré-falado policentrismo no desenvolvimento da regulação da vida e do mundo; de outro lado presta a devida reverência à importância ainda do papel do Estado, quando menos como elemento articulador dessa formação das escolhas.[42]

No sistema brasileiro em particular, em que o Estado tem deveres de planejamento e fomento particularmente no domínio econômico, parece inequívoco que o policentrismo regulatório não poderá prescindir da presença desse mesmo Estado. A incorporação da governança como característica aplicável ao exercício enquanto função administrativa, da regulação, se afigura como mecanismo de conciliação entre a realidade social, o indiscutível interesse dessa mesma sociedade em participar do processo de ordenação de suas relações, e a garantia da preservação do necessário papel mediador do Estado na conciliação entre o "direito plural" dos novos movimentos sociais[43] e os parâmetros fundantes do convívio social traduzidos na Carta de 1988.

---

[42] Não se tenha por despida de complexidade a incorporação da ideia de policentrismo regulatório. Black sistematiza pelo menos quatro desafios a esse novo modelo de ordenação do viver societal: o funcional, que envolve o problema de articulação dessa verdadeira rede regulatória; o sistêmico, que adverte quanto a uma indesejada fragmentação no tratamento dos temas; o democrático, que tematiza a questão da representação; e ainda o normativo (BLACK. Constructing and Contesting Legitimacy and Accountability in Polycentric Regulatory Regimes. *LSE Legal Studies Working Paper*).

[43] WIMMER, Miriam. Pluralismo jurídico e as transformações do Estado contemporâneo. *Revista de Direito Público da Economia – RDPE*.

9 Caminhando no sentido da governança: como gerar atratividade à participação

Governança cuida de gerir organizações, de criar mecanismos de direção, de enfrentar problemas relacionados à sociedade.[44] A consideração em abstrato dos benefícios de uma prática a ela orientada soa como *wishful tought*, se desacompanhada de indicações de como se possa construir esse ambiente de debate e contribuição plural, sem ceder aos riscos da captura ou do assembleísmo. Na prevenção desses riscos, duas ideias centrais se deseja clarificar como contribuição a esse debate — que se anuncia como o tema do momento, nessa segunda década do século XXI.

Primeiro elemento diz respeito à prevenção à captura — preocupação, naturalmente, sempre presente na transferência de escolhas técnico-políticas a instâncias deliberativas como as agências reguladoras.[45] Ora, ampliar o universo de participantes do processo de formulação da escolha pública é sempre o melhor remédio contra a captura. Um universo coletivo tende a ser plural — e do pluralismo decorrerá a neutralização dos riscos da captura.

Nesse sentido, todavia, um elemento importante é tornar efetivamente atrativa a participação de diversos segmentos e entidades na atividade regulatória — quebrando a arriscada hegemonia do envolvimento do agente de mercado especialmente interessado. Para tal, o caminho que se sugere é a *explicitação no que toca às regras do jogo na governança*. Significa dizer que cabe à agência reguladora traçar claramente, e de forma pública, o procedimento aplicável para viabilizar a participação dos interessados, dando conta não só da oportunidade para tanto, mas também do tipo de contribuição que se possa oferecer, e, especialmente, dos resultados que se possa esperar do envolvimento de uma entidade ou indivíduo numa decisão regulatória qualquer.

Tenha-se em conta uma instituição científica, ou universitária — que, não sendo diretamente interessada na decisão regulatória, tenha todavia contribuição a oferecer na matéria. Para que isso efetivamente

---

[44] HUGHES. Does Governance Exists?. *In*: OSBORNE. *The New Public Governance?*: Emerging Perspectives on the Theory and Practice of Public Governance, p. 87-104.

[45] Curioso sempre esse argumento, que parece ver na transferência da escolha política para uma estrutura no Poder Executivo um incremento no risco da captura — como se isso não se desse no âmbito do IPoder Legislativo, frequentemente até com mais liberdade dado o caráter anônimo muitas vezes da decisão legislativa, e a temporariedade da presença do parlamentar naquela Casa de Leis.

se verifique, é preciso primeiro que a referida instituição tenha conhecimento de que sua intervenção é possível, e deverá se dar na forma e prazo "x". Essas são verdadeiras condições à participação. De outro lado, o *feed back* em relação à contribuição oferecida — observado o devido ônus argumentativo na eventualidade da desconsideração da contribuição ofertada —; esse sim pode ser o elemento determinante da intervenção. Afinal, envolver-se numa decisão regulatória — acompanhando reuniões ou audiências, redigindo informes técnicos, oferecendo propostas — consome tempo e dinheiro, e tal "investimento" só se dará por parte daquele que não seja diretamente interessado no resultado da decisão, se houver efetivamente uma *possibilidade real* de intervenção. É justamente para aferir essa possibilidade real — e, portanto, mobilizar terceiros à governança — que a formulação clara das regras de recepção dos agentes nela envolvidos revela-se imprescindível.

Segundo elemento de atratividade ao ingresso de mais atores na prática orientada pela governança é, sem sombra de dúvida, a transparência — e aqui se refere a essa característica não em relação a atos ou decisões em concreto, mas como atributo do funcionamento ordinário da agência.

Explica-se.

Transparência, como se sabe, já de há muito se tem como traduzindo um universo de características muito mais amplo do que o vetusto conceito de publicidade. O que se tem por reclamado pela transparência não é uma ação isolada de *disclosure*, mas sim um *trânsito de informações*, trânsito esse que há de se revelar apto a proceder, ao longo do processo de formação da decisão, ao diálogo para com os destinatários da ação transparente (a saber, outros envolvidos numa prática do poder orientada pela governança). É esse trânsito de informações que permitirá aos virtuais contribuintes ao processo decisório primeiro ter conhecimento de que ele está em vias de se realizar, e, segundo, construir a sua própria visão do tema a partir de um patamar de dados previamente conhecidos.

Evidentemente, o trânsito de informações é de se dar sob o signo da *inteligibilidade* daquilo de que se cuida — sob pena de se cuidar de mero exercício retórico, orientado não a viabilizar a governança, mas a dar uma aparência de legitimidade que a função regulatória exercida em concreto não tem. Mais ainda, inteligibilidade da informação há de envolver engenho e arte em enunciar minimamente as variáveis que estão a determinar o agir da Administração de forma compreensível a todos os virtuais participantes do processo de deliberação — cidadania, sociedade civil organizada — sem prejuízo do acesso às informações técnicas, na plenitude de sua dificuldade, àqueles que detenham a *expertise* necessária à sua compreensão direta — agentes do mercado regulado, academia, institutos técnicos. Completa-se o desenho dos atributos desejáveis da transparência, a utilidade e oportunidade das informações. No primeiro caso, porque especialmente no universo da regulação, fácil seria distorcer a transparência com o provimento de dados em volume excessivo, ou sem a necessária relação de pertinência com aquilo que se examina. No segundo, dado o caráter necessariamente dinâmico, oportunidade na informação é a garantia também de sua utilidade, e de uma intervenção útil dos participantes da governança.

É certo que explicitação nas regras do jogo da governança e transparência não esgotam os mecanismos possíveis de atratividade no processo decisório. Ao Estado sempre caberá um papel importante de agente de fomento desse mesmo envolvimento, abandonando a velha autopercepção como mero detentor do monopólio da constrição legítima[46] para se reconhecer como aquele que viabilizar o diálogo com a sociedade, transformando-se num hábito[47] no que toca à escolha pública.

Não é menos certo, todavia, que a implantação da governança envolve uma opção quanto a *procedimento* — e não quanto a desenho institucional. Assim, não se cuida de uma mudança que esteja a depender do tão aguardado advento do novo marco legal das agências reguladoras. A exemplo do que se deu com relação à própria criação dessa espécie de entidade da Administração Pública — onde um certo experimentalismo institucional permitiu a consolidação de conceitos noticiada no subitem 1 do presente texto e a pauta de uma agenda de mudanças hoje em curso —; é possível admitir desenvolva-se essa mesma experimentação procedimental no âmbito das agências reguladoras, aperfeiçoando-se as práticas na busca do sempre desejado incremento da qualidade regulatória.

Conservadorismo teórico e doutrinário, já se disse também ao início do texto, figurou como uma perigosa ameaça à própria implementação do modelo de Estado regulador. Vencida a primeira etapa, é de se reconhecer, na esteira da advertência de García-Pelayo,[48] a importância da *decisão* como verdadeiro centro irradiador das opções estratégicas.

---

[46] CABANES. *Essai sur la governance publique*: um constat sans concession... quelques solutions sans idéologie.

[47] DROMI, Roberto. *El derecho público en la hipermodernidad*: novación del Poder y la Soberanía, competitividad y tutela del consumo, gobierno y control no estatal, p. 274.

[48] "(...) num Estado *manager* como o que hoje se afigura, tão ou mais importante que as leis propriamente ditas tem a formulação e operacionalização das políticas e estratégias

Se a formulação das escolhas públicas repousa hoje não mais nas estritas funções governamentais definidas na clássica teoria do Estado — legislativa, administrativa e judiciária —, é preciso reconhecer que um modelo democrático estará a envolver a transposição dessa mesma característica para outras arenas onde se cunha a ordenação social. E nesse cenário de incremento da importância da formulação das escolhas públicas, o caminho da melhoria da qualidade regulatória, inequivocamente, é de ser aquele do reconhecimento dessa atividade como necessariamente sujeita a uma construção plural.

Informação bibliográfica deste texto, conforme a NBR 6023:2002 da Associação Brasileira de Normas Técnicas (ABNT):

VALLE, Vanice Regina Lírio do. Governança: nova fronteira do direito regulatório. In: FREITAS, Daniela Bandeira de; VALLE, Vanice Regina Lírio do (Coord.). *Direito administrativo e democracia econômica*. Belo Horizonte: Fórum, 2012. p. 245-266. ISBN 978-85-7700-619-9.

---

frente às quais as normas jurídicas frequentemente têm caráter ancilar. Por isso, não é por acaso que, sem prejuízo de conservar toda a importância que merece na dogmática jurídica, a posição central que antes ocupava o conceito de lei na teoria do Estado tende a ser substituída pela conceito de *decisão*, do qual as normas jurídicas seriam um caso em particular (GARCÍA-PELAYO. *Las transformaciones del Estado contemporâneo*, p. 128).

AS MODULAÇÕES NO DIREITO ADMINISTRATIVO

JOSÉ CARLOS VASCONCELLOS DOS REIS

1 Introdução

> *Os novos tempos, com suas complexidades sociais, econômicas e sobretudo tecnológicas, suscitam a cada dia inéditos desafios para a Administração Pública, apresentando diferenciadas e multiplicadas dificuldades para serem solucionadas e, por isso, demandando novas técnicas para chegar-se a decisões adequadas e justas.*
>
> (Diogo de Figueiredo Moreira Neto)[1]

> *Para se entender o tema das contratações administrativas no início do século XXI é preciso assimilar o fato de que o Direito Administrativo tem evoluído de uma origem calcada na legitimação do poder e da autoridade estatal para um contexto de contenção do poder. (...) A presença*

---

[1] Mutações nos serviços públicos. In: MOREIRA NETO. *Mutações do direito público*, p. 359.

marcante e intensa do Estado em diversos setores do ordenamento econômico e social sempre causou temor à iniciativa privada, no sentido de verem ocupados seus segmentos de atuação ou de verem exercidas prerrogativas estatais reduzindo direitos, garantias e poupanças privadas. Esse risco tem um custo que ora inviabiliza ora eleva o custo das transações, passando, pois, a ser objeto de preocupações do ordenamento jurídico a contenção do poder estatal como forma de garantir os investimentos que levam ao desenvolvimento econômico.

(Marcos Juruena Villela Souto)[2]

Ainda nos idos de 1988, em instigante introdução à sua densa Dissertação de Mestrado — com o não menos instigante título: Requiem *pelo contrato administrativo* —, a Professora Maria João Estorninho evocava inspirada passagem de Marcello Caetano, na qual o insigne publicista lusitano se refere à necessidade de um "arejamento periódico" de que os temas do Direito Administrativo "parecem precisar muito mais do que os de qualquer outro ramo do Direito".[3]

A afirmação continua atual e provocativa, sobretudo nos dias de hoje, em que uma das características mais notáveis do Direito Público é a influência do conhecido fenômeno da *constitucionalização do Direito*, isto é, a releitura de todos os ramos jurídicos à luz dos valores e princípios constitucionais.

Essa releitura, essa verdadeira *renovação* por que vem passando o todo do ordenamento jurídico, mostra-se ainda mais necessária em um ramo como o Direito Administrativo, tão densamente engessado ao longo de sua breve mas já bicentenária existência pela presença de dogmas que, de tão arraigados, acabaram por transformar-se em verdadeiras "superstições" — como já se referiu Pontes de Miranda, espirituosamente, à invocação frequentemente deturpada que se faz do princípio da separação de Poderes.[4]

---

[2] SOUTO. *Direito administrativo contratual*, p. 465.
[3] ESTORNINHO. Requiem *pelo contrato administrativo*, p. 13. A autora remete a CAETANO. Subsídios para o estudo da teoria da concessão de serviços públicos. *In*: CAETANO. *Estudos de direito administrativo*, p. 89 *et seq.*
[4] Cf. mencionado por ALVES. Constituições do Brasil. *Revista de Direito Constitucional e Ciência Política*, p. 39.

Com efeito, apesar de tão densamente irmanado ao Direito Constitucional — ligado, como ele, à estrutura e funcionamento do Estado —, o Direito Administrativo permaneceu durante muito tempo impermeável às modernas tendências do constitucionalismo, que se vêm fazendo presentes, pelo menos, desde o segundo pós-Guerra, com notáveis contribuições doutrinárias no sentido da eficácia e efetividade dos direitos fundamentais, da dignidade da pessoa humana e da força normativa dos princípios. Na contramão dessas tendências, permaneceu o Direito Administrativo apegado a inúmeros dogmas de caráter eminentemente autoritário, bastando mencionar-se, por exemplo, a clássica formulação do princípio da supremacia do interesse público sobre o particular[5] e a categórica afirmação das chamadas "cláusulas de exceção" nos contratos administrativos, em tudo presente uma visão "imperial" da Administração Pública, a pairar quase misticamente sobre o indivíduo-súdito.

A conceituação do poder-dever de autotutela administrativa — chegando mesmo a falar-se num verdadeiro *princípio da autotutela* —,[6] por exemplo, sempre se fez dentro dessa tradicional caracterização do Direito Administrativo. Trata-se da possibilidade de a própria Administração Pública rever seus erros e restaurar a situação de regularidade, podendo fazê-lo de ofício, sem necessidade de provocação de qualquer interessado, e tampouco de prévio recurso ao Poder Judiciário (como reconhecido, até, pelas súmulas nº 346 e nº 473, do Supremo Tribunal Federal).

Em nome, porém, da segurança jurídica e da estabilidade das relações, vêm sendo concebidos, na legislação, na jurisprudência e na doutrina, limites ao exercício da autotutela, que também deve ser compreendida de modo *constitucionalmente adequado*, inclusive aplicando-se a técnica da ponderação de princípios. Vale dizer, a Administração não pode proceder a uma anulação "seca", "cega", de seu ato viciado, com base num critério de estrita "legalidade". Deverá, para além disso, analisar globalmente outros valores constitucionalmente protegidos

---

[5] O chamado princípio da supremacia do interesse público sobre o particular vem passando, como se sabe, por ampla revisão, cujo marco na doutrina brasileira certamente deve ser creditado ao pioneiro estudo de ÁVILA. Repensando o "Princípio da Supremacia do Interesse Público sobre o Particular". *In*: SARLET. *O direito público em tempos de crise*: estudos em homenagem a Ruy Rubem Ruschel, p. 99-127. Mais recentemente, e dentro dessa tendência, veja-se a abrangente obra coletiva coordenada por SARMENTO. *Interesses públicos vs. interesses privados*: desconstruindo o Princípio da Supremacia do Interesse Público, *passim*. Para uma visão crítica dessa doutrina, confira-se CARVALHO FILHO. *Manual de direito administrativo*, p. 30-31.

[6] Cf. CARVALHO FILHO, *op. cit.*, p. 31-32.

— com ênfase nos direitos e garantias fundamentais —,[7] a incidir no caso concreto, e ponderá-los através de um "filtro" de razoabilidade e proporcionalidade.

Nessa operação, o grande princípio que não pode deixar de ser levado em conta pela Administração é o da *segurança jurídica*, com seus múltiplos desdobramentos no sentido da preservação da *estabilidade das relações*, do respeito às *expectativas de direito* (sobretudo quando geradas e alimentadas pelo próprio Estado) e da *proteção da confiança legítima* do cidadão.[8]

Assim, casos haverá em que, embora constatada a "ilegalidade" de seu ato (*e.g.* um vício de forma), poderá (ou mesmo *deverá*) a Administração abster-se de anulá-lo, quer porque já escoado o prazo de "prescrição" (*rectius*: decadência) administrativa, quer porque o caso concreto apresenta alguma peculiaridade tão relevante que, por uma questão de equidade e justiça, o ato deva ser preservado — ou os efeitos da anulação devam ser mitigados.

Aqui se invoca a já célebre concepção do princípio da razoabilidade sistematizada por Humberto Ávila, especialmente na vertente da razoabilidade como equidade.[9] Trata-se da necessidade de considerar os aspectos individuais do caso concreto naquelas hipóteses em que ele é desconsiderado pela generalização legal. Vale dizer, poderá haver casos nos quais, em virtude de determinadas especificidades, a norma geral não seja aplicável, por se tratar de um caso anormal. Assim, uma norma não é aplicável somente porque as condições previstas em sua hipótese são satisfeitas; é preciso que, além disso, a sua aplicação não seja excluída pela *ratio essendi* da própria norma ou pela existência de um princípio que institua uma razão contrária. A idéia remonta à própria concepção aristotélica de equidade como um corretivo da lei quando ela se mostrar omissa ou iníqua, por ser geral.

---

[7] E isto se dá até por força daquilo que Vasco Pereira da Silva considera um dos fatores mais evidentes da modernização da parte geral do Direito Administrativo: a necessidade de as suas normas serem entendidas à luz das disposições constitucionais e da "realização dos direitos fundamentais" (Cf. SILVA. *Em busca do acto administrativo perdido*, 1998, p. 236).

[8] Essas noções são bem captadas em passagem lapidar de DERBLI. *O princípio da proibição de retrocesso social na Constituição de 1988*, p. 213: "a segurança jurídica se traduz na faculdade do indivíduo de, à luz do ordenamento jurídico, poder conduzir, planificar e conformar sua vida de maneira autônoma e responsável. Congloba (...) a confiabilidade no Direito, ou seja, a previsibilidade da conduta do Poder Público e dos seus efeitos sobre a esfera individual dos cidadãos, de acordo com normas jurídicas válidas e vigentes".

[9] O parágrafo compendia as ideias expostas em ÁVILA. *Teoria dos princípios*: da definição à aplicação dos princípios jurídicos, p. 103-106.

Assim, o dever de invalidar os atos administrativos que tenham agredido a lei tem que ser necessariamente compreendido como um dever *prima facie* da Administração, e não como um dever definitivo e absoluto. Poderá haver situações excepcionalíssimas nas quais o princípio da razoabilidade (como equidade) autorize — ou até determine — a convalidação do ato.

Em outras palavras: embora, *prima facie*, a anulação do ato inválido deva ocorrer, esta providência poderá ser afastada em situações excepcionais, cujas circunstâncias demonstrem que a pura e simples anulação levará a uma iniquidade, a uma injustiça flagrante, a uma radical violação da segurança jurídica e da proteção da confiança legítima — que bem pode considerar-se inserta nos deveres de proteção (*Schutzpflichten*) inerentes à chamada eficácia ou dimensão objetiva dos direitos fundamentais.[10]

É a mesma lógica que está presente na possibilidade de modulação dos efeitos da declaração de inconstitucionalidade prevista no art. 27 da Lei nº 9.868/99. Essa ideia de modulação pode ser proveitosamente transplantada para a seara da anulação e da convalidação dos atos da Administração, como temperamento ao exercício da autotutela: poderá o administrador, por motivos de segurança jurídica ou outro excepcional interesse constitucionalmente albergado, modular, restringir, mitigar os efeitos da anulação do ato (ou da sua revogação, quando o desfazimento se calcar em razões discricionárias).[11]

Mas essa modulação, esse temperamento aos rigores de uma anulação pura e simples do ato administrativo viciado, traz o risco do arbítrio e das imoralidades. Deve haver redobrada cautela no manejo desse instrumento, a ser utilizado pelo administrador em consideração aos direitos fundamentais e à dignidade humana, e não para legitimar ou justificar a corrupção. Por isso, a modulação legítima da anulação de um ato administrativo deve dar-se com sólido amparo nos princípios da moralidade, impessoalidade e razoabilidade, e em densa motivação.

---

[10] Sobre o tema, na doutrina brasileira, vale conferir as contribuições de SARLET. *A eficácia dos direitos fundamentais*, p. 141-155; e de SARMENTO. A dimensão objetiva dos direitos fundamentais: esboço de uma teoria. *In*: TORRES; MELLO. *Arquivos de direitos humanos*, p. 63-102.

[11] Essa possibilidade acha-se hoje expressamente prevista na Lei nº 5.427/2009, do Estado do Rio de Janeiro — a lei do processo administrativo estadual —, cujo art. 53, §3º, assim dispõe: "Os Poderes do Estado e os demais órgãos dotados de autonomia constitucional poderão, no exercício de função administrativa, tendo em vista razões de segurança jurídica ou de excepcional interesse social, restringir os efeitos da declaração de nulidade de ato administrativo ou decidir que ela só tenha eficácia a partir de determinado momento que venha a ser fixado".

Este é um dos exemplos mais conhecidos de um fenômeno mais amplo, que se faz sentir, na verdade, em múltiplos setores do Direito Público, em geral, e em diversos temas do Direito Administrativo, em particular. Trata-se da possibilidade de realizar *temperamentos, atenuações, acomodações, adaptações* em institutos e normas que, numa concepção clássica, mostravam-se como "blocos de pedra", como verdades incontestáveis e incontrastáveis ou, numa palavra que resume tudo, institutos e normas que se apresentavam como *dogmas*.

Essa dimensão *mítica* — e, por isso, quase *mística* — que assumiram vários dos institutos básicos do Direito Administrativo, como não poderia deixar de ser, acabou cedendo ante a própria realidade dos fatos. A complexidade da Administração Pública contemporânea, ante as múltiplas exigências de sociedades cada vez mais heterogêneas, mostra-se logicamente incompatível com "verdades prontas", com soluções estáticas para os problemas que se põem diante do administrador, frequentemente sem uma previsão legal específica e exigindo uma resposta rápida e eficiente por parte do Estado (ou de quem lhe faça as vezes).

Daí surgem aqueles *temperamentos,* aquelas *adaptações* a que se aludiu acima: a possibilidade — e, muitas vezes, a *necessidade* — de atenuar-se o rigor (quase sempre um rigor puramente *doutrinário,* sem amparo na *realidade da vida*) de um instituto clássico do Direito Administrativo, em nome de uma atuação mais *eficiente,* mais *eficaz,* mais *justa* — e, por isso mesmo, mais *jurídica* — da Administração Pública.

Neste modesto trabalho o fenômeno será estudado sob a designação de *modulações no Direito Administrativo.* A expressão é tomada de empréstimo a Eduardo García de Enterría, em seus estudos sobre as *modulações contratuais* nos contratos administrativos — que será adiante mais profundamente analisada.

A ideia de *modulação,* todavia, num sentido bem amplo, está presente, em maior ou menor grau, em quase todos os grandes temas do Direito Público contemporâneo. Por uma opção metodológica, a análise aqui empreendida se concentrará no Direito Administrativo, e de forma mais detida nas *modulações contratuais* que nele se vêm concebendo.

Pode-se entender por *modulação,* numa acepção ampla e generalizante, toda atenuação ou adaptação que o intérprete/aplicador do Direito tenha necessidade de fazer ao rigor *abstrato* de um instituto, a fim de encontrar a *solução constitucionalmente adequada* para a situação *concreta* que se põe diante dele, em virtude de circunstâncias peculiares ali presentes, e sempre tendo em vista considerações de *justiça,* de *segurança jurídica,* de *proteção da confiança legítima,* de *eficiência* da atuação estatal no sentido da efetividade dos *direitos fundamentais*, tanto na sua dimensão subjetiva, quanto objetiva.

Essa ideia *genérica* experimenta *particularizações* e *especificações* em diversas matérias do Direito Público. Já se aludiu à autotutela administrativa, ao controle de constitucionalidade e aos contratos administrativos. É sobre estes últimos que se debruçará mais detidamente o presente trabalho.

O Direito só ganha *vida* — só se *revela* plenamente — no contato com a realidade à qual se dirige. O sentido de uma norma ou de um instituto jurídico só se completa diante da realidade social. Assim, a aplicação do Direito é condicionada a fatores muitas vezes imprevisíveis. E daí surge a permeabilidade do Direito às inevitáveis *modulações* que a realidade da vida venha a impor.

Nesse diapasão, a Administração Pública, ante a complexidade das sociedades contemporâneas, passou a necessitar da "introdução de reabertos e dilatados espaços jurídicos de flexibilidade decisória", para que possa, dentro deles, "fazer suas adequadas opções administrativas, promovendo a edição de todo *um conjunto coerente de decisões* — normativas, administrativas e parajudicantes —, tudo se procedendo com *segurança e sem qualquer perda das possibilidades de controle*".[12]

É nessa perspectiva que se estudarão, nas linhas que se seguem, as modulações nos contratos administrativos, uma "temática recém-inaugurada" na doutrina brasileira.[13] Parte-se de uma análise da principiologia constitucional sobre a qual o instituto está alicerçado, para a seguir traçar-se um panorama de suas possibilidades e limites de atuação, à luz das principais contribuições doutrinárias sobre o tema e tendo em vista o fecundo proveito prático que poderá advir de seu desenvolvimento.

2 Da *legalidade* à *juridicidade* administrativa

O princípio da legalidade administrativa, em sua formulação clássica, é visceralmente ligado à ideia — tão cara à ambiência política e filosófica dos séculos XVIII e XIX, pós-Revolução Francesa — de absoluta subordinação da Administração Pública à lei, como obra da

---

[12] MOREIRA NETO. Mutações nos serviços públicos. *In*: MOREIRA NETO. *Mutações nos serviços públicos*, p. 362.
[13] Cf. OLIVEIRA. *Direito administrativo democrático*, p. 96.

soberania do Parlamento, expressão da vontade popular, a sobrepor-se sempre ao administrador.[14]

É tributária desta noção a tradicional conceituação da legalidade administrativa que fez grande "carreira de sucesso" no Brasil pela pena de Hely Lopes Meirelles e que deita raízes em clássica doutrina italiana (particularmente a obra de Guido Zanobini). Trata-se da conhecidíssima formulação segundo a qual, pelo princípio da legalidade, enquanto o particular pode fazer tudo o que a lei não proíbe (amparado que está na autonomia da vontade), o administrador público só pode fazer *o que* a lei determina, *se* a lei determina e *como* a lei determina.[15] Para o particular, portanto, nessa visão clássica, a lei é o *limite* da sua atuação (art. 5º, inc. II, da Constituição da República); já para o administrador, mais do que um *limite*, a lei é o próprio *fundamento* do seu agir, em virtude da versão, digamos, mais "intensa", mais "contundente" do princípio da legalidade (que estaria consagrada no *caput* do art. 37 da Constituição).

Foi com base nessas noções, e até como corolário natural delas,[16] que se erigiu o conceito de autotutela administrativa, que acabou cristalizada nas súmulas nº 346 e nº 473 do Supremo Tribunal Federal: o poder-dever da Administração Pública de anular seus próprios atos, quando eivados de ilegalidade. Com efeito, em princípio a Administração não pode quedar-se inerte quando diante de um ato seu que agrida a lei, o direito posto. Todavia, um dos reflexos da substantivização do Direito Administrativo pelos princípios constitucionais é a submissão da autotutela a "novos limites que não apenas aqueles representados pelo ato jurídico perfeito e pelo direito adquirido explicitados na Súmula nº 473 do STF".[17]

---

[14] Sobre essa fase áurea dos Parlamentos, que se fez intensamente presente do século XVII até o XIX, veja-se BONAVIDES. O Poder Legislativo no moderno Estado social. *In*: BONAVIDES. *Política e Constituição*: os caminhos da democracia. E, em doutrina recente, o valioso trabalho de FREITAS. *A fragmentação administrativa do Estado*: fatores determinantes, limitações e problemas jurídico-políticos, p. 46 *et seq.*

[15] Nas palavras de Hely Lopes Meirelles, "na Administração Pública, não há liberdade nem vontade pessoal. Enquanto na administração particular é lícito fazer tudo o que a lei não proíbe, na Administração Pública só é permitido fazer o que a lei autoriza. A lei, para o particular, significa 'pode fazer assim'; para o administrador público significa 'deve fazer assim'" (*Direito administrativo brasileiro*, 1966, p. 55).

[16] Com razão afirma José dos Santos Carvalho Filho: "Na verdade, só restaurando a situação de regularidade é que a Administração observa o princípio da legalidade, do qual a autotutela é um dos mais importantes corolários" (*Manual de direito administrativo*, p. 31).

[17] BAPTISTA. Os limites constitucionais à autotutela administrativa: o dever de observância do contraditório e da ampla defesa antes da anulação de um ato administrativo ilegal e seus parâmetros. *In*: BARROSO. *A reconstrução democrática do direito público no Brasil*, p. 553.

Aquela concepção tradicional do princípio da legalidade administrativa, embora não esteja propriamente *superada*, vem passando por um profundo processo de *revisão*, devendo ser hoje tomada *cum grano salis*, atualizada à luz do fenômeno de *constitucionalização do Direito*, que traz consigo, entre outros aspectos, a necessidade de releitura de todos os ramos do Direito sob o prisma dos valores e princípios constitucionais. O fenômeno se insere no panorama mais amplo do chamado *neoconstitucionalismo* — alicerçado filosoficamente no *pós-positivismo* —, que se veio desenvolvendo a partir do segundo pós-Guerra (notadamente na onda de redemocratização que varreu a Europa — Alemanha e Itália e, mais tarde, Portugal e Espanha — e, após a Constituição de 1988, também o Brasil).

Esse movimento se caracteriza pelo amplo desenvolvimento da teoria dos direitos fundamentais, pela ascensão da jurisdição constitucional, pelo reconhecimento da força normativa e eficácia jurídica dos princípios constitucionais, pela posição de centralidade assumida pela Constituição no sistema jurídico (nesse sentido, a paradigmática decisão do Tribunal Constitucional Federal da Alemanha no Caso Lüth, ainda nos anos 1950) e por uma reaproximação entre Direito e Ética.[18]

Assume também grande significado o desenvolvimento da doutrina da efetividade da Constituição, que tem como importantes marcos doutrinários, por exemplo, as obras de Horst Ehmke e Peter Schneider,[19] na Alemanha, de J. J. Gomes Canotilho,[20] em Portugal, e de Luís Roberto Barroso,[21] no Brasil. Essa doutrina — que reconhece

---

[18] Sobre essas características ou elementos do neoconstitucionalismo, veja-se, por exemplo: PRIETO SANCHÍS, Luís. Neoconstitucionalismo. *In*: CARBONELL. *Diccionario de derecho constitucional*, p. 240 *et seq.*; BARROSO. Neoconstitucionalismo e constitucionalização do direito: o triunfo tardio do direito constitucional no Brasil. *Revista de Direito Administrativo*, especialmente p. 1-12; Fundamentos teóricos e filosóficos do novo direito constitucional brasileiro: pós-modernidade, teoria crítica e pós-positivismo. *In*: BARROSO. *Temas de direito constitucional*, t. II, p. 3-46; BARCELLOS. Neoconstitucionalismo, direitos fundamentais e controle das políticas públicas. *Revista de Direito Administrativo*, especialmente p. 83-89; POZZOLO. Neoconstitucionalismo y especificidad de la interpretación constitucional. Trad. Josep Vilajosana. *Revista Doxa*, p. 340-342; MOREIRA NETO. Poder, organização política e Constituição: as relações de poder em evolução e seu controle. *In*: MOREIRA NETO. *Mutações do direito público*, p. 19-23. Para uma detalhada análise desses diferentes aspectos do neoconstitucionalismo, *vide* ainda os vários trabalhos constantes das seguintes obras coletivas: CARBONELL. *Neoconstitucionalismo(s)*; QUARESMA; OLIVEIRA; OLIVEIRA. *Neoconstitucionalismo*.

[19] EHMKE; SCHNEIDER. Prinzipien der Verfassungsinterpretation. *Veröffentlichungen der Vereinigung der deutschen Staatsrechtslehre*, *passim* especialmente p. 87 *et seq.*

[20] CANOTILHO. *Direito constitucional e teoria da Constituição*, especialmente p. 1149.

[21] BARROSO. *O direito constitucional e a efetividade de suas normas*: limites e possibilidades da Constituição brasileira, *passim*, remontando à primeira edição desta obra a 1989.

natureza e eficácia jurídica a todas as normas constitucionais, inclusive as programáticas — acabou levando à formulação de um verdadeiro *princípio da efetividade*, que determina dever o intérprete buscar sempre uma linha interpretativa que potencialize a máxima eficácia das normas constitucionais diante de cada caso concreto.[22] Nesse diapasão, deve-se inclusive buscar a aplicação direta e imediata da Constituição, no limite do possível, sem vislumbrar a ausência de *interpositio legislatoris* como um obstáculo intransponível.

Daniela Bandeira de Freitas, em recente e valiosa contribuição doutrinária, bem sintetiza a manifestação específica dessa *constitucionalização do Direito* no âmbito do Direito Administrativo:

> [O]bserva-se não só a "constitucionalização" dos princípios e fundamentos da democracia, como também um movimento de "constitucionalização" da Administração Pública, de seus parâmetros de atuação, de seu sistema organizatório e de suas atividades que passam a estar sujeitas a uma nova ordem de valores, em especial, os valores circunscritos aos direitos e garantias fundamentais e aos princípios da proporcionalidade e da razoabilidade. Uma nova forma de vinculação jurídica passa a ditar o sistema organizatório-funcional da Administração Pública e impõe a revisão de alguns postulados em que ele se encontrava assente (...): (i) a releitura do princípio da supremacia do interesse público sobre o interesse privado, à luz da aplicação do princípio da proporcionalidade, segundo a técnica de ponderação de valores ao caso concreto; (ii) a superação total da ideia de que a Administração Pública apenas aplica a lei, em sentido estrito, e a ela encontra-se subordinada, e o surgimento do princípio da "juridicidade administrativa" (...); (iii) a superação da ideia de que a discricionariedade administrativa seria um espaço livre de controle social e jurídico, diante de uma nova vinculação a uma "juridicidade administrativa"; (iv) e a fragmentação orgânico-funcional da Administração Pública que deu lugar a uma Administração Pública "policêntrica" e à "pluralização" da Administração Pública (...).[23]

Nesse panorama, como bem captado pela autora, o princípio da *legalidade* — vinculação do administrador, estritamente, à lei, oriunda do

---

[22] Cf. BARROSO. *Interpretação e aplicação da Constituição*: fundamentos de uma dogmática constitucional transformadora, p. 232 *et seq.*

[23] FREITAS. *A fragmentação administrativa do Estado*: fatores determinantes, limitações e problemas jurídico-políticos, p. 97-98. Sobre os variados aspectos desse fenômeno, veja-se também a sistematização empreendida por OLIVEIRA. *Constitucionalização do direito administrativo*: o princípio da juridicidade, a releitura da legalidade administrativa e a legitimidade das agências reguladoras, especialmente p. 1-124.

Parlamento — vem sendo melhor e mais adequadamente compreendido como princípio da *juridicidade*, propugnando-se pela vinculação do administrador não apenas à lei *stricto sensu*, mas ao todo do ordenamento jurídico e, naturalmente, com muito mais intensidade, à Constituição, com seus princípios e valores.

Essa concepção já vinha sendo defendida, de longa data, no Brasil, pelo Prof. Diogo de Figueiredo Moreira Neto, em inúmeros e valiosos trabalhos doutrinários. Na última edição de seu *Curso de Direito Administrativo*, o autor arremata esses estudos com a observação de que o princípio da *juridicidade* — como "submissão do agir ao Direito" —, numa denominação que remonta a Adolf Merkl em 1927, engloba as três expressões distintas da *legalidade*, da *legitimidade* e da *moralidade*. E "corresponde ao que se enunciava como um '*princípio da legalidade*', se tomado em sentido amplo, ou seja, não se o restringindo à mera submissão à *lei*, como produto das fontes legislativas, mas de reverência a *toda a ordem jurídica*".[24]

Nessa linha, Gustavo Binenbojm sistematiza as diversas hipóteses de atuação administrativa, levando em conta a idéia de juridicidade:[25]

1. Como regra, a Administração deve atuar segundo a lei, quando esta for constitucional (atuação *secundum legem*).
2. Pode a Administração encontrar fundamento direto na Constituição, independente ou para além da lei (atuação *praeter legem*).
3. A Administração, em hipótese mais extrema, pode agir contra a lei, mas legitimar-se perante o Direito, com fulcro numa ponderação da legalidade com outros princípios constitucionais (atuação *contra legem*, mas com fundamento numa otimizada aplicação da Constituição).

Assim, supera-se o dogma da onipotência da lei, substituindo-o pela referência direta e constante a princípios expressa ou implicitamente consagrados pela ordem constitucional.

3 O princípio da consensualidade

No processo de formação das civilizações, no dizer de Diogo de Figueiredo Moreira Neto, "o dinamismo do poder comporta dois tipos

---

[24] Cf. MOREIRA NETO. *Curso de direito administrativo*, p. 87.
[25] BINENBOJM. Um novo direito administrativo para o século XXI. In: BINENBOJM. *Temas de direito administrativo e constitucional*, p. 13.

de relações cratológicas: a cooperação e o antagonismo".[26] E, muito embora a ideia de *conflito* e de *antagonismo* esteja visceralmente ligada, até mesmo em nosso inconsciente coletivo, à imagem que tradicionalmente se tem do exercício do poder, na verdade é a *cooperação* o tipo de relacionamento que possibilita o melhor atingimento de fins comuns às diversas expressões de poder.

A construção teórica e doutrinária do princípio da consensualidade parte da constatação de que, embora a *imperatividade* seja a grande nota característica da atuação do Estado — que detém o monopólio do poder coercitivo —, os avanços obtidos nas relações sociais com a ampliação do acesso à informação e o amadurecimento da prática democrática têm levado a um incremento da atuação *consensual* do Poder Público. Multiplicam-se, assim, novas modalidades de *relações negociadas* em que se privilegia o *consenso* para atingir os interesses públicos específicos postos a cargo do Estado.[27]

O atraso na aceitação das vias negociais administrativas se deve a uma visão imperativa, que as considerava interditas para o Direito Administrativo, visão herdada da doutrina francesa e bastante arraigada em todos os sistemas que, como o nosso, receberam durante muitos anos sua influência quase hegemônica.[28]

Não se nega, evidentemente, que a *coerção* seja imprescindível para a existência das sociedades humanas — especialmente quando se trata da *sociedade política* que é o Estado —, mas também não se pode deixar de constatar que essa coerção nem sempre é *suficiente* ou mesmo *necessária* para viabilizar o progresso social e o pleno desenvolvimento das potencialidades individuais. Uma das tônicas da literatura sociopolítica contemporânea tem sido, justamente, o destaque das instituições e instrumentos *consensuais* na construção de sociedades livres, "em substituição aos sistemas que se fundavam fortemente nas instituições de comando".[29] Desta forma, técnicas negociais ou consensuais devem ser empregadas como soluções *preferenciais* (e não meramente *alternativas*) à utilização de métodos que veiculem impositivamente comandos para os cidadãos, empresas e organizações da sociedade civil.[30]

---

[26] MOREIRA NETO. Novos institutos consensuais da ação administrativa: Gestão Pública e parcerias. *In*: MOREIRA NETO. *Mutações do direito público*, p. 316.
[27] MOREIRA NETO. *Curso de direito administrativo*, p. 108.
[28] MOREIRA NETO. Novos institutos consensuais da ação administrativa: Gestão Pública e parcerias. *In*: MOREIRA NETO. *Mutações do direito público*, p. 345.
[29] *Idem*, p. 317.
[30] OLIVEIRA. *Direito administrativo democrático*, p. 89.

Nesse diapasão, a ideia básica do princípio da consensualidade reside no "primado da *concertação* sobre a *imposição* nas relações de poder entre a sociedade e o Estado".[31] Na síntese feliz de Diogo de Figueiredo Moreira Neto, "a face imperativa do poder só deve aparecer quando absolutamente necessário e no que for absolutamente indispensável".[32]

Não se cogita de negociar o *interesse público*, mas sim de negociar os *meios* de atingi-lo com maior eficiência.[33] Nada impede que sejam encontrados modos alternativos de atendimento ao interesse público que não aqueles unilateralmente impostos pelo Poder Público. E nem sempre o interesse público deverá preponderar de modo absoluto numa relação, pois outros interesses constitucionalmente protegidos poderão nela concorrer, exigindo soluções ponderadas.

Com a concepção de *subsidiariedade*, renova-se a compreensão do próprio princípio da *separação de poderes*, hoje relido, mais apropriadamente, como *separação de funções autônomas*. O princípio da subsidiariedade estará atendido sempre que a decisão do Poder Público venha a ser tomada da forma mais próxima possível dos cidadãos. E essa proximidade visa a garantir que a Administração Pública considere: *primeiro*, o respeito aos direitos e iniciativas dos cidadãos e das entidades privadas; *segundo*, que qualquer intervenção administrativa só se produza em caso de inexistência ou insuficiência da iniciativa individual ou social; *terceiro*, que, mesmo nesse caso, tal intervenção só se dará na medida indispensável para atender ao interesse público juridicamente definido; *quarto*, que outros órgãos ou entes administrativos menores não tenham condições de agir com eficiência.[34]

Fala-se em "Administração concertada", para designar os novos modelos da ação administrativa, caracterizados por uma atividade consensual e negocial. Em pouco tempo, isso passou a ser empregado não apenas para o desempenho da administração corrente, mas também, e principalmente, para o desenvolvimento de projetos conjuntos entre a iniciativa privada e as entidades públicas, e até para a solução de conflitos.[35]

---

[31] MOREIRA NETO. Novos institutos consensuais da ação administrativa: Gestão Pública e parcerias. *In*: MOREIRA NETO. *Mutações do direito público*, p. 318.
[32] *Idem*, p. 349.
[33] *Idem*, p. 346.
[34] *Idem*, p. 321. Cf. ainda TORRES. *O princípio da subsidiariedade no direito público contemporâneo*, p. 9.
[35] MOREIRA NETO. Novos institutos consensuais da ação administrativa: Gestão Pública e parcerias. *In*: MOREIRA NETO. *Mutações do direito público*, p. 335.

Apesar de essa noção de consensualidade na Administração Pública não estar expressa literalmente na Constituição, pode ser inferida de vários de seus dispositivos. Como o *consenso* é um método para o mais fácil, rápido e menos dispendioso atingimento do interesse público, pode-se entender que o *princípio da consensualidade* insere-se no conteúdo do próprio *princípio da eficiência*, positivado no *caput* do art. 37, com a redação que lhe deu a Emenda Constitucional 19/98. No Estado contemporâneo, a *eficiência* — numa relação de verdadeira simbiose com o *dever de boa administração*, tão caro à doutrina italiana — deve ser compreendida como o objetivo do Estado e de sua Administração Pública de "buscar as soluções possíveis e legítimas que permitam, fundadas em uma ordem jurídica, atingir os resultados necessários à melhor satisfação do interesse público".[36] Nesse diapasão, a consensualidade nada mais é do que uma alternativa para incrementar a própria *eficiência* administrativa,[37] pois está embutida no conteúdo desta uma necessária busca por maior aproximação do cidadão e por uma simplificação de procedimentos.[38]

É, porém, de todo conveniente frisar que essas ideias devem ser tomadas com equilíbrio e bom senso. Evidentemente, "a *administração consensual* não supera a *administração imperativa*, mas seguramente diminui o seu campo de incidência".[39]

A preocupação central destas reflexões é com a *eficiência administrativa*, a serviço da efetividade dos direitos fundamentais. É *em função* destes que se deve colocar toda a atuação da Administração Pública e, com isso, relativizam-se os dogmas e enfraquecem-se os mitos. Cumpre, pois, tentar separar, no Direito Administrativo, o que é *verdadeiro* e o que é *lenda*. Por vezes, é com a *força* e a *imperatividade* que o interesse público será melhor alcançado; e é só nessas situações que as soluções "imperiais" deverão ser priorizadas sobre as soluções consensuais.

4 O princípio da eficiência: por uma *Administração Pública de resultados*

A positivação do princípio da eficiência como um dos princípios constitucionais da Administração Pública (CRFB/1988, art. 37, *caput*)

---
[36] FREITAS, *op. cit.*, p. 123-124.
[37] Cf. MOREIRA NETO. *Curso de direito administrativo*, p. 108-109.
[38] Cf. FREITAS, *op. cit.*, p. 125.
[39] OLIVEIRA, *op. cit.*, p. 93.

traz consigo, inevitavelmente, a necessidade de superar velhos dogmas — quando não velhas *superstições* — para lograr uma realização cada vez mais plena dos direitos fundamentais e dos interesses públicos cometidos ao Estado-administrador.

E aqui surge um aparente paradoxo: para lograr essa eficiência — erigida a princípio constitucional no ordenamento jurídico brasileiro —, a Administração Pública acaba tendo necessidade de, muitas vezes, renunciar à autoridade e buscar o *consentimento* dos cidadãos. Há uma inegável imbricação entre *eficiência* e *consensualidade* administrativas.

Com efeito, soluções que privilegiem o *consenso* sobre a *litigiosidade* tendem a ser soluções mais *eficientes*.

Nesse diapasão, vem-se desenvolvendo uma verdadeira *teoria do resultado*, para aferir, na ação do Estado, novos paradigmas de juridicidade que se vêm agregar (e não substituir!) aos já tradicionais: legalidade, legitimidade, licitude e economicidade.[40]

O resultado passa a ser entendido como parte integrante do processo juspolítico, que não estará concluído sem a cabal efetivação do resultado material de sua execução. Assim, o resultado não alcançado (ou alcançado apenas parcialmente) terá sido fruto, em princípio, de má administração (salvo, naturalmente, a hipótese de força maior, sem que a Administração haja concorrido para tal).

A principiologia da Constituição de 1988 é, nesse sentido, importante alicerce para a afirmação e aplicação dessa ideia de *Administração de resultado* no Brasil. Na esteira do que já se desenvolveu nas linhas anteriores, em boa doutrina do Direito Administrativo não há mais lugar para uma *legalidade* vazia, erigida sobre o nada, autossuficiente, mas sim para uma autêntica *juridicidade finalística*, voltada à afirmação do dever estatal de proporcionar uma *boa administração* — isto é, uma administração que logra resultados concretos e materializados em uma justa atribuição de bens e serviços em benefício último das pessoas. É nesse sentido que Daniela Bandeira de Freitas afirma que "a eficiência é um princípio político-jurídico que provoca para a Administração Pública um dever positivo de atuação otimizada, considerando-se os resultados da atividade exercida, bem como a adequação da relação entre os meios e os fins que se pretende alcançar".[41]

---

[40] O presente capítulo desenvolve-se à luz das considerações de MOREIRA NETO. *Quatro paradigmas do direito administrativo pós-moderno*: legitimidade – finalidade – eficiência – resultados, p. 133-143.

[41] FREITAS, *op. cit.*, p. 135. Cf. também GARCIA. *Licitações e contratos administrativos*: casos e polêmicas, p. 5: "Não se exige mais apenas que o administrador público aja dentro dos

Foi na Itália que esses conceitos, certamente, mais se difundiram, notadamente nos anos 1990. A reforma administrativa que ali se operou deixou de se concentrar, como no passado, em aspectos *organizativos*, para ocupar-se mais do *agir estatal em função de resultados*.

Nesse contexto, não há como deixar de reconhecer o anacronismo das "fórmulas prontas", das "formas de bolo", das "verdades incontestáveis" (e, por isso mesmo, tão distantes da *realidade*), dos *dogmas* e *superstições* que vêm engessando o Direito Administrativo ao longo de sua existência.

Ao contrário disso, a *boa administração* é aquela capaz de agir com *inteligência* e *maleabilidade*, para, sempre à luz dos valores e fins constitucionais, responder às necessidades sociais cada vez mais cambiantes do nosso tempo, e o Direito Administrativo precisa estar aparelhado cientificamente para viabilizar isso. Em outras palavras, o *dever de boa administração* passa, necessariamente, pela sábia utilização das *modulações* autorizadas — e, por vezes, *determinadas* — pelo ordenamento constitucional.

As modulações se colocam, portanto, como uma exigência do princípio da eficiência administrativa. E tanto assim é que, analisando-se as transformações pelas quais passaram diversos ordenamentos jurídicos no sentido de implementar-se uma abrangente *reforma administrativa* — quase todos os países da Europa Ocidental, o direito comunitário europeu, os Estados Unidos e mesmo o Brasil —, pode-se perceber que todas elas tiveram como tônica as ideias de *tecnicismo*, de *flexibilidade* e de *consensualidade*.[42]

Na *sociedade de riscos* que é característica do mundo contemporâneo, ganha importância a *previsão* e o *monitoramento do inesperado*, com a necessidade de empregar técnicas prospectivas.[43] Desse modo, o controle da Administração Pública, necessariamente, enfrentará uma evolução principiológica, com a passagem do *conteúdo determinante* ao *resultado determinante*.[44]

---

limites legais. É fundamental, também, que a ação administrativa seja *eficiente* e que produza *resultados eficazes para a sociedade*; daí a inclusão do princípio da eficiência no rol dos princípios aplicáveis à Administração Pública (art. 37 da CF)" (grifos nossos).

[42] Veja-se, sobre o ponto, FREITAS, *op. cit.*, p. 126-131.

[43] MOREIRA NETO. Ensaio sobre o resultado como novo paradigma do direito administrativo. *In*: SOUTO. *Direito administrativo*: estudos em homenagem a Francisco Mauro Dias, p. 3-17.

[44] MOREIRA NETO. *Poder, direito e Estado*: o direito administrativo em tempos de globalização: *in memoriam* de Marcos Juruena Villela Souto, p. 104-105.

A Administração Pública necessita cada vez mais agir diante do *inesperado*, do *diferente*, do *imprevisto*. E, para lograr *eficiência* nessa empreitada, é preciso *modular* quando necessário.

5 Modulações nos contratos administrativos

Uma das ideias mais arraigadas na doutrina — com múltiplos reflexos na legislação e na jurisprudência — é o conceito de contrato administrativo como uma modalidade contratual peculiar, caracterizada por um *regime jurídico* excepcional, de *direito público*, no qual a Administração se colocaria numa posição de superioridade sobre o particular contratado. Os contratos administrativos se distinguiriam, portanto, dos contratos comuns regidos pelo direito privado, em que as partes se relacionam em pé de igualdade.

Corolário dessa noção seria a presença das chamadas *cláusulas exorbitantes* ou *cláusulas de privilégio* nos contratos administrativos, conferindo prerrogativas de império à Administração contratante, que seriam "impensáveis" num contrato de direito privado. Essas cláusulas seriam fundamentais para a própria caracterização dos contratos administrativos.

No direito pátrio, como se sabe, é o famoso art. 58 da Lei nº 8.666/93 — a lei nacional de normas gerais sobre licitação e contratos administrativos — que elenca essas cláusulas ditas "exorbitantes", entre as quais figura a possibilidade de *rescisão unilateral* e *alteração unilateral* (respeitados certos limites) pela Administração contratante, sem necessidade de consentimento do particular contratado e tampouco de prévio recurso ao Poder Judiciário.

A fecunda crítica de Eduardo García de Enterría e Tomás-Ramón Fernández à teoria tradicional dos contratos administrativos, todavia, demonstra que, também nesta seara, há um espaço para as modulações. E tais reflexões se mostram absolutamente necessárias em um contexto histórico em que o contrato administrativo tem sido cada vez mais enxergado como "fenômeno atual do Direito Econômico".[45]

Ora, a disciplina básica dos contratos — de *todos* os contratos — jamais foi outra que não o direito privado, pois sempre partiu das ideias de liberdade e igualdade entre as partes contratantes. A teorização da figura do contrato administrativo como um contrato "diferente",

---

[45] Cf. GONÇALVES. *Contrato administrativo*: tendências e exigências atuais, p. 179 *et seq.*

regido pelo direito público, é um fenômeno histórico restrito aos Direitos francês, belga, espanhol e de alguns países hispanoamericanos (inclusive o Brasil).

Os primeiros administrativistas franceses (pós-revolucionários) deram uma explicação muito simples para a distinção, calcada meramente no plano *processual*: *contratos privados* da Administração devem ser apreciados pela *justiça comum*; *contratos de direito público*, pelo *contencioso administrativo*. Essa distinção fundou-se, pois, num critério de mera utilidade, e não em razões científicas: atribui-se o conhecimento de alguns contratos que a Administração celebra à jurisdição contenciosa administrativa com o propósito de subtrair as questões administrativas à justiça comum, consoante a leitura francesa do princípio da separação de poderes.[46]

Dessa fase inicial, passou-se a um gradativo processo de *substantivização* dos contratos administrativos: a doutrina passa a entender que haveria uma diferenciação na própria *natureza jurídica* dos contratos, ideia que se fortaleceu a partir da famosa decisão do *Caso Terrier* pelo Conselho de Estado francês, em 1903, que estabeleceu como fator distintivo o critério material do *serviço público*, tão caro à chamada Escola de Bordéus. Nesse importante acórdão, o Conselho de Estado firmou o entendimento de que "tudo o que concerne à organização e funcionamento dos serviços públicos propriamente ditos, quer atue a Administração através de contrato, quer através do exercício da autoridade, constitui uma operação administrativa, que é, por sua natureza, do domínio da jurisdição administrativa".[47]

Gaston Jéze foi nessa época o grande teórico da desigualdade das partes nos contratos administrativos, justificada pela presença do interesse público na relação (critério que seria bastante para substantivizá-lo). Como se sabe, Jéze entendia todo o Direito Administrativo como um "Direito especial dos serviços públicos", composto de regras exorbitantes do direito comum, surgidas e impostas *por* e *para* a gestão dos serviços públicos. E, dentro dessa concepção, surge como corolário a ideia de que, se os tribunais administrativos são competentes para conhecer dos contratos administrativos, é porque se trata da aplicação de um regime especial, derrogatório do direito comum.[48]

---

[46] GARCÍA DE ENTERRÍA; FERNÁNDEZ. *Curso de derecho administrativo*, v. 1, p. 683.
[47] *Idem*, p. 685, tradução livre e grifos nossos.
[48] *Idem*, p. 685.

Nessa visão, os *contratos privados* suporiam necessariamente a existência de partes em pé de igualdade, enquanto nos *contratos administrativos* as partes se reconhecem desiguais, na medida em que uma delas (a Administração) representa o interesse geral (o serviço público), enquanto a outra somente ostenta seu próprio e particular interesse. A presença do *interesse público*, portanto, determinará que o contratado da Administração titular do serviço não esteja obrigado somente a cumprir a sua obrigação (como o faria um particular com outro particular), mas esteja também obrigado a "tudo o que seja absolutamente necessário para assegurar o funcionamento regular e contínuo do serviço público, com o qual consente em colaborar". A Administração, por sua vez, estaria obrigada a "indenizar o contratado caso a ampliação de suas obrigações lhe cause um prejuízo anormal, que não podia razoavelmente prever no momento de contratar".[49]

Reabilita-se, então, um termo histórico oriundo do processo de formação do Direito Público: as "cláusulas exorbitantes do direito comum", expressão que se disseminou e chegou aos nossos dias, consagrada como a grande nota característica dos contratos administrativos, que seriam uma instituição essencialmente diferente dos contratos privados.

Atualmente, porém, essa doutrina substantivizadora do contrato administrativo vem passando por profunda revisão. García de Enterría e Tomás-Ramón Fernández afirmam que "a autonomia científica e institucional do Direito Administrativo não necessita expressar-se em uma singularidade radical de suas instituições, em relação às que são próprias do Direito Civil".[50] Com efeito, circunstâncias históricas determinaram que as instituições básicas do Direito nascessem e se formassem dentro da tradição do Direito Civil; desse modo, é falacioso pensar que não seja possível a aplicação das mesmas a outros setores do ordenamento, ou que esta aplicação tenha que se submeter a um regime radicalmente diferente. É como afirmam aqueles autores, em passagem bastante significativa:

> En el Derecho Administrativo, como derecho propio de las Administraciones Públicas en cuanto sujetos, se modulan las instituciones jurídicas generales conforme a las exigencias de desenvolvimiento propias de tales sujetos, como ya nos consta. El caso del contrato no es el único, supuesto lo cual el problema no ha de plantearse en términos de singularidad, sustantividad o exorbitancia, sino, más sencillamente, sin

---
[49] *Idem*, p. 686.
[50] *Idem*, p. 688.

dramatismos, inquiriendo cuáles son esas modulaciones o variantes que introduce la presencia subjetiva de la Administración sobre la abstracta institución contractual.[51]

Ora, até nos contratos privados se admitem inúmeras *modulações*, conforme o tipo de contrato, sem que se desfigure a regência privada. No Direito Administrativo, as "exorbitâncias" nada mais são senão meras *modulações contratuais*, insertas sempre que motivadamente sejam exigidas pela matéria administrativa envolvida (*i.e.* tratando-se de obras e de serviços públicos em geral).

E, em essência, têm, na verdade, natureza extracontratual: "esse formidável poder não resulta propriamente do contrato em si, mas da posição jurídica geral da Administração", manifestante no seu "privilégio geral de autotutela".[52] Por isso, a verdadeira razão de fundo que justifica a aplicação dessa prerrogativa está na "relação imediata do contrato com as necessidades públicas".[53]

Começa-se, assim, a perceber que esses privilégios da Administração, manifestantes nas contratações por ela realizadas, não são um valor em si mesmos. Antes, pelo contrário, são institutos necessariamente *funcionais*, colocados a serviço de uma *finalidade* pública que os justifique,[54] de modo que pode e deve falar-se, perfeitamente, em uma verdadeira *função social do contrato administrativo*, que resulta evidente da própria multiplicidade de agentes envolvidos — ou afetados — direta ou indiretamente com esses negócios jurídicos.[55] Esta visão verdadeiramente funcionalista se reconduz àqueles postulados, já brevemente referidos em tópico anterior deste estudo, da *Administração Pública de resultados*, em que o exercício do poder está necessariamente a serviço de uma certa *função*. A ideia é exposta em passagem lapidar de Vanice Regina Lírio do Valle:

> [O] poder cuja disciplina se encarta nos novos textos constitucionais é aquele cujo principal fundamento de legitimação é o seu direcionamento

---

[51] *Idem*, p. 688.
[52] *Idem*, p. 691.
[53] *Idem*, p. 691.
[54] É esse mesmo espírito que alimenta o princípio da consensualidade, já anteriormente referido, que, sendo corretamente aplicado, tende a "dotar a Administração de profissionalidade na execução de suas atribuições, de forma eficiente e econômica, em prol de toda a coletividade" (GONÇALVES, *op. cit.*, p. 185).
[55] Cf. NERY. *A causa do contrato administrativo*: análise do conteúdo contratual como parâmetro de aplicação do princípio da eficiência, p. 61-63.

finalístico. Subproduto desse impacto é a integração à pauta de cogitações dos operadores do direito, de temas novos, que guardam relação direta com esse novo poder, cuja ênfase se desloca da potência para a função, na medida em que não existe tão-somente como força a ser disciplinada, mas sim como potencial de ação dirigido a finalidades pré-estabelecidas.[56]

As cláusulas de *ius variandi* (alterabilidade unilateral dos contratos administrativos), por exemplo, não apenas já são limitadas pela própria lei, mas também, em caso de existirem, submetem-se a um juízo de razoabilidade. E, ademais, nada impede que sejam incluídas em contratos privados, desde que não sejam abusivas e não rompam a equivalência das prestações.

Na síntese de García de Enterría e Tomás-Ramón Fernández:

Pode-se dar por definitivamente liquidada aquela etapa anterior em que o *contrato administrativo* e o *contrato privado* eram considerados como realidades radicalmente diferentes e rigorosamente separadas. No âmbito da contratação envolvendo os entes públicos, convivem o Direito Administrativo e o Direito Privado. Qualquer contrato é capaz de incorporar elementos de um e do outro, sem que por isso varie a essência do instituto contratual. Ocorre, simplesmente, que em certos contratos diretamente vinculados à *atividade típica* do órgão administrativo contratante ('obras e serviços públicos' no mais amplo sentido) os elementos jurídico-administrativos são mais intensos que em outros. Esses contratos se chamam *contratos administrativos*.[57]

Essa concepção exerce importante papel desmistificador — retornando aqui àquela observação de Maria João Estorninho, inspirada em Marcello Caetano — num ramo do Direito tão necessitado de "arejamentos" como o Direito Administrativo. Ao cabo e ao fim, não necessariamente serão as "cláusulas exorbitantes", mas, simplesmente, é a vinculação direta e imediata ao interesse público o elemento que qualifica um contrato como sendo um contrato administrativo.[58]

Naquele modelo tradicional de contrato administrativo, todavia, com prerrogativas legais "estandartizadas", fica prejudicada a possibilidade de ponderar casuisticamente vantagens e desvantagens,

---

[56] VALLE. *Políticas públicas, direitos fundamentais e controle judicial*, p. 21-22.
[57] GARCÍA DE ENTERRÍA; FERNÁNDEZ, *op. cit.*, p. 694. Texto ligeiramente editado, com grifos nossos.
[58] OLIVEIRA, *op. cit.*, p. 88.

considerando as características de cada contratação que a Administração deve realizar. E isso traz como desvantagens:[59] a) imprecisão e insegurança dos direitos resultantes do manejo público das prerrogativas da Administração nas transações; b) aumento dos custos de transação, devido ao aumento do risco (o chamado "risco soberano"); c) déficit de transparência da transação, pois as prerrogativas são genericamente estabelecidas pela lei, sem relação com as situações fáticas específicas e peculiaridades de cada contrato; d) sacrifício da confiança legítima do administrado na transação, pois as prerrogativas podem prestar-se a desvios e intenções ilegítimas (a chamada "corrupção pelo temor").

Surge, assim, a necessidade de uma opção flexibilizante. E, seguindo a trilha de García de Enterría, Diogo de Figueiredo Moreira Neto defende a adoção de cláusulas discricionárias.[60] Ante a imensa variedade de contratos possíveis, firmados nos inúmeros setores de atividade da Administração Pública, não é lógico que o administrador permaneça preso a comandos excessivamente padronizados, em grande parte anacrônicos (por serem muito gerais), sem a necessária modulação para atender às miríades de circunstâncias próprias a cada contratação.

Embora seja até razoável padronizar algumas cautelas, isto não deve retirar da Administração a possibilidade de avaliar casuisticamente a conveniência e a oportunidade de inserir ou não, em cada contrato, as modulações ditas "exorbitantes". Deve dar-se preferência à técnica flexível da discricionariedade em lugar da rígida vinculação.[61]

E esta ideia tem amparo no Direito Positivo brasileiro: a imposição da generalização de cláusulas inafastáveis nos contratos administrativos não tem previsão constitucional. Nada impede que o legislador ordinário delegue ao administrador público a possibilidade de avaliar a conveniência e oportunidade do emprego dessas cláusulas, depois de examinada a hipótese de contratação, caso a caso. Esta é a posição de Marcos Juruena Villela Souto, para quem "as cláusulas exorbitantes são compatíveis com o tratamento jurídico diferenciado dos contratos administrativos, mas elas não têm sede constitucional; assim, o legislador infraconstitucional pode prevê-las ou não, bem como condicionar o seu uso".[62]

---

[59] Cf. MOREIRA NETO. O futuro das cláusulas exorbitantes nos contratos administrativos. *Revista de Direito da Associação dos Procuradores do Novo Estado do Rio de Janeiro*, p. 12-13.
[60] *Idem*, p. 15 et seq.
[61] *Idem*, p. 15-16.
[62] SOUTO. *Direito administrativo contratual*, p. 472. No mesmo sentido, NERY, *op. cit.*, p. 46.

Percebe-se, assim, uma inegável tendência contemporânea da atividade contratual da Administração Pública no sentido de um "maior favorecimento à discussão acerca das cláusulas que irão reger a relação jurídica a ser instaurada pela via do ajuste".[63] O Prof. Gustavo Justino de Oliveira menciona, como paradigma dessa "nova contratualização administrativa", o caso das parcerias público-privadas, nas quais "diminui-se a imposição unilateral de cláusulas por parte da Administração, com o proporcional aumento da interação entre os parceiros para o delineamento e fixação das cláusulas que integrarão o contrato", bem como "institui-se uma maior interdependência entre as prestações correspondentes ao parceiro público e ao parceiro privado, inclusive com a atribuição de garantias a esse último, tidas como não usuais nos contratos tradicionais firmados pela Administração".[64] Nesse panorama, fica inegavelmente abalado o dogma da verticalização das relações contratuais entre a Administração e o particular, substituído por um maior equilíbrio nas posições assumidas pelas partes.

Supera-se aquela vetusta premissa do necessário desnivelamento do particular em face da Administração, como elemento característico de todo e qualquer contrato administrativo. É como bem ressalta Ana Rita de Figueiredo Nery, em instigante trabalho monográfico:

> [A] execução contratual tem como pedra de toque o princípio da eficiência e, sobre essa base, devem ser interpretados os termos da vinculação contratual. O princípio da eficiência passa a ser o assento constitucional que norteará o contrato administrativo, especialmente na sua fase de execução.
> A eventual utilização de prerrogativas não decorrerá, portanto, da mera natureza administrativa do contrato, mas de um posicionamento motivado da Administração a partir do caso concreto, impondo-se a utilização da medida menos invasiva à consensualidade, isto é, da medida que menos se desvirtua da causa do contrato.[65]

Assim, tal como ocorre nas modulações no exercício da autotutela administrativa, também aqui potencializa-se o dever de fundamentação do agente público, pela aplicação da *teoria da dupla motivação*, a incidir em dois momentos distintos do processo de escolha discricionária delegada à Administração: (i) motivação no momento da adoção ou

---

[63] OLIVEIRA, *op. cit.*, p. 93.
[64] *Idem*, p. 93-94.
[65] NERY, *op. cit.*, p. 47.

afastamento, em tese, de cláusulas exorbitantes em contratos em que a Administração vá buscar prestações no mercado; (ii) motivação para a aplicação de uma determinada cláusula exorbitante, inserta em determinado contrato para atuar em determinadas circunstâncias.[66]

Como se vê, essa abordagem não significa a negação das cláusulas exorbitantes, ou que os contratos administrativos tenham-se transmudado em contratos de direito privado. O que ocorre é apenas uma mudança de perspectiva: dos contratos administrativos farão parte "cláusulas que assegurem à Administração exercer sua potestade *na proporção necessária* ao resguardo dos interesses públicos envolvidos". E é a *medida*, a *intensidade* e a *extensão* dos poderes da Administração, no curso da relação contratual, que devem passar por uma "filtragem", à luz dos princípios e valores constitucionais.[67]

6 Considerações finais

O atual momento vivido pelo Direito Público — sob a influência do *neoconstitucionalismo* — tem realçado a necessidade de superar-se o colorido mítico de vários institutos e conceitos tradicionais do Direito Administrativo, com seu consequente "arejamento" à luz da principiologia constitucional.

Certas "verdades prontas" da Disciplina vão cedendo ante a necessidade de satisfação do interesse público numa realidade social cada vez mais complexa, ágil e "camaleônica", a exigir da Administração uma atuação técnica, com a flexibilidade necessária ao atendimento dessas demandas.

Impõe-se, portanto, a tarefa de revisitar velhos temas e institutos, não no sentido de desconstruí-los, mas de "remoçá-los", trazendo-os para a contemporaneidade. As modulações em Direito Administrativo são, portanto, um terreno fértil a explorar, sempre com a devida cautela e sobriedade, com os olhos atentos à eficiência da administração pública.

Há que se cultivar cada vez mais uma visão *instrumental*, *dinâmica* e *funcionalizada* das instituições do Direito Administrativo, ao contrário do caráter *dogmático*, *estático* e *místico* que, durante muito tempo, marcou o estudo da disciplina.

---

[66] Cf. MOREIRA NETO. O futuro das cláusulas exorbitantes nos contratos administrativos. *Revista de Direito da Associação dos Procuradores do Novo Estado*, p. 16.
[67] OLIVEIRA, *op. cit.*, p. 96.

Em tema de contratações públicas, principalmente, as modulações são interessante instrumento para favorecer o atendimento das necessidades sociais. O clássico rigor dos contratos administrativos como sujeitos a uma disciplina "exorbitante", marcada pelos privilégios da Administração, poderá ceder ante a realidade da vida, com os imperativos da realização concreta do interesse público, em cada contratação específica.

Tudo isso, porém, deve passar por rigorosa "filtragem", à luz de princípios como razoabilidade, moralidade, impessoalidade e eficiência, a fim de coibir-se o arbítrio e o patrimonialismo. As modulações — assim no Direito Administrativo como em outras searas — devem calcar-se em densa fundamentação e sujeitar-se a amplo controle.

Informação bibliográfica deste texto, conforme a NBR 6023:2002 da Associação Brasileira de Normas Técnicas (ABNT):

REIS, José Carlos Vasconcellos dos. As modulações no direito administrativo. *In*: FREITAS, Daniela Bandeira de; VALLE, Vanice Regina Lírio do (Coord.). *Direito administrativo e democracia econômica*. Belo Horizonte: Fórum, 2012. p. 267-291. ISBN 978-85-7700-619-9.

PRESENÇA DA ADMINISTRAÇÃO CONSENSUAL NO DIREITO POSITIVO BRASILEIRO[1]

JESSÉ TORRES PEREIRA JUNIOR

1 Introdução[2]

1.1 A supremacia da Constituição e a efetividade dos princípios

Exsurge o estado pós-moderno, gerencial, mediador e garantidor, assumindo novas funções e tarefas. Um estado que prima pela concretização dos direitos fundamentais, entre os quais o direito à boa administração.

Conforme Gustavo Binenbojm:

---

[1] Síntese esquemática de conferência proferida no IV Congresso do Instituto de Direito Administrativo do Estado do Rio de Janeiro (IDAERJ) realizado nos dias 05 e 06 de outubro de 2011.

[2] O presente capítulo reúne textos referidos pelo autor na conferência, com o fim de compor a base conceitual do tema. São excertos de obras de variados autores, a seu turno consolidados em monografia com a qual a autora, Mirela Halfim Semeles, obteve aprovação no curso de pós-graduação em direito do estado, *lato sensu*, da Universidade do Estado do Rio de Janeiro, e cujo resumo foi publicado na *Revista Síntese IOB de Gestão Pública*, p. 50 *et seq.*, maio/jun. 2011. Transcritos da aludida monografia, seguem o sumário da conferência.

(...) a *Constituição, e não mais a lei, passa a situar-se no cerne da vinculação administrativa à Juridicidade; a definição do que é interesse público passa a depender de juízos de ponderação* proporcional entre os direitos fundamentais e outros valores constitucionalmente consagrados; *a discricionariedade administrativa deixa de ser um espaço de livre escolha do administrador,* abandonando-se a tradicional dicotomia entre ato vinculado e ato discricionário, passando-se a um sistema de graus de vinculação de juridicidade; e, por fim, *surge um conjunto de autoridades administrativas independentes,* que não mais pertencem à tradicional linha hierárquica entre Estado e Sociedade.

1.2 Os direitos fundamentais como estratégia de limitação ao poder estatal

O papel do estado se modifica, de titular de um poder de império ao *estado mediador e garantidor.* A função de garantia reflete a necessidade de se concretizar a efetivação de uma vasta gama de direitos fundamentais, em especial o *direito fundamental a uma boa administração.* Evidencia-se uma nova relação, menos hierarquizada, entre estado e sociedade, onde a participação e a consensualidade ganham força na arena jurídica. A busca de novos paradigmas para o exercício da função administrativa visa compatibilizar a de gestão pública com o compromisso assumido pela Administração junto à sociedade. Almeja-se uma Administração Pública de resultado, eficiente e transparente. Nessa gestão de resultados é necessária a existência de alguns balizadores jurídicos, dentre os quais: a *supremacia da Constituição,* a *efetividade dos princípios,* a *motivação necessária* dos atos administrativos, o *controle da discricionariedade,* a *processualização* da atividade administrativa e a *consensualidade.*

De acordo com a supremacia da Constituição, a Carta Magna, como paradigma jurídico e político, ocupa o incontestável fundamento maior da ordem jurídica. Por força dessa supremacia, sustenta Luis Roberto Barroso, "nenhuma lei ou ato normativo — na verdade, nenhum ato jurídico — poderá subsistir validamente se estiver em desconformidade com a Constituição".[3]

A Constituição da República, norteadora do sistema, define em seu texto princípios e regras cogentes, além de políticas públicas a serem implementadas pelo poder público. Nas palavras de Jessé Torres Pereira Junior e Marinês Restelatto Dotti:

---

[3] BARROSO. *O controle de constitucionalidade no direito brasileiro,* p. 1.

(...) a supremacia da Constituição significa que *nenhum dignitário estatal, no sistema jurídico por ele fundado, poderá colocar-se acima dos princípios e normas que a Constituição estabelece,* tanto que a Corte Suprema, que a interpreta com a máxima e final autoridade, assim o faz na qualidade de sua guardiã (CR/88, art.102, *caput*), daí o caráter cogente das políticas públicas que o texto constitucional consagra e de cuja implementação incumbe os entes e poderes constituídos, sob pena de inadimplência de deveres constituídos inarredáveis, desafiando, se, quando e na medida da necessidade, a intervenção tutelar do Judiciário, com o fim de fazer prevalecer a Constituição.[4]

O direito administrativo haure da Constituição a sua base principiológica e normativa expressa, a teor dos artigos 37 e seguintes. O *caput* do artigo 37 explicita cinco princípios que funcionam como norma jurídica de aplicação imediata e o seu descumprimento justifica um poder sancionatório por parte do estado. Dito de outro modo, os princípios previstos na Constituição, tanto os explícitos quanto os implícitos, são considerados "normas jurídicas de eficácia imediata e providas de sanção, e não, apenas, proposições gerais, impessoais e abstratas, a serem perseguidas em prazo indeterminado".[5] Assim, conclui-se pela *efetividade dos princípios;* descumprir um princípio significa o mesmo que descumprir uma norma e, portanto, deve gerar as mesmas consequências e responsabilidades jurídicas.

1.3 O direito fundamental à boa administração

CARTA DOS DIREITOS FUNDAMENTAIS DA UNIÃO EUROPEIA, artigo 41: "Direito a uma boa administração. 1. Todas as pessoas têm o direito a que seus assuntos sejam tratados pelas instituições e órgãos da União de forma imparcial, equitativa e num prazo razoável. 2. Este direito compreende nomeadamente: o direito de qualquer pessoa a ser ouvida, antes de a seu respeito ser tomada qualquer medida individual que a afete desfavoravelmente; o direito de qualquer pessoa a ter acesso aos processos que se lhe refiram, nos respeitos dos legítimos interesses da confidencialidade e do segredo profissional e comercial; a obrigação, por parte da administração, de fundamentar as suas decisões.

---

[4] PEREIRA JUNIOR; RESTELATTO DOTTI. *Políticas Públicas nas licitações e contratações administrativas,* p. 25.
[5] PEREIRA JUNIOR. *Temas de direito administrativo sob tutela judicial no Estado democrático eficiente,* p. 2.

3. Todas as pessoas têm direito à reparação, por parte da Comunidade, dos danos causados pelas suas instituições ou pelos seus agentes no exercício das respectivas funções, de acordo com os princípios gerais comuns às legislações dos Estados-Membros. 4. Todas as pessoas têm a possibilidade de se dirigir às instituições da União numa das línguas oficiais dos Tratados, devendo obter uma resposta na mesma língua".

1.4 Da administração pública monológica à administração dialógica

O estado pós-moderno apresenta, ainda, a *mediação* como uma de suas características principais. O estado mediador consiste no emprego, em larga escala, de métodos e técnicas consensuais e negociais pelo poder público. A função estatal de mediação busca o alargamento das bases de legitimação do exercício do poder estatal, mercê da inclusão dos cidadãos no processo de definição e densificação do interesse público.

A aplicação da antiga premissa absoluta de supremacia do interesse público sobre o interesse particular é questionada, assim como o monopólio do estado na sua identificação. O que muda, no estado pós-moderno, em relação ao interesse público, não é propriamente a mitigação da supremacia deste, mas, sim, que o interesse público não resulta da interpretação monopolista do estado, como se os interesses do estado esgotassem a ideia de interesse público. As prerrogativas estatais cedem espaço a novas sujeições constitucionais, a que o estado, assim como a sociedade, deve obediência.

O estado deixa de ser imperial e passa a mediador e garantidor. A função de garantia resulta do exercício de concretizar uma gama extensa de direitos fundamentais postos na Constituição. Estes, além de ser limites impostos à ação do estado, constituem o lastro para a sua atuação. É nesse sentido que se fala em *funcionalização da atividade administrativa*, voltada à concretização dos direitos fundamentais e à realização efetiva dos direitos das pessoas.[6]

À Administração Pública impõe-se o dever de proceder a escolhas legítimas, que só o serão na medida em que materializem o *direito fundamental de todos a uma boa administração*. Como define Juarez Freitas,

> (...) *trata-se do direito fundamental à Administração Pública eficiente e eficaz, proporcional, cumpridora de seus deveres, com transparência, motivação, imparcialidade e respeito à moralidade, à participação social e à plena responsabilidade*

---

[6] MOREIRA NETO. *Mutações do direito público*, p. 158.

por suas condutas omissivas e comissivas. A tal direito corresponde o dever de a Administração Pública observar, nas relações administrativas, a cogência da totalidade dos princípios constitucionais que a regem.[7]

A garantia constitucional vem sendo reconhecida nas decisões das Cortes Judiciais. O Superior Tribunal de Justiça (STJ), no Mandado de Segurança nº 10.792-DF, assim se pronunciou: "(...) a atividade administrativa, dessa forma, deve desenvolver-se no sentido de dar pleno atendimento ou satisfação às necessidades a que visa suprir, em momento oportuno e de forma adequada. Impõe-se aos agentes administrativos, em outras palavras, o cumprimento estrito do dever de boa administração".

2 A consensualidade como instrumento de gestão pública

O consenso, definido como *princípio da concertação* nas relações de poder entre sociedade e estado, é engrenagem essencial ao estado democrático de direito. A chamada *concertação administrativa* designa uma forma de administrar com base no consenso. A Administração busca realizar acordos com os particulares destinatários da ação, abdicando, assim, da forma impositiva e unilateral com que o estado tradicionalmente fazia uso de seus poderes. Observa Alexandre Santos de Aragão que, através da concertação, "a Administração não deixa de atuar unilateralmente por completo, mas procura, antes de emitir o seu ato unilateral, obter o assentimento do maior número possível de sujeitos envolvidos".[8] Na concertação, as decisões são apuradas mediante negociação, consubstanciada em debates entre os diversos grupos sociais e o poder público, a atrair a participação ativa dos cidadãos nas tomadas de decisões políticas.

O consenso é íntimo do princípio da participação administrativa. A participação por meio da consensualidade está relacionada à expansão da consciência social e ao anseio por influir nas decisões de poder, nas quais a sociedade se vê envolvida. A prática jurídica tem demonstrado que "inúmeros são os instrumentos de participação administrativa com vistas a legitimar as tomadas de decisões, a propiciar mais freios contra abusos, a proporcionar a decisão mais sábia e prudente,

---

[7] FREITAS. *Discricionariedade administrativa e o direito fundamental à boa administração*, p. 22.
[8] ARAGÃO. *Agências reguladoras e a evolução do direito administrativo econômico*, p. 111.

a aprimorar a governabilidade e a desenvolver a responsabilidade nas pessoas, tornando as normas mais aceitáveis e facilmente cumpridas".[9]

No manejo desses instrumentos, a consensualidade surge como "técnica de coordenação de ações e de interesses, prestigiando, simultaneamente, a autonomia da vontade e a parceria que potencia a ação do estado e da sociedade".[10] O número de parcerias cresce, pois a Administração Pública cria, permanentemente, atrativos para que os agentes da sociedade civil tenham interesse em investir, expandindo cada vez mais a gama de acordos e contratações administrativas.

O ato administrativo, como veículo principal de atuação da Administração Pública, divide seu espaço com o incremento da atividade contratual. A *contratualização administrativa* retrata relações administrativas baseadas na negociação e no diálogo, tendo o contrato como instrumento de sua atuação. Preconiza-se a ideia de parceria entre a sociedade e o estado, na qual a categoria jurídica do contrato, instrumento de direito privado por excelência, adquire novo e relevante emprego em âmbito público.

A vasta gama de celebração de acordos, substituindo os tradicionais atos unilaterais, não significa a disponibilidade do interesse público pelo estado. Ao revés, esses atos são, em regra, mais eficientes e menos sujeitos a transgressões, além de valorizarem igualmente a proteção do interesse público e a concretização dos direitos fundamentais.

2.1 Querer, poder e saber

O exercício do poder político porta desafios seculares permanentes, inclusive de sistematização conceitual. Uma das maneiras de racionalizá-los é a de compreender aquele exercício como um triângulo (MATUS, Carlos. *Planejamento estratégico situacional*. Chile, 1998): no vértice, situa-se o projeto estratégico de governo, passível de traduzir-se pelo verbo "querer" (vontade política); no primeiro ângulo da base do triângulo, estarão as competências distribuídas para agir e a organização dos meios para efetivá-las, compondo a governabilidade, que se encarna no verbo "poder" (atos de autoridade legitimada); no último ângulo dessa figura geométrica, colocam-se o conhecimento e os instrumentos de sua operação e disseminação, configurando a governança, a que corresponde o verbo "saber" (*know how* científico e tecnológico,

---

[9] MOREIRA NETO. *Mutações do direito administrativo*, p. 27.
[10] MOREIRA NETO. *Mutações do direito administrativo*, p. 26.

ponderado axiologicamente a partir da dignidade da pessoa humana). O governo eficiente e eficaz deve querer, poder e saber identificar o interesse público e produzir resultados que o atendam.

Sob a perspectiva da participação, duas são as versões de governança: a primeira enfatiza o incremento da eficiência e da eficácia das ações governamentais, com foco na qualidade de vida das populações, cuja participação é instrumental e subordinada; a segunda incentiva o potencial emancipatório de ações em parceria entre os setores públicos e privados, com foco na inclusão de segmentos alijados do processo político ou por ele discriminados, por isto que eficiência e eficácia, sempre relevantes, passam a constituir objetivo subordinado, conferindo-se prioridade ao protagonismo dos cidadãos.

A vigente Constituição Federal e suas 70 emendas vêm desenhando um formato de governança que combina eficiência/eficácia com participação emancipatória, no processo político de gestão do estado. Gera ambiguidades, que ora levam à paralisia pela perplexidade, ora à inconsequência de resultados por gestão inepta. Ainda não se encontrou o ponto ótimo de articulação (se é que existe) entre gestão de resultados (eficiência/eficácia) e gestão emancipatória (parcerias).

A concepção e o uso de instrumento de administração consensual é uma das respostas possíveis a tais ambiguidades.

2.2 Pontos de tensão com os princípios da legalidade, da impessoalidade e da indisponibilidade

Questão relevante sobre a consensualidade é a sua *vinculação* à legalidade. O artigo 37 da Constituição Federal, ao elencar os princípios regentes da Administração Pública, explicita a legalidade, bem como a impessoalidade, a moralidade, a publicidade e a eficiência. Havendo a previsão expressa da legalidade e a ausência de previsão da consensualidade no texto constitucional, a doutrina jurídica se questiona quanto ao grau de vinculação da Administração Pública à lei nos casos em que, diante dos fatos, opte por solução de base consensual.

Perfilha-se, aqui, a tese de ser a consensualidade o caminho sem volta para alcançar-se uma administração de resultado eficiente, tendo como ponto de partida que a legalidade estrita cede lugar à legitimidade das políticas públicas advindas da consensualidade.

Os contratos e demais atos bilaterais entre o poder público e a coletividade, assim como qualquer ato administrativo *stricto sensu*, haurem seu fundamento de validade da lei. Vale, portanto, para toda forma de acordo entre os setores público e privado, a mesma noção de primazia legal que se confere aos atos da Administração Pública em geral. Mas não só.

Há limites à utilização de mecanismos consensuais nas práticas jurídicas, o que demonstra que nem toda decisão pode ser tomada com base apenas no consenso. Há casos, com respaldo legal, em que caberá ao estado intervir de forma imperativa e cogente, não sendo permitida a consensualidade sob qualquer de suas formas. Alguns exemplos serão abordados adiante. Por ora, o que se pretende enfatizar é que a limitação da adoção de mecanismos consensuais relaciona-se diretamente à concepção de legalidade que se acolha.[11]

Tradicionalmente, adotava-se a concepção de legalidade como a vinculação positiva da atuação administrativa à lei formal, expressa na síntese de que a administração poderia fazer *apenas* o que estivesse previsto na letra da lei. Diante da legalidade formal, a consensualidade na atividade administrativa seria inconcebível, pela ausência de previsão expressa, tampouco no texto da Constituição.

Perspectiva atualizada sustenta que a legalidade não se prende exclusivamente à lei formal, mas atende a um conjunto de leis constitucionais, ordinárias, regulamentos, tratados, usos e costumes, jurisprudência e princípios gerais do direito. Segundo Binenbojm, "a atuação administrativa só será válida, legítima e justificável quando condizente, muito além da simples legalidade, com o sistema de princípios e regras delineado na Constituição, de maneira geral, e com os direitos fundamentais, em particular".[12]

A relação entre consensualidade e legalidade se encerra no *bloco de legalidade*, ou seja, no ordenamento jurídico como um todo sistêmico. O conceito moderno de legalidade se aproxima da ideia de *juridicidade*, ou seja, os atos da Administração Pública se devem não só coadunar com as leis formais, mas também com os princípios e práticas que plasmam o ordenamento jurídico em geral. De acordo com essa visão do direito, a ausência de lei formal, a expressamente permitir a celebração de contratos entre o estado e a coletividade, não é fator impeditivo, haja vista a aplicação de outros princípios, como os da eficiência, do devido processo legal e da proporcionalidade.

A consensualidade já se encontra *positivada* em leis infraconstitucionais, através do uso de algumas de suas formas de expressão.

---

[11] SCHIRATO; PALMA. Consenso e legalidade: vinculação da atividade administrativa consensual ao Direito. *Biblioteca Digital Revista Brasileira de Direito Público – RBDP*.

[12] BINENBOJM. *Uma teoria do direito administrativo*: direitos fundamentais, democracia e constitucionalização, p. 133.

Outras leis vedam expressamente toda e qualquer forma de acordo entre poder público e indivíduos. Além, é claro, de leis que nada mencionam sobre o tema. Destacam-se, aqui, duas normas que ilustram a relação entre consenso e legalidade: a Lei de Ação Civil Pública e a Lei de Improbidade Administrativa.

A Lei federal nº 7.347, de 24 de julho de 1985, a denominada Lei da Ação Civil Pública, alberga, em seu artigo 5º, §6º, o *compromisso de ajustamento de conduta*. Trata-se de previsão legal expressa de uma *solução consensual*, como alternativa à propositura de uma ação judicial.[13] Assim, respeitada a legitimidade para agir conferida ao Ministério Público, é a ele permitido optar por um compromisso de ajustamento de conduta nas situações cabíveis, ou seja, se pode o titular da ação optar por solução mais célere e menos desgastante, não há motivo para aforar-se a ação civil pública.

A Lei federal nº 8.429, de 02 de junho de 1992, conhecida como Lei de Improbidade Administrativa, *veda expressamente a transação, acordo ou conciliação* nas ações de que trata o *caput* do seu artigo 17.[14] Neste caso, ao revés, a vedação de práticas consensuais é expressa e inafastável, a impedir as práticas consensuais.

Diante desses exemplos, vislumbra-se a relação entre consenso e legalidade nas práticas da Administração Pública. Há que se convir em que, quando houver previsão legal positivada, é mais fácil aceitar-se a decisão por consenso, sob qualquer de suas formas. Mas se deve ir além: somente nos casos em que haja previsão expressa em sentido contrário, o poder público estará impedido de celebrar acordos para o exercício da função administrativa, como no caso supramencionado da Lei de Improbidade Administrativa.

Propõe-se, então, que não se há de cogitar de vinculação absoluta entre consensualidade e legalidade. Havendo vedação legal para práticas consensuais, deve ser respeitada. No entanto, a ausência de lei formal não justifica a impossibilidade de se decidir por consenso, tendo em vista o hodierno conceito de *legalidade, legitimidade e juridicidade*. Não há como o legislador prever exaustivamente as hipóteses nas quais

---

[13] Lei nº 7.347, de 1985, artigo 5º, §6º. "Os órgãos públicos legitimados poderão tomar dos interessados compromisso de ajustamento de conduta às exigências legais, mediante cominações, que terá eficácia de título executivo extrajudicial".

[14] Lei nº 8.429, de 1992, artigo 17. "A ação principal, que terá rito ordinário, será proposta pelo Ministério Público ou pela pessoa jurídica interessada, dentro de 30 (trinta) dias da efetivação da medida cautelar". §1º. "É vedada a transação, acordo ou conciliação nas ações de que trata o *caput*".

caberá a busca do consenso, devendo ser decidido casuisticamente por sua possibilidade.

Não se trata, nesse caso, de discricionariedade administrativa ancorada no formalismo abstrato ou na liberdade irrestrita do decisionismo irracional, mas na competência administrativa (não mera faculdade) de avaliar e de escolher, no plano concreto, as melhores soluções, mediante justificativas válidas, coerentes de conveniência ou oportunidade, respeitados os requisitos da efetividade do direito fundamental à boa Administração Pública. Como sustenta Juarez Freitas, o direito público, notadamente o direito administrativo, *"precisa ser convertido no direito da motivação consistente e do controle principialista e fundamentado das decisões estatais*. Sublinha-se que a decisão administrativa precisa estar acompanhada de motivação consistente e coerente, sob pena de *vício nulificador* e o controle principialista demanda uma reestruturação das estratégias de governança, fazendo-as mais criativas, transparentes e concatenadas. Há, portanto, o *dever de escolher bem".*[15]

O Supremo Tribunal Federal já se manifestou a respeito da relação legalidade-consensualidade. No Recurso Extraordinário nº 253.885-0/MG, analisou duas questões basilares: a necessidade de previsão legal expressa autorizativa para a celebração de acordos administrativos e se a celebração de tais acordos afrontaria o princípio da indisponibilidade do interesse público.

Cuidava-se de recurso interposto pelo Município de Santa Rita do Sapucaí contra acórdão do Tribunal de Justiça estadual, que manteve sentença homologatória de transação celebrada entre a municipalidade e seus servidores. Segundo a relatora, Ministra Ellen Gracie, o aresto deveria ser mantido porque a transação atendeu de forma mais rápida e efetiva ao interesse público, afastada qualquer ofensa aos princípios alinhados no artigo 37 da Constituição Federal.

A Corte Suprema entendeu que a previsão autorizativa expressa será *imprescindível apenas* nos casos em que a transação importar em renúncia a direitos, alienação de bens ou assunção de obrigações extraordinárias pela Administração. Quanto à questionada indisponibilidade do interesse público, nas palavras da relatora, "há casos em que o princípio da indisponibilidade do interesse público deve ser atenuado, mormente quando se tem em vista que a solução adotada pela Administração é a que melhor atenderá à ultimação deste interesse".[16]

---

[15] FREITAS. *Discricionariedade administrativa e o direito fundamental à boa administração,* p. 15.
[16] BRASIL. Supremo Tribunal Federal. RE nº 253.885-0/MG. Primeira Turma. Rel. Min. Ellen Gracie. Julgado em 04.06.2002.

Deve-se, portanto, acolher a consensualidade como princípio norteador e atentar para as suas diversas formas de expressão no ordenamento pátrio. E sua aplicação deverá ser pautada não apenas pelo conceito de legalidade estrita, mas inserida no conceito amplo de juridicidade.

3 A positivação da consensualidade na ordem jurídica brasileira

A consensualidade se apresenta sob diferentes aspectos, sendo adotada na tomada de decisão administrativa, na execução administrativa, ou, ainda, na prevenção e composição de conflitos.[17]

Assim, por exemplo, a aplicação do consenso nas tomadas de decisões públicas se apresenta através do plebiscito, do referendo, da coleta de opinião, do debate público, da consulta pública e da audiência pública. Na chamada execução administrativa, práticas consensuais se materializam nos inúmeros contratos de parceria e acordos administrativos entre os setores público e privado. Por fim, a consensualidade na composição de conflitos se apresenta por meio dos institutos jurídicos da arbitragem, da transação, da conciliação, da mediação, dos ajustes de condutas e similares.

Diversos são os instrumentos jurídicos da denominada Administração consensual, todos voltados para o *fomento público* e a construção de um *estado de justiça* — plebiscito, referendo, coleta de opinião, debate público, consulta pública, audiência pública, ou, ainda, materializando-se via contratos de parceria e acordos administrativos, as práticas consensuais ocupam relevância na arena jurídica a partir da segunda metade do século XX. Sem contar as diferentes modalidades em que a consensualidade se manifesta na composição de conflitos, através da arbitragem, da transação, da conciliação, da mediação, dos ajustes de condutas e similares.

A arbitragem já se faz presente como forma de composição de conflitos em âmbito administrativo, inclusive com respaldo legal, ao que anota Dinorá Grotti:

> (...) importa ainda ter-se presente que se, em certos casos, o princípio da indisponibilidade do interesse público afasta o compromisso arbitral, *há um campo de interesses patrimoniais disponíveis dentro do qual a arbitragem é recomendável como alternativa ao litígio judicial, por expressa admissão legal.*

---

[17] MOREIRA NETO. Novos institutos consensuais da ação administrativa. *Revista de Direito Administrativo*, p. 150.

Nesse sentido já caminha parte da doutrina brasileira, ao *reconhecer a aplicabilidade do juízo arbitral em matéria administrativa*.[18]

Assim, a Lei nº 8.987/95, que regula o regime de concessão e permissão de serviços públicos, permite, em seu artigo 23-A, o emprego de mecanismos privados de solução de conflitos, inclusive a *arbitragem*, em caso de divergências contratuais.[19] Traz, ainda, em seu artigo 23, inciso XV, o *modo amigável* de solução das divergências contratuais como sendo cláusula essencial do contrato de concessão.

A Lei nº 9.478/97, conhecida como a Lei da ANP, admite a *arbitragem* e a *conciliação* em âmbito administrativo, nos artigos 20, 27, parágrafo único, e 43, inciso X.[20] Este último dispositivo determina que serão cláusulas essenciais do contrato de concessão as regras sobre solução de controvérsias, relacionadas com o contrato e sua execução, *inclusive a conciliação e a arbitragem*.[21]

Decisões do Tribunal de Contas da União (TCU) já admitem a arbitragem em sede pública. Tradicionalmente, o TCU opunha-se à aplicação do instituto nos contratos administrativos, conforme a seguinte ementa:

REPRESENTAÇÃO. PEDIDO DE REEXAME. INCLUSÃO DE CLÁUSULAS ILEGAIS EM CONTRATO ADMINISTRATIVO. NEGADO PROVIMENTO. *É ilegal a previsão, em contrato administrativo, da adoção de juízo arbitral para a solução de conflitos*, bem como a estipulação de cláusula de confidencialidade, por afronta ao princípio da publicidade.[22]

---

[18] MUSETTI GROTTI. A participação popular e a consensualidade na Administração Pública. *Revista de Direito Constitucional e Internacional*, p. 144.
[19] Lei nº 8.987, de 1995, artigo 23-A. "O contrato de concessão poderá prever o emprego de mecanismos privados, para solução de disputas decorrentes ou relacionadas ao contrato, inclusive a arbitragem, a ser realizada no Brasil e em língua portuguesa, nos termos da Lei 9.307, de 1996".
[20] Lei nº 9.478, de 1997, artigo 20. "O regimento interno da ANP disporá sobre os procedimentos a serem adotados para a solução de conflitos entre agentes econômicos e entre estes e usuários e consumidores, com ênfase na conciliação e no arbitramento". Artigo 27, §único. "Não chegando as partes a acordo, em prazo máximo fixado pela ANP, caberá a esta determinar com base em laudo arbitral como serão equitativamente apropriados os direitos e obrigações sobre os blocos, com base nos princípios gerais do direito aplicáveis".
[21] Além dos supracitados dispositivos, a Lei nº 8.666, de 1993, em seu artigo 54, determina a *aplicação supletiva dos princípios da teoria geral dos contratos e das disposições do direito privado aos contratos administrativos*, o que pode representar, em última análise, o reconhecimento do uso possível dos meios consensuais de solução de conflitos nos contratos administrativos.
[22] BRASIL. Tribunal de Contas da União. Acórdão nº 537/2006, julgado pela Segunda Câmara, publicado no *DOU*, 17 mar. 2006.

A Corte de Controle Externo da União modificou o seu posicionamento recentemente, no Acórdão nº 2094/2009:

Tratavam os autos de Relatório de Levantamento de Auditoria realizado no âmbito do Fiscobras 2009, relativo às obras de construção de Unidades Estacionárias de Produção no exterior. O objeto do trabalho foi avaliar em que medida os recursos estavam sendo aplicados de acordo com a legislação pertinente. *Alegavam a presença de cláusulas contratuais em desacordo com os preceitos da Lei 8.666/93*. A situação encontrada era que *nos contratos em tela, havia cláusula compromissória de resolução de conflitos por meio da utilização do instituto da arbitragem.*

(...) Deve-se ter em mente que, em face dos princípios que regem o direito administrativo e da falta de disposição legal permissiva, *é vedada a aplicação de juízo arbitral em contratos sob o regime jurídico-administrativo, conforme jurisprudência consolidada do TCU.*

(...) Em razão da natureza jurídica dos contratos celebrados por sociedades de economia mista, as contratações podem versar sobre direitos disponíveis ou indisponíveis. Entende-se que serão disponíveis somente aqueles relativos à área-fim da Petrobras ou suas subsidiárias, de cunho estritamente comercial, as quais a Constituição coloca em posição de igualdade com o regime jurídico das empresas privadas, nos termos do art. 173.

(...) Não se pode olvidar que, *em contratações internacionais que sociedades de economia mista, por meio de suas subsidiárias estrangeiras, celebrem contratos com empresas também estrangeiras, a possibilidade de aplicação do juízo arbitral revela-se necessária por garantir imparcialidade e neutralidade no direito internacional, tratando com isonomia ambos os lados.* Nesse sentido, a aplicação da legislação brasileira deve ser mitigada pelo princípio da *razoabilidade e da economicidade*, mormente nesse caso, dado seu caráter privado, econômico e competitivo num mundo globalizado. Entretanto, não se pode atribuir todo e qualquer litígio no âmbito do contrato exclusivamente ao juízo arbitral.

(...) A construção de plataformas encontra-se inserida no contexto de área-meio da Petrobras, pois o negócio da Estatal não é a construção naval em si. No entanto, *revela-se razoável permitir a utilização de juízo arbitral na resolução de questões ou disputas técnicas tendo em vista tratar-se de assunto especializado.*

(...) Apesar de ser considerada irregularidade grave, no caso concreto, a situação encontrada não irá ensejar audiência dos responsáveis, devendo ser consignada como espécie de outras irregularidades, visto que, *pelo princípio da segurança jurídica, os contratos encontram-se firmados e em plena execução,* bem como pelo fato de não ter ocorrido ainda na prática hipótese em que tenha sido demandado o juízo arbitral.

(...) Por constatar, nos contratos de construção das plataformas P55 e P57, cláusula compromissória de solução de conflitos por meio da utilização do instituto da arbitragem, em desencontro ao sedimentado na jurisprudência desta Corte (Decisão nº 286/93-Plenário, Decisão nº 188/95-Plenário, Acórdão nº 906/03-Plenário e Acórdão nº 537/06-2ª Câmara), *coube proposta de determinação de medida saneadora à Petrobras e às suas subsidiárias para que, nos contratos doravante firmados em que seja incluída cláusula compromissória de juízo arbitral, restrinja a resolução dos eventuais litígios a assuntos relacionados à sua área-fim e disputas eminentemente técnicas oriundas da execução dos aludidos contratos.*[23]

Pertinente, em face de todo o exposto, considerar-se a existência do que Gustavo Justino de Oliveira chama de *módulo consensual da Administração Pública*.[24] O conceito abrange o conjunto de ajustes negociais e pré-negociais, formais e informais, vinculantes ou não, tais como os protocolos de intenção, protocolos administrativos, os acordos administrativos, os contratos administrativos, os convênios, os consórcios, os contratos de gestão, as parcerias público-privadas, entre outros instrumentos consensuais cada vez mais empregados pela Administração Pública.

4 Conclusão

A pluralidade e o dinamismo das sociedades contemporâneas exigem respostas rápidas e, principalmente, eficientes, avessas ao superado modelo centralizador de gestão pública. Como define José dos Santos Carvalho Filho, "as antigas fórmulas vêm indicando que o Estado, com perfil que vinha adotando, envelheceu".[25]

O estado, enquanto estrutura organizacional qualificada, não se mostra apto a atender às necessidades da coletividade isoladamente. Reconhece que deve agir *em parceria* com a sociedade. Eis o cerne da ideia da Administração Pública consensual.

A consensualidade toma conta da prática administrativa, sob formas diversas e em variados segmentos: na tomada de decisão administrativa, na execução administrativa, na prevenção e composição de conflitos. Institutos consensuais passam a ser aplicados em âmbito

---

[23] BRASIL. Tribunal de Contas da União. Acórdão nº 2094/2009, julgado pelo Plenário, publicado no *DOU*, 11 set. 2009.

[24] OLIVEIRA; SCHWANKA. A administração consensual como a nova face da Administração Pública no séc. XXI: fundamentos dogmáticos, formas de expressão e instrumentos de ação. *In*: XVII ENCONTRO PREPARATÓRIO PARA O CONGRESSO NACIONAL DO CONPEDI, 17., p. 141.

[25] CARVALHO FILHO. *Manual de direito administrativo*, p. 276.

administrativo, refletindo mudanças na relação estado-sociedade. As práticas consensuais valorizam o *diálogo* entre o estado e a coletividade, na premissa de que entre eles deve haver objetivos convergentes em prol do atendimento do interesse público. Essa aproximação decerto que produz escolhas legítimas, superiormente aptas a atendê-lo com maior presteza e idoneidade. Averba Diogo de Figueiredo Moreira Neto que "escolha legitimatória, no Estado Democrático de Direito, já não se cinge apenas à escolha dos governantes, mas amplia-se ao como queremos ser governados".[26]

A organização político-administrativa se transforma e com ela muda, também, o papel que o próprio estado vinha exercendo. De um estado social prestador, assume a função de mediador, gerenciador, fomentador e garantidor da concretização efetiva dos direitos fundamentais.

Fica, pois, demonstrada a tendência juspolítica, que o direito público, em especial o direito administrativo, vem tentando acompanhar, com vistas à geração de uma Administração Pública *consensual*, desburocratizada, eficiente e acordada com os anseios da sociedade. Espaços de atuação da Administração Pública se encontram ainda em aberto, especialmente com a introdução de novos institutos nas práticas consensuais, e que, por sua vez, carecem de um enquadramento jurídico para que se possa estabelecer limite à sua expansão e coesão à sua aplicação.

---

[26] MOREIRA NETO. *Mutações do direito administrativo*, p. 140.

(continua)

Direito Positivo	Ementa	Norma
Decreto-Lei nº 3.365/41	Dispõe sobre desapropriações por utilidade pública.	art. 10 – "A desapropriação deverá efetivar-se mediante acordo ou intentar-se judicialmente dentro de cinco anos, (...)"
Lei nº 7.347/85	Disciplina a ação civil pública	art. 5º, §6º – "Os órgãos públicos legitimados poderão tomar dos interessados compromisso de ajustamento de conduta às exigências legais, mediante cominações, que terá eficácia de título executivo extrajudicial".
CR/88	Constituição da República Federativa do Brasil	art. 30, §3º – "As contas dos municípios ficarão, durante 60 dias, anualmente, à disposição de qualquer contribuinte, para exame e apreciação (...)"; art. 37, §3º – " A Lei disciplinará as formas de participação do usuário na administração pública direta e indireta (...)"; art. 49, XV – "autorizar referendo e convocar plebiscito"; art. 58, §2º, II – "realizar audiências públicas com entidades da sociedade civil"; art. 61, §2º – " A iniciativa popular pode ser exercida pela apresentação à Câmara dos deputados de projeto de Lei subscrito por, no mínimo, um por cento do eleitorado nacional (...)"; art. 84, VI, a – Compete privativamente ao Presidente dispor mediante decreto sobre "organização e funcionamento da administração federal, quando não implicar aumento de despesa nem criação ou extinção de órgãos públicos"; art. 98, I – "A União, no DF e nos Territórios, e os Estados criarão: Juizados especiais, providos por juízes togados e leigos, competentes para a conciliação, o julgamento e a execução de causas cíveis de menor complexidade e infrações penais de menor potencial ofensivo (...)"; art. 241 – "A União, os Estados, o DF e os Municípios disciplinarão por meio de lei os consórcios públicos e os convênios de cooperação entre os entes federados, autorizando a gestão associada de serviços públicos, bem como a transferência total ou parcial de encargos, serviços. Pessoal e bens essenciais à continuidade dos serviços transferidos".

(continua)

Direito Positivo	Ementa	Norma
Lei nº 8.666/93	Institui normas para licitação e contratos da Administração Pública	art. 39 – "sempre que o valor estimado para uma licitação (...) for superior a cem vezes o limite previsto no art. 23, I, c, desta Lei, o processo licitatório será iniciado, obrigatoriamente, com uma audiência pública (...)"
LC nº 73/93	Institui a Lei Orgânica da AGU	art. 4º, VI – "desistir, transigir, acordar e firmar compromisso nas ações de interesse da União (...)".
Lei nº 8.987/95	Dispõe sobre o regime de concessão e permissão das prestação de serviços públicos	art. 23-A – "O contrato de concessão poderá prever o emprego de mecanismos privados, para solução de disputas decorrentes ou relacionadas ao contrato, inclusive a arbitragem, (...)".
Lei nº 9.469/97	Regulamenta o disposto no art. 4, VI, da LC nº 73/93	art. 4º-A – "O termo de ajustamento de conduta, para prevenir ou terminar litígios, nas hipóteses que envolvam interesse público da União, suas autarquias e fundações, firmado pela Advocacia-Geral da União".
Lei nº 9.478/97	Institui a Agência Nacional do Petróleo	art. 20 – "O regimento interno da ANP disporá sobre os procedimentos a serem adotados para a solução de conflitos entre agentes econômicos e entre estes e usuários e consumidores, com ênfase na conciliação e no arbitramento".
Lei nº 9.637/98	Dispõe sobre as Organizações Sociais	art. 5º – "Para efeitos desta Lei, entende-se por *contrato de gestão* o instrumento firmado entre o Poder Público e a entidade qualificada como organização social, (...)".

(continua)

Direito Positivo	Ementa	Norma
Lei nº 9.784/99	Regula o processo administrativo no âmbito da Administração Pública Federal.	art. 31, §1º – "A abertura da consulta pública será objeto de divulgação pelos meios oficiais, a fim de que pessoas físicas ou jurídicas possam examinar os autos, (...)".
Lei nº 9.790/99	Dispõe sobre as Organizações da Sociedade Civil de Interesse Público	art. 9º – "Fica instituído o Termo de Parceria, assim considerado o instrumento passível de ser firmado entre o Poder Público e as entidades qualificadas como Organizações da Sociedade Civil de Interesse Público (...)".
Lei nº 10.233/01	Dispõe sobre a Agência Nacional de Transportes Terrestres	art. 35, XVI – "regras sobre solução de controvérsias relacionadas com o contrato e sua execução, inclusive a conciliação e a arbitragem".
Lei nº 11.079/04	Institui normas gerais para licitação e contratação de parceria público-privada	art. 11, III – "o emprego de mecanismos privados de resolução de disputas, inclusive a arbitragem, (...)".
Lei nº 11.107/05	Dispõe sobre a contratação de consórcios públicos	art. 2º, §1º, I – "Firmar convênios, contratos, acordos de qualquer natureza, receber auxílios, contribuições sociais ou econômicas de outras entidades ou órgãos do governo".
Portaria nº 1.281/07	Dispõe sobre o deslinde, em sede administrativa, de controvérsias entre órgãos da Administração Federal	art. 2º – "Estabelecida controvérsia entre órgãos da Administração Federal, poderá ser solicitado seu deslinde por meio de conciliação a ser realizada: I – pela Câmara de Conciliação e Arbitragem da Administração Federal – CCAF

(continua)

Direito Positivo	Ementa	Norma
Portaria nº 1.099/08	Dispõe sobre a conciliação no âmbito da AGU de controvérsias entre a Administração Federal e Administração dos Estados e do DF	art. 1º – "O deslinde, em sede administrativa, de controvérsias entre a Administração Federal e a Administração dos Estados e do Distrito Federal, por meio de conciliação, far-se-á nos termos desta portaria".
Lei estadual nº 5.427/09	Dispõe sobre atos e processos administrativos no âmbito do Estado do Rio de Janeiro	art. 46 – "No exercício de sua função decisória, poderá a Administração firmar acordos com os interessados, a fim de estabelecer o conteúdo discricionário do ato terminativo do processo, (...), desde que a opção pela solução consensual, devidamente motivada, seja compatível com o interesse público".
Lei nº 12.309/10	Lei de Diretrizes Orçamentárias 2011	art. 98 – " A CMO poderá realizar audiências públicas com vistas a subsidiar as deliberações acerca dos bloqueios e desbloqueios dos subtítulos relativos a obras e serviços irregulares".
Lei nº 12.348/10	Dispõe sobre o limite de endividamento de Municípios em operações de crédito destinadas ao financiamento de infra-estrutura para a realização da Copa do Mundo Fifa 2014 e dos Jogos Olímpicos e Paraolímpicos de 2016	art. 8º, §1º – "A União fica autorizada a celebrar acordos, renunciar valores, principais e acessórios, nas ações de que trata o caput, até a quitação total dos precatórios, (...)".

(conclusão)

Direito Positivo	Ementa	Norma
STF. RE nº 253.885-0/MG. Rel. Min. Ellen Gracie. 04.06.02	O RE analisou a necessidade de previsão legal expressa autorizativa para a celebração de acordos administrativos e se essa celebração afronta o princípio da indisponibilidade do interesse público	"Há casos em que o princípio da indisponibilidade do interesse público deve ser atenuado, mormente quando se tem em vista que a solução adotada pela Administração é a que melhor atenderá à ultimação deste".
STJ. MS nº 10.792-DF. Rel. Min. Hamilton Carvalhido. 10.05.06	O MS reconheceu o direito fundamental a boa administração no exercício da função administrativa.	"(...) a atividade administrativa deve desenvolver-se no sentido de dar pleno atendimento ou satisfação às necessidades a que visa suprir, em momento oportuno e de forma adequada. Impõe-se aos agentes administrativos, em outras palavras, o cumprimento do dever de boa administração".
TCU. Ac. nº 2.094/09. Rel. Min. José Jorge. 11.09.09	Tratavam os autos de Relatório de levantamento de auditoria realizado no âmbito do Fiscobrás 2009, relativo às obras de construção de unidades estacionárias de produção no exterior. Discutia-se a presença de cláusula compromissória de resolução de conflitos por meio da utilização do instituto da arbitragem nesses contratos e se essas estavam de acordo com os preceitos da Lei nº 8.666/93.	(...) "Por constar nos contratos de construção das plataformas P55 e P57, cláusula compromissória de solução de conflitos por meio da arbitragem (...), coube proposta de determinação de medida saneadora à Petrobrás e suas subsidiárias para que, nos contratos firmados em que seja incluída cláusula arbitral, restrinja a resolução dos eventuais litígios a assuntos relativos à sua área-fim e a disputas eminentemente técnicas oriundas da execução dos aludidos contratos".

Notas explicativas ao quadro síntese da presença da consensualidade na Administração Pública brasileira

1 O quadro mostra que a Constituição de 1988 é o marco delimitador da consensualidade no direito público brasileiro: antes dela, presença rarefeita, quase imperceptível, posto que tampouco a doutrina dela cogitava; depois da CR/88, ganha densidade crescente, até ser objeto ostensivo de normas específicas.

Na segunda metade do século passado, apenas duas normas legais referiam alternativas que poderiam ser consideradas precursoras do que hoje se conhece por consensualidade: a) a do art. 10 da chamada Lei Geral das Desapropriações, por necessidade ou utilidade pública (Decreto-Lei nº 3.365/41), a admitir que a desapropriação se efetivasse mediante acordo; b) a do art. 5º, §6º, do diploma disciplinador da ação civil pública (Lei nº 7.347/85), que autoriza os órgãos legitimados a "tomar dos interessados compromisso de ajustamento de conduta às exigências legais, mediante cominações, que terá eficácia de título executivo extrajudicial".

Ainda assim, a possibilidade de acordo, em sede administrativa, quanto ao valor da indenização a ser paga pelo bem expropriado, era antes manejada como uma alternativa assegurada ao poder expropriante de impor ao expropriado o valor que entendesse compatível com suas disponibilidades orçamentárias, coagindo-o a aceitá-lo sob pena de ver postergado, por largo tempo, o pagamento, até que se ultimasse a ação de desapropriação e fosse cumprido o sistema de precatórios, sabidamente demorado. Daí o pequeno número de desapropriações resolvidas por meio de acordo administrativo, tão insatisfatório é o valor oferecido pelo expropriante nessa sede. Em outras palavras: a possibilidade legal de acordo nada mais era — e ainda tende a ser — do que artifício a ser esgrimido unilateralmente pelo poder expropriante, desde que resignado o expropriado a receber de indenização valor aquém daquele que a Constituição da República quer que seja justo, prévio e em dinheiro.

Mais de quarenta anos se passaram até que a lei da ação civil pública engendrou o compromisso de ajustamento de conduta, que se veio a transformar em um dos mais efetivos instrumentos de consensualidade, na medida em que o Ministério Público passou a fazer uso habitual do inquérito civil para apurar responsabilidades em número cada vez maior de situações diversas, sujeitas à ação coletiva, por isto que preferível lavrar-se o termo de ajustamento de conduta com o fim de evitar a demanda e suas consequências. Ainda assim, a maior desenvoltura do *Parquet* no uso da ação civil pública deveu-se aos estímulos advindos das novas missões institucionais que lhe assinou a CR/88, às quais se devem submeter tanto pessoas privadas quanto públicas.

2 A Constituição de 1988, ao distribuir por seu texto várias referências à participação da sociedade, direta ou reflexamente, na gestão pública, semeia a ideia da consensualidade no atuar do estado brasileiro, com dois objetivos que se foram tornando nítidos: a) limitar o poder do estado em face da sociedade; b) estimular o amadurecimento da sociedade na gestão das instituições, seja definindo suas escolhas, traçando políticas públicas e cobrando-lhes a respectiva execução, ou sendo, afinal, senhora de seu próprio destino, de acordo com suas identificadas vocações.

Ingressam, no cotidiano da administração pública, os direitos do usuário de serviços públicos, o dever jurídico de proceder a audiências públicas e de prestar informações, a iniciativa popular das leis, os consórcios e convênios de cooperação, a gestão associada de serviços públicos, que darão fundamento e inspiração à legislação infraconstitucional para a criação de instrumentos e condições de parcerias público-privadas.

Mais recentemente, emenda constitucional autorizou o uso de ato administrativo (decreto) para dispor sobre "organização e funcionamento da administração, quando não implicar aumento de despesa nem criação ou extinção de órgãos públicos" (art. 84, VI, "a"), o que viabilizou a concepção de vias resolutórias ou preventivas de conflitos mediante consenso, no seio da própria administração pública, como se verá.

3 A partir de 1993, sucedem-se, a intervalos temporais cada vez menores — a demonstrar o caráter de processo histórico-cultural irreversível —, leis e atos normativos estabelecendo instrumentos e procedimentos que, progressivamente, vão dando corpo, identidade e densidade à consensualidade como conceito jurídico. Jurídico no sentido de fenômeno gerador de direitos e obrigações que afetam o ato administrativo no seu plano de validade, com aptidão, destarte, para atrair a incidência de controles legitimados a declarar a invalidade dos atos praticados sem a sua observância, passíveis, por isto, de nulidade ou anulação. Ou, ainda, como vias alternativas para compor conflitos sem a intervenção da tutela jurisdicional.

Assim:
- na Lei Geral das Licitações e Contratações da Administração Pública (nº 8.666/93), se exige audiência pública obrigatória

para a instauração de processo licitatório quando o objeto em disputa for de valor superior a determinado piso (art. 39);
- na Lei Orgânica da Advocacia-Geral da União – AGU (nº 73/93), ao órgão se outorgam poderes para, entre outros, acordar e firmar compromisso (art. 4º, VI);
- na Lei regente das concessões e permissões da prestação de serviços públicos (nº 8.987/95), se admite o emprego da arbitragem par solucionar disputas decorrentes ou relacionadas ao contrato de concessão (art. 23-A);
- na Lei regulamentadora do funcionamento da AGU (nº 9.469/97), consagra-se o termo de ajustamento de conduta para prevenir ou terminar litígios, inclusive entre órgãos e entidades integrantes da administração pública federal (art. 4º-A);
- na Lei instituidora da Agência Nacional do Petróleo (nº 9.478/97), enfatiza-se a conciliação e o arbitramento como procedimentos a serem adotados para a solução de conflitos entre agentes econômicos e entre estes e usuários e consumidores (art. 20);
- na Lei definidora das Organizações Sociais – OS (nº 9.637/98), cria-se o contrato de gestão entre o poder público e a OS (art. 5º);
- na Lei reguladora do processo administrativo federal (nº 9.784/99), alude-se à abertura de consulta pública, com o fim de garantir a pessoas físicas ou jurídicas o exame dos autos (art. 31, §1º);
- na Lei definidora das Organizações da Sociedade Civil de Interesse Público (nº 9.790/99), institui-se o termo de parceria entre o poder público e a OSCIP (art. 9º);
- na Lei instituidora da Agência Nacional de Transportes Terrestres (nº 10.233/01), admitem-se a conciliação e a arbitragem como vias de solução de controvérsias relacionadas com o contrato e sua execução (fls. 35, XVI);
- na Lei criadora das parcerias público-privadas – PPP (nº 11.079/04), inclui-se a arbitragem entre os mecanismos de resolução de disputas (art. 11, III).

4 Destaque-se que, na esfera das administrações estaduais, a Lei nº 5.427/09, que dispõe sobre atos e processos administrativos no âmbito do Estado do Rio de Janeiro, autorizou a Administração a "firmar acordos com os interessados, a fim de estabelecer o conteúdo discricionário do ato terminativo do processo (...), desde que a opção

pela solução consensual, devidamente motivada, seja compatível com o interesse público" (art. 46).

Notável a evolução sobretudo quanto à discricionariedade, antes bastião inexpugnável da autoridade pública unilateral, a ponto de ser considerada insindicável por instituições de controle externo, sequer o Judiciário, agora podendo, por expressa disposição legal, ter até mesmo o seu conteúdo terminativo do processo definido por solução consensual.

5 Ainda de realçar-se a contribuição extraordinária da consensualidade, adotada como procedimento para resolver conflitos entre órgãos e entidades da administração pública federal, a partir da Lei nº 9.469/97, com base na qual foram editadas as Portarias de nº 1.281/07 e nº 1.099/08, que disciplinam o deslinde, em sede administrativa, de controvérsias entre aqueles órgãos e entidades perante a Câmara de Conciliação e Arbitragem da Administração Federal (CCAF), formada pela Advocacia-Geral da União.

Nos últimos cinco anos, mais de duzentos conflitos de interesses e divergências de entendimentos foram compostos por essa Câmara, com admiráveis resultados. Matérias pendentes foram esquadrinhadas e resolvidas com economia de tempo, de recursos e de credibilidade de agentes públicos, até então envolvidos em querelas cuja permanência desserve ao interesse público, inclusive por efeito paralisante do exercício de competências e da aplicação de recursos financeiros.

6 A mais recente ilustração dos possíveis usos da consensualidade — como se vê, expandindo o seu campo de aplicação — foi veiculada pela Lei de Diretrizes Orçamentárias que balizou a elaboração do orçamento geral da União para o exercício de 2011. A LDO nº 12.309/10 facultou a Comissão Mista do Orçamento do Congresso Nacional a realizar "audiências públicas com vistas a subsidiar as deliberações acerca dos bloqueios e desbloqueios dos subtítulos relativos a obras e serviços irregulares" (art. 98).

O Tribunal de Contas da União valeu-se do permissivo e solicitou à CMO audiência pública com os gestores de obras federais cujos editais de licitação ou contratos em curso fossem portadores de irregularidades que a Corte de Controle Externo reputava graves, a ponto de justificar a suspensão do certame ou da execução do contrato enquanto não fossem sanadas. Em sua maioria, tais irregularidades consistiam em preços superfaturados. Eram em número superior a trinta. Mercê das audiências, os respectivos gestores comprometeram-se a corrigir os defeitos apontados e as obras prosseguiram. Em apenas seis não se chegou a consenso na audiência, por isto que o TCU veio, posteriormente, a propor a suspensão.

7 Não se mostra exagerada a conclusão, à vista da evolução histórica e dos resultados obtidos onde quer que foi aplicada, que a consensualidade é, hoje, e o será, de futuro, uma das principais aliadas do princípio constitucional da eficiência, seja em sua acepção estrita de relação custo-benefício em cada agir estatal, ou na acepção de eficácia para a consecução de finalidades legitimadas pelo interesse público, identificado não apenas pelos agentes estatais, mas por estes em consenso com a sociedade.

Informação bibliográfica deste texto, conforme a NBR 6023:2002 da Associação Brasileira de Normas Técnicas (ABNT):

PEREIRA JUNIOR, Jessé Torres. Presença da administração consensual no direito positivo brasileiro. In: FREITAS, Daniela Bandeira de; VALLE, Vanice Regina Lírio do (Coord.). *Direito administrativo e democracia econômica*. Belo Horizonte: Fórum, 2012. p. 293-317. ISBN 978-85-7700-619-9.

REFERÊNCIAS

ACKERMAN, Bruce. *Del realismo al constructivismo jurídico*. Trad. Juan Gabriel López Guix. Barcelona: Ariel, 1988.

ACKERMAN, Bruce. The new Separation of Powers. *Harvard Law Review*, v. 113, n. 3, p. 633-729, Jan. 2000.

AGUILLAR, Fernando Herren. Direitos econômicos e globalização. *In*: SUNDFELD, Carlos Ari; VIEIRA, Oscar Vilhena (Coord.). *Direito global*. São Paulo: M. Limonad, 1999.

ALBUQUERQUE, Iara Maria Pinheiro de. Responsabilidade do Estado interventor. *In*: ESTUDOS de direito administrativo em homenagem ao Professor Celso Antônio Bandeira de Mello. São Paulo: M. Limonad, 1996.

ALVES, Francisco de Assis. Constituições do Brasil. *Revista de Direito Constitucional e Ciência Política*, Rio de Janeiro, 1987. Número especial.

AMARAL, Carlos Eduardo Pacheco. *Do Estado soberano ao Estado das autonomias*: regionalismo, subsidiariedade e autonomia para uma nova idéia de Estado. Porto: Edições Afrontamento, 1998.

ANTUNES, Luís Filipe Colaço. *O direito administrativo sem Estado*: crise ou fim de um paradigma?. Coimbra: Coimbra Ed., 2008.

ARAGÃO, Alexandre Santos de. *Agências reguladoras e a evolução do direito administrativo econômico*. Rio de Janeiro: Forense, 2002.

ARAGÃO, Alexandre Santos de. *Agências reguladoras e a evolução do direito administrativo econômico*. 2. ed. Rio de Janeiro: Forense, 2006.

ARAGÃO, Alexandre Santos de. *Direito dos serviços públicos*. 2. ed. Rio de Janeiro: Forense, 2008.

ARAGÃO, Alexandre Santos de. Regulação da economia: conceito e características contemporâneas. *Revista de Direito da Associação dos Procuradores do Novo Estado do Rio de Janeiro*, Rio de Janeiro, n. 11, p. 3-42, 2002.

ÁVILA, Humberto. Repensando o "Princípio da Supremacia do Interesse Público sobre o Particular". *In*: SARLET, Ingo Wolfgang (Org.). *O direito público em tempos de crise*: estudos em homenagem a Ruy Rubem Ruschel. Porto Alegre: Livraria do Advogado, 1999.

ÁVILA, Humberto. *Teoria dos princípios*: da definição à aplicação dos princípios jurídicos. 4. ed. rev. São Paulo: Malheiros, 2004.

BANDEIRA DE MELLO, Celso Antônio. *Curso de direito administrativo*. 14. ed. São Paulo: Malheiros, 2002.

BANDEIRA DE MELLO, Celso Antônio. *Discricionariedade e controle jurisdicional*. 2. ed. São Paulo: Malheiros, 2006.

BAPTISTA, Patrícia. Os limites constitucionais à autotutela administrativa: o dever de observância do contraditório e da ampla defesa antes da anulação de um ato administrativo ilegal e seus parâmetros. *In*: BARROSO, Luís Roberto (Org.). *A reconstrução democrática do direito público no Brasil*. Rio de Janeiro: Renovar, 2007.

BARACHO, José Alfredo de Oliveira. A federação e a revisão constitucional: as novas técnicas dos equilíbrios constitucionais e as relações financeiras: a cláusula federativa e a proteção da forma de Estado na Constituição de 1988. *Revista do TCEMG*, Belo Horizonte, v. 12, n. 3, p. 31-46, jul./set. 1994.

BARACHO, José Alfredo de Oliveira. *O princípio da subsidiariedade*: conceito e evolução. Rio de Janeiro: Forense, 1996.

BARCELLOS, Ana Paula de. *A eficácia jurídica dos princípios constitucionais*: o princípio da dignidade da pessoa humana. 3. ed. Rio de Janeiro: Renovar, 2011.

BARCELLOS, Ana Paula de. Neoconstitucionalismo, direitos fundamentais e controle das políticas públicas. *Revista de Direito Administrativo*, Rio de Janeiro, v. 240, p. 83-203, 2005.

BARROSO, Luís Roberto. A ordem econômica constitucional e os limites à atuação Estatal no controle de preços. *Revista de Direito da Associação dos Procuradores do Novo Estado do Rio de Janeiro*, Rio de Janeiro, n. 11, 2002.

BARROSO, Luís Roberto. *Curso de direito constitucional contemporâneo*: os conceitos fundamentais e a construção do novo modelo. São Paulo: Saraiva, 2009.

BARROSO, Luís Roberto. Fundamentos teóricos e filosóficos do novo direito constitucional brasileiro: pós-modernidade, teoria crítica e pós-positivismo. *In*: BARROSO, Luís Roberto. *Temas de direito constitucional*. Rio de Janeiro: Renovar, 2003. t. II.

BARROSO, Luís Roberto. *Interpretação e aplicação da Constituição*: fundamentos de uma dogmática constitucional transformadora. 3. ed. São Paulo: Saraiva, 1999.

BARROSO, Luís Roberto. Modalidades de intervenção do Estado na ordem econômica: regime jurídica das Sociedades de Economia Mista: inocorrência de abuso de poder econômico. *In*: BARROSO, Luís Roberto. *Temas de direito constitucional*. Rio de Janeiro: Renovar, 2002. t. I.

BARROSO, Luís Roberto. Neoconstitucionalismo e constitucionalização do direito: o triunfo tardio do direito constitucional no Brasil. *Revista de Direito Administrativo*, Rio de Janeiro, v. 240, 2005.

BARROSO, Luís Roberto. *O controle de constitucionalidade no direito brasileiro*. São Paulo: Saraiva, 2009.

BARROSO, Luís Roberto. *O direito constitucional e a efetividade de suas normas*: limites e possibilidades da Constituição brasileira. 8. ed. Rio de Janeiro: Renovar, 2006.

BASTOS, Celso Ribeiro. *Direito econômico brasileiro*. São Paulo: Celso Bastos, 2000.

BASTOS, Celso Ribeiro. O Brasil na encruzilhada. *In*: MARTINS, Ives Gandra (Coord.). *Desafios do século XXI*. São Paulo: Pioneira, 1997.

BATISTA JÚNIOR, Onofre Alves. *Princípio constitucional da eficiência administrativa*. Belo Horizonte: Mandamentos, 2004.

BAUMAN, Zygmunt. *Em busca da política*. Tradução de Marcus Penchel. Rio de Janeiro: J. Zahar, 2000. Título original: *In Search of Politics*.

BERCOVICI, Gilberto (Coord.). O federalismo no Brasil e os limites da competência legislativa e administrativa: memórias da pesquisa. *Revista Jurídica*, Brasília, v. 10, n. 90, abr./maio 2008. Edição especial.

BERCOVICI, Gilberto. *Constituição e Estado de exceção permanente*. Rio de Janeiro: Azougue, 2004.

BERMEJO VERA, José. *El declive de la seguridad jurídica en el ordenamiento plural*. Madrid: Civitas, 2005.

BINENBOJM, Gustavo. Um novo direito administrativo para o século XXI. *In*: BINENBOJM, Gustavo. *Temas de direito administrativo e constitucional*. Rio de Janeiro: Renovar, 2008.

BINENBOJM, Gustavo. *Uma teoria do direito administrativo*: direitos fundamentais, democracia e constitucionalização. Rio de Janeiro: Renovar, 2006.

BLACK, Julia. Constructing and Contesting Legitimacy and Accountability in Polycentric Regulatory Regimes. *LSE Legal Studies Working Paper*, n. 2, Feb. 2008. Disponível em: <http://papers.ssrn.com/sol3/papers.cfm?abstract_id=1091783>. Acesso em: 25 maio 2011.

BONAVIDES, Paulo. O Poder Legislativo no moderno Estado social. *In*: BONAVIDES, Paulo. *Política e Constituição*: os caminhos da democracia. Rio de Janeiro: Forense, 1985.

BOURGON, Jocelyn. The Future of Public Administration: Serving Beyond the Predictable. *Public Money and Management*, Chartered Institute of Public Finance and Accountancy (CIPFA), v. 29, n. 1, 2009b.

BRASIL. Advocacia Geral da União. Portaria nº 1.099, de Portaria nº 1.099, de 28 de julho de 2008. Dispõe sobre a conciliação, em sede administrativa e no âmbito da Advocacia-Geral da União, das controvérsias de natureza jurídica entre a Administração Pública Federal e a Administração Pública dos Estados ou do Distrito Federal.

BRASIL. Advocacia Geral da União. Portaria nº 1.281, de 27 de setembro de 2007. Dispõe sobre o deslinde, em sede administrativa, de controvérsias entre órgãos da Administração Federal.

BRASIL. Câmara dos Deputados. Projeto de Lei nº 3.337/2004 Dispõe sobre a gestão, a organização e o controle social das Agências Reguladoras, acresce e altera dispositivos das leis nº 9.472, de 16 de julho de 1997, nº 9.478, de 6 de agosto de 1997, nº 9.782, de 26 de janeiro de 1999, nº 9.961, de 28 de janeiro de 2000, nº 9.984, de 17 de julho de 2000, nº 9.986, de 18 de julho de 2000 e nº 10.233, de 5 de junho de 2001, da Medida Provisória nº 2.228-1, de 6 de setembro de 2001, e dá outras providências. Disponível em: <http://www.camara.gov.br/sileg/prop_detalhe.asp?id=248978>. Acesso em: 20 maio 2011.

BRASIL. Câmara dos Deputados. Substitutivo ao Projeto de Lei 3.337/2004. Dispõe sobre a gestão, a organização e o controle social das Agências Reguladoras, acresce e altera dispositivos das leis nº 9.427, de 26 de dezembro de 1996, nº 9.472, de 16 de julho de 1997, nº 9.478, de 6 de agosto de 1997, nº 9.782, de 26 de janeiro de 1999, nº 9.961, de 28 de janeiro de 2000, nº 9.984, de 17 de julho de 2000, nº 9.986, de 18 de julho de 2000, nº 9.998, de 17 de agosto de 2000, nº 10.233, de 5 de junho de 2001, e nº 10.871, de 20 de maio de 2004, e da Medida Provisória nº 2.228-1, de 6 de setembro de 2001, e dá outras providências.

BRASIL. Conselho Administrativo de Desenvolvimento Econômico. AC nº 08012.004550/99-11, julgado em 28.03.2001.

BRASIL. Constituição (1988). *Constituição da República Federativa do Brasil*, de 5 de outubro de 1988.

BRASIL. Decreto-Lei nº 200, de 25 de fevereiro de 1967. Dispõe sôbre a organização da Administração Federal, estabelece diretrizes para a Reforma Administrativa e dá outras providências.

BRASIL. Decreto-Lei nº 3.365/41, de 21 de junho de 1941. Dispõe sobre desapropriações por utilidade pública.

BRASIL. Decreto-Lei nº 4.048, de 22 de janeiro de 1942. Cria o Serviço Nacional de Aprendizagem dos Industriários (SENAI).

BRASIL. Decreto-Lei nº 8.621, de 10 de janeiro de 1946. Dispõe sôbre a criação do Serviço Nacional de Aprendizagem Comercial e dá outras providências.

BRASIL. Decreto-Lei nº 9.403, de 25 de junho de 1946. Atribui à Confederação Nacional da Indústria o encargo de criar, organizar e dirigir o Serviço Nacional da Indústria e dá outras providências.

BRASIL. Decreto-Lei nº 9.853, de 13 de setembro de 1946. Atribui à Confederação Nacional do Comércio o encargo de criar e organizar o Serviço Social do Comércio e dá outras providências.

BRASIL. Lei Complementar nº 73, de 10 de fevereiro de 1993. Institui a Lei Orgânica da Advocacia-Geral da União e dá outras providências.

BRASIL. Lei nº 9.615, de 24 de março de 1998 (Lei Pelé). Institui normas gerais sobre desporto e dá outras providências.

BRASIL. Lei nº 10.233, de 5 de junho de 2001. Dispõe sobre a reestruturação dos transportes aquaviário e terrestre, cria o Conselho Nacional de Integração de Políticas de Transporte, a Agência Nacional de Transportes Terrestres, a Agência Nacional de Transportes Aquaviários e o Departamento Nacional de Infra-Estrutura de Transportes, e dá outras providências.

BRASIL. Lei nº 10.520, de 2002, 17 de julho de 2002. Institui, no âmbito da União, Estados, Distrito Federal e Municípios, nos termos do art. 37, inciso XXI, da Constituição Federal, modalidade de licitação denominada pregão, para aquisição de bens e serviços comuns, e dá outras providências.

BRASIL. Lei nº 10.671, de 15 de maio de 2003 (Estatuto do Torcedor). Dispõe sobre o Estatuto de Defesa do Torcedor e dá outras providências.

BRASIL. Lei nº 11.079, de 30 de dezembro de 2004. Institui normas gerais para licitação e contratação de Parceria Público-Privada no âmbito da Administração Pública.

BRASIL. Lei nº 11.107, de 6 de abril de 2005. Dispõe sobre normas gerais de contratação de consórcios públicos e dá outras providências.

BRASIL. Lei nº 11.909, de 4 de março de 2009 (Lei do Gás). Dispõe sobre as atividades relativas ao transporte de gás natural, de que trata o art. 177 da Constituição Federal, bem como sobre as atividades de tratamento, processamento, estocagem, liquefação, regaseificação e comercialização de gás natural; altera a Lei nº 9.478, de 6 de agosto de 1997 e dá outras providências.

BRASIL. Lei nº 12.309, de 9 de agosto de 2010. Dispõe sobre as diretrizes para a elaboração e execução da Lei Orçamentária de 2011 e dá outras providências.

BRASIL. Lei nº 12.348, de 15 de dezembro de 2010. Dispõe sobre o limite de endividamento de Municípios em operações de crédito destinadas ao financiamento de infraestrutura para a realização da Copa do Mundo Fifa 2014 e dos Jogos Olímpicos e Paraolímpicos de 2016, sobre imóveis oriundos da extinta Rede Ferroviária Federal S.A. (RFFSA), sobre dívidas referentes ao patrimônio imobiliário da União e sobre acordos envolvendo patrimônio imobiliário da União; transfere o domínio útil de imóveis para a Companhia Docas do Rio de Janeiro (CDRJ); altera a Medida Provisória 2185-35, de 24 de agosto de 2001, e as leis nº 9.711, de 20 de novembro de 1998, nº 11.483, de 31 de maio de 2007, nº 9.702, de 17 de novembro de 1998, nº 10.666, de 8 de maio de 2003, e nº 9.469, de 10 de julho de 1997 e dá outras providências.

BRASIL. Lei nº 12.395, de 16 de março de 2011. Altera as leis nº 9.615, de 24 de março de 1998, que institui normas gerais sobre desporto, e nº 10.891, de 9 de julho de 2004, que institui a Bolsa-Atleta; cria os Programas Atleta Pódio e Cidade Esportiva; revoga a Lei nº 6.354, de 2 de setembro de 1976 e dá outras providências.

BRASIL. Lei nº 7.347, de 24 de julho de 1985. Disciplina a ação civil pública de responsabilidade por danos causados ao meio-ambiente, ao consumidor, a bens e direitos de valor artístico, estético, histórico, turístico e paisagístico (VETADO) e dá outras providências.

BRASIL. Lei nº 8.137, de 27 de dezembro de 1990. Define crimes contra a ordem tributária, econômica e contra as relações de consumo, e dá outras providências.

BRASIL. Lei nº 8.429, de 2 de junho de 1992. Dispõe sobre as sanções aplicáveis aos agentes públicos nos casos de enriquecimento ilícito no exercício de mandato, cargo, emprego ou função na administração pública direta, indireta ou fundacional e dá outras providências.

BRASIL. Lei nº 8.666/93, de 21 de junho de 1993 (Lei de Licitações e Contratos). Regulamenta o art. 37, inciso XXI, da Constituição Federal, institui normas para licitações e contratos da Administração Pública e dá outras providências.

BRASIL. Lei nº 8.884, de 11 de junho de 1994. Transforma o Conselho Administrativo de Defesa Econômica (CADE) em Autarquia, dispõe sobre a prevenção e a repressão às infrações contra a ordem econômica e dá outras providências.

BRASIL. Lei nº 8.987, de 13 de fevereiro de 1995. Dispõe sobre o regime de concessão e permissão da prestação de serviços públicos previsto no art. 175 da Constituição Federal, e dá outras providências.

BRASIL. Lei nº 9.427, de 26 de dezembro de 1996. Institui a Agência Nacional de Energia Elétrica (ANEEL), disciplina o regime das concessões de serviços públicos de energia elétrica e dá outras providências.

BRASIL. Lei nº 9.469, de 10 de julho de 1997. Regulamenta o disposto no inciso VI do art. 4º da Lei Complementar nº 73, de 10 de fevereiro de 1993. Dispõe sobre a intervenção da União nas causas em que figurarem, como autores ou réus, entes da administração indireta, regula os pagamentos devidos pela Fazenda Pública em virtude de sentença judiciária, revoga a Lei nº 8.197, de 27 de junho de 1991, e a Lei nº 9.081, de 19 de julho de 1995, e dá outras providências.

BRASIL. Lei nº 9.478, de 6 de agosto de 1997 (Lei do Petróleo). Dispõe sobre a política energética nacional, as atividades relativas ao monopólio do petróleo, institui o Conselho Nacional de Política Energética e a Agência Nacional do Petróleo e dá outras providências.

BRASIL. Lei nº 9.637, de 15 de maio de 1998. Dispõe sobre a qualificação de entidades como organizações sociais, a criação do Programa Nacional de Publicização, a extinção dos órgãos e entidades que menciona e a absorção de suas atividades por organizações sociais, e dá outras providências.

BRASIL. Lei nº 9.784, de 29 de janeiro de 1999. Regula o processo administrativo no âmbito da Administração Pública Federal.

BRASIL. Lei nº 9.790, de 23 de março de 1999. Dispõe sobre a qualificação de pessoas jurídicas de direito privado, sem fins lucrativos, como Organizações da Sociedade Civil de Interesse Público, institui e disciplina o Termo de Parceria, e dá outras providências.

BRASIL. Ministério da Administração e Reforma do Estado. Plano Diretor da Reforma do Estado. Disponível em: <http://www.planalto.gov.br/publi_04/COLECAO/PLANDI2. HTM>. Acesso em: 21 out. 2010.

BRASIL. Ministério da Justiça/Secretaria de Direito Econômico. *Combate a cartéis na revenda de combustíveis*. Coleção SDE/DPDE, n. 04, 2009.

BRASIL. Município do Rio de Janeiro. Lei nº 5.026, de 19 de maio de 2009. Dispõe sobre a qualificação de entidades como Organizações Sociais e dá outras providências.

BRASIL. Relatório do Grupo de Trabalho Interministerial. Brasília, set. 2003. Disponível em: <http://www.bresserpereira.org.br/Documents/MARE/Agencias/avaliacao_das_ agencias_reguladoras_-_casa_civil.pdf>. Acesso em: 27 abr. 2011.

BRASIL. Superior Tribunal de Justiça. AgRg nº MS 11.308/DF, Rel. Min. Luiz Fux, 1ª Seção, julgamento em 09.04.2008. *DJe*, 19 maio 2008.

BRASIL. Superior Tribunal de Justiça. MS nº 10.792/DF, Rel. Min. Hamilton Cavalhido, 3ª Seção, julgado em 10.05.2006. *DJ*, 21 ago. 2006.

BRASIL. Superior Tribunal de Justiça. REsp nº 1.094.218/DF, Rel. Min. Eliana Calmon, 1ª Seção, julgado em 25.08.2010. *DJe*, 12 abr. 2011.

BRASIL. Superior Tribunal de Justiça. REsp nº 623.197/RS, Rel. Min. José Delgado, 1ª T. *DJ*, p. 177, 08 nov. 2004.

BRASIL. Superior Tribunal de Justiça. REsp nº 79.937. Processo: 199500604701/DF, 2ª T., Rel. Min. Nancy Andrighi. Data da decisão 06.02.2001. Documento: STJ000402930. *DJ*, p. 366, 10 set. 2001. *RDR*, v. 00021, p. 327, *RSTJ*, v. 00149, p. 151.

BRASIL. Superior Tribunal de Justiça. REsp nº 972.902/RS, Rel. Min. Eliana Calmon, Rel. Min. Eliana Calmon, 2ª T., julgado em 25.08.2009. *DJe*, 14 set. 2009.

BRASIL. Supremo Tribunal Federal ADI nº 2.600 MC/ES, Rel. Min. Ellen Gracie, Tribunal Pleno, julgada em 24.04.2002, *DJ*, PP-00024, 25 out. 2002, EMENT VOL-02088-01 PP-00197.

BRASIL. Supremo Tribunal Federal *Habeas Corpus* nº 67.707-0/RS, Rel. Min. Celso de Mello, 1ª T., julgado em 07.11.1989, *DJ*, PP-12225, 14 ago. 1992, EMENT VOL-01670-01 PP-00178, *RTJ* VOL-00141-03 PP-00816.

BRASIL. Supremo Tribunal Federal. ADI nº 1.923/DF, Rel. Min. Ayres Britto, Tribunal Pleno, julgamento em curso, com vista ao Min. Marco Aurélio em 19.05.2011.

BRASIL. Supremo Tribunal Federal. ADI nº 3.578-MC/DF, Rel. Min. Sepúlveda Pertence, Tribunal Pleno, julgado em 14.09.2005, *DJ*, PP-00006, 24 fev. 2006, EMENT VOL-02222-01 PP-00182.

BRASIL. Supremo Tribunal Federal. ADI nº 319/DF, Rel. Min. Moreira Alves. Tribunal Pleno, publicado no *DOU*, 30 abr. 1993.

BRASIL. Supremo Tribunal Federal. ADI-MC nº 1.668, Rel. Min. Marco Aurélio, Tribunal Pleno, julgamento em 20.08.1998, Acórdão publicado em 16.04.2004.

BRASIL. Supremo Tribunal Federal. ADI nº 1.949-MC, Rel. Min. Sepúlveda Pertence, Tribunal Pleno, julgamento em 18.11.1999, Acórdão publicado em 25.11.2005.

BRASIL. Supremo Tribunal Federal. AgRg Reclamação nº 3.872-6/DF, Min. Marco Aurélio, Relator p/ Acórdão: Min. Carlos Velloso, Tribunal Pleno, julgado em 14.12.2005, *DJ*, PP-00005, 12 maio 2006, EMENT VOL-02232-02 PP-00242, *LEXSTF* v. 28, n. 330, p. 138-160, 2006.

BRASIL. Supremo Tribunal Federal. Reclamação nº 4.210/SP, Rel. Min. Cármen Lúcia, em pauta para julgamento.

BRASIL. Supremo Tribunal Federal. RExt nº 253.885-0/MG. 1ª T., Rel. Min. Ellen Gracie. 1ª T., julgado em 04.06.2002, *DJ*, PP-00118, 21 jun. 2002, EMENT VOL-02074-04 PP-00796.

BRASIL. Supremo Tribunal Federal. RExt nº 444.056-3/MG, Rel. Min. Carlos Velloso, Decisão proferida pelo Ministro Carlos Velloso, julgado em 03.10.2005, publicado em *DJ*, PP-00104, 17 out. 2005.

BRASIL. Supremo Tribunal Federal. RExt. nº 361.829, Rel. Min. Carlos Velloso, 2ª T., julgado em 13.12.2005, *DJ*, PP-00051, 24 fev. 2006, EMENT VOL-02222-03 PP-00593, *LEXSTF* v. 28, n. 327, p. 240-257, 2006, *RIP* v. 8, n. 36, p. 299-310, 2006.

BRASIL. Supremo Tribunal Federal. STA nº 175 AgR, Rel. Min. Gilmar Mendes (Presidente), Tribunal Pleno, julgado em 17.03.2010, *DJe*-076 DIVULG 29-04-2010 PUBLIC 30-04-2010 EMENT VOL-02399-01 PP-00070.

BRASIL. Tribunal de Contas da União. Acórdão nº 1.777/05, Plenário, Rel. Min. Marcos Vinicius Vilaça, *DOU*, 22 nov. 2005.

BRASIL. Tribunal de Contas da União. Acórdão nº 2.094/2009, Plenário, publicado no *DOU*, 11 set. 2009.

BRASIL. Tribunal de Contas da União. Acórdão nº 537/2006, Segunda Câmara, publicado no *DOU*, 17 mar. 2006.

BRASIL. Tribunal de Contas da União. Decisão nº 907/97, Plenário, Rel. Min. Lincoln Magalhães da Rocha, *DOU*, 26 dez. 1997.

BRASIL. Tribunal de Contas da União. Decisão nº 931/1999, Plenário, Rel. Min. Marcos Vilaça, publicada no *BTCU*, 78/1999.

BRASIL. Tribunal Regional Federal da 1ª Região. Apelação Cível nº 01296195. Processo: 199301296195 UF: GO Órgão Julgador: 3ª Turma Suplementar. Rel. Juiz Leão Aparecido Alves – Conv. Data da decisão 03.10.2001. Documento: TRF100123027. Fonte *DJ*, p. 2, 23 jan. 2002.

BRASIL. Tribunal Regional Federal da 2ª Região. ACR nº 200451020033610, Rel. André Fontes. *DJ*, 28 abr. 2008.

BRESSER-PEREIRA, Luiz Carlos. *Construindo o Estado republicano*: democracia e reforma da Gestão Pública. Rio de Janeiro: FGV, 2009.

BREYER, Stephen et al. *Administrative Law and Regulatory Policy*: Problems, Text and Cases. 5th ed. New York: Aspen Law & Business, 2002.

BRUNORO, José Carlos; AFIF, Antonio. *Futebol 100% profissional*. São Paulo: Editora Gente, 1997.

BUCCI, Maria Paula Dallari. *Direito administrativo e políticas públicas*. São Paulo: Saraiva, 2002.

BULOS, Uadi Lammêgo. *Constituição Federal anotada*. São Paulo: Saraiva, 2007.

CABANES, Arnaud. *Essai sur la governance publique*: um constat sans concession... quelques solutions sans idéologie. Paris: Gaulino Éditeur, 2004.

CABO MARTÍN, Carlos de. *Teoría constitucional de la solidariedad*. Madrid, Barcelona: Marcial Pons, 2006.

CAETANO, Marcello. Subsídios para o estudo da teoria da concessão de serviços públicos. *In*: CAETANO, Marcello. *Estudos de direito administrativo*. Lisboa: Atica, 1974.

CAFFARATE, Viviane Machado. Federalismo: uma análise sobre sua temática atual. *Jus Navigandi*, Teresina, ano 7, n. 59, out. 2002. Disponível em: <http://jus.uol.com.br/revista/texto/3249>. Acesso em: 06 jan. 2011.

CALIL, Lais. O poder normativo das agências reguladoras em face dos princípios da legalidade e da separação dos poderes. *In*: BINENBOJM, Gustavo. *Agências reguladoras e democracia*. Rio de Janeiro: Lumen Juris, 2006.

CAMARÃO, Tatiana et al. *Manual prático do pregão*. Belo Horizonte: Mandamentos, 2006.

CAMPILONGO, Celso Fernandes. *O direito na sociedade complexa*. São Paulo: M. Limonad, 2000.

CANOTILHO, José Joaquim Gomes. A *Governance* do Terceiro capitalismo e a constituição social. *In*: CANOTILHO, José Joaquim Gomes; STRECK, Lenio Luiz. *Entre discursos e cultura jurídica*. Coimbra: Coimbra Ed., 2006.

CANOTILHO, José Joaquim Gomes. *Constituição dirigente e vinculação do legislador*. 2. ed. Coimbra: Coimbra Ed., 2001.

CANOTILHO, José Joaquim Gomes. *Direito constitucional e teoria da Constituição*. 3. ed. Coimbra: Almedina, 1999.

CANOTILHO, José Joaquim Gomes. *Direito constitucional e teoria da Constituição*. 7. ed. Coimbra: Almedina, 2003.

CANOTILHO, José Joaquim Gomes. O direito constitucional passa: o direito administrativo passa também. *In*: SOARES, Rogério; ALMEIDA, Aníbal et al. *Estudos em homenagem ao Prof. Doutor Rogério Soares*. Coimbra: Coimbra Ed., 2001.

CANOTILHO, José Joaquim Gomes. *O problema da responsabilidade civil do Estado por actos lícitos*. Coimbra: Almedina, 1974.

CARAPETO, Carlos; FONSECA, Fátima. *Administração Pública*: modernização, qualidade e inovação. Lisboa: Sílabo, 2005.

CARBONELL, Miguel (Coord.). *Neoconstitucionalismo(s)*. Madrid: Editorial Trotta, 2003.

CARDOSO, José Lucas. *Autoridades administrativas independentes e Constituição*. Coimbra: Coimbra Ed., 2002.

CARVALHO FILHO, José dos Santos. *Manual de direito administrativo*. Rio de Janeiro: Lumen Juris, 2003.

CARVALHO FILHO, José dos Santos. *Manual de direito administrativo*. 18. ed. Rio de Janeiro: Lumen Juris, 2007.

CARVALHO FILHO, José dos Santos. *Manual de direito administrativo*. 22. ed. Rio de Janeiro: Lumen Juris, 2009.

CARVALHOSA, Modesto. *Comentários à Lei de Sociedades Anônimas*. São Paulo: Saraiva, 1998. v. 4, t. II.

CASESSE, Sabino. *La crisis del Estado*. Trad. Pascual Caiella y Juan González Moras. Buenos Aires: Abeledo-Perrot, 2003.

CASESSE, Sabino. *La nuova Costituzione economica*. 4. ed. rev. e ag. Bari: Laterza, 2007.

CASETTA, Elio. *Mannuale di diritto amministrativo*. Milano: Giuffrè, 1999.

CASTELLS, Manuel. *A sociedade em rede*. Trad. Alexandra Lemos e Rita Espanha. Lisboa: Fundação Calouste Gulbenkian Ed., 2003. (A era da informação: economia, sociedade e cultura, v. 1).

CATALA, Joan Prats I. Direito e gerenciamento nas administrações públicas: notas sobre a crise e renovação dos respectivos paradigmas. Trad. Carolina Andrade. *Revista do Serviço Público*, v. 120, n. 2, p. 23-45, maio/ago. 1996.

CIRIANO VELA, César David. *Administración económica y discrecionalidad*. Valladolid: Lex Nova, 2000.

COASE, Ronald. *The Firm, the Market, and the Law*. Chicago: University of Chicago Press, 1990.

COMISSIÓN DE LAS COMUNIDADES EUROPÉIAS. La gobernanza europea: un libro blanco. Bruselas, 2001. Disponível em: <http://eur-lex.europa.eu/LexUriServ/site/es/com/2001/com2001_0428es01.pdf>. Acesso em: 30 maio 2009.

COMPARATO, Fábio Konder. *Direito público*: estudos e pareceres. São Paulo: Saraiva, 1996.

COMPARATO, Fábio Konder. Ordem econômica na Constituição brasileira de 1988, *Revista do Direito Público*, São Paulo, v. 23, n. 93, p. 263-276, 1990. Cadernos de Direito Econômico e Empresarial.

COSTA, Mário Luiz Oliveira da. *Setor sucroalcooleiro*: da rígida intervenção ao livre mercado. São Paulo: Método, 2003.

COSTA, Nelson Nery. *Processo administrativo e suas espécies*. Rio de Janeiro: Forense, 2003.

COUTINHO, Jacinto Nelson de Miranda (Org.). *Canotilho e a Constituição dirigente*. Rio de Janeiro: Renovar, 2003.

COUTINHO, Pedro de Oliveira. *As dimensões da eficiência no Estado contemporâneo*: organização, atividade, controle e legitimidade da Administração Pública. 2009. Dissertação (Mestrado em Direito Público) – Universidade do Estado do Rio de Janeiro, Rio de Janeiro, 2009.

CYRINO, André Rodrigues. *O poder regulamentar autônomo do Presidente da República*. Belo Horizonte: Fórum, 2005.

CHEVALLIER, Jacques. A governança e o direito. *Revista de Direito Público da Economia* – RDPE, Belo Horizonte, ano 3, n. 12, p. 129-146, out. 2005.

CHEVALLIER, Jacques. *O Estado pós-moderno*. Tradução da 3. ed. francesa Marçal Justen Filho. Belo Horizonte: Forum, 2009. (Coleção Fórum Brasil-França de Direito Público, 1).

DALLARI, Adilson Abreu. Privatização, eficiência e responsabilidade. *In*: MOREIRA NETO, Diogo de Figueiredo (Coord.). *Uma avaliação das tendências contemporâneas do direito administrativo*. Rio de Janeiro: Renovar, 2003.

DALLARI, Adilson Abreu; FERRAZ, Sérgio. *Processo administrativo*. São Paulo: Malheiros, 2001.

DAROCA, Eva Desdentado. *Los problemas del control judicial de la discrecionalidad técnica*. Madrid: Civitas, 1997.

DERBLI, Felipe. *O princípio da proibição de retrocesso social na Constituição de 1988*. Rio de Janeiro: Renovar, 2007.

DI PIETRO, Maria Sylvia Zanella. *Direito administrativo*. 20. ed. São Paulo: Atlas, 2007.

DI PIETRO, Maria Sylvia Zanella. Privatização e o novo exercício de funções públicas por particulares. *In*: MOREIRA NETO, Diogo de Figueiredo (Coord.). *Uma avaliação das tendências contemporâneas do direito administrativo*. Rio de Janeiro: Renovar, 2003.

DROMI, Roberto. *El derecho público en la hipermodernidad*: novación del Poder y la Soberanía, competitividad y tutela del consumo, gobierno y control no estatal. Madrid: Hispania Libros, 2005.

DUGUIT, León. Troité de droit constitutionnel. 3. ed. Paris: E. de Boccard, 1928, p. 61 *apud* GRAU, Eros Roberto. Constituição e serviço público. *In*: GRAU, Eros Roberto; GUERRA FILHO, Willis Santiago (Org.). *Direito constitucional*: estudos em homenagem a Paulo Bonavides. 3. ed. São Paulo: Malheiros, 2003.

DUMEZ, Hervé; JEUNEMAÎTRE, Alain. Quel modèles de régulation pour les services publics?. *In*: CHEVALIER, Jean-Marie; EKLAND, Ivar; FRISON-ROCHE, Marie-Anne. *L'Idée de service public est-elle encore soutenable?*. Paris: PUF, 1999.

EHMKE, Horst; SCHNEIDER, Peter. Prinzipien der Verfassungsinterpretation. *Veröffentlichungen der Vereinigung der deutschen Staatsrechtslehre*, Heft 20, Berlin, 1963.

ENGISCH, Karl. *Introdução ao pensamento jurídico*. Trad. J. Baptista Machado. 8. ed. Lisboa: Fundação Calouste Gulbenkian, 2001.

ESPANHA. Tribunal Constitucional. SSTC 76/1990 e 138/1990 FJ 5, STC 212/1990, de 20 de dezembro. Ponente: D. Jesus Leguina Villa *apud* CÀNOVAS, Ferran Pons. *Las medidas provisionales en el procedimiento administrativo sancionador*. Madrid: Marcial Pons, 2001.

ESTORNINHO, Maria João. *A fuga para o direito privado*. Coimbra: Almedina, 2003.

ESTORNINHO, Maria João. Requiem *pelo contrato administrativo*. Coimbra: Almedina, 1989. Reimpressão 2003.

FARIA, José Eduardo. Democracia sem política?: Estado e mercado na globalização econômica. *In*: CAMPILONGO, Celso (Org.). *A democracia global em construção*. Rio de Janeiro: Lumen Juris, 2005.

FELIPE, Miguel Beltrán. Realidad y constitucionalidad en el derecho administrativo sancionador (Segunda Parte). *Revista Jurídica de Castilla*, La Mancha, 2006.

FERRAZ JR., Tércio Sampaio. Agencias reguladoras: legalidade e constitucionalidade. Disponível em: <http://www.bresserpereira.org.br/Documents/MARE/Agencias/AgenciasReguladoras.PDF>. Acesso em: 27 abr. 2011.

FERRAZ JR., Tércio Sampaio. Congelamento de preços: tabelamentos oficiais. *Revista de Direito Público*, São Paulo, v. 22, n. 91, p. 76-86, jul./set. 1989.

FERRAZ, Luciano. Parcerias Público-Público: contrato de programa e execução de serviços públicos municipais por entidade da administração indireta estadual. *Revista Eletrônica de Direito Administrativo Econômico – REDAE*, Salvador, n. 10, maio/jul. 2007. Disponível em: <http://www.direitodoestado.com.br/redae.asp>. Acesso em: 06 jan. 2011.

FERRAZ, Sérgio; DALLARI, Adilson Abreu. *Processo administrativo*. São Paulo: Malheiros, 2001.

FIGUEIREDO, Lúcia Valle. O devido processo legal e a responsabilidade do Estado por dano decorrente do planejamento. *Revista de Direito da Procuradoria Geral do Estado do Rio de Janeiro*, Rio de Janeiro, v. 56, p. 180-200, 2002.

FLORENZANO, Vicenzo Demétrio; BERNARDES, Patrícia. A moderna concepção de norma jurídica como estrutura de incentivos. *Revista de Direito Público da Economia – RDPE*, Belo Horizonte, ano 6, n. 23, jul./set. 2008.

FOER, Franklin. *Como o futebol explica o mundo*. Rio de Janeiro: J. Zahar, 2005.

FREITAS, Daniela Bandeira de. *A fragmentação administrativa do Estado*: fatores determinantes, limitações e problemas jurídico-políticos. Belo Horizonte: Fórum, 2011.

FREITAS, Juarez. *Discricionariedade administrativa e o direito fundamental à boa administração*. 2. ed. São Paulo: Malheiros, 2009.

FURTADO, Celso. *Formação econômica do Brasil*. São Paulo: Companhia Editorial Nacional, 1999.

GAETANI, Francisco; ALBUQUERQUE, Kélvia. Análise de impacto regulatório e melhoria regulatória. In: RAMALHO, Pedro Ivo Sebba (Org.). *Regulação e agências reguladoras*: governança e análise de impacto regulatório. Brasília: Anvisa, 2009.

GARCÍA DE ENTERRÍA, Eduardo. *Legislación delegada, potestad reglamentaria y control judicial*. 3. ed. Madrid: Civitas, 1998.

GARCÍA DE ENTERRÍA, Eduardo; FERNÁNDEZ, Tomás-Ramón. *Curso de derecho administrativo*. 11. ed. Madrid: Civitas, 2002. v. 1.

GARCIA, Flávio Amaral. *Licitações e contratos administrativos*: casos e polêmicas. Rio de Janeiro: Lumen Juris, 2007.

GARCÍA-PELAYO, Manuel. *Las transformaciones del Estado contemporâneo*. 11. reimpr. Madrid: Alianza Editorial, 2005.

GASPARINI, Diogenes. *Direito administrativo*. 7. ed. São Paulo: Saraiva, 2002.

GATTO, Ana Carolina dos Santos. A regulação econômica do setor de medicamentos. In: OLIVEIRA, Amanda Flávio de. *Direito econômico*: evolução e institutos. Rio de Janeiro: Forense, 2009.

GERSEN, Jacob E.; VERMEULE, Adrian. Chevron as a Voting Rule. *U. Chicago Law & Economics*, n. 293, p. 676-731. Disponível na em: <http://ssrn.com>.

GIANNINI, Massimo Severo. *Diritto amministrativo*. 3. ed. Milano: Giuffrè, 1993. v. 2.

GIDDENS, Anthony. *A terceira via*: reflexões sobre o impasse político atual e o futuro da social-democracia. Rio de Janeiro: Record, 2000.

GIDDENS, Anthony. *As consequências da modernidade*. Tradução de Raul Fiker. São Paulo: UNESP, 1991.

GOMES, Luiz Flávio. Sobre o conteúdo processual tridimensional do princípio da presunção de inocência. *Revista dos Tribunais*, São Paulo, v. 85, n. 729, p. 377-387, jul. 1996.

GONÇALVES, Cláudio Cairo. *Contrato administrativo*: tendências e exigências atuais. Belo Horizonte: Fórum, 2007.

GONÇALVES, Everton das Neves; STELZER, Joana. Análise econômica do direito: uma inovadora teoria geral do direito. In: OLIVEIRA, Amanda Flávio (Coord.). Direito econômico: evolução e institutos. Rio de Janeiro: Forense, 2009.

GRAU, Eros Roberto. A ordem econômica na Constituição de 1988. 12. ed. São Paulo: Malheiros, 2007.

GRAU, Eros Roberto. A ordem econômica na Constituição de 1988. 6. ed. São Paulo: Malheiros, 2001.

GRAU, Eros Roberto. Constituição e serviço público. In: GRAU, Eros Roberto; GUERRA FILHO, Willis Santiago (Org.). Direito constitucional: estudos em homenagem a Paulo Bonavides. 3. ed. São Paulo: Malheiros, 2003.

GRAU, Eros Roberto. Direito posto e o direito pressuposto. 4. ed. São Paulo: Malheiros, 2002.

GUEDES, Demian. A presunção de veracidade e o Estado Democrático de Direito: uma reavaliação que se impõe. In: ARAGÃO, Alexandre Santos de; MARQUES NETO, Floriano de Azevedo (Coord.). Direito administrativo e seus novos paradigmas. Belo Horizonte: Fórum, 2008.

GUERRA, Sérgio. Controle judicial dos atos regulatórios. Rio de Janeiro: Lumen Juris, 2005.

GUERRA, Sérgio. Discricionariedade e reflexividade: uma nova teoria sobre as escolhas administrativas. Belo Horizonte: Fórum, 2008.

GUIMARÃES, Carla Tavares. Índice de desenvolvimento do esporte: mapeamento e gestão no Estado do Rio de Janeiro. Rio de Janeiro: LGN Art Visual, 2010.

HAYEK, Friedrich. The use of Knowledge in Society: Individualism and Economic Order. London: Routledge & Kegan Paul Ltd., 1949.

HESPANHA, António Manuel. O caleidoscópio do direito: o direito e a justiça nos dias e no mundo de hoje. Coimbra: Almedina, 2009.

HESSE, Konrad. A força normativa da Constituição. Trad. Gilmar Ferreira Mendes. Porto Alegre: Sergio Antonio Fabris, 1991. Título original: Die normative Kraft der Verfassung.

HOBSBAWN, Eric. Era dos extremos: o breve século XX: 1914-1991. São Paulo: Companhia das Letras, 1997.

HOLANDA, Aurélio Buarque de. Novo dicionário Aurélio da língua portuguesa. 4. ed. São Paulo: Positivo, 2009.

HORTA. Raul Machado. As novas tendências do federalismo e seus reflexos na Constituição brasileira de 1988. Revista do Legislativo, da Assembleia Legislativa do Estado de Minas Gerais, p. 19, jan./mar. 1999. Disponível em: <http://www.almg.gov.br/revistalegis/Revista25/raul25.pdf>. Acesso em: 20 jan. 2011.

HOUAISS, Antônio. Dicionário Houaiss da língua portuguesa. São Paulo: Objetiva, 2001.

HUGHES, Owen. Does Governance Exists?. In: OSBORNE, Stephen P. The New Public Governance?: Emerging Perspectives on the Theory and Practice of Public Governance. London, New York: Routledge, 2010.

IRELLI, Vicenzo Cerulli. Corso di diritto amministrativo. Torino: Giappichelli, 2001.

IRTI, Natalino. Persona e mercato. Rivista di Diritto Civile, Padova, ano XLI, n. 3, maio/jun. 1995.

JUSTEN FILHO, Marçal. Comentários à Lei de Licitações e Contratos Administrativos. 9. ed. São Paulo: Dialética, 2002.

JUSTEN FILHO, Marçal. *Curso de direito administrativo*. 2. ed. São Paulo: Saraiva, 2006.

JUSTEN FILHO, Marçal. *Curso de direito administrativo*. São Paulo: Saraiva, 2005.

JUSTEN FILHO, Marçal. Parecer elaborado sobre a proposta legislativa de criação de consórcios públicos. *Revista Eletrônica de Direito do Estado – REDE*, Salvador, n. 3, p. 9, jul./set. 2005. Disponível em: <http://www.direitodoestado.com.br>. Acesso em: 25 fev. 2011.

JUSTEN FILHO, Marçal. *Pregão*: comentários à legislação do pregão comum e eletrônico. 2. ed. São Paulo: Dialética, 2003.

KINGSBURY, Benedict; KRISCH, Nico; STEWART, Richard B. The Emergence of Global Administrative Law. *Law and Contemporary Problems*, v. 68, n. 3/4, Summer/Autumn 2005. Institute for International Law and Justice, New York University School of Law. Disponível em: <http://iilj.org/GAL>.

KRELL, Andreas J. A necessária mudança de foco na implantação do federalismo cooperativo no Brasil: da definição das competências legislativas para o desenho de formas conjuntas de execução administrativa. *In*: SOUZA NETO, Cláudio Pereira de *et al.* (Coord.). *Vinte anos da Constituição Federal de 1988*. Rio de Janeiro: Lumen Juris, 2009.

KUPER, Simon; SZYMANSKI, Stefan. *Soccernomics*. Rio de Janeiro: Tinta Negra, 2010.

LAUBADÈRE, André de. *Direito público econômico*. Trad. Maria Teresa Costa. Coimbra: Almedina, 1985.

LEAL, Fernando. Propostas para uma abordagem teórico-metodológica do dever constitucional de eficiência. *Revista Brasileira de Direito Público – RBDP*, ano 4, n. 14, p. 141-166, jul./set. 2006.

LEWICKI, Bruno. Panorama da boa-fé objetiva. *In*: TEPEDINO, Gustavo (Coord.). *Problemas de direito civil*: constitucional. Rio de Janeiro: Renovar, 2000.

LÖFFLER, Elke. Public Governance in a Network Society. *In*: BOVAIRD, Tony; LÖFFLER, Elke. *Public Management and Governance*. 2nd ed. Canadá: Routledge, 2009.

LOSS, Giovani R. Contribuições à teoria da regulação no Brasil: fundamentos, princípios e limites do poder regulatório das agências. *In*: ARAGÃO, Alexandre Santos. *O poder normativo das agências reguladoras*. Rio de Janeiro: Forense, 2006.

MAJONE, Giandomenico. Do Estado positivo ao Estado regulador: causas e consequências da mudança no modo de governança. *In*: MATTOS, Paulo Todescan Lessa (Coord.). *Regulação econômica e democracia*: o debate europeu. Trad. Paulo T. L. Mattos. São Paulo: Singular, 2006.

MANKIW, Gregory. *Introdução à economia*: princípios de micro e macro. Trad. da 2. ed. americana. Rio de Janeiro: Campus, 2001.

MARQUES NETO, Floriano de Azevedo. Discricionariedade e regulação setorial: o caso do controle dos atos de concentração por regulador setorial. *In*: ARAGÃO, Alexandre Santos. *O poder normativo das agências reguladoras*. Rio de Janeiro: Forense, 2006.

MARQUES NETO, Floriano de Azevedo. Limites à abrangência e à intensidade da regulação estatal. *Revista Eletrônica de Direito Administrativo Econômico – REDAE*, Salvador, n. 4, nov./jan. 2005/2006, Disponível em: <http://www.direitodoestado.com.br>.

MARQUES NETO, Floriano de Azevedo. Os consórcios no direito brasileiro. Disponível em: <http://www.planalto.gov.br/sri/consorcios/ParecerFlorianoAzevedoMarquesNeto.pdf>. Acesso em: 06 jan. 2011.

MARQUES NETO, Floriano de Azevedo. Pensando o controle da atividade regulação estatal. In: GUERRA, Sérgio (Coord.). Temas de direito regulatório. Rio de Janeiro: Freitas Bastos, 2004.

MARQUES NETO, Floriano de Azevedo. Regulação econômica e suas modulações. *Revista de Direito Público da Economia – RDPE*, Belo Horizonte, ano 7, n. 28, out. 2009.

MARQUES, Rui Cunha. *Regulação de serviços públicos*. Lisboa: Sílabo, 2005.

MARTINS, Fernando Barbalho. O esporte como identidade nacional. *Pátria Desportiva*. Disponível em: <http://patriadesportiva.blogspot.com.br/search?q=O+esporte+como+id entidade+nacional>. Acesso em: 15 jun. 2011.

MATTOS, Paulo Todescan Lessa. *Regulação econômica e democracia*: o debate norte-americano. São Paulo: Singular, 2004.

MEDAUAR, Odete. *Direito administrativo moderno*. 13. ed. São Paulo: Revista dos Tribunais, 2009.

MEDAUAR, Odete. Nova crise do serviço público?. In: CUNHA, Sérgio Sérvulo da; GRAU, Eros Roberto (Org.). *Estudos de direito constitucional em homenagem a José Afonso da Silva*. São Paulo: Malheiros, 2003.

MEDAUAR, Odete. *O direito administrativo em evolução*. 2. ed. São Paulo: Revista dos Tribunais, 2003.

MEIRELES, Helly Lopes. *Direito administrativo brasileiro*. 18. ed. São Paulo: Malheiros, 1993.

MEIRELES, Helly Lopes. *Direito administrativo brasileiro*. 2. ed. São Paulo: Revista dos Tribunais, 1966.

MEIRELES, Helly Lopes. *Direito administrativo brasileiro*. 20. ed. São Paulo: Malheiros, 1995.

MEIRELES, Helly Lopes. *Direito administrativo brasileiro*. 22. ed. São Paulo: Malheiros, 1997.

MELO NETO, Francisco Paulo. *Marketing esportivo*. Rio de Janeiro: Record, 1995.

MENDES, Gilmar Ferreira *et al*. *Curso de direito constitucional*. 4. ed. São Paulo: Saraiva, 2009.

MENDONÇA, José Vicente Santos de. Uma teoria do fomento público: critérios em prol de um fomento público democrático, eficiente e não-paternalista. *Revista dos Tribunais*, v. 98, n. 890, p. 80-140, dez. 2009.

MILES, Thomas J.; SUNSTEIN, Cass R. Do Judges Make Regulatory Policy?: an Empirical Investigation of 'Chevron'. *U. Chigago Law & Economics*, The University of Chigago, n. 294, Summer 2006. Disponível em: <http://ssrn.com>.

MIRANDA, Martinho Neves. *O direito no desporto*. Rio de Janeiro: Lumen Juris, 2011.

MITCHELL, William C.; SIMMONS, Randy T. *Para além da política*: mercados, bem-estar social e o fracasso da burocracia. Rio de Janeiro: Topbooks, 2003.

MOCKLE, Daniel. *La gouvernance, le droit et l'état*. Bruxelles: Bruylant, 2007.

MODESTO, Paulo. O direito administrativo do terceiro setor: a aplicação do direito público às entidades privadas sem fins lucrativos. In: MODESTO, Paulo; CUNHA JUNIOR, Luiz Arnaldo Pereira (Coord.). *Terceiro Setor e parcerias na área de saúde*. Belo Horizonte: Fórum, 2011.

MONCADA, Luis S. Cabral. *A relação jurídica administrativa*. Coimbra: Coimbra Ed., 2009.

MONCADA, Luis S. Cabral. *Direito econômico*. 3. ed. Coimbra: Coimbra Ed., 2000.

MONTESQUIEU. *O espírito das leis*. Livro XI, cap. IV. *In*: WEFORT, Francisco. Os clássicos da política. São Paulo: Ática, 1997.

MOREIRA NETO, Diogo de Figueiredo. *Curso de direito administrativo*. 12. ed. Rio de Janeiro: Forense, 2001.

MOREIRA NETO, Diogo de Figueiredo. *Curso de direito administrativo*. 14. ed. Rio de Janeiro: Forense, 2006.

MOREIRA NETO, Diogo de Figueiredo. *Curso de direito administrativo*. 15. ed. Rio de Janeiro: Forense, 2009.

MOREIRA NETO, Diogo de Figueiredo. *Curso de direito administrativo*. 15. ed. 2. tiragem. Rio de Janeiro: Forense, 2010.

MOREIRA NETO, Diogo de Figueiredo. *Direito regulatório*: a alternativa participativa e flexível para a Administração Pública de relações setoriais complexas no Estado Democrático. Rio de Janeiro: Renovar, 2003.

MOREIRA NETO, Diogo de Figueiredo. Ensaio sobre o resultado como novo paradigma do direito administrativo. *In*: SOUTO, Marcos Juruena Villela (Coord.). *Direito administrativo*: estudos em homenagem a Francisco Mauro Dias. Rio de Janeiro: Lumen Juris, 2009.

MOREIRA NETO, Diogo de Figueiredo. Governo e governança em tempos de mundialização: reflexões à luz dos novos paradigmas do Direito. *Revista de Direito Administrativo*, São Paulo, v. 243, p. 41-47, set./dez. 2006.

MOREIRA NETO, Diogo de Figueiredo. *Mutações do direito administrativo*. 3. ed. Rio de Janeiro: Renovar, 2007.

MOREIRA NETO, Diogo de Figueiredo. *Mutações do direito público*. Rio de Janeiro: Renovar, 2006.

MOREIRA NETO, Diogo de Figueiredo. Natureza jurídica dos serviços sociais autônomos. *Revista de Direito Administrativo*, Rio de Janeiro, v. 207, p. 79-94, jan./mar. 1997.

MOREIRA NETO, Diogo de Figueiredo. Novos institutos consensuais da ação administrativa. *Revista de Direito Administrativo*, Rio de janeiro, v. 231, p. 129-156, jan./mar. 2003.

MOREIRA NETO, Diogo de Figueiredo. Novos institutos consensuais da ação administrativa: Gestão Pública e parcerias. *In*: MOREIRA NETO, Diogo de Figueiredo. *Mutações do direito público*. Rio de Janeiro: Renovar, 2006.

MOREIRA NETO, Diogo de Figueiredo. O futuro das cláusulas exorbitantes nos contratos administrativos. *Revista de Direito da Associação dos Procuradores do Novo Estado do Rio de Janeiro*, Rio de Janeiro, v. 17, Parcerias Público-Privadas, p. 3-22, 2006.

MOREIRA NETO, Diogo de Figueiredo. *Poder, direito e Estado*: o direito administrativo em tempos de globalização: *in memoriam* de Marcos Juruena Villela Souto. Belo Horizonte: Fórum, 2011.

MOREIRA NETO, Diogo de Figueiredo. Poder, organização política e Constituição: as relações de poder em evolução e seu controle. *In*: MOREIRA NETO, Diogo de Figueiredo. *Mutações do direito público*. Rio de Janeiro: Renovar, 2006.

MOREIRA NETO, Diogo de Figueiredo. *Quatro paradigmas do direito administrativo pós-moderno*: legitimidade – finalidade – eficiência – resultados. Belo Horizonte: Fórum, 2008.

MOREIRA, Egon Bockmann. Os limites à competência normativa das agências reguladoras. *In*: ARAGÃO, Alexandre Santos. *O poder normativo das agências reguladoras*. Rio de Janeiro: Forense, 2006.

MOREIRA, Egon Bockmann. *Processo administrativo*: princípios constitucionais e a Lei nº 9.748/99. São Paulo: Malheiros, 2000.

MOREIRA, Vital. *Auto-regulação profissional e Administração Pública*. Coimbra: Almedina, 1997.

MOREIRA, Vital; MAÇÃS, Fernanda. *Autoridades reguladoras independentes*: estudo e projecto de lei-quadro. Coimbra: Coimbra Ed., 2003.

MOSEDALE, Sarah. Why Regulatory Governance Matters. *CRC Policy Briefs*, Center on Regulation and Competition – Institute for Developing Policy and Management, Manchester, n. 2, 2004.

MOTTA, Fabrício Macedo. *A função normativa da administração pública brasileira*. 2007. 217 f. Tese (Doutorado em Direito do Estado) - Universidade de São Paulo.

MUÑOZ MACHADO, Santiago. *Tratado de derecho administrativo y derecho público general*. Madrid: Iustel, 2009. t. III, La Organización Territorial del Estado. Las Administraciones Públicas.

MUSETTI GROTTI, Dinorá Adelaide. A participação popular e a consensualidade na Administração Pública. *Revista de Direito Constitucional e Internacional*, São Paulo, ano 10, n. 39, p. 132-144, abr./jun. 2002.

NEGREIROS, Teresa. A dicotomia público-privado frente ao problema da colisão de princípios. *In*: TORRES, Ricardo Lobo (Org.). *Teoria dos direitos fundamentais*. 2. ed. Rio de Janeiro: Renovar, 2001.

NERY, Ana Rita de Figueiredo. *A causa do contrato administrativo*: análise do conteúdo contratual como parâmetro de aplicação do princípio da eficiência. Rio de Janeiro: Lumen Juris, 2011.

NETTO, André Luiz Borges. *Competências legislativas dos Estados-Membros*. São Paulo: Revista dos Tribunais, 1999.

OCDE/BID. *Fighting Hard Core Cartels in Latin America and the Caribbean*. Disponível em: <http://www.oecd.org/dataoecd/41/26/38835329.pdf>.

OLIVEIRA, Amanda Flávio de. *Direito econômico*: evolução e institutos. Rio de Janeiro: Forense, 2009.

OLIVEIRA, Gustavo Henrique Justino de. Parceria Público-Privada e direito ao desenvolvimento: uma abordagem necessária. *Revista de Direito da Procuradoria Geral do Rio de Janeiro*, Rio de Janeiro, n. 60, 2006.

OLIVEIRA, Gustavo Justino de. *Contrato de gestão*. São Paulo: Revista dos Tribunais, 2008.

OLIVEIRA, Gustavo Justino de. *Direito administrativo democrático*. Belo Horizonte: Fórum, 2010

OLIVEIRA, Gustavo Justino de. *Direito do Terceiro Setor*. Belo Horizonte: Fórum, 2008.

OLIVEIRA, Gustavo Justino de; SCHWANKA, Cristiane. A administração consensual como a nova face da Administração Pública no séc. XXI: fundamentos dogmáticos, formas de expressão e instrumentos de ação. *In*: ENCONTRO PREPARATÓRIO PARA O CONGRESSO NACIONAL DO CONPEDI, 17., 2008, Salvador. *Anais...*, Salvador, 19-21 jun. 2008.

OLIVEIRA, Rafael Carvalho Rezende. *Administração Pública, concessões e Terceiro Setor*. Rio de Janeiro: Lumen Juris, 2009.

OLIVEIRA, Rafael Carvalho Rezende. *Administração Pública, concessões e Terceiro Setor*. 2. ed. Rio de Janeiro: Lumen Juris, 2012.

OLIVEIRA, Rafael Carvalho Rezende. *Constitucionalização do direito administrativo*: o princípio da juridicidade, a releitura da legalidade administrativa e a legitimidade das agências reguladoras. 2. ed. Rio de Janeiro: Lumen Juris, 2010.

ORGANIZAÇÃO PARA COOPERAÇÃO E DESENVOLVIMENTO ECONÔMICO – OCDE. *Brasil*: fortalecendo a governança para o crescimento. Brasília, 2008. Relatório sobre a Reforma Regulatória.

OSÓRIO, Fábio Medina. *Direito administrativo sancionador*. 2. ed. rev. atual. e ampl. São Paulo: Revista dos Tribunais, 2005.

OTERO, Paulo. *Instituições políticas e constitucionais*. Coimbra: Almedina, 2007. v. 1.

OTERO, Paulo. *Legalidade e Administração Pública*: o sentido da vinculação administrativa à juridicidade. Coimbra: Almedina, 2003.

PAULO, Vicente; ALEXANDRINO, Marcelo. *Agências reguladoras*. Rio de Janeiro: Impetus, 2003. (Coleção Síntese Jurídica, 2).

PELTZMAN, S. A Teoria econômica da regulação depois de uma década de desregulação. In: MATTOS, Paulo et al. (Coord.). *Regulação econômica e democracia*: o debate norte-americano. São Paulo: Ed. 34, 2004.

PEREIRA JUNIOR, Jessé Torres. *Temas de direito administrativo sob tutela judicial no Estado democrático eficiente*. Rio de Janeiro: Renovar, 2010.

PEREIRA JUNIOR, Jessé Torres; RESTELATTO DOTTI, Marinês. *Políticas Públicas nas licitações e contratações administrativas*. Belo Horizonte: Fórum, 2009.

PIMENTA, Carlos Cesar. A reforma gerencial do estado brasileiro no contexto das grandes tendências mundiais. *Revista de Administração Pública*, Rio de Janeiro, v. 32, n. 5, p. 173-199, 1998.

PORTOCARRERO, Marta. *Modelo de simplificação administrativa*. A conferência procedimental e a concentração de competências e procedimentos no direito administrativo. Porto: Publicações Universidade Católica, 2002

POSNER, Richard. *Economics Analisys of Law*. Boston: Little Brown, 1977.

POZZOLO, Susanna. Neoconstitucionalismo y especificidad de la interpretación constitucional. Trad. Josep Vilajosana. *Revista Doxa*, Alicante, v. 2, n. 21, 1998. *Actas del XVIII Congreso Mundial de la Asociación Internacional de Filosofía Jurídica y Social, Buenos Aires, 1977*.

PRIETO SANCHÍS, Luís. Neoconstitucionalismo. In: CARBONELL, Miguel (Coord.). *Diccionario de derecho constitucional*. México: Ed. Porrúa; Univ. Nacional Autónoma de México, 2002.

PRZEWORSKI, Adam. *Qué esperar de la democracia*: límites y posibilidades del autogobierno. Buenos Aires: Siglo Veintiuno Editores, 2010.

QUARESMA, Regina; OLIVEIRA, Maria Lúcia de Paula; OLIVEIRA, Farlei Martins Riccio de (Coord.). *Neoconstitucionalismo*. Rio de Janeiro: Forense, 2009.

RAMOS, Jorge *apud* MOREIRA ALVES, Marcio. Esporte e emprego. *O Globo*, Rio de Janeiro, 19 nov. 2002.

REICH, Norbert. A crise regulatória: ela existe e pode ser resolvida?: análise comparativa sobre a situação da regulação social nos Estados Unidos e na Comunidade Econômica Européia. *In*: MATTOS, Paulo Todescan Lessa (Coord.). *Regulação econômica e democracia*: o debate europeu. Tradução de Paulo T. L. Mattos. São Paulo: Singular, 2006.

REIS, Márcio Monteiro. Saneamento: um exemplo do exercício confuso de competências comuns na Federação brasileira. Disponível em: <http://www.siqueiracastro.com.br/informe/regmeio_01/html_matregamb03_01.html>. Acesso em: 24 jan. 2011.

REPUBLICA DO PERU. Ley 27.444, de 21 de marzo de 2001. Ley de Procedimiento Administrativo General, de 21 de marzo de 2001. Que establece el marco jurídico para el uso del correo electrónico, documentos electrónicos y expedientes digitales, en la tramitación de procedimientos administrativos vía internet.

REZENDE, Flávio da Cunha. O dilema do controle e a falha seqüencial nas reformas gerenciais. *Revista do Serviço Público*, v. 53, n. 3, p. 51-75, jul./set. 2002.

REZENDE, Flavio da Cunha. *Por que falham as reformas administrativas?*. Rio de Janeiro: FGV, 2004.

REZENDE, José Ricardo. *Nova legislação de direito desportivo*: preparando o Brasil para a Copa 2014 e Olimpíadas 2016. São Paulo: All Print, 2010.

RIBEIRO, Maurício Carlos. *O interesse público*: uma investigação sobre o direito do Estado dos novos tempos. Rio de Janeiro, 2007. Mimeografado.

RIO DE JANEIRO (Estado). Lei n° 5.427, de 1º de abril de 2009. Dispõe sobre atos e processos administrativos no âmbito do Estado do Rio de Janeiro.

RIO DE JANEIRO (Estado). Lei n° 5.498, de 7 de julho de 2009. Dispõe sobre a qualificação de entidades sem fins lucrativos como Organizações Sociais, mediante contrato de gestão e dá outras providências.

RIO DE JANEIRO (Estado). Lei n° 5.501, de 7 de julho de 2009. Dispõe sobre a qualificação de pessoa jurídica de direito privado como Organização da Sociedade Civil de Interesse Público (OSCIP) e dá outras providências.

RODRÍGUEZ-ARANA MUNÕZ, Jaime. *El buen gobierno y la buena administración de instituciones públicas*. Adaptado a la Ley 5/2006, de 10 de abril. Navarra: Thomson Aranzadi, 2006.

ROSANVALLON, Pierre. *A crise do Estado-Providência*. Goiânia: Universidade Federal de Goiás, 1997.

SALGADO, Lucia Helena. *A economia política da ação antitruste*. São Paulo: Singular, 1997.

SALOMÃO FILHO, Calixto. Direito como instrumento de transformação social e econômica. *Revista de Direito Público da Economia – RDPE*, Belo Horizonte, ano 1, n. 1, p. 15-44, jan./mar. 2003.

SALOMÃO FILHO, Calixto. *Direito concorrencial*: as condutas. São Paulo: Malheiros, 2003.

SALOMÃO FILHO, Calixto. Monopólio colonial e subdesenvolvimento. *In*: BENEVIDES, M.; BERCOVICI, G. (Coord.). *Direitos humanos, democracia e República homenagem a Fabio Konder Comparato*. São Paulo: Quartier Latin, 2009.

SALOMÃO FILHO, Calixto. *Regulação da atividade econômica*. 2. ed. rev. e ampl. São Paulo: Malheiros, 2008.

SALOMÃO FILHO, Calixto. *Regulação e desenvolvimento*. São Paulo: Malheiros, 2002.

SALVADOR MARTÍNEZ, Maria. *Autoridades independientes*. Barcelona: Ariel, 2002.

SAMPAIO, Francisco José Marques. *Negócio jurídico e direitos difusos e coletivos*. Rio de Janeiro: Lumen Iuris, 1999.

SAMPAIO, Patrícia Regina Pinheiro. A Constituição de 1988 e a disciplina da participação direta do Estado na Ordem Econômica. *In*: LANDAU, Elena (Coord.). *Regulação jurídica do setor elétrico*. Rio de Janeiro: Lumen Iuris, 2011. t. II.

SANTOS, José Anacleto Abduch. Licitação e Terceiro Setor. *In*: OLIVEIRA, Gustavo Justino de. *Terceiro Setor, empresas e Estado*: novas fronteiras entre o público e o privado. Belo Horizonte: Fórum, 2007.

SARAIVA, Joísa Campanher Dutra. Governança regulatória em leilões de usinas estratégicas: o caso do leilão da UHE Santo Antonio. *In*: LANDAU, Elena (Coord.). *Regulação jurídica do setor elétrico*. Rio de Janeiro: Lumen Juris, 2011. t. II.

SARAVIA, Enrique; FERRAREZI, Elisabete. *Políticas públicas*: coletânea. Brasília: ENAP, 2006. 2 v.

SARLET, Ingo Wolfgang. *A eficácia dos direitos fundamentais*. 10. ed. Porto Alegre: Livraria do Advogado, 2009.

SARLET, Ingo Wolfgang. *Dignidade da pessoa humana e direitos fundamentais na Constituição Federal de 1988*. 9. ed. rev. e atual. Porto Alegre: Livraria do Advogado, 2011.

SARMENTO, Daniel (Org.). *Interesses públicos vs. interesses privados*: desconstruindo o Princípio da Supremacia do Interesse Público. Rio de Janeiro: Lumen Juris, 2005.

SARMENTO, Daniel (Org.). *Interesses públicos vs. interesses privados*: desconstruindo o Princípio da Supremacia do Interesse Público. Rio de Janeiro: Lumen Juris, 2007.

SARMENTO, Daniel. A dimensão objetiva dos direitos fundamentais: esboço de uma teoria. *In*: TORRES, Ricardo Lobo; MELLO, Celso Albuquerque. *Arquivos de direitos humanos*. Rio de Janeiro: Renovar, 2003. v. 4.

SARMENTO, Daniel. *A ponderação de interesses na Constituição Federal*. Rio de Janeiro: Lumen Juris, 2000.

SCAFF, Fernando Facury *Responsabilidade civil do Estado intervencionista*. 2. ed. Rio de Janeiro: Renovar, 2001.

SCOTT, Colin. Regulatory Governance and the Challenge of Constitutionalism. *EUI RSCAS – Robert Schuman Centre for Advanced Studies*, Private Regulation Series-02. Disponível em: <http://cadmus.eui.eu/handle/1814/13218>. Acesso em: 24 maio 2011.

SCHIRATO, Vitor Rhein; PALMA, Juliana Bonacorsi. Consenso e legalidade: vinculação da atividade administrativa consensual ao Direito. *Biblioteca Digital Revista Brasileira de Direito Público – RBDP*, Belo Horizonte, ano 7, n. 27, 2009. Disponível em: <http://www.editoraforum.com.br/bid/bidConteudoShow.aspx?idConteudo=64611>. Acesso em: 21 maio 2010.

SEN, Amartya. *Desenvolvimento como liberdade* São Paulo: Companhia das Letras, 2000

SILVA, Almiro do Couto e. A responsabilidade do Estado no quadro dos problemas jurídicos resultantes do planejamento. *Revista de Direito Público*, São Paulo, v. 14, n. 63, p. 28-36, jul./set. 1982.

SILVA, Almiro do Couto e. Princípios da legalidade da Administração Pública e da segurança jurídica no estado de direito contemporâneo. *Revista de Direito Público*, São Paulo, v. 20, n. 84, p. 46-63, out./dez. 1987.

SILVA, Jorge Pereira da. Protecção constitucional dos direito sociais e reforma do Estado-Providência. *In*: ASSOCIAÇÃO PORTUGUESA DE CIÊNCIA POLÍTICA. *A reforma do Estado em Portugal*: problemas e perspectivas: actas do I Encontro Nacional de Ciência Política. Lisboa: Editorial Bizâncio, 2001.

SILVA, José Afonso. *Curso de direito constitucional positivo*. 30. São Paulo: Malheiros, 2008.

SILVA, Vasco Pereira da. *Em busca do acto administrativo perdido*. Coimbra: Almedina, 2003.

SLAUGHTER, Anne-Marie. Global Government Networks, Global Information Agencies, and Disaggregated Democracy. *Harvard Law School Public*, Working Paper n. 18.

SOARES, Rogério Ehrhardt. *Direito público e sociedade técnica*. Coimbra: Almedina, 1969.

SOUTO, Marcos Juruena Villela. *Desestatização*: privatização, concessões, terceirizações e regulação. 4. ed. Rio de Janeiro: Lumen Juris, 2001

SOUTO, Marcos Juruena Villela. *Direito administrativo contratual*. Rio de Janeiro: Lumen Juris, 2004.

SOUTO, Marcos Juruena Villela. *Direito administrativo da economia*. 3. ed. Rio de Janeiro: Lumen Juris, 2003.

SOUTO, Marcos Juruena Villela. *Direito administrativo estadual*. Rio de Janeiro: Lumen Juris, 2008.

SOUTO, Marcos Juruena Villela. *Direito administrativo regulatório*. Rio de Janeiro: Lumen Juris, 2002.

SOUZA NETO, Cláudio Pereira de. Fundamentação e normatividade dos direitos fundamentais: uma reconstrução teórica à luz do princípio democrático. *In*: BARROSO, Luís Roberto (Org.). *A nova interpretação constitucional*: ponderação, direitos fundamentais e relações privadas. Rio de Janeiro: Renovar, 2003.

SOUZA, Washington Peluso Albino de. *Direito econômico*. São Paulo: Saraiva, 1980.

STIGLER, George. The Theory of Economic Regulation. *The Bell Journal of Economics and Management Sciences*, v. 2, n. 1, p. 3-21, 1971.

STRAUSS, Peter L. The Place of Agencies in Government: Separation of Powers and the Fourth Branch. *Columbia Law Review*, v. 84, n. 3, p. 573-667, Apr. 1984.

SUNDFELD, Carlos Ari. Introdução às agências reguladoras. *In*: SUNDFELD, Carlos Ari (Coord.). *Direito administrativo econômico*. São Paulo: Malheiros, 2000.

SUNSTEIN, Cass. *A Constitution of many minds*: why the Founding Document doesn't mean what it mean before. Princeton: Princeton University Press, 2009a.

SUNSTEIN, Cass. *A era do radicalismo*. Tradução de Luciene Scalzo Guimarães. Rio de Janeiro. Elsevier, 2010.

SUNSTEIN, Cass. *Going to Extremes*: how Like minds Unite and Divide. New York: Oxford University Press, 2009b.

SUNSTEIN, Cass. *Infotopia*: how many Minds Produce Knowledge. Oxford, NY: Oxford University Press, 2006.

SUNSTEIN, Cass. *Nudge*: Improving Decisions about Health, Wealth and Happiness. New Haven: Yale University Press, 2008.

SUNSTEIN, Cass. *Republic.com 2.0*. Princeton University Press, 2009c.E-book.

SUNSTEIN, Cass. *Why do Societies Need Dissent*. Camdrigde: Harvard Press University, 2003.

TÁCITO, Caio. O retorno do pêndulo: serviço público e empresa privada: o exemplo brasileiro. *In*: TÁCITO, Caio. *Temas de direito público*: estudos e pareceres. Rio de Janeiro: Renovar, 1997. v. 1.

THE WORLD BANK. *Governance*: the World's Bank Experience: Development in Pratice. 1992, p. 14. Disponível em: <http://www-wds.worldbank.org/external/default/WDSContentServer/WDSP/IB/1994/05/01/000009265_3970716142854/Rendered/PDF/multi0page.pdf>. Acesso em: 22 fev. 2010.

THE WORLD BANK. *Strengthening World Bank Group Engagement on Governance and Anticorruption*, 2007, p. 67. Disponível em: <http://siteresources.worldbank.org/EXTPUBLICSECTORANDGOVERNANCE/Resources/GACStrategyPaper.pdf>. Acesso em: 22 fev. 2010.

TORRES, Ricardo Lobo. *Tratado de direito constitucional financeiro e tributário*. Rio de Janeiro: Renovar, 2005. v. 2, Valores e principios constitucionais tributários.

TORRES, Silvia Faber. *O princípio da subsidiariedade no direito público contemporâneo*. Rio de Janeiro: Renovar, 2001.

TORRES, Silvia Faber. *O princípio da subsidiariedade no direito público contemporâneo*. Rio de Janeiro: Renovar, 2001.

UNITED. States of America. Supreme Court. *Chevron U.S.A., Inc. vs. Natural Resources Defense Council, Inc.*, 467 US 837 (1984).

VALLE, Vanice Regina Lírio do. O direito-narciso: nova ameaça à jusfundamentalidade dos direitos. *A&C – Revista de Direito Administrativo e Constitucional*, ano 7, n. 28, p. 27-44, abr./jun. 2007.

VALLE, Vanice Regina Lírio do. *Políticas públicas, direitos fundamentais e controle judicial*. Belo Horizonte: Fórum, 2009.

VANBERG, Viktor J. Mercados y regulación: el contraste entre el liberalismo de mercado y el liberalismo constitucional. *Isonomía*, v. 17, out. 2002.

VAZ, Manoel Afonso. *Direito económico*: a ordem económica portuguesa. 2. ed. Coimbra: Coimbra Ed., 1990.

VICENZO, Cerulli Irelli. *Corso di diritto amministrativo*. Torino: Libreria Universitaria, 1997.

WALSH, Carl; STIGLITZ, Joseph E. *Introdução à microeconomia*. Rio de Janeiro: Campos, 2003.

WEBER, Max. *Três tipos puros do poder legítimo*. Disponível em: <http://www.lusosofia.net/textos/weber_3_tipos_poder_morao.pdf>. Acesso em: 12 jun. 2011.

WHITE, Jamie. This is a Nudge in the Wrong Direction. *The Times*, 02 Ago. 2008. Disponível em: <http://direitoadministrativoemdebate.wordpress.com>.

WILSON, Woodrow. The Study of Administration. *Political Science Quarterly*, v. 2, n. 2, p. 197-222, Jun. 1887.

WILLEMAN, Flávio de Araújo. Princípios setoriais que regem a prestação dos serviços públicos: aplicação do princípio da livre-iniciativa no regime dos serviços públicos. *Revista de Direito da Procuradoria-Geral do Estado do Rio de Janeiro*, Rio de Janeiro, v. 56, p. 134-156, 2002.

WILLEMAN, Flávio de Araújo; BARBALHO, Fernando. *Direito administrativo*. Rio de Janeiro: Lumen Juris, 2009. v. 6.

WILLEMAN, Mariana Montebello. O princípio da subsidiariedade e a Constituição da República de 1988. In: PEIXINHO, Manoel Messias; GUERRA, Isabella Franco; NASCIMENTO FILHO, Firly. *Os princípios da Constituição de 1988*. Rio de Janeiro: Lumen Juris, 2001.

WIMMER, Miriam. Pluralismo jurídico e as transformações do Estado contemporâneo. *Revista de Direito Público da Economia – RDPE*, Belo Horizonte, ano 5, n. 20, out. 2007.

ZAGREBELSKY, Gustavo. *El derecho dúctil, ley, derechos, justicia*. Trad. Marina Gascón. Madrid: Trotta, 1995.

ZYLBERSZTAJN, Decio; SZTAJN, Rachel. *Direito & economia*: análise econômica do direito e das organizações. Rio de Janeiro: Elsevier, 2005.

SOBRE OS AUTORES

Alexandre Santos de Aragão
Mestre em Direito Público pela Universidade do Estado do Rio de Janeiro (UERJ). Doutor em Direito do Estado pela Universidade de São Paulo (USP). Professor Adjunto de Direito Administrativo da UERJ. Procurador do Estado do Rio de Janeiro. Advogado.

Daniela Bandeira de Freitas
Doutoranda pela Faculdade de Direito da Universidade de Lisboa. Mestre em Direito pela Faculdade de Direito da Universidade de Lisboa. Juíza de Direito do Tribunal de Justiça do Rio de Janeiro.

Diogo de Figueiredo Moreira Neto
Bacharel e Doutor pela Universidade do Brasil. Extensão pós-doutoral na Universidade de Lisboa, sob a direção de Marcello Caetano e na Universidade de Munique, sob a direção de Theodor Maunz. Professor Titular de Direito Administrativo da Universidade Candido Mendes – RJ. Membro Correspondente da Academia Nacional de Derecho y Ciências Sociais (Buenos Aires, Argentina). Professor-Conferencista, entre outras, nas seguintes instituições estrangeiras: American University (Washington, DC, USA), Georgetown University (Washington, DC, USA), Brookings Institution (Washington, DC, USA), Universidad Complutense de Madrid (Espanha), Universidad Castilla – La Mancha (Toledo, Espanha) e European Center of Public Law (Centro Europeu de Direito Público). Examinador de Tribunal de Doutorado da Université de Paris I Panthéon-Sorbonne (Paris, França). Consultor para assuntos de Direito Público do Escritório Juruena & Associados – Advogados.

Fernando Barbalho Martins
Mestre em Direito Público pela Universidade do Estado do Rio de Janeiro (UERJ). Procurador do Estado e Advogado no Rio de Janeiro.

Flávio de Araújo Willeman
Procurador do Estado do Rio de Janeiro. Advogado. Mestre em Direito pela Universidade Candido Mendes. Professor dos cursos de Graduação e Pós-Graduação da Universidade Candido Mendes. Professor dos cursos de Pós-Graduação da Fundação Getulio Vargas e da Universidade Federal Fluminense (UFF). Autor dos livros *Responsabilidade civil das agências reguladoras* (2. ed. Rio de Janeiro: Lumen Juris, 2011) e *Tópicos de direito administrativo* (Rio de Janeiro: Lumen Juris, 2009).

Jessé Torres Pereira Junior
Desembargador do Tribunal de Justiça do Rio de Janeiro. Professor da Escola da Magistratura do Estado do Rio de Janeiro.

José Carlos Vasconcellos dos Reis
Mestre em Direito Público pela Universidade do Estado do Rio de Janeiro (UERJ). Procurador do Estado do Rio de Janeiro. Advogado.

Laone Lago
Advogado e consultor jurídico no Rio de Janeiro. Pós-graduando em Direito pela Universidade do Estado do Rio de Janeiro (UERJ).

Mauricio Carlos Ribeiro
Mestre em Direito Público pela Universidade do Estado do Rio de Janeiro (UERJ). Especialista em Direito da Administração Pública pela UFF e em Políticas Públicas e Governo pela UFRJ. Professor de Direito Administrativo da Faculdade de Direito do Ibmec/RJ, da Universidade Candido Mendes e da EMERJ. Procurador do Estado do Rio de Janeiro.

Patrícia Baptista
Professora Adjunta de Direito Administrativo da Faculdade de Direito da Universidade do Estado do Rio de Janeiro (UERJ). Doutora em Direito do Estado pela Universidade de São Paulo (USP). Mestre em Direito Público pela UERJ. Professora do Programa de Mestrado em Direito da Universidade Candido Mendes. Procuradora do Estado do Rio de Janeiro.

Patrícia Regina Pinheiro Sampaio
Professora da Escola de Direito da Fundação Getulio Vargas/RJ e pesquisadora do Centro de Pesquisa em Direito e Economia – CPDE/FGV Direito Rio. Mestre e doutoranda pela Faculdade de Direito da Universidade de São Paulo (USP). Advogada.

Rafael Carvalho Rezende Oliveira
Procurador do Município do Rio de Janeiro. Doutorando em Direito pela UGF-RJ. Mestre em Teoria do Estado e Direito Constitucional pela PUC-RJ. Especialista em Direito do Estado pela Universidade do Estado do Rio de Janeiro (UERJ). Membro do IDAERJ. Professor de Direito Administrativo dos cursos de Pós-Graduação da Fundação Getulio Vargas e Candido Mendes. Consultor Jurídico.

Renato Otto Kloss
Mestrando em Direito Regulatório e da Concorrência, pela Universidade Candido Mendes. Especialista em Direito do Estado e da Regulação pela Fundação Getulio Vargas (Direito Rio). Advogado no Rio de Janeiro.

Sérgio Guerra
Pós-Doutor em Administração Pública (FGV/EBAPE). Doutor em Direito (UGF). Mestre em Direito (UCAM). Vice-Diretor de Pós-Graduação e Professor Titular de Direito Administrativo do Curso de Graduação, Pós-Graduação *Lato Sensu* e *Stricto Sensu* da Escola de Direito do Rio de Janeiro da Fundação Getulio Vargas. Diretor Executivo da *Revista de Direito Administrativo – RDA*.

Vanice Regina Lírio do Valle
Pós-Doutorado em Administração pela EBAPE/FGV. Doutorado em Direito pela UGF. Professora Permanente do PPGD/UNESA. Procuradora do Município do Rio de Janeiro.

Esta obra foi composta em fonte Palatino Linotype, corpo 10
e impressa em papel Offset 75g (miolo) e Supremo 250g (capa)
pela Paulinelli Serviços Gráficos Ltda.
Belo Horizonte/MG, setembro de 2012.